화엄경소론찬요
華嚴經疏論纂要

화엄경소론찬요 ⑯
華嚴經疏論纂要

● 일러두기 ●

1. 이 책의 원서는 명말청초 때의 승려인 도패 스님※이 약술 편저한 《화엄경소론찬요》이다. 《대방광불화엄경》 80권본을 기초로 하여, 경문에 청량 스님의 소초(疏鈔)와 이통현 장자의 논(論)을 붙여 상세하게 풀이하였다.

2. 경(經), 소(疏), 논(論)은 원문에 토를 붙여서 그 뜻을 이해하기 편하도록 했으며, 원문 바로 아래 번역문을 넣었다.

3. 원문을 살려 그대로 옮겨 놓음을 원칙으로 하다 보니 본문의 제목 번호에 있어서 다소 혼동이 올 수 있다. 그럴 경우 목차를 참고하기 바란다.

4. 산스크리트어 표기는 〈표준국어대사전〉과 〈불광 사전〉 등에 등재된 음역어를 사용하였으며, 불교 용어에 대한 설명은 주로 〈불광 사전〉을 참고하였다.

5. 내용을 좀 더 쉽게 풀기 위하여 중간에 체계가 약간 바뀌었음을 밝힌다.

※ 위림도패(爲霖道霈, 1615-1702) 스님은 명말청초 때의 조동종 승려이다. 14세 때 백운사(白雲寺)에서 출가하여 경교(經敎)를 공부했다. 영각원현을 모시며 법을 이었고, 천동산(天童山) 밀운원오(密雲圓悟)에게 배워 크게 깨달았다. 그 후 백장산(百丈山)에 암자를 짓고 5년 동안 정업(淨業)을 닦았다. 나중에 고산(鼓山)으로 옮겨 20여 년 동안 살았는데 귀의하는 사람이 매우 많았다.
저술로는 《인왕반야경합소(仁王般若經合疏)》 3권을 비롯하여 《화엄경소론찬요(華嚴經疏論纂要)》 120권, 《법화경문구찬요(法華經文句纂要)》 7권, 《불조삼경지남(佛祖三經指南)》 3권, 《위림도패선사병불어록(爲霖道霈禪師秉拂語錄)》 2권, 《여박암고(旅泊庵稿)》 4권, 《선해십진(禪海十珍)》 1권, 《사십이장경지남(四十二章經指南)》, 《불유교경지남(佛遺敎經指南)》, 《고산록(鼓山錄)》 6권, 《반야심경청익설(般若心經請益說)》, 《팔십팔불참(八十八佛懺)》, 《준제참(準提懺)》, 《발원문주(發願文註)》 등이 있다.

• 간 행 사 •

《화엄경소론찬요》 번역서를 간행하면서

《화엄경》은 비로자나 세존께서 보리도량에서 처음 정각을 성취하신 후, 일곱 도량 아홉 차례의 법문에서 일진(一眞)의 법계(法界)와 제불의 과원(果願)을 보여주시어 미묘한 현지(玄旨)와 그지없는 종취(宗趣)를 밝혀주신 최상의 경전이다. 이처럼《화엄경》은 법계와 우주가 둘이 아닌 하나로 그 광대함을 말하면 포괄하지 않음이 없고, 그 심오함을 말하면 갖춰져 있지 않음이 없어 공간으로는 법계에 다하고 시간으로는 삼세에 통하고 있다.

이러한 이유에서《화엄경》은 근본 법륜으로 중국은 물론 동양 각국에서 높이 받들며 수많은 주석서가 간행되어 왔다. 그러나 세상에 널리 알려진 것은 청량 국사의《대방광불화엄경소초(大方廣佛華嚴經疏鈔)》와 통현 장자의《대방광불화엄경론(大方廣佛華嚴經論)》이다. 소초(疏鈔)는 철저한 장구(章句)의 분석으로 본말을 지극히 밝혀주었고, 논(論)은 부처님의 논지를 널리 논변하여 자심(自心)으로 회귀하고 있는 것이 특징이다. 이처럼 청량소초와 통현론은 양대 명저(名著)로 모두 수증(修證)하는 데에 지극한 궤범(軌範)이었다.

탄허 대종사께서는 이러한 점을 토대로 통현론을 주(主)로 하고 청량소초를 보(補)로 하여 번역하심으로써 《화엄경》이 동양에 전해진 이후 동양 최초의 《화엄경》 번역이라는 쾌거를 이룩하셨다. 일찍이 한국불교에 침체된 화엄사상은 대종사의 번역에 힘입어 다시 온 누리에 화엄의 꽃비가 내려 화엄의 향기로 불국정토를 성취하여 더할 수 없는, 지극한 법륜을 설하셨다.

그러나 대종사께서 열반하신 이후, 불법은 날로 쇠퇴하고 중생의 근기는 날로 용렬하여 방대한 소초와 논을 열람하기에는 역부족이었다. 이에 대종사의 《화엄경》을 다시 한 번 밝히기 위해서는 또 다른 모색을 필요로 할 시점에 이르렀다. 보다 쉽게 볼 수 있고 간명한 데에서 심오한 데로, 물줄기에서 본원을 찾아갈 수 있는 진량(津梁)을 찾지 않는다면 대종사의 평생 정력을 저버리게 된다는 절박한 마음이 없지 않았다.

청대(淸代) 도패(道霈) 대사는 청량의 소초와 통현의 논 가운데 그 정요(精要)만을 뽑아 《화엄경소론찬요(華嚴經疏論纂要)》를 편집하였다. 이는 매우 방대한 소초와 논을 축약하여, 가까이는 청량 국사와 통현 장자의 심법을 전수하였고 멀리는 비로자나불의 묘체(妙諦)를 밝혀주는 오늘날 최고의 《화엄경》 주석서이다.

이에 《화엄경소론찬요》를 대본으로 하여, 다시 대종사의 번역서를 참고하면서 현대인이 보다 쉽게 이해할 수 있는 번역서를 간행하기에 이르렀다.

이제 돌이켜 생각하면 무상한 세월 속에 감회가 적지 않다. 내지난날 출가 입산하여 겨우 이레가 되던 날, 처음 접한 경전이 《화엄경》이었다. 행자 생활을 시작한 영은사는 대종사께서 오대산 수도원이 해산된 후, 이의 연장선상에서 3년 결사(結社)를 선포하시고 《화엄경》 번역이라는 대작불사를 시작하여 강의하셨던, 한국불교사에 한 획을 그려준 역사의 도량이었다.

그 당시 대종사께서는 행자인 나에게 《화엄경》을 청강하라 하시면서 "설령 알아듣지 못할지라도 들어두면 글눈이 생겨 안 들은 것보다 낫다."고 권면하셨다. 이제 생각해보면 행자 출가 즉시 《화엄경》 공부 자리에 참여했다는 것은 전생의 숙연(宿緣)이 아니었으면 어떻게 그 당시 그 법회에 참석이나 할 수 있었겠는가. 이는 행운 중 행운으로 다겁의 선근공덕이 아닐까 생각되며, 아울러 늦게나마 대종사의 영전에 하나의 향을 올리는 바이다.

처음 《화엄경》 설법을 듣는 순간, 끝없는 우주법계의 장엄세계가 황홀하고 법계를 맑혀주고 무진 보배를 담고 있는 바다의 불가사의한 공덕이라는 대종사의 사자후가 머릿속에 쟁쟁하게 울려왔을 뿐, 그 도리를 이해한다는 것은 나의 근기로써는 도저히 불가능한 일이었다. "쭉정이만도 못하다."고 꾸지람을 하시던 대종사의 방할(棒喝)을 맞으며 영은사에서의 결사가 끝난 후, 나는 단 한 번도 《화엄경》을 펼쳐 볼 엄두를 내지 못했다.

그러던 몇 해 전, 무비 스님께서 범어사에서 《화엄경》을 강좌하시면서 서울에서도 《화엄경》 강좌를 열어보라고 권할 적만 하더라도 언감생심 《화엄경》을 강의하겠다는 생각을 하지 못하였다. 그러나 씨앗을 뿌려놓으면 새싹이 돋아나듯, 반드시 인연법은 사라지지 않는 모양이다. 영은사에서의《화엄경》인연이 자곡동 탄허기념박물관에 화엄각건립불사를 발원하게 되었고, 화엄각건립불사를 위하여《화엄경》강좌를 열기에 이를 줄은 꿈에도 생각지 못하였다.

미력한 소견으로 강좌를 열면서 정리된 강의 자료를 여러 뜻있는 이들과 다시 한 번 토론하고 강마하면서 우선 〈세주묘엄품〉 출간을 시작으로 계속 연차적으로 간행하고 있다.

이 책이 간행되어 그동안 추진되어온 화엄각 창건 불사 또한 원만히 성취되길 기원한다. 이 귀한 인연공덕으로 다시 한 번 화엄사상이 꽃피어 온 누리에 탄허 대종사의 공덕이 빛나고, 아울러 화엄정토가 구현되어 남북의 통일과 세계의 평화가 이루어지길 진심으로 축원하는 바이다.

2023년 10월

五臺山 後學 慧炬 合掌 再拜

◉ 추천사 ◉

인류사에서 가장 위대한 화엄경의 가르침

평소에 늘 두려워하며 존경하는 도반 혜거 스님이 《화엄경소론찬요》를 번역하고 출판하여 이 분야의 사람들을 온통 놀라게 하였습니다. 본디 화엄경에 이 몸을 바친 사람으로서, 어찌 가슴 떨리는 일이 아니겠습니까. 《화엄경소론찬요》 번역을 세상에 알리고 추천하는 글을 이 우둔한 글솜씨로라도 백 번이라도 쓰고 싶습니다.

화엄경이란 무엇입니까? 만약 화엄경을 알지 못하면 불법의 이치를 알지 못합니다. 또 화엄경을 알지 못하면 사람이 본래로 청정법신비로자나 부처님이라는 사실을 알지 못합니다. 이 세상이 그대로 화장장엄세계라는 사실도 알지 못합니다. 세간과 출세간의 진리를 전혀 알지 못합니다. 아름다운 세상과 환희로운 인생을 결코 알 길이 없습니다. 그러니 화엄경을 읽지 않고 어찌 불교를 입에 담으며 어찌 부처님을 입에 담겠습니까. 그래서 청량(淸涼) 스님은 화엄경을 두고 "이 몸을 바쳐서 그 죽을 곳을 얻었다[亡軀得其死所]."라고 하였습니다. 이 얼마나 가슴 저미는 말씀입니까. 그러므로 "화엄경이 있고서야 비로소 불교가 있다."라고 하겠습니다.

화엄경이 흥하면 불교가 흥하고, 화엄경이 흥하면 국가가 흥하였습니다. 원효(元曉) 스님과 의상(義湘) 스님이 화엄경을 흥성(興盛)시키던 신라가 그러했으며, 청량 스님과 통현(通玄) 장자가 화엄경을 흥성시키던 당(唐)나라가 그러하였습니다.

거기에 더하여 찬요(纂要)란 무엇입니까? 그것은 청량 스님의 화엄경에 대한 소(疏)와 통현 장자의 논(論)을 잎과 가지는 남겨두고 뿌리와 큰 줄기에 해당하는 요점만을 추려서 모아온 것입니다. 마치 흙과 잡석들을 걷어내고 진금들만을 모아왔으니 이 어찌 빛나지 않겠습니까. 그래서 화엄경을 그토록 빛나게 한 것은 알고 보면 소론찬요(疏論纂要)였던 것입니다.

옛말에 "산고수장(山高水長)이요, 근고지영(根固枝榮)"이라 하였습니다. 근세 한국의 불교를 중흥시킨 경허(鏡虛) 스님은 수월(水月)·혜월(慧月)·만공(滿空)·한암(寒巖) 등 기라성 같은 제자들을 길러내었는데, 한암 스님 밑으로 선교(禪敎)를 겸비하신 희대의 대석학이요 대선사이신 탄허(呑虛) 큰스님이 계셨습니다.

한암 스님 밑에서 오래 사셨던 범용(梵龍) 스님은 평소에 상원사에서 한암 스님이 화엄경을 강의하시던 일을 들려주셨습니다. 당시 교재는 통현 장자의 《화엄경합론(華嚴經合論)》이었으며 중강(仲講)은 언제나 탄허 스님이셨으므로, 대중들이 모두 동원되는 큰 운력까지도 면해주셨다고 하였습니다. 그날의 그 화엄법수(華嚴法水)가 흘러 흘러 영은사의 혜거 행자에게까지 전해지더니 수십 년이 지난 오늘에는 드디어 이와 같은 《화엄경소론찬요》 출판 불사의 큰 바다를 이루게 되었습니다. 이 얼마나 기쁘지 아니합니까. 큰스님께서도 또한 크게 환희용약하시리라 믿습니다.

필자도 또한 작은 인연이 있어서 역경연수원 수학과 큰스님께서 《화엄경합론》을 번역하신 후 교열하고 출판하고 기념 강의를 하시던 일까지 함께하였으니, 가슴이 뜨거운 홍복(洪福)이라는 사실을 알고 있습니다. 그것에 더하여 처음 통도사 강주로 가기 전에 법맥을 전해주시어 큰스님의 뜻을 잇게 하였으니 더없는 영광이지만, 그 보답을 다하지 못하여 아직도 큰 짐을 내려놓지 못하고 있습니다.

앞으로 남은 시간이라도 혜거 화엄도반과 함께 인류사에서 가장 위대한 화엄경의 가르침을 깊이깊이 공부하여 더욱 널리, 더욱 왕성하게 펼쳐서 크나큰 은혜에 보답하려 합니다.

나아가서 이 아름다운 출판 불사에 뜻을 함께한 모든 분께도 큰 감사의 인사를 올리며 이 책이 만천하에 널리 유포되기를 마음 다해 추천하는 바입니다. 이 인연으로 부디 화엄의 큰 물결이 온 세상에 흘러넘쳐서 집집마다 평화와 행복이 가득하기를 기도드립니다.

나무 대방광불화엄경
나무 대방광불화엄경
나무 대방광불화엄경

신라 화엄종찰 금정산 범어사 如天 無比 삼가 씀

◉ 목 차 ◉

간행사 《화엄경소론찬요》 번역서를 간행하면서 5
추천사 인류사에서 가장 위대한 화엄경의 가르침 9

화엄경소론찬요 제70권 ◉ 십지품 제26-11

◉ 제8. 부동지

• 대의大意 19
• 경문의 해석 24

제1. 찬탄하며 법을 청한 부분 24

제2. 바로 설법하는 부분 31
    [1] 제8 부동지不動地의 행상 32
      1. 방편을 모아 제8 부동지를 지음에 대해 총체로 밝힌 부분 33
      2. 청정법인清淨法忍을 얻은 부분 42
        1) 무생법인無生法忍을 밝히다 43
        2) 무생법인의 청정을 밝히다 60

3) 무생법인의 명칭을 끝맺다 68
3. 뛰어난 행법을 얻은 부분 69
1) 깊이 행함이 뛰어남을 밝히다 69
2) 일으킴이 뛰어남을 밝히다 84
　(1) 설법주가 총괄하여 서술하다 84
　(2) 바로 권면하는 말을 밝히다 88
　(3) 권면의 목적을 밝히다 101
　(4) 권면의 이익을 밝히다 102
4. 불국토를 청정하게 하는 부분 116
1) 형상 청정의 결과 117
2) 삼세간에 자재 청정의 결과 117
　(1) 기세간器世間에 자재한 행을 밝히다 118
　(2) 중생세간衆生世間에 자재한 행을 밝히다 134
　(3) 지정각세간智正覺世間에 자재한 행을 밝히다 137
5. 자재를 얻은 부분 163
6. 크게 뛰어난 부분 169
7. 명칭 해석 부분 179

[2] 제8 부동지의 지위와 결과 194

제3. 금강장보살의 게송 200

화엄경소론찬요 제71권 ◉ 십지품 제26-12

◉ 제9. 선혜지

• 대의를 밝히다 213
• 경문의 해석 217

제1. 찬탄하며 법을 청한 부분 217

제2. 바로 설법하는 부분 226
   [1] 제9 선혜지善慧地의 행상 226
  1. 법사法師의 방편 성취 227
  2. 지혜의 성취 234
  3. 행법에 들어감의 성취 240
  1) 총체로 가름의 문을 내세우다 241
  2) 가름의 문에 따라서 자세히 해석하다 246
   (1) 마음의 빽빽한 숲 246
   (2) 번뇌의 빽빽한 숲 253
   (3) 업의 빽빽한 숲 260
   (4) 근기의 빽빽한 숲 288
   (5) 이해, 근성, 욕망의 빽빽한 숲 301
   (6) 수면번뇌의 빽빽한 숲 302
   (7) 생을 받는 빽빽한 숲 315
   (8) 습기가 이어지는 빽빽한 숲 326
   (9) 3가지 무리의 각기 다른 모양의 빽빽한 숲 244

화엄경소론찬요 제72권 ◉ 십지품 제26-13

    3) 안주함을 총괄하여 끝맺다 355
    4. 설법의 성취 356
    1) 지혜의 성취 357
    2) 구업口業의 성취 363
    3) 법사의 자재함 성취 424

    [2] 제9 선혜지의 지위와 결과 435

  제3. 금강장보살의 게송 439

화엄경소론찬요 제73권 ◉ 십지품 제26-14

  ◉ 제10. 법운지

    • 대의를 밝히다 455
    • 경문의 해석 461

  제1. 찬탄하며 법을 청한 부분 462

  제2. 바로 설법하는 부분 471
    [1] 제10 법운지法雲地의 행상 472

1. 방편으로 지음이 십지十地를 만족케 하는 부분 474
2. 삼매를 얻은 부분 483
3. 지위를 받은 부분 492
1) 법 493
2) 비유 523
3) 종합 525
4) 총체로 결론짓다 526
4. 크게 다함에 들어가는 부분 528
1) 지혜의 광대함을 밝히다 530
2) 해탈의 광대함을 밝히다 556
3) 나머지 삼매, 다라니, 신통의 광대함을 밝히다 561
5. 명칭을 해석하는 부분 563
6. 신통력이 위가 있거나 위가 없는 부분 576
1) 바로 신통을 밝히다 576
2) 의심을 끊고 뛰어남을 밝히다 589
7. 십지 전체의 영상影像 부분 613
1) 연못의 비유 619
2) 산의 비유 622
3) 큰 바다의 10가지 모양의 비유 635
4) 마니주의 비유 641
8. 십지 전체의 이익을 밝히는 부분 648

제3. 금강장보살의 게송 660

화엄경소론찬요 제70권
華嚴經疏論纂要 卷第七十

●

십지품 제26-11
十地品 第二十六之十一

第八 不動地

初는 大意라

  제8. 부동지

  첫 부분은 대의이다.

● 疏 ●

所以來者는 瑜伽云 ‘雖於無相에 作意 無缺無間하야 多修習住나 而未能於無相住中에 捨離功用하며 又未能得於相에 自在하니 修習得滿이라하니 故次來也니라

又約寄位인댄 初之三地는 寄同世間이오 次有四地는 寄三乘法이오 第八已去는 寄顯一乘이니라 莊嚴論에 釋第七云 ‘近一乘故라하며 梁論에 亦說八地已上을 以爲一乘이라하니 是知從前差別하야 進入一乘일세 故次來也니라

  여기에 이를 쓰게 된 이유는 유가사지론에서 말하였다.

  "비록 모양이 없는 도리에 마음을 두어 부족하거나 간단없이 많이 닦고 익혀 머문다 할지라도 아직은 모양 없는 자리에 머물면서 공용을 버리기까지는 못했으며, 또한 모양 있는 자리에서도 자재함을 얻지 못하므로, 닦고 익혀 원만함을 얻는다."

  이런 이유로 이를 다음으로 쓰게 된 것이다.

  또한 지위에 붙여 말하면, 앞의 제1~3지까지는 세간과 함께한 데에, 다음 제4~7지는 삼승의 법에, 제8지 이후는 일승법에 붙여

밝히기 때문이다.

 대승장엄경론에서는 제7 원행지에 대해서 "일승법에 가깝기 때문이다."고 해석하였으며, 양섭론에서도 "제8 부동지 이상을 일승법이라 한다."고 말하였다. 이로써 앞에서부터 階位를 구분하여 일승법으로 나아감을 알 수 있기에 이를 다음으로 쓰게 된 것이다. 言不動者는 總有三義故니 成唯識云 '無分別智 任運相續하야 相·用·煩惱 不能動故라'하니 謂任運故로 功用에 不能動이오 相續故로 相不能動이오 總由上二하야 煩惱不動이니 與本分으로 大同이라【鈔 _ '與本分'下는 卽本論云 '報行純熟하야 無相無間일새 故名不動이라'하니 報行純熟은 卽是功用不動이라 前地所修 今此位成일새 名爲報熟이오 空有常行일새 名爲無間이오 不爲有間空故며 常在無相觀故니라】

 흔들리지 않는다[不動]고 말한 것은 총체로 3가지의 뜻이 있기 때문이다.

 성유식론에서, "절대적이며 궁극적인 진리를 올바르게 파악하는 지혜[無分別智]가 자연스럽게 이어지면서 현상·功用·번뇌가 그를 뒤흔들지 못하기 때문이다."고 하였다. 자연스럽기[任運]에 공용에 흔들리지 않고, 이어지기 때문에 모양에 흔들리지 않고, 위의 2가지를 총괄함으로 인하여 번뇌에 흔들리지 않는다. 本分의 자리와 거의 같음을 말한다.【초_ '與本分' 이하는 본 논에서 이르기를, "報行이 완전히 성숙되어 모양도 없고 사이도 없는 까닭에 흔들리지 않는다."고 하였다.

여기에서 말한 '보행이 완전히 성숙되었다.'는 것은 공용에 흔들리지 않음이다. 앞의 제7 원행지에서 닦았던 것을 이의 제8 부동지에서 성취하였기에 이를 보행이 성숙되었다고 말한다.

'空'과 '有'를 항상 행하므로 '간격이 없다.'고 말하고, '유'가 '공'과 사이가 없기 때문이며, 항상 모양 없음을 관찰하기 때문이다.】

故所離障은 亦離無相中에 作加行障이니 由有加行하야 未能現相及土나 此地에 能斷일세 說斷二愚니 一은 於無相에 作功用愚요 二는 於相自在愚니 令於相中에 不自在故니라

그러므로 여읠 대상의 장애는 또한 모양이 없는 자리에서의 加行에 장애가 되는 것까지도 여의어야 한다. 가행이 있음으로 인하여 아직은 마음대로 모양과 국토를 나타내지는 못하지만 제8 부동지에서는 이를 끊을 수 있다. 따라서 2가지 어리석음을 끊는다고 말하였다.

(1) 모양 없는 자리에서 공용을 지으려는 어리석음이며,

(2) 모양 있는 데에서 자재함을 얻으려는 어리석음이다. 모양이 있는 데에서 자재하지 못하기 때문이다.

◉ 論 ◉

此地는 何故로 名不動地오 明此位菩薩이 於處世間智에 不須功用하고 神智思量하야 不思不爲호되 而智隨萬有하야 通化無方이 名爲不動地라

此地는 行願波羅密이니 爲此地 智增하야 以智體本淨일세 以願興

行하야 轉更自在니라 若不以願起智면 恐還同二乘하야 以願防之하야 不令滯淨이니 至此地已에 法合得諸佛의 三加七種勸으로 令念本願하야 起生智用에 任運能起廣大慈悲하야 便能成無作智悲하야 任運圓滿이라

이 지위는 무엇 때문에 부동지라 말하는가?

이 지위의 보살이 세간에 대처하는 지혜에 굳이 공용을 필요로 하지 않고, 신묘한 지혜로 헤아려서 생각하지 않고 작위하지 않지만 지혜가 만유를 따라 통하여 교화함에 일정한 곳이 없기에 그 이름을 부동지라 함을 밝힌 것이다.

이 지위에서는 원바라밀을 행한다. 이 지위는 지혜를 증장하여 지혜의 본체가 본래 청정하기에 원력으로써 자비의 행을 일으켜 차츰차츰 자재하게 된다. 만약 원력으로 지혜를 일으키지 않으면 도리어 이승과 같을까 두려워한 나머지, 원력으로 이를 막아서 청정함에 집착하지 않도록 하려는 것이다.

이 지위에 이른 뒤에는 모든 법이 제불의 3가지 가피[三加: 1. 諸佛現身, 2. 與智, 3. 言讚善哉善哉]와 7가지의 권면[아래 二 正顯勸辭 부분의 七勸]과 일치하므로, 본래 서원을 생각하여 지혜 작용을 일으키게 된다. 이는 어디까지나 자연스럽게 광대한 자비를 일으켜서, 억지로 하는 일이 없는 지혜 자비를 곧바로 성취하여 마음대로 원만히 행하는 것이다.

● 疏 ●

其所詮如를 名不增減이니 以住無相하야 不隨淨染有增減故니라 卽此를 亦名相土自在所依眞如니 證此眞如에 現相現土 皆自在故니라【鈔_ 中邊論云 '由通達此하야 圓滿 證得無生法忍일새 於諸淸淨雜染法中에 不見一法有增有減이라'하니 上釋不增減이니라

世親이 釋相土自在所依眞如云호되 '於諸相中에 而得自在를 名相自在오 隨其所欲하야 卽能現前일새 故於所現土에 而得自在니 如欲令土로 成全等寶하야 隨意成故라'하니라

釋曰 相約現身이오 土約器界라 故下文中에 於三世間에 而辨自在故니라】

　　그 증득 대상인 진여를 '더하거나 줄어듦이 없는 진여[不增減眞如]'라고 말한다. 형상이 없는 근본 자리에 머물러 청정과 잡염을 따라 더하거나 줄어들지 않기 때문이다. 이런 이치에 하나가 된 것을 '형상과 국토에 자재하게 의지하는 진여[相土自在所依眞如]'라고 말한다. 이런 진여를 증득하면 형상이나 국토를 나타냄이 모두 자재하기 때문이다.【초_ 중변론에서는, "이를 통달함으로 인하여 원만하게 무생법인을 증득하였으므로 모든 청정과 잡염의 법 가운데, 그 어떤 법도 더하거나 줄어듦을 볼 수 없다."고 하였다. 위의 논은 증감이 없음에 대해 해석한 말이다.

　　세친보살이 '형상과 국토에 자재하게 의지하는 진여'에 대해 다음과 같이 해석하였다.

"모든 형상에서 자재함을 얻은 그 이름을 '형상에 자재함[相自在]'이라 말한다. 그가 원하는 바를 따라 바로 앞에 나타나기 때문이다. 나타내고자 하는 국토에 대해 자재함을 얻었다. 이는 마치 그 국토를 진금 등의 보배로 이뤄줬으면 하고 생각하면 그 생각하는 대로 성취되기 때문이다."

이에 대한 해석은 다음과 같다.

"형상은 나타내는 몸으로, 국토는 器世間으로 말하였다. 이 때문에 아래 문장에서 3가지 세간에 자재함을 밝힌 것이다."】
所成行을 亦名無生法忍相土自在오 及所得果는 卽定自在等이니 皆由無相無功用故니라

성취 대상의 행을 또한 '무생법인으로 형상과 국토에 자재함'이라고도 말한다. 그리고 증득한 과덕은 선정에 자재함 등이다. 모두 형상이 없음과 공용이 없음으로 연유한 때문이다.

次正釋文
亦有三分하니
初는 讚請이라

다음은 경문의 해석이다.
이 또한 3단락이다.
제1. 찬탄하며 법을 청한 부분

是時天王及天衆이 **聞此勝行皆歡喜**하야
爲欲供養於如來와 **及以無央大菩薩**하야

그때, 천왕과 하늘 대중이
이런 좋은 행을 듣고 모두 기뻐하여
자비하신 부처님과
한량없는 보살님께 공양하고자

雨妙華幡及幢蓋와 **香鬘瓔珞與寶衣**의
無量無邊千萬種하니 **悉以摩尼作嚴飾**이로다

미묘한 꽃과 깃발, 당기와 일산
향과 화만, 영락과 옷들을
한량없고 끝없이 천만 가지 뿌릴 적에
모두 마니주로 곱게 꾸몄어라

◉ 疏 ◉

讚請中에 有十二頌을 分二하니
前十은 讚이오 後二는 請이라
前中에 二니
初二는 天王天衆供讚이라

찬탄하며 법을 청한 부분의 12수 게송은 2단락으로 나뉜다.
(1) 앞의 10수 게송은 찬탄이며,

(2) 뒤의 2수 게송은 청법이다.

'(1) 앞의 10수 게송'은 다시 2부분이다.

첫 2수 게송은 천왕과 천상 대중이 공양 올리며 찬탄함이다.

經

天女同時奏天樂하야　　普發種種妙音聲하야
供養於佛幷佛子하고　　共作是言而讚歎호되

　천상 여인은 일시에 하늘 음악으로
　가지가지 음성 두루 울려
　부처님과 불자에게 공양하고
　모두가 이런 말로 찬탄하였어라

一切見者兩足尊이　　哀愍衆生現神力하사
令此種種諸天樂으로　　普發妙音咸得聞이로다

　일체중생 우러러보는, 지혜 복덕 구족하신 부처님
　중생을 가엾이 여겨 신통력 나타내어
　가지가지 하늘 음악으로
　아름다운 소리 내어 들려주네

● 疏 ●

後八은 天女樂讚이라

於中에 二니 初二는 標讚所依오 餘六은 正顯讚德이니 總讚如來身

土自在는 將說身土自在地故니라 於中에 毛端은 約刹論處요 毛孔은 約身이라

뒤의 8수 게송은 천상 여인이 음악으로 찬탄함이다.

이는 2부분으로 나뉜다.

첫 2수 게송은 의지 대상을 내세워 찬탄하였고,

뒤의 6수 게송은 부처님의 공덕 찬탄을 밝히고 있다. 이는 부처님의 몸과 국토에 자재함을 총괄하여 찬탄한 것은 장차 '몸과 국토에 자재한 지위[身土自在地]'임을 말하고자 하였기 때문이다. 이 부분에서 말한 '털끝[於一毛端]'은 세계를 들어 공간의 처소를 논하였고, '모공[一毛孔內]'은 몸을 들어 처소를 밝힌 것이다.

經

於一毛端百千億　　　那由他國微塵數에
如是無量諸如來　　　於中安住說妙法이로다

　하나의 털끝에 미진수(微塵數)처럼
　백천만 억 나유타 수많은 국토여
　그처럼 또한 한량없는 부처님이
　털끝 속에 계시면서 미묘 법문 연설하네

一毛孔內無量刹에　　　各有四洲及大海하며
須彌鐵圍亦復然하야　　悉見在中無迫隘로다

　하나의 모공에 들어 있는 수없는 세계

세계마다 사천하와 바다가 있고
수미산과 철위산 또한 그처럼 솟아 있으나
모공에 있어도 비좁지 않음을 보노라

一毛端處有六趣하니　　　**三種惡道及人天**과
諸龍神衆阿修羅　　　　　**各隨自業受果報**로다

하나의 털끝에 육도 윤회 세계여
삼악도 그리고 인간과 천상
용왕이며 신중이며 아수라가
제각기 업을 따라 과보 받노라

於彼一切刹土中에　　　　**悉有如來演妙音**하사
隨順一切衆生心하야　　　**爲轉最上淨法輪**이로다

그러한 일체 세계 모든 국토에
부처님 계시면서 미묘 법문 연설하여
일체중생 마음을 따라
가장 뛰어난 청정 법륜 굴리시네

刹中種種衆生身이오　　　**身中復有種種刹**하야
人天諸趣各各異어든　　　**佛悉知已爲說法**이로다

세계마다 가지가지 다른 중생의 몸
그들 몸에는 가지가지 다른 세계 있어

천상, 인간, 여러 세계 각기 다른데
부처님 다 아시고 그들 따라 설법하노라

大刹隨念變爲小하고　　**小刹隨念亦變大**하니
如是神通無有量이라　　**世間共說不能盡**이로다

큰 세계는 생각 따라 작게 변하고
작은 세계 생각 따라 크게 변하니
이러한 신통 변화 한량없어
세간 중생 모두가 그지없다 말하네

● 疏 ●

六中에 前四는 依正互在오 五는 依正重重이오 六은 轉變自在오 兼結無盡이라

6수 게송 가운데 앞의 4수 게송은 의보와 정보가 모두 있고, 다음 게송[刹中種種…]은 의보와 정보가 거듭 중첩되었고, 뒤의 게송[大刹隨念…]은 변화가 자재하고, 겸하여 그지없음을 끝맺었다.

經

普發此等妙音聲하야　　**稱讚如來功德已**하고
衆會歡喜默然住하야　　**一心瞻仰欲聽法**이로다

이러한 미묘한 음성 두루 내어

여래의 크신 공덕 찬탄한 후에

법회 대중 기쁜 마음으로 말없이 앉아

한결같은 마음으로 우러러 법문 듣노라

時解脫月復請言호되　　**今此衆會皆寂靜**하니
願說隨次之所入인　　　**第八地中諸行相**하소서

그때, 해탈월이 다시 법문 청하는 말씀

"여기 모인 대중이 정숙하오니

바라건대 다음 지위에 들어갈 수 있는

제8 부동지 행상을 말해주소서!"

● **疏** ●

後請이니 **可知**로다

(2) 맨 뒤의 2수 게송은 법문을 청함이니, 이는 말하지 않아도 알 수 있다.

第二 正說

分中에 **二**니 **先**은 **地行**이오 **後**는 **地果**라

前中에 **有七種差別**하니

一은 **總明方便集作地分**이오

二 **入一切法本來無生 下**는 **得淨忍分**이오

三'佛子菩薩成就此忍'下는 得勝行分이오

四'佛子菩薩住此第八地以大'下는 淨佛國土分이오

五'佛子菩薩成就如是身智'下는 得自在分이오

六'此菩薩如是入已'下는 大勝分이오

七'佛子此菩薩智地'下는 釋名分이라

七中에 初二는 是趣地方便이라

一은 是遠方便이니 總前七地하야 集作此地方便故오

二는 是近方便이니 前地에 得忍光明을 此修熟令淨故니라

三은 是初住地行이니 謂依前淨忍하야 發起勝修故니라

次二는 卽安住地行이니

謂四는 是正住之始니 依前勝行하야 更起修淨佛土之行이오

五는 卽正住之終이니 由淨土行하야 成德無礙라

六은 是地滿行이니 此地를 望前에 通皆是勝이오 今復地滿일새 勝中之勝이니 故云大勝이라

七은 卽辨德彰號니 通於始終이니라

又前二分은 卽是入心이오 餘是住心이니라

今初는 分二니

先은 標集德處라

> 제2. 바로 설법하는 부분
>
> 이는 2단락이다.
>
> [1] 제8 부동지의 행상이고,
>
> [2] 제8 부동지의 과덕이다.

'[1] 제8 부동지의 행상' 부분에는 7가지 차별이 있다.

1. 방편을 모아 제8 부동지를 지음에 대해 총체로 밝힌 부분이며,

2. '入一切法本來無生' 이하는 청정법인을 얻은 부분이며,

3. '佛子菩薩成就此忍' 이하는 뛰어난 행법을 얻은 부분이며,

4. '佛子菩薩住此第八地以大' 이하는 불국토를 청정하게 하는 부분이며,

5. '佛子菩薩成就如是身智' 이하는 자재를 얻은 부분이며,

6. '此菩薩如是入已' 이하는 크게 뛰어난 부분이며,

7. '佛子此菩薩智地' 이하는 명칭 해석 부분이다.

7가지 차별 가운데, 처음 2부분[1. 方便集作地分, 2. 得淨忍分]은 제8 부동지로 나아가는 방편이다.

1. 方便集作地分은 멀리 있는 방편이다. 앞의 7지를 총괄하여 모아 제8 부동지를 짓는 방편이다.

2. 得淨忍分은 가까운 방편이다. 앞의 지위에서 얻은 법인광명을 여기서 닦고 성숙시켜 청정하기 때문이다.

3. 得勝行分은 처음으로 제8 부동지에 안주한 행이다. 앞의 청정법인에 의하여 뛰어난 수행을 일으켰기 때문이다.

다음 2부분[4. 淨佛國土分, 5. 得自在分]은 제8 부동지에 안주하는 행이다.

4. 淨佛國土分은 바로 제8지에 안주하는 시초이다. 앞의 뛰어난 행에 의하여, 다시 부처님의 국토를 청정케 하는 행을 일으킴을

말한다.

    5. 得自在分은 바로 제8지에 안주하는 끝부분이다. 정토의 행으로 인하여, 과덕의 성취에 걸림이 없다.

    6. 大勝分은 제8지가 원만한 행이다. 제8지를 앞의 지위와 대조하여 보면 온통 모두 뛰어나지만, 여기에서 다시 제8지가 원만하기에 이는 뛰어난 가운데서도 뛰어나, 크게 뛰어나다[大勝]고 말하였다.

    7. 釋名分은 과덕을 구분하여 명호를 밝힘이니, 이는 처음부터 끝까지 모두 통하는 자리이다.

    또한 앞의 2부분[方便集作地分, 得淨忍分]은 '제8지에 들어가는 마음'이며, 나머지는 '제8지에 안주하는 마음'이다.

    이의 '1. 方便集作地分'은 다시 2부분이다.

    1) 앞의 果德을 모으는 곳을 밝히다

經

爾時에 金剛藏菩薩이 告解脫月菩薩言하사대
佛子여 菩薩摩訶薩이 於七地中에

    그때, 금강장보살이 해탈월보살에게 말하였다.

    "불자여! 보살마하살이 앞의 7지에서,

● 疏 ●

集德處니 謂總前七地오 非獨第七이라 第七이 雖亦有下十法이나

而非次第니 以是功用行滿하야 無功用際일새 故總集之니 卽四節中의 當第三也니라【鈔_ 四節之總은 初地에 已釋이니 謂一은 入位오 二는 入地오 三은 入無功用이오 四는 菩薩地盡이니라】

공덕을 모은 곳이다. 이는 앞의 7지를 총괄한 것이지, 7지만을 말한 게 아니다. 제7 원행지에 비록 아래의 10가지 법이 있다 하지만 차례가 아니다. 공용 있는 행이 원만하여 공용 없는 단계이므로 총괄하여 모은 것이다. 이는 4절 가운데 제3절에 해당한다.【초_ '4절의 총체'에 대해서는 초지에서 이미 해석한 바 있다. 제1절 들어가는 지위, 제2절 들어간 단계, 제3절 공용이 없는데 들어간 단계, 제4절 보살의 마지막 단계이다.】

二 正顯所集
2) 바로 모으는 대상을 밝히다

經
善修習方便慧하며 **善淸淨諸道**하며 **善集助道法**하며 **大願力所攝**이며 **如來力所加**며 **自善力所持**며 **常念如來力無所畏不共佛法**하며 **善淸淨深心思覺**하며 **能成就福德智慧**하며 **大慈大悲**로 **不捨衆生**하며 **入無量智道**하니라

방편지혜를 잘 닦고,

모든 도를 잘 청정케 하며,

도를 돕는 법을 잘 모으고,

큰 원력으로 받아들이며,

여래의 힘으로 가피하고,

자기 선근의 힘으로 유지하며,

언제나 여래의 힘과 두려움이 없는 바와 그 누구도 함께할 수 없는 부처님 법을 생각하고,

깊은 마음으로 생각함을 잘 청정케 하며,

복덕과 지혜를 성취하고,

대자대비로 중생을 버리지 않으며,

한량없는 지혜의 도에 들어가는 것이다.

◉ 疏 ◉

有十一句를 分二니 前三은 同相이니 諸地通行故오 後八은 別相이니 諸地異修故니라

同中三句니 一은 二種無我로 上上證故니 此卽證道라 地地轉勝일세 名上上證이니 巧證不著일세 經云方便이라【鈔_ 一二種無我下는 卽論文이오 此下는 疏釋이니 十地에 同證二無我理라 下之二句에 皆有三段하니 一은 擧經이오 二는 擧論釋이오 三은 疏釋論이라】

　11구는 2단락으로 나뉜다.

　(1) 앞의 3구는 동일한 양상이다. 이는 모든 지위에 통하는 행이기 때문이며,

　(2) 뒤의 8구는 개별의 양상이다. 모든 지위에서 다르게 닦기

때문이다.

'(1) 앞의 동일한 양상' 부분은 3구이다.

제1구[善修習方便慧]는 法無我와 人無我로 최상의 최상을 증득하기 때문이다. 이는 곧 도를 증득함이다. 지위마다 더욱 뛰어나므로 '최상의 최상 증득[上上證]'이라 하였다. 잘 증득하여 집착하지 않으므로 경문에서 '방편'이라 말하였다.【초_ '一二種無我' 이하는 논의 문장이며, '此卽' 이하는 청량소의 해석이다. 10지는 모두 법무아와 인무아로 증득하려는 것이다.

아래 2구는 모두 3단락이다.

① 경문을 들어 말하였고,

② 논을 들어 해석하였으며,

③ 소로 논을 해석하였다.】

二'善淨諸道'者는 不住道淸淨故니 悲智雙運일새 故名爲諸라

제2구 "모든 도를 잘 청정하게 한다."는 말은 머물지 않는 도가 청정하기 때문이다. 자비와 지혜를 동시에 썼으므로 '모두[諸]'라 말하였다.

三'善集助道'者는 彼方便智行의 所攝이니 滿足助菩提分法故니라 方便은 是前證道요 行은 卽不住道니 悲智等行故니라 菩提分은 卽是彼二所攝之助니 助彼二故니라

제3구 "도를 돕는 법을 잘 모은다."는 방편지혜의 행에 포함된다. 보리의 부분법을 만족하기 때문이다. '방편'은 앞의 증도이고, '행'은 머물지 않는 도이니 자비와 지혜를 평등하게 행하기 때문이

다. 보리의 부분법은 그 證道와 不住道에 포함된 부분법이다. 그 2가지를 돕기 때문이다.

後'大願'下는 別相이라 攝八爲七이니
一은 初地大願攝持하야 能至此故오

(2) 뒤의 '大願力' 이하는 개별의 양상이다. 8구를 7가지로 포괄하였다.

① 초지의 큰 서원으로 포괄하여 여기에 이르렀기 때문이다.

二는 二地攝善戒中에 如來力加故니 彼經에 爲證十力四無所畏等故니 是故로 我今에 等行十善等이 卽上承佛力이라

② 제2 이구지의 攝善法戒 가운데 여래의 위신력으로 가피한 때문이다. 그 경문에서 "여래의 十力과 4가지 두려움 없음[四無畏] 등을 증득하기 위한 때문이다. 이 때문에 나는 이제 열 가지 선법 등을 똑같이 수행한다."는 것이 곧 위로 부처님의 위신력을 받드는 것이다.

三地中에 因修自證禪定神通이 名自善力所持라

③ 제3 발광지에서 수행으로 인하여 스스로 선정과 신통을 증득함을 "자기 선근의 힘으로 유지한다."고 말한다.

四'常念'下는 論云 '四地中에 所說法分別智와 敎化智와 障淨勝과 念通達佛法'者는 謂前十法明門이 是智오 分別은 卽前觀察이니 依彼智明하야 入如來所說法中이라 次敎化智는 卽彼經淸淨分中에 以十種智로 成就法故로 生如來家오
障淨勝者는 卽彼論에 釋호되 謂滅三地智障하고 攝四地勝智故라하

니 上之二段이 皆念通達佛法일세 故與此同이니라【鈔_ '四常念'下
는 卽經常念如來力無所畏不共佛法이니 次는 牒論文이오 論有二
節하니 一은 先牒前文이오 二는 念通達佛法이니 卽以前으로 釋此라
就牒前文中하야 牒兩處文하니 一'所說法分別智'는 卽牒前因分
中義오 後'敎化智·障淨勝'은 牒前淸淨分中義니라
'謂前十法'下는 疏釋論이라 依前二段釋之니 先은 釋牒前因分中
義일세 故云'謂前十法明門是智'니 故前疏云 明爲能入之門이오
法爲所入之法이라 此上은 疏指前經이오 '依彼智'下는 彼論具云
'得證地智光明하고 依彼智明하야 入如來의 所說法中이라'하니라
釋曰 得證地智는 卽四地證智오 其光明은 卽前三地에 得此四地
證智前相이라 此兩處智는 俱欲通達佛法이니 佛法은 是三地求多
聞所得이라 卽十法明門中에 所觀察衆生界法界世界等이니라
'次敎化智'者는 卽釋論牒第二段經이라 先標牒經이라 具云 '以十
種智로 成就法故로 得彼內法하야 生如來家'라하니라
'障淨勝'者는 卽論에 牒前論釋이라
'謂滅三地'下는 疏取意釋論이니 若具인댄 '論文言云 何於如來家
轉有勢力고 依止多聞하야 智障究竟故며 除滅智障攝勝故'라하니
今疏已釋이니라
'上之二段'下는 釋論念通達佛法이니 卽以前으로 釋此也니 二處
皆念通達佛法이니 佛法은 卽力無畏等이니라】

④ '常念如來' 이하는 논에서, "제4 염혜지에서 말한, 법을 분
별하는 지혜, 교화하는 지혜, 장애를 청정함이 뛰어남, 불법의 통달

을 생각한다."고 말한 것은 앞의 '10가지 법의 광명문'이란 지혜이고, 분별은 앞의 '관찰'이다. 그 지혜의 광명에 의하여 여래가 말한 법에 들어감을 말한다.

다음의 '교화하는 지혜'는 곧 경문의 淸淨分 가운데 10가지 지혜로 성숙한 법이므로 여래의 가문에 태어나게 된다.

'장애를 청정함이 뛰어남'이란 그 논에서, "제3 발광지의 지혜 장애를 없애고 제4 염혜지의 뛰어난 지혜를 받아들였기 때문이다."고 해석하였다.

위의 2단락은 모두 불법을 통달하고자 생각한 까닭에 이와 같은 내용이다.【초_ '四常念' 이하는 곧 경문의 "언제나 여래의 힘과 두려움이 없는 바와 그 누구도 함께할 수 없는 부처님 법을 생각함"이다.

다음은 논의 문장을 뒤이어 말하였고, 논에는 2구가 있다.

첫째, 먼저 앞의 문장을 이어 말하였고,

둘째, 불법을 통달하려고 생각함이다. 이는 앞의 문장으로 이를 해석하였다.

'앞의 문장을 이어 말한' 부분에서는 2곳의 문장을 이어 말하였다.

㉠ '여래가 말한 법을 분별하는 지혜'는 곧 앞의 因分 중에서 말한 의미를 이어 말하였고,

㉡ '교화하는 지혜'와 '장애를 청정함이 뛰어남'은 앞의 淸淨分의 뜻을 이어 말하였다.

'謂前十法' 이하는 청량소에서 논을 해석한 부분이다. 앞의 2단락에 의하여 이를 해석한 것이다.

앞은 因分 중에서 말한 의미를 이어 해석하였기에 '앞의 10가지 법의 광명문이 지혜'임을 말하였다. 이 때문에 앞의 청량소에 이르기를, "광명이란 들어가는 주체의 문이 되고, 법이란 들어갈 대상의 법이다."고 하였다.

이상은 청량소에서 앞의 경문을 지적한 부분이며, '依彼智' 이하는 그 논에서 구체적으로 말한다면, "십지의 지혜 광명을 증득하고, 그 지혜 광명에 의하여 여래께서 설한 법으로 들어간다."고 하였다.

이에 대한 해석은 다음과 같다.

'십지의 지혜를 증득한다.'는 것은 곧 제4 염혜지의 증득한 지혜이다. 그 광명은 앞의 제3 발광지로서, 이런 제4 염혜지에서 증득한 지혜를 얻기 이전의 양상이다. 이 2곳의 지혜는 모두 불법을 통달하기 위함이다. 불법은 제3 발광지에서 多聞으로 구하여 얻은 결과이다. 이는 10가지 법의 광명문 가운데 관찰의 대상인 중생계와 법계와 세계 등을 가리킨다.

다음 '교화하는 지혜'는 논에서 제2단락의 경문을 이어서 해석한 내용이다. 앞에서는 경문을 이어 말했음을 밝혔다. 이를 구체적으로 말하면, "10가지 지혜로 성취한 법이므로 그 내면의 법을 얻어 여래의 집안에 태어난다."고 하였다.

'장애를 청정함이 뛰어남'이란 논에서 앞의 논문을 이어서 해석한 말이다.

'滅三地' 이하는 청량소에서 의미를 취하여 논을 해석하였다. 이를 구체적으로 말한다면, "어째서 여래의 집안에 더욱 세력이 있게 되는가? 多聞에 의하여 지혜 장애가 다하였기 때문이며, 지혜 장애를 없애고 뛰어난 행을 받아들였기 때문이다."고 말해야 한다. 청량소에서 이미 이처럼 해석하였다.

'위의 2단락' 아래는 논의 '불법을 통달하려는 생각'을 해석한 내용이다. 이는 앞의 제7 원행지로 이를 해석하였다. 제7지와 제8지 2곳이 모두 불법의 통달을 생각함이다. 여기서 말한 불법이란 여래의 十力과 두려움이 없음 등이다.】

五地中에 有十種平等深淨心하니 故云善淨深心이니 此心이 卽是思覺이니라

⑤ 제5 난승지 가운데 10가지 평등하고 깊은 마음이 있다. 이 때문에 '청정하고 깊은 마음'이라 하였다. 이런 마음이 곧 깨달으려는 생각이다.

六能成就는 六地中에 三種大悲니 故云 成就福德이니라 三이 皆觀因緣集이 卽成就智慧니라【鈔_ 三種大悲者는 卽大悲爲首와 大悲增上과 大悲滿足으로 觀因緣生滅이니라】

⑥ '能成就'는 제6 현전지 가운데 3가지 大悲이다. 이 때문에 "복과 덕을 성취한다."고 하였다. 3가지 大悲는 모두 인연법을 관찰하여 모은 것으로, 곧 지혜를 성취함이다.【초_ '3가지 大悲'란 대비로 머리를 삼는 것, 대비의 증상, 대비의 만족으로 인연법이

생겨나고 사라짐을 관찰하는 것이다.】

七中二句는 以近此地故니라

初는 空中方便智와 有中殊勝行이 皆是大慈大悲로 不捨衆生行이오

次句는 卽前以無量衆生界故로 入無量智道니라

⑦ 이 부분의 2구는 제8 부동지에 가깝기 때문이다.

앞 구절[大慈大悲不捨衆生]은 '空' 가운데 방편지혜와 '有' 가운데 뛰어난 행이 모두 대자대비로 중생을 버리지 않는 행이며,

다음 구절[入無量智道]은 앞에서 말한 한량없는 중생세계 때문에 한량없는 지혜의 길에 들어간다는 뜻이다.

一總明方便集作地分 竟하다

1. 방편을 모아 제8 부동지를 지음에 대해 총체로 밝힌 부분을 끝마치다.

第二 淨忍分

有十五句니 分三이라

初十은 正明無生忍이오 次四는 明無生忍淨이오 後一은 結得忍名이라

今은 初라

2. 청정법인을 얻은 부분

15구이다. 이는 3단락으로 나뉜다.

1) 앞의 10구는 무생법인을 밝혔고,
2) 다음 4구는 무생법인의 청정을 밝혔으며,
3) 뒤의 1구는 무생법인의 명칭을 끝맺었다.
이는 '1) 무생법인을 밝힌 10구'이다.

經

入一切法의 **本來 無生·無起·無相·無成·無壞·無盡·無轉**과

일체 법의 본래 생겨남도 없고, 일어남도 없고, 모양도 없고, 이룸도 없고, 무너짐도 없고, 다함도 없고, 옮겨감도 없으며,

◉ 疏 ◉

然無生忍이 畧有二種하니

一은 約法이오 二는 約行이라

約法은 則諸無起作之理일세 皆曰無生이오 慧心이 安此일세 故名爲忍이니 卽正明中意오

約行은 則報行純熟하고 智冥於理하야 無相無功이 曠若虛空하고 湛猶渟海하며 心識妄惑이 寂然不起일세 方曰無生이니 卽淨忍中意라 前一은 猶通諸地로되 未得於後라 不稱淨忍이니라

今初段中에 言 '一切法'者는 總該萬有理事之法이라 入은 卽證達이니라 以歷事難窮일세 畧陳其十이라

十中에 相從으로 爲四無生하니

前七은 爲一이니 名事無生이오

後三은 各一이니 二는 自性無生이오 三은 數差別無生이오 四는 作業無生이니라

四中에 一은 破相이오 二는 破性이오 三은 因泯이오 四는 果離라 卽前二는 破相入如오 後二는 證實捨相이니라

又四中에 約法性收인댄 不出眞妄하니 妄法本空일새 稱曰無生이오 眞法離相일새 亦曰無生이라 依佛性等論하야 說三性無生은 如初會說이니라【鈔_ '言佛性論'者는 卽彼三性品이니 論云 '由有三性故로 說不了義經이어니와 達三性者는 自然顯了니 名了義經이라 如經中에 說하사대 若人이 得無生法忍하면 則不退墮니라 問云호되 此言은 云何成立고 答曰 由三性故로 則得成立이니 如來가 約分別性故로 說本來無生忍하고 約依他性故로 說自性無生忍하고 約眞實性故로 說惑垢苦本性이 無生忍이라'하니라

釋曰 若取文顯인댄 初一은 似約徧計니 以云本來無生故니라 第二는 同約依他니 以論에 云自性無生故니라 後二는 約圓成이니 以第三은 約位에 有垢淨故오 第四는 約佛하야 明所證故라】

그러나 무생법인에는 대략 2가지가 있다.

첫째, 법으로 말하고,

둘째, 행으로 말한다.

'첫째, 법으로 말함'은 모두 만들어 냄을 시작하는 이치가 없으므로 '생겨남이 없다[無生].'고 말하고, 지혜의 마음이 여기에 안주하였으므로 '忍'이라 말하니, 이는 바로 밝힌 부분에서 말한 뜻이다.

'둘째, 행으로 말함'은 報行이 純熟하고 지혜가 이치와 하나가 되어 형상 없고 공용 없음이 마치 허공처럼 비어 있고, 고요한 바다처럼 담담하며, 心識의 허망한 미혹이 고요하여 일어나지 않으므로 비로소 생겨남이 없다고 말한다. 이는 청정법인에서 말한 뜻이다.

앞의 '첫째, 법으로 말함'은 여러 지위에 통하긴 하지만, 아직은 '둘째, 행으로 말함' 부분처럼 얻지 못하였기에, 청정법인이라 말하지 못한다.

'첫째, 법으로 말함' 단락에서 말한 '一切法'이란 萬有의 이치와 현상의 법을 총괄하여 갖추고 있다.

'入'이란 곧 증득이요 통달이다. 현상의 일을 모두 다 들어 말하기 어려워서 간추려 그중 10가지만을 말하였다.

10가지 가운데 서로 함께하는 것끼리 모아 4가지 無生法忍으로 묶었다.

(1) 앞의 7가지[無生·無起·無相·無成·無壞·無盡·無轉]를 하나로 묶어 事無生이라 명명하였고,

뒤의 3가지는 각각 하나의 무생법인이다.

(2) [無性爲性], 自性無生이며,

(3) [初中後際 皆悉平等], 數差別無生이며,

(4) [無分別如如智之所入處], 作業無生이다.

4가지 무생법인 가운데,

'(1) 事無生'은 양상을 타파함[破相]이며,

'(2) 自性無生'은 자성을 타파함[破性]이며,

'(3) 數差別無生'은 원인이 사라짐[因泯]이며,

'(4) 作業無生'은 과행을 벗어남[果離]이다.

앞의 破相과 破性 2가지는 현상의 모습을 타파하여 진여에 들어감이며,

뒤의 因泯과 果離 2가지는 근본 실상을 증득하여 현상의 모습을 버림이다.

또한 4가지 무생법인 가운데, 법성을 들어 말하면 참된 법과 허망한 법에서 벗어나지 않는다. 허망한 법은 본래로 공하므로 無生이라 칭하며, 참된 법은 양상을 여읜 것이므로 이 또한 無生이라 말한다.

불성론 등에 의하여 3가지 '性無生'을 말한 것은 첫 아란야법보리장 법회에서 말한 바와 같다.【초_ '불성론'이란 불성론 三性品을 말한다.

불성론에서 말한 바는 다음과 같다.

"3가지 자성으로 인하여 부처님께서 '이치를 알 수 없는 경[不了義經]'을 설하셨지만, 3가지 자성을 통달한 자는 자연히 밝게 알기에 이를 '이치가 밝은 경[了義經]'이라고 말한다. 경문에서 말한 것처럼, 어떤 사람이 이미 無生法忍을 얻었다면 물러나거나 떨어지지 않을 것이다.

물었다.

'이 말씀이 어떻게 성립된 것입니까?'

대답하였다.

'3가지 자성이 있음으로 인하여 성립될 수 있다. 여래께서 분별하는 성품을 들어 말한 까닭에 본래 무생법인을 말하고, 의타기성을 들어 말한 까닭에 자성의 무생법인을 말하고, 진실한 자성을 들어 말한 까닭에 미혹과 번뇌와 고통의 본성이 무생법인임을 말하였다.'"

이에 대한 해석은 다음과 같다.

"만약 문장을 취하여 밝힌다면 첫째는 변계소집성을 들어 말한 것과 같다. 이는 本來無生을 말한 때문이다.

둘째는 함께 의타기성을 들어 말하였다. 논에서 自性無生을 말한 때문이다.

뒤의 2가지는 원성실성으로 말하였다.

셋째는 지위로 말하면 더러움과 청정함이 있기 때문이며,

넷째는 부처님을 들추어 증득의 대상을 밝힌 때문이다."】

事無生中에 前四는 不增이니 正顯無生이오 後三은 不減이며 亦卽無滅이니 法本不生이라 今則無滅이니라 以初로 攝後하야 皆曰無生이니라 【鈔_ 後三不滅下는 畧有二意하니 一者는 是無生中別義니 故次云 以初攝後皆曰無生이라

二者는 亦應名無滅忍이니 卽如前疏中說이라 今亦從總하야 但云無生이라 然此無生滅이 卽不增減眞如니 別是此地之所證故니라】

(1) 현상 일의 무생 부분 가운데 앞의 4가지[無生, 無起, 無相, 無成]는 늘어나지 않음이니 바로 무생임을 밝혔고, 뒤의 3가지[無壞, 無盡, 無轉]는 줄어들지 않음이며, 또한 사라짐이 없는 것이다.

47

법이 본래 생겨나지도 않는 터라, 이제는 사라짐도 없다. 앞의 것으로 뒤의 것을 포괄하여 모두 無生이라 말하였다.【초_ "뒤의 3가지는 줄어들지 않는다." 이하는 간단하게 2가지 뜻이 있다.

첫째, 無生 중에 개별의 의의이다. 그러므로 그다음에 뒤이어 말하기를, "앞의 것으로 뒤의 것을 포괄하여 모두 無生이라 말한다."고 하였다.

둘째, 또한 당연히 '無減法忍'이라 말해야 한다. 이는 앞의 청량소에서 말한 바와 같다. 여기에서는 또한 총상을 따라 無生이라 말했을 뿐이다. 그러나 여기에 생멸이 없는 것이 곧 增減이 없는 진여이다. 별상은 제8 부동지에서 증득할 대상이기 때문이다.】

別言七者는 爲治七種實故니라 實者는 隨相執定故니
一은 淨分法中에 本有實이니 謂計自性住性하야 爲事物有라할새 今爲治此하야 故云本來無生이니 本性離故니라 先若有生이면 後應滅故니라【鈔_ '別中七者'下는 別釋이라 隨相執實이니 卽是所治라 欲顯無生하야 反立七實이라

然文含二義하니

一者는 此之七實이 通於凡聖이니 故疏但案文釋이라

二者는 約位分別이라

於中有二하니 先明前四는 爲遣初地已上이오 後三은 爲遣外凡解行이라

前中에 又二니 先은 別明이오 後는 結束이라

前中一은 '淨分法中本有實'者는 是論이오 '謂計自性'下는 疏釋이라

先은 擧所治오 '今爲治此'下는 引經爲能治라 下七도 皆然이니라
此初는 多約初地라 自性住性은 卽第一義空이니 以初證故니라
若謂有物이 在於心中이라하면 爲事物有니 故爲所治일새 故今治之
니라 本來無生이어니 無生에 豈是事物有耶아
言'本性離故'者는 此釋經文無生之義라
'若先有生'下는 反以成立이니 卽淨名云 '法本不生이라 今則無滅
이니 得此無生法忍이 是爲入不二法門이라'하니라】

별상으로 7가지를 말한 것은 7가지 실법을 다스리기 위함이
다. 실법이란 양상을 따라 선정을 고집하기 때문이다.

① 淨分法 가운데 '본래로 존재하는 실법'이다. 자성이 머무
는 본성을 잘못 생각한 나머지 '현상 사물의 존재[事物有]'로 인식
한 것을 말한다. 여기에서는 이를 다스리기 위하여 본래 무생이라
하였다. 본성을 여읜 때문이다. 앞서 생겨남이 있으면 뒤에 반드시
사라지기 때문이다.【초_'別中七者' 이하는 개별의 해석이다. 양
상을 따라 실법이라고 집착함이니 이는 다스릴 대상이다. 無生을
밝히고자 반대로 7가지 실법을 세웠다.

그러나 이의 문장에는 2가지 뜻이 포함되어 있다.

첫째, 이런 7가지 실법이 범부와 성인에 모두 통한 까닭에 청
량소에서는 경문을 기준하여 해석했을 뿐이다.

둘째, 지위에 들어 분별하였다.

여기에는 또다시 2가지가 있다.

앞의 4가지는 초지 이상을 떨쳐버리기 위함이며,

뒤의 3가지[無壞, 無盡, 無轉]는 외도와 범부와 解行地 보살을 떨쳐버리기 위함이다.

앞의 4가지는 또다시 2가지가 있다.

앞은 개별로 밝혔고, 뒤는 끝맺음이다.

'앞의 개별로 밝힌' 부분에서 '淨分法 가운데 본래로 존재하는 실법'이라 한 것은 논의 문장이며, '謂計自性' 이하는 청량소의 해석이다. 앞에서는 다스릴 대상을 들어 말하고, '今爲治此' 이하는 경문을 인용하여 다스릴 주체로 삼은 것이다.

아래 7가지도 모두 이와 같다.

이의 첫 부분은 대체로 초지를 들어 말하고 있다. 自性住種性은 第一義의 '空'이다. 초지에서 증득한 때문이다.

만약 어떤 물건이 '마음속에 존재'한다고 말하면 현상 사물의 존재이다. 따라서 이는 다스릴 대상이기에 여기에서 다스리는 것이다. 본래 無生인데 무생에 어떻게 현상 사물이 존재하겠는가. '본성을 여읜 때문'이라고 말한 것은 경문에서 말한 무생의 뜻을 해석한 말이다.

'若先有生' 이하는 반설로 성립한 내용이다. 이는 유마경에서, "법은 본래 생겨나지 않는다. 이제는 사라질 것도 없다. 이런 무생 법인을 얻은 것이 바로 둘이 아닌 법문에 들어감이다."고 하였다.】

二는 新新生實일세 計習所成性하야 爲實이니 治此云無起니 從緣起故니라【鈔_ '二新新生實'者는 二地已上으로 乃至七地하면 修道漸增을 說爲新新이라 能治中에 言'從緣起故'者는 以從緣起니 起

卽無起니라】

　② 새롭게 생겨나는 실법이기에 이를 '익혀서 이룬 종성[習所成種性]'을 실법이라고 잘못 인식한 것이다. 이를 다스리는 것을 '일어남이 없다[無起].'고 말한다. 인연 따라 일어남을 따르기 때문이다. 【초_ '② 새롭게 생겨나는 실법'이란 제2 이구지 이상으로부터 제7 원행지에 이르면 도를 닦은 경지가 점차 더해지는 것을 '新新'이라 말한다.

　다스리는 주체 가운데 "인연 따라 일어남을 따르기 때문이다."고 말한 것은 연기법을 따름이다. 일어남은 곧 일어남이 없는 것이다.】
三은 相實이니 卽計前二性所生行相이라 治此云無相이니 前二의 能生이 無故니라【鈔_ '三相實'者는 卽八地로 至十地니 無功用相은 是上二相이오 智無功用은 是集起相이오 無生理現은 是本有相이니라】

　③ 형상의 실법이다. 이는 앞의 2가지 종성[自性住種性, 習所成種性]에서 생겨난 행상을 잘못 인식한 것이다. 이를 다스리는 것을 '형상이 없다.'고 말한다. 앞의 2가지 종성에는 생겨나게 하는 주체가 없기 때문이다.【초_ '③ 형상의 실법'이란 제8 부동지로부터 제10 법운지까지 해당한다. 공용 없는 모양은 위의 2가지 종성의 양상이며, 지혜에 공용이 없음은 集起心의 양상이며, 無生의 이치가 나타남은 본래 존재하는[本有] 양상이다.】
四는 後際實이니 謂計於佛果하야 後際에 出纏이라할세 治云無成이니 眞如出纏은 非新成故며 菩薩成佛時에 煩惱가 作菩提故니라
上四에 初一은 自性住佛性이오 次二는 引出이오 後一은 至得果性이

니라 又此四 展轉釋疑니 可知로다【鈔_ '四後際實'者는 佛果究竟
爲後며 果卽菩提涅槃이라 能治中 云'眞如出纏'은 釋無涅槃實이
오 '菩薩成佛'下는 顯無菩提實이라
'上四'下는 後結束에 有兩重하니 初는 約三佛性이니 三佛性義는 至
十地更明이니 大旨可知니라 '又此四'下는 二展轉收束이니 謂何以
知無本有實고 新熏無成故오 何以知無成고 二相不可得故오 何
以知不可得고 菩提涅槃亦離相故일세니라】

④ 미래의 실법이다. 불과를 미래에 번뇌에서 벗어남이라고 잘
못 인식하는 까닭에 이를 다스리는 것을 '이룸이 없다.'고 하였다.
진여법이 번뇌에서 벗어남은 새롭게 이룬 것이 아니기 때문이며,
보살이 성불할 즈음에 번뇌가 보리를 짓기 때문이다.

위의 4구 가운데, 첫째 無生은 자성이 머무는 불성이며, 다음
無起와 無相은 이끌어 내보임이며, 뒤의 無成은 불과의 종성을 얻
음에 이른 것이다.

또한 이 4구가 거듭 전전하면서 의심을 풀어주니, 이는 말하지
않아도 알 수 있다.【초_ '④ 미래의 실법'이란 佛果의 완전 성취를
미래라 하고, 佛果는 보리와 열반이다.

다스림의 주체 부분에서 "진여법이 번뇌에서 벗어남"이란 열
반의 실법이 없음을 해석한 것이며, '菩薩成佛' 이하는 보리의 실
법이 없음을 밝힌 것이다.

'上四' 이하는 뒤의 끝맺음에 2중의 의의가 있다.

첫째는 3가지 佛性으로 말한다. 3가지 불성에 대한 의의는 제

10 법운지에 이르러 더욱 분명하기에, 大旨는 말하지 않아도 알 수 있다.

'又此四' 이하는 둘째, 전전하면서 끝맺음이다.

어떻게 본래 실법이 없는 줄을 아는가? 新熏이란 이뤄질 수 없기 때문이다.

어떻게 신훈이 이뤄질 수 없는 줄을 아는가? 2가지 상을 얻을 수 없기 때문이다.

어떻게 2가지 상을 얻을 수 없는 줄을 아는가? 보리와 열반은 또한 모양을 여읜 때문이다.】

五는 先際實이니 謂對佛果後際하야 衆生煩惱 爲先이라할세 治云無壞니 煩惱卽空이라 無可壞故며 菩薩이 未成佛時에 菩提가 作煩惱故며 染淨和合하야 以爲衆生이라 前遣淨分하고 此遣染分이라 又前은 卽不空藏이오 此는 卽空藏이니 皆不可得이니라【鈔_ '五先際實'下는 第二. 釋後三句하야 遣地前執이니 初는 卽煩惱오 二는 卽生體니 是有爲故니라 三은 通上二니 亦卽是業이라

初句治中에 云'煩惱無可壞'者는 是性空門이오 '菩提作煩惱'는 約妙有稱實門이오 '染淨和合'下는 此中에 染은 卽煩惱오 淨은 卽如來藏이니 卽不生滅이 與生滅和合을 名爲衆生이라

上明不生不生하고 今辨生滅不生이라 又前卽不空藏者는 以佛性妙有故오 此卽空藏者는 不與煩惱相應故니라 今二藏을 雙遣하야 云皆不可得이니라】

⑤ 과거의 실법이다. 미래의 불과를 상대로 중생의 번뇌를 과

거로 삼았기에, 이를 다스리는 것을 '무너지지 않음[無壞]'이라고 말한다. 번뇌 그 자체가 '공'하므로 무너뜨릴 수 없기 때문이며, 보살이 성불하지 못했을 때에 보리가 번뇌이기 때문이며, 잡염과 청정이 뒤섞여서 중생이 된 것이다.

앞에서는 청정 부분을 떨쳐버렸고, 여기서는 잡염 부분을 떨쳐버렸다.

또한 앞은 '不空' 여래장이고, 여기는 '空' 여래장이니 모두 얻을 수 없다.【초_ '五先際實' 이하는 뒤의 3구[無壞, 無盡, 無轉]를 해석하여 십지 이전의 집착을 모두 떨쳐버린 것이다.

첫째 구절[無壞]은 번뇌이며,

둘째 구절[無盡]은 중생의 체성이니 '有爲'이기 때문이다.

셋째 구절[無轉]은 위의 번뇌와 유위 2가지에 모두 통한다. 이 또한 '業'이다.

첫째 구절의 다스리는 부분에 '번뇌를 무너뜨릴 수 없다.'고 말한 것은 '체성이 공한 문[性空門]'이며,

둘째 구절의 다스리는 부분에 '보리가 번뇌를 만든다.'는 것은 '미묘하게 존재함이 실법에 걸맞은 문[妙有稱實門]'이며,

셋째 구절의 다스리는 부분에 '染淨和合' 이하는 여기에서 잡염은 번뇌이고, 청정은 여래장이다. 생멸하지 않음이 생멸과 화합한 것을 중생이라 말한다.

위에서는 不生이 생겨나지 않음에 대해 밝혔고, 여기에서는 生滅이 생겨나지 않음에 대해 밝혔다.

또 앞에서 '不空 여래장'이라 말한 것은 불성의 妙有 때문이며, 여기에서 '空 여래장'이라 말한 것은 번뇌와 함께 상응하지 않기 때문이다. 여기에서 2가지 여래장을 동시에 모두 부정하여[雙遣] "모두 얻을 수 없다."고 하였다.】

六 論云 '盡實諸衆生'者는 謂執衆生이 念念盡故니 揀上煩惱故로 特云諸衆生故니라 上經云 '一切凡夫行이 莫不速歸盡이라'하고 治此云無盡하니 其性이 如虛空故일세니라【鈔_ '上經云'下는 卽須彌頂上偈讚品의 善慧菩薩偈니 以上半으로 爲所治하고 下半의 其性이 如虛空일세 故說無有盡으로 爲能治라 餘竝可知로다 所以先遣地上者는 正此所證故며 從細至粗故니라 又後擧地前은 以粗況細라 粗未證性하니 此應合有로대 今不可得이어든 況於地上佛性之性가】

⑥ 논에서 "모든 중생이 모두 실법이다."고 한 것은 중생이 순간순간 다한다고 집착함을 말한다. 위의 번뇌와의 차이를 구분하기 위하여 특별히 '모든 중생'이라 말하였다. 그러므로 앞의 경문에서는, "모든 범부의 행은 빨리 다하지 않은 게 없다."고 하였고, 이를 다스리는 것을 '다함이 없다[無盡].'고 하였다. 그 체성이 허공과 같기 때문이다.【초_ '上經云' 이하는 제14 수미정상게찬품의 선혜보살의 게송이다. 위의 절반 게송으로 다스릴 대상을 삼았고, 아래의 절반 게송인 "그 체성이 허공과 같기"에 다하지 않는다는 말로 다스림의 주체를 삼았다. 나머지는 모두 말하지 않아도 알 수 있다.

"먼저 초지 이상을 떨쳐버린다."는 것은 바로 증득의 대상이기 때문이며, 미세함에서 거친 것에 이르기 때문이다. 또한 뒤에서 십지 이전을 들어 말한 것은 거친 것으로 미세함에 비유한 것이다. 거친 것은 본성을 증득하지 못한다. 이는 당연히 '有'에 부합하지만 지금은 얻을 수 없다. 하물며 십지 이상의 불성의 체성이야 오죽하겠는가.】

七.論云 雜染實淨分中者는 謂修行位中에 轉染向淨이니 治此云 無轉이니 若定有實인댄 不可轉故니라 論經云 不行은 謂能轉之行을 不可得故니라

⑦ 논에서 "청정한 부분 속에 잡염이 실법으로 있다."고 말한 것은 修道位에서 잡염을 바꾸어 청정으로 향하게 함을 말한다. 이를 다스리는 것을 '전변이 없다[無轉].'고 하였다. 만약 반드시 실법으로 존재한다면 바꿀 수 없기 때문이다. 논경에서 말한 '행하지 않는다.'는 것은 전변의 주체가 되는 行을 얻을 수 없기 때문이다.

經

無性爲性과

　　성품이 없는 것으로 성품을 삼으며,

● 疏 ●

第二 '無性爲性'者는 卽自性無生이니 此則顯詮이라 論經云 '非有有性'者는 明非有어늘 彼定執自性이니 此則遮詮이라 遮顯雖殊나 義旨不異니라 無性은 卽是法無我理니 此理旣以無性으로 爲其

自性하니 則自體無性이오 非是先有今無며 亦非全無眞體일새 故云爲性이니 以前觀事無生으로 正忍此理故니라 斯則非有와 非無로 以顯中道라

(2) "성품이 없는 것으로 성품을 삼는다."는 것은 곧 自性이 생겨남이 없는 것이다. 이는 '사물의 이치를 긍정적, 적극적으로 설명하는 表詮[顯詮]'이다. 논경에 이르기를, "자성이 있지 않다."고 말한 것은 있지 않음을 밝힌 것인데, 그들은 결정코 자성에 집착한 것이다. 이는 '말이나 글로써 표현할 수 없는 遮詮'이다. 遮詮과 顯詮은 비록 다르지만 그 뜻에는 차이가 없다.

자성이 없다[無性]는 것은 법에 '나'라는 것이 없는 이치이다. 이런 이치는 이미 성품이 없는 것으로 그 자성을 삼았기에, 자체가 성품이 없다. 이는 예전에는 있다가 지금에 와서 없는 것이 아니며, 또한 모두가 진실한 체성이 없다는 것도 아니다. 이 때문에 성품으로 삼는다고 하였다. 앞의 현상 사물이 생겨남이 없음을 관찰함으로써 이런 이치를 바로 인지한 까닭이다. 이는 '有'가 아님과 '無'가 아닌 것으로 중도를 밝히고 있다.

初中後際 皆悉平等과

처음과 중간과 나중이 모두 평등하며,

● 疏 ●

第三 '初中後際皆悉平等'者는 卽數差別無生이라 於三時中에 染淨法이 不增減故니 謂先際에 非染增淨減이오 後際에 非淨增染減이오 中際에 亦非半增半減이니 以知三際皆空하야 無自性故니라

　(3) "처음과 중간과 나중이 모두 평등하다."는 것은 곧 숫자의 차별이 생겨남이 없다. 3시절 가운데 잡염법과 청정법이 증가하거나 감소하지 않기 때문이다.

　　과거에 잡염이 증가하고 청정법이 감소함이 아니며,
　　미래에 청정이 증가하고 잡염이 감소함도 아니며,
　　현재에도 절반씩 증가하고 절반씩 감소함도 아니다.
　　이로써 3시절이 모두 '공'하여 자성이 없음을 알기 때문이다.

經
無分別如如智之所入處하며

　분별이 없는 진여와 같은 지혜로 들어가는 곳이며,

● 疏 ●

第四는 作業差別無生이라 果位作用을 名業差別이나 如智貫之하면 則無差別이니 無差別이 卽是無生이라 下如는 是理如오 上如는 是智如니 智如於眞理일새 故無分別이라 此智는 是佛究竟入處니 今菩薩證如하야 同佛入處라 故論云 於眞如中에 淨無分別佛智故라하니라【鈔_ 論經云 '眞如無分別하야 入一切智故'라하니 故今疏

用佛智釋之어니와 若直就今文인댄 但是八地의 自無分別智耳라 要無分別眞智라야 方入이오 非是俗智로 能入無生이니라】

⑷ 업을 지음에 차별이 생겨남이 없는 부분이다. 과덕의 지위에서 작용을 '업의 차별'이라 말하지만, 진여의 지혜로 일관하면 차별이 없다. 차별이 없음이 곧 無生이다.

'如如智'의 아래 '如' 자는 선천적 진리의 진여이고, 위의 '如' 자는 후천적 지혜의 진여이다. 지혜가 진리와 똑같기에 분별이 없다. 여기에서 말한 지혜는 부처님이 마지막에 들어간 자리이다. 여기에서는 보살이 진여를 증득하여 부처님이 들어가신 곳과 함께 하는 것이다. 이 때문에 논경에서, "진여 중에 청정하고 분별이 없는 부처님의 지혜이기 때문이다."고 하였다. 【초_ 논경에서, "진여는 분별이 없어서, 일체 지혜에 들어갔기 때문이다."고 하였다. 따라서 청량소에서는 부처님의 지혜를 인용하여 해석하였지만, 바로 이의 문장에 입각하여 말한다면, 이는 제8 부동지의 자체가 분별이 없는 지혜일 뿐이다. 분별이 없는 참된 지혜만이 비로소 들어갈 수 있는 것이지, 세속의 지혜로는 무생에 들어갈 수 없다.】

如是四種이 皆是示現無生忍觀이니라【鈔_ 論意云 '此中에 廣說無生理者는 成於此地의 無生觀故니라'】

이와 같은 4가지는 모두 무생법인의 관찰을 보여준 부분이다. 【초_ 논경에서 말한 뜻은 "이 가운데 無生의 이치를 자세히 설명한 것은 제8 부동지의 무생법인을 관찰한 때문이다."고 한다.】

第二 明無生忍淨

2) 무생법인의 청정을 밝히다

經

離一切心意識分別想하야 **無所取着**이 **猶如虛空**하며
入一切法如虛空性하나니

일체 마음과 뜻과 식으로 분별하는 생각을 여의고서 집착함이 없음이 허공과 같으며,

일체 법에 들어감이 허공의 성품과 같나니,

◉ 疏 ◉

淨中에 初句는 離障이오 後三은 顯治라
前言離者는 論云 示現行遠離라하니 謂契實捨妄을 名行遠離니 揀非心體離也니라
所離一切 畧有二種하니
一離心者는 離報心憶想分別이니 謂第八異熟識의 轉·現·徧行이 亦不行故니라【鈔_ '一離心'者는 牒經이니 謂離報心憶想分別은 此卽以論으로 釋經心字라
'謂第八'下는 疏釋論이니 '異熟識'이 是報心故니라 彼七地中에 修無漏因하야 感此變易異熟果體가 卽是報心이라
'轉·現·徧行'者는 '轉現'二字는 卽起信論에 以第八賴耶 有其三

細하니 謂業·轉·現이라 業相은 最細하니 菩薩地盡이라야 方能離之오 今得此忍하니 轉現이 不行이니 卽見相二分이 亦不行也라
言'徧行'者는 唯識等論에 第八賴耶 與心所로 俱니 唯有徧行五耳라 謂觸과 作意와 受와 想과 思라 今與此忍相應이니 斯亦不行일새 故 疏總云 轉現徧行일새 亦不行故니라 而云亦者는 如入滅定에 前七은 不行하고 第八이 持身이라 今八二分이 亦復不行하니 顯轉深也라】

　무생법인 청정 부분의 첫 구절[離一切心意識分別想]은 장애를 여읨이며, 뒤의 3구[無所取着… 如虛空性]는 장애를 다스림에 대해 밝혔다.

　앞에서 '…여읜다.'고 말한 것은 논에서 "행을 멀리 여읨을 나타냄이다."고 하였다. 이는 실상에 계합하여 허망함을 버리는 것을 '행을 멀리 여읨'이라고 말하니, 마음의 본체를 여읨이 아님을 구분한 것이다.

　일체를 여읠 대상은 간단하게 2가지가 있다.

　① '마음을 여읨'이란 異熟識의 과보인 마음과 기억된 생각으로 분별함을 여의는 것이다. 제8 이숙식의 轉相과 現相과 徧行心所 또한 행하지 않기 때문이다.【초_ '① 마음을 여읨'이란 경문을 이어 말한 것이다. "이숙식의 과보인 마음과 기억된 생각으로 분별함을 여읜다."고 말한 것은 논으로 경문에서 말한 '心' 자를 해석한 부분임을 말한다.

　'謂第八' 이하는 청량소에서 논을 해석한 부분이다. 이숙식이 바로 과보의 마음이기 때문이다. 그 제7 원행지에서 무루의 因行을

닦아 이런 變易果와 異熟果의 본체를 얻음이 바로 과보의 마음[報心]이다.

'轉相과 現相과 徧行心所'의 轉과 現 2글자는 기신론에서 말한 바에 의하면, 제8 아뢰야식에 3가지 미세번뇌가 있는데, 業相과 轉相과 現相을 말한다. 그 가운데 업상이 가장 미세하다. 보살의 마지막 경지[菩薩地盡]에 가서야 비로소 이를 여읠 수 있다. 여기에서 이 무생법인을 얻었기에 전상과 현상을 행하지 않는다. 이는 見分과 相分 2가지 또한 행하지 않는다.

'徧行'이라 말한 것은 유식론 등에서 제8 아뢰야식이 心所와 함께하니 오직 변행심소는 5가지뿐이다. 이는 ㉠ 닿음[觸], ㉡ 주의를 기울임[作意], ㉢ 감수함, ㉣ 생각함, ㉤ 사유함을 말한다.

여기에서는 이 무생법인과 상응하니, 이 5가지 심소 또한 행하지 않기 때문에, 청량소에서 이를 총괄하여 "轉相과 現相과 徧行 또한 행하지 않는다."고 하였다. 그러나 '또한[亦: 亦不行故]'이라 말한 것은 예컨대 滅盡定에 들어가면 앞의 七識을 행하지 않고, 제8식이 몸에 갈무리[持]되는 것과 같다. 여기에서는 제8식의 見分과 相分 2가지 또한 다시는 행하지 않는다. 이는 갈수록 더욱 깊음을 밝힌 것이다.】

二 '離意識'者는 離方便心憶想分別이니 論云 離攝受分別性想故라하니 謂六七識가 及中心所等이 亦不行故니라 是則心行處滅을 名離一切想이니라【鈔_ '離方便心憶想分別'者는 疏取論意釋經이니 意卽第七이오 識卽前六이라 此之意識은 是異熟生이니 但名方

便이라

論云下는 以論으로 證上方便之義라

言'攝受分別性想'者는 第七內攝受와 六識外分別이니 此等王所 居然不行이라

謂六七下는 疏釋論意와 及與經意니 謂六七識은 卽是王과 及中 心所者니 六七二識의 所攝心所가 一切不行이라 故疏結云 '心行 處滅'이니 不同七地에 猶有觀求之心이니라】

② '생각과 의식을 여읨'이란 방편인 마음과 기억된 생각으로 분별함을 여의는 것이다. 논에서는, "성품을 분별함에 섭수되는 생각을 여읜다."고 하였다. 이는 제6식과 제7식 및 그중의 심소 등이 또한 행하지 않기 때문이다. 이는 '마음의 작용이 사라짐[心行處滅]'을 일체 생각을 여읜다고 말한다. 【초_ "방편인 마음과 기억된 생각으로 분별함을 여읜다."는 것은 청량소에서 논의 의미를 취하여 경문을 해석하였다.

'생각[意]'은 제7식을, '의식[識]'은 앞의 6식을 가리킨다. 여기에서 말한 생각과 의식은 이숙식에서 생겨난 것인데, 다만 '방편'이라 말했을 뿐이다.

'論云' 이하는 논으로 위의 방편 의미를 증명하였다.

"성품을 분별함에 섭수되는 생각"이라 말한 것은 제7식의 내면으로의 섭수와 6식의 밖으로의 분별이다. 이런 등의 心王과 心所가 편안히 행하지 못하는 것이다.

'謂六七' 이하는 청량소에서 논의 의미와 본경의 의미를 해석

63

한 내용이다. 이는 6식과 7식은 바로 심왕과 그중의 심소이다. 6식과 7식에 섭수되는 심소가 일체 행하지 않는다는 뜻이다. 이 때문에 청량소에서 "마음의 작용이 사라졌다."고 끝맺으니, 이는 7지에서 아직 관찰하거나 구하는 마음이 남아 있는 것과는 같지 않다.】

後'無所取'下는 明治니 上은 但明所治非有요 今은 明能治不無라 故論云 想者는 遠離障法想이오 非無治法想者는 治卽無分別智니라

所以明此에 有二義故니

一은 揀異斷滅外道의 無想과 二乘滅盡故오

二는 揀異如來니 尙是照寂이오 非寂照故니라【鈔_ 所以明此下는 彰立有治想所以라

一은 揀凡小니 此是揀劣이라 外道無想에 無有此慧오 二乘滅定에 亦無此慧니 想受가 盡滅故니라 故此를 比於滅定에 彼所行者는 此亦不行이니 如前一切心等이오 彼所無者는 此中則有니 謂無分別智라

二는 揀如來는 卽揀勝이니 未亡無分別智故니라 故瓔珞云 等覺照寂하고 妙覺寂照라하니 今八地無生이 亦照寂故니 若窮照寂이면 卽同佛故니라】

뒤의 '無所取' 이하는 다스림의 주체를 밝혔다. 위에서는 다스릴 대상이 있지 않음을 밝혔고, 여기에서는 다스림의 주체가 없지 않음을 밝혔다. 그러므로 논에서 '생각'이란 장애인 법에 대한 망상을 아주 여의는 것이며, "다스려야 할 법에 대한 망상이 없지 않

다."는 것은 다스림이란 곧 분별심이 없는 지혜이다.

이를 밝힌 이유는 2가지 뜻이 있기 때문이다.

① 斷滅 외도의 망상이 없는 것과 이승의 번뇌를 모두 없앤 것과 다름을 구분하기 위함이며,

② 여래와 다름을 구분하기 위함이다. 오히려 이는 等覺의 照寂이지, 妙覺의 寂照가 아니기 때문이다.【초_ '所以明此' 이하는 망상을 다스릴 수 있는 이유를 건립함에 대해 밝혔다.

첫째, 범부나 소승과 다름을 구분하기 위함이다. 이는 열등함과 다름을 구분한 것이다. 외도들의 망상이 없는 데에는 이런 지혜가 없고, 이승의 멸진정 또한 이런 지혜가 없다. 생각과 감수의 심소가 모두 없기 때문이다. 그러므로 이를 멸진정에 비교하면 그들이 행한 바는 여기에서 또한 행하지 않는다. 앞서 말한 '일체의 마음' 등과 같고, 그들에게 없는 바는 여기에는 있다. '분별심이 없는 지혜'를 말한다.

둘째, 여래와 다름을 구분하기 위함은 뛰어난 여래와 다름을 구분함이다. 분별심이 없는 지혜는 사라지지 않기 때문이다. 그러므로 보살영락경에 "등각은 비추면서 고요하고, 묘각은 고요하면서 비춘다."고 하였다. 여기에서의 제8 부동지의 無生忍 또한 비추면서 고요하기 때문이다. 만약 비추면서 고요함을 다하면 바로 부처님과 같기 때문이다.】

故云此想이 於下地에 有三種勝하니

一은 無功自然行이니 故云無所取著이니 謂無取果心하야 任性自

進故니 此顯治妙니라

二는 徧一切法想이니 故云猶如虛空이니 此顯治廣이니라

三은 入眞如不動自然行이니 故云入一切法如虛空性이니 此顯治深이니라 此則入於起信離念相者는 等虛空界하야 無所不徧하야 法界一相이니 故云入一切法이 如虛空性이라 然論云 不動自然行者는 任性趣故오 非謂有彼自然行心일새 故上離卽止오 此治卽觀이라 無功雙運은 唯證이라야 相應이니 勿滯言也로다【鈔_ 此則入於下는 以起信意로 總收上義니 起信所入은 卽是本覺이라 故論云 所言覺者는 謂心體離念이니 離念相者가 等虛空界하야 無所不徧이라 法界一相이니 卽是如來平等法身이라 依此法身하야 說名本覺이라하니라

釋曰 今入虛空이 卽入法身本覺故니라

'上離'下는 引論會釋하야 結無生法忍之止觀耳니라】

이 때문에 이런 생각은 아래 지위에 비해 3가지 뛰어남이 있다.

① 하는 일이 없는 자연스러운 행이다. 이 때문에 집착한 바 없다고 말한다. 결과를 얻으려는 마음이 없어 성품에 맡겨 자연스럽게 나아가기 때문이다. 이는 다스림이 미묘함을 밝힌 것이다.

② 모든 법에 두루 행하는 생각이다. 이 때문에 허공과 같다고 말한다. 이는 다스림이 광대함을 밝힌 것이다.

③ 진여에 들어가 동요하지 않고 자연스럽게 행함이다. 이 때문에 일체 법이 허공과 같은 체성에 들어간다고 말한다. 이는 다스림이 깊음을 밝힌 것이다.

이는 기신론의 '망념을 여읜 모습'에 들어간 자는 허공계와 같아서 두루 존재하지 않은 곳이 없어 법계가 하나의 모습이다. 이 때문에 "일체 법이 허공과 같은 체성에 들어간다."고 하였다.

그러나 논에서 '동요하지 않는 자연스러운 행'이란 성품에 맡겨 나아가기 때문이며, 그 자연스럽게 행하는 마음이 있다는 말은 아니다. 따라서 위에서 말한 여읨은 곧 그침[止]이며, 여기에서의 다스림이 곧 관찰[觀]이다. 하는 일 없이 止觀을 모두 운용함은 오로지 증득한 사람만이 상응하는 것이다. 말에 집착하지 않아야 한다.【초_ '此則入於' 이하는 기신론의 논지로 위의 뜻을 통틀어 묶은 것이다. 기신론에서 들어갈 대상은 바로 본각이다. 그러므로 논에서 다음과 같이 말하였다.

"覺이라 말한 것은 마음의 본체가 망념을 여읜 것을 말한다. 망념을 여읜 모습은 허공계와 같아서 두루 있지 않은 곳이 없어서 법계가 하나의 모습이다. 이는 곧 여래의 평등한 법신이다. 이런 법신에 의하여 본각이라 말한다."

이에 대한 해석은 다음과 같다.

"지금 허공에 들어감이 곧 법신의 본각 자리에 들어갔기 때문이다.

'上離' 이하는 논을 인용하여 회통하여 해석하면서 무생법인의 止觀을 끝맺었다.】

是名得無生法忍이니라

이를 무생법인을 얻었다고 말한다.

● 疏 ●

結名이니 可知니라

3) 무생법인의 명칭을 끝맺음이니, 말하지 않아도 알 수 있다.

二 得淨忍分 竟하다

2. 청정법인을 얻은 부분을 끝마치다.

● 論 ●

經云 '入一切法如虛空性이 是名得無生法忍'者는 明初地已來로 至七地는 是順無生忍이오 八地에 方得無生忍이니 八地已前은 有爲無爲에 皆有覺觀修學이오 至此八地라야 二行方終이라

경문에 이르기를, "일체 법에 들어감이 허공의 성품과 같나니, 이를 무생법인을 얻었다고 말한다."는 것은 초지 이후로 제7 원행지에 이르기까지는 무생법인을 따르는 것이며, 제8 부동지에서야 비로소 무생법인을 얻은 것이다.

제8 부동지 이전은 유위와 무위에 모두 覺·觀을 닦고 배워야 하고, 제8 부동지에 이르러서야 覺·觀 2가지 行을 비로소 마침을 밝힌 것이다.

第三 得勝行

中에 二니

初는 明深行勝하야 對前彰出이오

二 '佛子此地菩薩'下는 發起勝이니 對後彰入이라

前中에 亦是攝童眞住라

文中二니 先은 結前生後라

 3. 뛰어난 행법을 얻은 부분

 이 부분은 2단락이다.

 1) 깊이 행함이 뛰어남을 밝혀서 앞부분을 상대로 뛰어남을 밝혔고,

 2) '佛子 此地菩薩' 이하는 일으킴이 뛰어남을 밝혀 뒤와 상대하여 들어감을 밝혔다.

 '1) 깊이 행함이 뛰어남을 밝힌 부분' 또한 童眞住에 속한다.

 이에 관한 부분은 2단락이다.

 ⑴ 앞의 경문을 끝맺으면서 뒤의 문장을 일으키다

經

佛子여 菩薩이 成就此忍하면 卽時에 得入第八不動地하야

 불자여! 보살이 이 법인을 성취하면 곧바로 제8 부동지에 들어가

◉ 疏 ◉

以入第八地로 是結前入位오 生後深行이 爲所依故니라

　　제8 부동지에 들어가는 것으로 앞의 지위에 들어감을 끝맺고, 뒤의 깊은 행을 일으킴이 의지처가 되기 때문이다.

二 正顯深行

先은 法이오 後는 喩라

今은 初라

　　(2) 바로 깊은 행을 밝히다

　　앞은 법이요, 뒤는 비유이다.

　　이는 앞의 법이다.

經

爲深行菩薩하야

難可知며

無差別이며

離一切相과 一切想과 一切執着이며

無量無邊이며

一切聲聞辟支佛의 所不能及이며

離諸諠諍이며

寂滅現前이니

깊이 행하는 보살이 되어

알기 어려우며,

차별이 없으며,

일체 모양, 일체 생각, 일체 집착을 여의며,

한량이 없고 끝이 없으며,

일체 성문과 벽지불로서는 미칠 수 없는 바이며,

모든 시끄러움과 다툼을 여의었으며,

적멸이 앞에 나타나니,

◉ 疏 ◉

法中에 八句니 初一은 總相이니 位行이 玄奧故니라 餘七은 別相이라 一'難可知'者는 卽難入深이니 正是對下彰出이라【鈔_ 一은 明七地不知니 故云正是對下彰出이라】

법의 부분은 8구이다.

제1구[爲深行菩薩]는 총상이다. 제8 부동지의 행이 현묘하기 때문이다.

나머지 7구는 별상이다.

① "알기 어렵다."는 구절은 '들어가기 어려움이 심오함'이다. 바로 아래 지위를 상대로 뛰어난 점을 밝혔다.【초_ 제1구는 제7지의 알기 어려움을 밝혔다. 이 때문에 "바로 아래 지위를 상대로 뛰어남을 밝혔다."고 하였다.】

二'無差別'者는 同行深이니 與諸無漏淨地菩薩로 同故니라 如麥

在麥聚일새 故難知差別이라【鈔_ 二는 卽就勝彰等은 等於得八地人이라】

② "차별이 없다."는 구절은 '함께 행함이 심오함'이다. 모든 무루 청정 지위의 보살과 같기 때문이다. 이는 마치 보리가 보리 무더기 속에 있으면 분간하기 어려움과 같다.【초_ 제2구는 '뛰어난 부분에서 밝힌다.'는 등은 제8 부동지를 얻은 사람과 같다는 뜻이다.】

三'離一切'下는 境界深이니 分齊殊絕故니라 由所取相離하야 能取想이 不現前故니라 復言'離一切執著'者는 護此地 一切所治障想故니라【鈔_ '護此地'下는 護者는 防也며 捨也니 此是論主別釋此句하야 揀於上二니 恐有問言호되 '但離相想이면 於義已足이어늘 何須更離一切執著이라'할새 故今通云호되 以上相想이 言通善惡이니 今明除所治障想이니 謂貪求佛法故니라 論經云 離一切貪著은 非除能治無分別智想이오 以此治想으로 爲能護故니 如上淨忍分中에 無所取著也니라】

③ '離一切' 이하 구절은 '경계의 심오함'이다. 범주가 아주 뛰어나기 때문이다. 취할 대상의 형상을 여읨으로 인하여 취하는 주체라는 생각이 앞에 나타나지 않기 때문이다.

또한 "일체 집착을 여의었다."고 말한 것은 제8 부동지의 일체 다스릴 대상인 장애와 망상을 막아 보호하기 때문이다.【초_ '護此地' 이하는 護는 막다, 버리다는 뜻이다. 이는 논주가 개별로 이 구절을 해석하여 위의 2가지와 다름을 구분한 것이다.

이는 어떤 사람이 이런 물음을 가질까 두려워서이다.

"단지 형상과 생각만 여의면 이치가 만족할 텐데, 어째서 다시 일체 집착을 여읜다고 말하였는가?"

이 때문에 여기에서 회통하였다.

"위의 형상과 생각은 선과 악에 통한다고 말하겠지만, 여기에서는 다스릴 대상인 장애와 망상을 없앰에 대해 밝힌 것이다." 이는 불법을 탐착하여 구하기 때문이다.

논경에 이르기를, "일체 탐착을 여의는 것은 다스림의 주체인 무분별의 지혜에서 나온 생각을 없애는 것이 아니요, 이 다스릴 생각으로 막는 주체를 삼기 때문이다." 위의 청정법인을 얻은 부분에 집착할 바 없는 것과 같다.】

四'無量無邊'은 卽修行深이니 自利無分量이며 利他無邊故니라

④ "한량이 없고 끝이 없다."는 구절은 '수행의 심오함'이다. 自利行이 한량없으며, 이타행이 끝없기 때문이다.

五'一切'等은 明不退深이니 二乘이 不能壞其勝故니라 前句는 當相辨大오 此句는 寄對以明이라

⑤ '一切' 등의 구절은 '물러나지 않음이 심오함'이다. 이승이 그 뛰어남을 무너뜨리지 못하기 때문이다. 앞 구절은 형상에 맞추어 대승을 밝혔고, 이 구절은 성문·벽지불을 상대로 대승을 밝혔다.

六'離諸諠諍'은 卽離障深이니 謂離功用障故니라

⑥ "모든 시끄러움과 다툼을 여의었다."의 구절은 '장애를 여읨이 심오함'이다. 공용의 장애를 여의었기 때문이다.

七寂滅現前은 卽對治現前深이니 以證眞如爲能治故로 一切寂滅이니라【鈔_ 論經云 '一切寂靜이 而現前故니 眞如一切寂靜이 現前故라'하니라

釋曰 上句는 敎道寂靜이오 下句는 證道寂靜이니 是故로 疏云 '以證眞如로 爲能治故로 一切寂靜이라'하니라 其一切言은 卽含敎也니라】

⑦ "적멸이 앞에 나타남"은 곧 '다스림의 현전함이 심오함'이다. 진여를 증득함으로써 다스림의 주체를 삼은 까닭에 일체가 적멸하다.【초_ 본경에서 "일체 고요함이 앞에 나타나기 때문이라 하니, 진여의 일체 고요함이 앞에 나타나기 때문이다."고 하였다.

이에 대한 해석은 다음과 같다.

"위 구절은 敎道의 고요함이며, 아래 구절은 증도의 고요함이다. 이 때문에 청량소에서, "진여를 증득함으로써 다스림의 주체를 삼기 때문에 일체가 고요하다."고 하였다. 여기에서 말한 '일체'라는 말은 곧 敎道를 포함하고 있다.】

(第二는 喩中에 以前七深 束爲三段이라 故喩亦三이라) 從後次第하야 喩前三段하야 爲順治障하야 從細至麤故오 法中에 顯深故로 從麤至細니 三中에 各有喩合이라

今初 滅定喩니 喩前離障寂滅이라

(제2는 비유 부분에 앞의 7가지 심오함을 3단락으로 묶었다. 이 때문에 비유 또한 3가지이다.) 뒤로부터 차례대로 앞의 3단락을 비유하여 장애를 다스

림에 따라 미세함에서부터 거칢에 이르는 까닭이며, 법에서는 심오함을 밝힌 까닭에 거칢으로부터 미세함에 이르고 있다.

3단락에 각기 비유와 종합이 있다.

㈀ 멸진정의 비유

앞의 장애를 여읜 고요함에 대한 비유이다.

經
譬如比丘 具足神通하고 得心自在하야 次第乃至入滅盡定하면 一切動心憶想分別이 悉皆止息인달하야
此菩薩摩訶薩도 亦復如是하야 住不動地에 卽捨一切功用行하고 得無功用法하야 身口意業의 念務皆息하야 住於報行이니라

비유하면 비구가 신통을 구족하고 마음의 자재함을 얻어, 차례로 멸진정에 들어가면 일체 흔들리는 마음과 기억하는 분별이 모두 멈추게 되는 것처럼, 이 보살마하살도 그와 같다.

부동지에 머물 적에 일체 공용의 행을 버리고 공용이 없는 법을 얻어 몸과 입과 뜻으로 짓는 업의 생각과 일들이 모두 쉬고 과보의 행에 머무는 것이다.

◉ 疏 ◉
喩中에 那含과 羅漢의 心解脫人이 多能入之라
九次第定은 當其第九니 故云乃至라

'動心息'者는 謂所依六七心王이 已滅에 能依心所憶想이 自忘이니라 合中에 住不動地가 合入滅定이라
'卽捨'已下는 合動心이 止息이라
'卽捨一切功用行'者는 過所治故오
'得無功用法'者는 明得彼治法故니라
'身口等息'者는 以得無功用法하야 自然行故니 卽同前無所取著이라 離第一有行有間發過니라
'住於報行'者는 文含二意하니
一은 亦成上示現得有功用行相違法이니 謂得無功用地故니 此約教道라 同前無所取著이라
二者는 謂善住阿賴耶識眞如法中故니 此約證道라 同前入一切法如虛空性이니 卽離第二淨地勤方便過라 不同前地의 修無功用일세 故云報行이라 報行者는 前地所修니 報熟이 現前故니라
住眞如者는 以本識에 有二分하니 一은 妄染分이니 凡夫所住오 二는 眞淨分이니 此地所住라 由住眞如일세 故捨梨耶之名이라
又佛地에는 單住眞如일세 不云梨耶眞如로되 今爲有變易報在일세 是故雙擧니라 則梨耶言은 約異熟識이오 如來는 但名無垢識故니라
【鈔_ '教道'者는 無功無分別智를 可寄言故니라
'住眞如'下는 五重釋論文이어늘 而有二意하니 一은 雖擧賴耶나 但取眞如니 以第八地에 捨賴耶名故니라 故唯識云 '阿羅漢位捨'라 하니라
釋曰 大乘第八地 同於羅漢이니 以捨分段하고 出三界故니라

【又佛地下는 二存其賴耶는 則顯擇論 不善用名이니 以第八識에 有其多名故니라 賴耶는 但是局凡位故오 異熟은 直至菩薩地盡이니 雖同第八이나 不應存賴耶名耳라 第八名別은 已見上文하니라】

비유 부분에 아나함, 아라한의 마음을 해탈한 사람이 멸진정에 들어감이 많다.

九次第定은 아홉째에 해당하기에 '乃至'라 말하였다.

'흔들리는 마음을 멈춘다.'는 것은 의지처인 제6식과 제7식의 心王이 이미 사라지면 의지하는 주체인 心所와 기억하고 생각함도 절로 사라지게 된다.

종합 부분에서 제8 부동지에 머묾이 멸진정에 들어가는 것과 부합한다.

'卽捨' 이하는 흔들리는 마음이 사라졌음을 종합한 부분이다.

"일체 공용의 행을 버렸다."는 것은 다스릴 대상을 지났기 때문이며,

"공용이 없는 행법을 얻었다."는 것은 그 다스리는 법을 얻었음을 밝힌 때문이다.

"몸과 입으로 짓는 업 등을 쉬었다."는 것은 공용 없는 법을 얻어서 자연스럽게 행한 때문이다. 이는 앞서 말한 "집착한 바 없다."는 것과 같다. 첫째로 행함이 있고 간단이 있는 데서 생긴 허물을 여읜 것이다.

"과보의 행에 머문다."는 문장에는 2가지의 뜻을 포함하고 있다.

① 또한 위에서 말한, 보여 나타냄을 성취하여 공용이 있는 행

과 서로 어긋나는 법을 얻은 것이다. 이는 공용 없는 지위를 얻었기 때문임을 말한다. 이는 敎道를 들어 말한 것이다. 이는 앞서 말한 집착이 없다는 것과 같다.

② 아뢰야식과 진여법에 잘 머물렀기 때문임을 말한다. 이는 證道를 들어 말한 것이다. 이는 앞서 말한 "일체 법이 허공과 같은 성품에 들어간다."는 것과 같다. 제2의 십지를 청정케 하는 데 부지런한 방편의 허물을 여읜 것이다. 앞의 제7 원행지에서 공용 없는 행을 닦는 것과 같지 않기에 이를 '報行'이라 말하였다. 報行이란 앞의 제7 원행지에서 닦았던 바이다. 보행이 성숙하여 앞에 나타났기 때문이다.

진여법에 머문다는 것은 근본식에 2부분이 있기 때문이다.

㉠ 망념의 오염된 부분이다. 범부가 머무는 곳이다.

㉡ 진리의 청정한 부분이다. 제8 부동지 보살이 머무는 곳이다. 진여에 머물기 때문에 아뢰야식이란 명칭을 버린 것이다.

또한 부처님 경지에서는 진여에만 머무르기에 아뢰야식이나 진여법이라 말하지 않는데, 여기에서는 變易身의 과보가 남아 있기에 이를 함께 들어 말한 것이다. 아뢰야라는 말은 異熟識을 들어 말하였고, 여래는 無垢識만을 말하였기 때문이다.【초_'敎道'는 공용이 없고 분별이 없는 지혜를 말에 붙여 나타냈기 때문이다.

'住眞如' 이하는 5중으로 논의 문장을 해석하였는데, 여기에는 2가지 뜻이 있다.

첫째, 비록 아뢰야식을 들어 말했지만, 진여만을 취하였다. 제

8 부동지에서는 아뢰야식이란 명칭을 버렸기 때문이다. 이 때문에 유식론에서 "아라한의 지위에서 버린다."고 하였다.

이에 대한 해석은 다음과 같다.

"대승의 제8 부동지는 아라한 지위와 같다. 分段生死를 버리고 삼계를 벗어났기 때문이다.

'又佛地' 이하는 둘째, 그 아뢰야식을 남겨둔 것은 논의 '不善用'이란 명칭을 선택했음을 밝힌 것이다. 제8식에 여러 가지 명칭이 있기 때문이다.

아뢰야식은 범부의 지위에 국한되기 때문이며, 異熟識은 곧바로 보살의 究竟地까지 이르기 때문이다. 비록 제8식과 같지만 아뢰야식이라는 명칭은 당연히 남아 있지 않아야 한다. 제8식의 명칭에 대한 구분은 이미 위의 문장에 보인다.】

第二 夢寤喻
喻前修行深이라

(ㄴ) 꿈속과 깨어남의 비유
앞의 수행이 심오함을 비유하였다.

經
譬如有人이 夢中見身이 墮在大河하고 爲欲度故로 發大勇猛하며 施大方便이라 以大勇猛施方便故로 即便覺寤

하나니 旣覺寤已에 所作皆息인달하야
菩薩도 亦爾하야 見衆生身이 在四流中하고 爲救度故로 發大勇猛하며 起大精進이라 以勇猛精進故로 至此不動地하나니 旣至此已에 一切功用이 靡不皆息하야 二行相行이 悉不現前이니라

비유하면 어떤 사람이 꿈속에서 자신이 큰 강물에 빠진 나머지, 빠져나오기 위하여 큰 용맹심을 내어 큰 방편을 베푸는 것을 보았다. 이처럼 큰 용맹심으로 방편을 베푼 까닭에 곧 꿈속에서 일어나게 되었다. 꿈을 깨고 나자, 했던 일들이 모두 사라진 것처럼, 보살 또한 그와 같다.

중생의 몸이 4가지 흐름[貪·瞋·癡·慢] 속에 있음을 보고서 이를 제도하기 위하여 큰 용맹심을 일으키고 큰 정진을 일으켰다. 이처럼 큰 용맹심으로 정진한 까닭에 제8 부동지에 이르게 되었다. 부동지에 이르면 일체 공용함이 모두 사라져, 생사열반의 2가지 심행(心行)과 바깥 경계의 수용 행상(行相)이 모두 앞에 나타나지 않는다.

● 疏 ●

論云 示此行護彼過想者는 離彼化生勤方便過故니라 有正智想者는 非無此地無功智故니라 如從夢寤에 雖無夢想이나 非無寤想이니 但此行이 寂滅일새 故云所作皆息이라하니라
合中에 勇猛은 約心이오 精進은 約行이니 合上方便이오 竝是功用이니라
'二行'已下는 出所息障이니 依內證淸淨하야 生死涅槃이 二心不行

이니 名二行不現이라 如彼寤時에 此彼岸無라 依外緣境界하야 受用念想이 不行일세 故云相行不現이니 卽離化生聖道等想이라 如彼寤時에 人船俱無니라

合中에 見人墮河어늘 喩中에 身自墮者는 衆生病이 卽菩薩病故니라

논에서 "이런 행으로 그 허물과 망상을 막아 보호함을 보여준다."고 말한 것은 중생의 교화를 위해 부지런히 방편을 행하는 그의 허물을 여의도록 한 때문이다. 바른 지혜가 있다고 생각하는 망상은 제8 부동지에서의 공용이 없는 지혜가 없는 것이 아니기 때문이다. 마치 꿈속에서 깨어날 적에 비록 꿈이라는 생각은 없지만, 꿈에서 깨어났다는 생각이 없는 게 아닌 것과 같다. 다만 이 행은 고요한 까닭에 "했던 일들이 모두 사라졌다."고 말했을 뿐이다.

종합 부분에서 말한 '용맹'이란 마음으로 말하고, '정진'이란 실행으로 말한다. 위의 방편과 종합한 것이며, 아울러 이는 힘들여 노력함이다.

'二行' 이하는 쉬어야 할 대상의 장애를 밝혔다. 내면의 증득이 청정함에 의하여 생사와 열반 2가지 마음이 행하지 않으니, 이를 "2가지 행[생사와 열반]이 나타나지 않는다."고 말하였다. 이는 그 꿈속에서 깨어날 적에 이 현실에서의 피안이 없는 것과 같다. 밖으로 반연하는 경계에 의하여 받아들인 생각과 기억이 행하지 않기에 이를 "형상 있는 행[相行]이 나타나지 않는다."고 말하였다. 이는 '중생을 교화하는 성스러운 도'라는 등의 생각에서 벗어난 것이다. 이는 마치 그가 꿈속에서 깨어나면 사람도 배도 모두 사라지는 것과 같다.

종합 부분에서는 타인이 강하에 빠진 것을 보았는데, 비유 부분에서는 자신이 스스로 빠진 것은 중생의 병이 곧 보살의 병이기 때문이다.

第三 生梵天喩

喩境分殊絶이라

㈐ 범천에 태어남의 비유

경계 부분이 아주 뛰어남을 비유하였다.

經

佛子여 如生梵世에 欲界煩惱 皆不現前인달하야
住不動地도 亦復如是하야 一切心意識行이 皆不現前하나니
此菩薩摩訶薩이 菩薩心과 佛心과 菩提心과 涅槃心도
尙不現起어든 況復起於世間之心이리오

불자여! 마치 범천에 태어나면 욕계의 번뇌가 앞에 나타나지 않는 것처럼, 제8 부동지에 머무는 것 또한 그와 같다.

일체 마음, 뜻, 식이 모두 앞에 나타나지 않는다.

이 보살마하살은 보살이라는 마음, 부처님이라는 마음, 보리라는 마음, 열반이라는 마음도 오히려 일으키지 않는데, 하물며 또한 세간 마음을 일으키겠는가.

● **疏** ●

合中에 初는 正合이니 下地心意識이 不現은 合欲界心이 不現行也
라 所以不行者는 得報行故니라 此離微細想行過니 故論云 此說
遠離勝也라하니라

後 '此菩薩'下는 擧勝況劣이니 謂佛等인 不順行世間一分心等도
尙不行이온 況順行世間一分心耶아

'佛心'等者는 卽七地에 求如來智心也라 此中에 但況世間이나 亦
應以大況小라 大尙不行이온 況小乘耶아 則若世若出世와 若人
若法과 若因若果와 若智若斷이 皆不行也니라

　　종합 부분의 첫 구절[住不動地亦復如是]은 바로 종합이다. 아래
지위의 마음, 뜻, 식이 나타나지 않음은 '욕계의 마음'이 나타나지
않음에 맞춰 말하였다. 이런 마음이 나타나지 않은 바는 보답의 행
을 얻었기 때문이다. 이는 미세한 망상이 나타나는 허물을 여읜 것
이기에 논에서, "이를 멀리 여읨이 뛰어남을 말한다."고 하였다.

　　뒤의 '此菩薩' 이하는 뛰어남을 들어서 열등함을 비교한 것이
다. '부처님이라는 생각' 등의 세간을 따라 행하지 않는 일부분의
마음도 오히려 행하지 않는데, 하물며 세간을 따라 행하는 일부분
의 마음이 있을 턱이 있겠는가.

　　'부처님이라는 마음' 등이란 제7 원행지에서의 여래 지혜를 추
구하는 마음이다. 이는 다만 세간을 비교한 것이지만, 또한 당연히
대승으로 소승을 비유한 것이다. 대승도 오히려 행하지 않는데 하
물며 소승이야…. 세간과 출세간, 사람과 법, 원인과 결과, 지혜와

斷德을 모두 행하지 않는다.

▂

第二明發起勝行

此下에 亦是攝尊重行이니 因勸起行이 皆尊重故니라 勝도 亦尊重之義니라

文中四니 一은 說主總敍오 二는 正顯勸辭오 三은 顯勸所爲오 四는 彰勸之益이라

今은 初라

2) 일으킴이 뛰어남을 밝히다

이 아래 또한 尊重行에 속한다. 권면으로 인하여 행을 일으킴이 모두 존중이기 때문이다. 뛰어남 또한 존중의 뜻이다.

경문은 4부분이다.

(1) 설법주가 총괄하여 서술하였고,

(2) '作如是' 이하는 바로 권면하는 말을 밝혔으며,

(3) '佛子諸佛世尊' 이하는 권면의 목적을 밝혔고,

(4) '佛子若諸佛' 이하는 권면의 이익을 밝혔다.

이는 '(1) 설법주의 총괄 서술'이다.

經

佛子여 此地菩薩의 本願力故로 諸佛世尊이 親現其前하사 與如來智하야 令其得入法流門中케하고

불자여! 제8 부동지 보살의 본래 원력이기에 여러 부처님 세존이 그의 앞에 나타나 여래의 지혜를 주어서 법이 흐르는 문에 들어가게 하고,

● 疏 ●

願卽勸因이니 如第三勸中이라 論云 本願力住故者는 廻文未盡이니 應言住本願力故니라

'諸佛世尊'下는 總顯勸相이니 諸佛이 所以與智勸者는 轉彼深行樂足之心하야 令入法流門故니라

'法流'者는 決彼無生止水하야 令起無功用行河하야 任運趣佛智海니 卽以能趣爲門이라 又法流者는 卽是行海라

言'與智'者는 有二意故니 一은 現與覺念이 猶彼意加오 二는 令起修取니 故名爲與라

下之七勸이 皆佛智攝이니 故但云與智라 前地에 未淨此忍일새 故此方與니 以得此忍하야 攝德本故니라 一與之後에 不復欲沉이니라

【鈔 '下之七勸'下는 通妨이니 乃有四重이라

一은 有妨云호되 '下之七勸'이 義相不同이어늘 何以此中에 但云有智오 故此通云호되 七不出智라하니라

二 '前地未淨'下에 問云 '佛慈平等'이어늘 何以偏與此地菩薩고 通意 可知니라

三 '以得此'下에 復有問言호되 '何以要得此忍하야 卽與智耶오 答意 可知니라

四'一與'下에 復應問言호되 '九十已得이어늘 何不與耶아' '得已不 失일새 故不重與니라'】

이의 첫 부분에서 말한 서원은 곧 권면의 원인이다. 이는 제3 권면에서 말한 바와 같다. 논에서 '본원력이 머무는 까닭'이라 말한 것은 윤문이 미진하다. 이는 당연히 '본원력에 머물기 때문'이라고 썼어야 한다.

'諸佛世尊' 이하는 총체적으로 권면의 양상을 밝혔다. 부처님이 지혜를 주면서 권면하는 이유는, 저 깊은 행을 좋아하고 만족하는 마음을 되돌려서 '법이 흐르는 문'에 들어가게 하고자 한 때문이다.

法流는 無生의 고요한 물꼬를 터서 힘써 노력함이 없는 행의 강물을 일으켜 마음대로 부처님의 지혜 바다로 향하도록 하는 것이다. 이는 향하는 것으로 문을 삼은 것이다. 또한 '법류'란 행의 바다이다.

"지혜를 준다."고 말한 것은 2가지 뜻이 있기 때문이다.

① 현재에 깨달으려는 생각을 주는 것이 그 마음의 가피[意加]와 같다.

② 수행을 일으키도록 함이다. 이 때문에 가피를 주었다고 말하였다.

아래의 7가지 권면이 모두 부처님의 지혜에 속한다. 이 때문에 지혜를 주었다고 말했을 뿐이다. 앞의 제7 원행지에서는 이 법인을 청정하게 하지 못한 까닭에 이 지위에서 비로소 가피를 내린 것이다. 이 법인을 얻어서 공덕의 근본을 포괄하기 때문이다. 한번 가피를 내린 후에는 다시 침체되는 것을 원하지 않는다.【초_ '下之七勸' 이하는 비방과 논란을 해명한 부분이다. 이는 4가지이다.

① 어떤 이가 물었다.

"아래의 7가지 권면은 의의와 양상이 똑같지 않은데, 어찌서 여기에서 다만 지혜를 준다고 말하였는가?"

이 때문에 이를 다음과 같이 밝혔다.

"7가지 권면은 지혜에서 벗어나지 않는다."

② '前地未淨' 이하에 대해 물었다.

"부처님의 자비는 평등한데 어찌하여 유독 제8 부동지 보살에게만 주었는가?"

이에 대한 대답은 말하지 않아도 알 수 있다.

③ '以得此忍' 이하에 대해 또다시 물었다.

"어찌하여 이런 법인을 얻게 하고자 지혜 광명을 주었는가?"

이에 대한 대답은 말하지 않아도 알 수 있다.

④ '一與' 이하에 대해 또다시 물었다.

"제9 선혜지와 제10 법운지는 이미 지혜를 얻었는데, 어찌하여 다시 주지 않았는가?"

"얻은 뒤에 잃지 않기에 거듭 주지 않는 것이다."】

二 正顯勸辭

(2) 바로 권면하는 말을 밝히다

經

作如是言하사대 善哉善哉라 善男子야 此忍이 第一이라
順諸佛法이어니와 然善男子야 我等所有十力無畏十八
不共諸佛之法은 汝今未得이니
汝應爲欲成就此法인댄 勤加精進하야
勿復放捨於此忍門이니라

이런 말을 하였다.

훌륭하고 훌륭하다. 선남자여, 이는 제1 법인이다. 부처님의 법을 순종하는 것이다.

그러나 선남자여, 우리가 가지고 있는 10가지 힘, 두려움 없음, 그 누구도 함께할 수 없는 18가지의 부처님 법까지는 그대가 아직 얻지 못하였다.

그대는 이런 법을 성취하기 위하여 부지런히 정진하여, 다시는 이 법인의 문을 놓아버리지 말라.

● 疏 ●

勸辭中에 有二하니 先은 讚이니 將欲取之인댄 必固與之니라
後'然善男子'下는 勸이라
於中有七하니
一은 勸修如來善調御智오

二는 勸悲愍衆生이오

三은 勸成其本願이오

四는 勸求無礙智오

五는 勸成佛外報오

六은 勸證佛內明無量勝行이오

七은 勸總修無遺하야 成徧知道라

遠公攝七爲二하니 前六은 擧多未作하야 轉其住心이오 後一은 明其少作能成하야 增其去心이라 經無此文이나 論似有意하니 於理無違라

今攝爲三이니 前三은 勸其下化니 初一은 化法이오 次一은 正化오 後一은 化願이라

次三은 勸其上求니 初一은 折其所得非勝이오 後二는 引其求佛勝果의 若外在內라

三은 最後一勸은 總結多門이니 以所作이 無邊일새 別說難盡故니라 然七이 皆含轉住增去니라

今初有三하니

一은 明多未作이니 以未得修十力等하야 敎授衆生法故오

二 汝應下는 勸令修習이오

三 勿復下는 莫捨忍門이라

然捨有二義하니

一은 若以放捨身心하고 住此忍門하면 斯則不應이니 故云勿復니라 是以로 論云 若不捨此忍行하면 不得成就一切佛法이라하니 此令

捨著이오

二 全棄捨는 則所不應이라 故論云 依彼有力能作故라하나니 故云 勿復放捨라 此는 令依之니라

권면의 부분은 2단락이다.

앞은 찬탄이다. 노자 도덕경에서 말한 것처럼, "장차 얻고자 한다면 반드시 내가 먼저 주어야 한다."는 뜻이다.

뒤의 '然善男子' 이하는 권면이다.

여기에는 7가지가 있다.

(ㄱ) 잘 조복하는 여래의 지혜를 닦도록 권면함이며,

(ㄴ) 중생을 가엾이 여기도록 권면함이며,

(ㄷ) 그 본원을 성취하도록 권면함이며,

(ㄹ) 걸림 없는 지혜를 구하도록 권면함이며,

(ㅁ) 부처 이외의 과보 성취를 권면함이며,

(ㅂ) 부처님의 내면 광명과 한량없이 뛰어난 행을 증득하도록 권면함이며,

(ㅅ) 총체로 남김없이 닦아서 두루 아는 도를 성취하도록 권면함이다.

혜원 법사는 7가지의 권면을 2가지로 묶었다. 앞의 6가지 권면은 자주 짓지 않음을 들어서 그 '머무르려는 마음[住心]'을 바꾸었고, 뒤의 한 가지 권면은 그 적게 지어 성취함을 밝혀서 '떠나려는 마음[去心]'을 더하였다.

경문에는 이런 문장이 없지만 논에는 이런 뜻이 있는 듯하니,

문맥에 어긋남이 없다.

여기에서는 이를 3가지로 나누어 묶었다.

앞의 3가지 권면은 아래로 중생의 교화를 권면함이다.

(ㄱ) 권면[勸修如來善調御智]은 교화의 방법이고,

(ㄴ) 권면[勸悲愍衆生]은 바로 교화함이며,

(ㄷ) 권면[勸成其本願]은 교화의 본원이다.

다음 3가지 권면은 위로 보리 구할 것을 권면함이다.

(ㄹ) 권면[勸求無礙智]은 지금 얻은 바가 뛰어나지 않다고 꺾음이며,

(ㅁ), (ㅂ) 2가지 권면[勸成佛外報, 勸證佛內明無量勝行]은 그 추구하는 부처님의 훌륭한 과덕이란 밖에 있는 것처럼 보이지만 내면에 있음을 인용함이다.

마지막 (ㅅ) 권면[勸總修無遺成徧知道]은 여러 부문을 총체로 끝맺었다. 그 해야할 일들이 끝없으므로 개별로 모두 말하기 어려운 까닭이다. 그러나 7가지 권면에는 모두 '머무르려는 마음'을 바꿔서 '떠나려는 마음'을 더하려는 뜻이 포함되어 있다.

(ㄱ) 권면 부분에 3가지가 있다.

① 짓지 못함이 많음을 밝혔다. 아직은 '10가지 힘' 등을 닦아서 중생을 교화하는 법을 얻지 못하였기 때문이며,

② '汝應' 이하는 권면하여 닦아 익히도록 함이며,

③ '勿復' 이하는 법인의 문을 놓아버리지 말라는 것이다.

그러나 '놓아버림[捨]'에는 2가지 뜻이 있다.

㉠ 만약 몸과 마음을 방일하면서 이런 법인의 문에 머물면 이는 있을 수 없는 일이기에 '다시는 …하지 말라[勿復].'고 하였다. 이 때문에 논에서는, "이 법인의 행을 놓지 않으면 일체의 불법을 성취할 수 없다."고 하였다. 이는 집착을 버리기 위함이다.

㉡ 완전히 버리는 것은 해서는 안 될 일이다. 이 때문에 논에서 "그의 힘에 의하여 할 수 있기 때문이다."고 하였다. 따라서 다시는 놓아버리지 말라고 하였다. 이는 무생법인에 의지하도록 함이다.

經
又善男子야 **汝雖得是寂滅解脫**이나
然諸凡夫는 **未能證得**하야 **種種煩惱 皆悉現前**하며 **種種覺觀**이 **常相侵害**하나니
汝當愍念如是衆生이니라

또한 선남자여, 그대는 이처럼 고요한 해탈을 얻었지만, 그러나 모든 범부들은 이를 증득하지 못하여 가지가지 번뇌가 모두 앞에 나타나고, 가지가지 깨닫고 관찰함이 항상 뒤엉켜 침노하고 있다.
그대는 이런 중생을 불쌍하게 생각해야 한다.

● 疏 ●

第二勸中三이니
初는 明自所得忍이오
二 '然諸'下는 明他無忍起過니 在家에 多有煩惱오 出家에 多起覺

觀하니 皆是衆生의 無利益事라

三 '汝當' 下는 勸起悲心이니 悲心이 依上而轉이라【鈔_ '出家多起' 下는 皆是論意니 意云 出家는 斷除煩惱하야 不與之俱어니와 爲斷此故로 未善方便일세 故多覺觀이며 或起惡覺이오 乃至不忘善覺이니라】

㈏ 권면 부분은 3단락이다.

① 스스로 얻은 법인을 밝혔으며,

② '然諸' 이하는 다른 이들에게 무생법인이 없는 데에서 일으키는 허물을 밝혔다. 재가 시에는 번뇌가 많고, 출가하면 覺觀을 많이 일으키게 된다. 이는 모두 중생에게 이익이 없는 일이다.

③ '汝當' 이하는 대비심을 일으킬 것을 권면함이다. 대비심이 위의 무생법인에 의하여 전변함이다.【초_ '出家多起' 이하는 모두 논에서 말한 뜻이다. 그 의미는 다음과 같다.

"출가해서는 번뇌를 단절하여 함께하지 않겠지만, 이를 단절하기 위해 방편을 잘 쓰지 않으므로 覺觀이 많으며, 혹은 나쁜 생각을 일으키고, 심지어는 좋은 각관을 잊지 않기까지 한다."】

經

又善男子야 汝當憶念本所誓願하야 普大饒益一切衆生하야 皆令得入不可思議智慧之門이니라

또한 선남자여, 그대는 본래 세운 서원을 기억하고 일체중생에게 널리 큰 이익을 베풀어 모두 불가사의한 지혜의 법문에 들어가도록 해야 한다.

● 疏 ●

第三勸中에 願有二種하니 一은 依廣心이니 下化衆生이오 二 '皆令得'下는 依大心이라 然有二義하니 一은 令他得이오 二는 令自得이라 自得佛智하고 依此智行하야 能廣利故라

㈐ 권면 부분의 서원에는 2가지가 있다.
① 드넓은 마음에 의함이니, 아래로 중생을 교화함이며,
② '皆令得' 이하는 큰마음에 의함이다.
그러나 여기에는 2가지 뜻이 있다.
㉠ 다른 이들이 얻도록 함이며,
㉡ 자신이 얻도록 함이다.
스스로 부처님 지혜를 증득하고, 이런 지혜를 따라서 행하면 널리 드넓은 이익을 베풀 수 있기 때문이다.

經

又善男子야 此諸法法性은 若佛出世어나 若不出世에 常住不異니
諸佛이 不以得此法故로 名爲如來라
一切二乘도 亦能得此無分別法이니라

또한 선남자여, 이 모든 법의 법성은 부처님이 세상에 나오셨거나 나오시지 않았거나 언제나 차이 없이 존재하는 것이다.

많은 부처님이 이런 법을 얻었다고 해서 여래라고 부르는 것이 아니다.

일체 이승 또한 이처럼 분별없는 법을 얻었다.

◉ 疏 ◉

第四勸中에 有三하니 初는 法性眞常이 定其所尙이오【鈔_ 定其所尙者는 所尙은 卽無生法忍이오 所忍은 卽諸法實性이라 故三地中에 名八地爲一切法如實覺하니라 法性은 卽實相眞如니 理無廢興일새 故云出世不出不異라하니라】

㈃ 권면 부분은 3단락이다.

① 법성의 진실과 영원함은 반드시 숭상의 대상이다.【초_ "반드시 숭상의 대상"이라 말한 바는 숭상의 대상이란 무생법인이며, 인지의 대상은 모든 법의 참된 본성[諸法實性]이다. 이 때문에 제3 발광지에서 제8 부동지에 대해 '일체 법을 실상대로 깨닫는 지위'라고 명명하였다.

법성이란 實相眞如이다. 진리에는 흥함이나 패망이 없다. 이 때문에 "부처님이 세상에 나오셨거나 나오시지 않았거나 언제나 차이 없이 존재한다."고 말하였다.】

次諸佛下는 奪其異佛하야 勸其上求니 以有深無礙智하야 大用無涯라야 方不共二乘故니라【鈔_ '以有深無礙智'者는 卽下偈云 '法性眞常離心念'이라 二乘於此亦能得이나 不以此故爲世尊은 但以甚深無礙智라하니라 意示甚深無礙智 爲世尊耳라 對下同

95

於二乘이라 故此不共이니라】

② '諸佛' 이하는 부처님과 다르다는 주장으로 부정하여, 위로 보리를 구하도록 권면함이다. 걸림 없는 심오한 지혜를 얻어 큰 작용이 끝이 없어야 비로소 이승과 함께하지 않기 때문이다.【초_ "걸림 없는 심오한 지혜를 얻는다."는 말은 아래 게송에서 말한 바와 같다.

"법성은 진실하고 영원하여 마음의 생각 여읜 터라, 이승도 이를 또한 얻었지만, 이 때문에 세존이라 말하지 않은 것은 다만 매우 깊고 걸림 없는 지혜 때문이다."

여기에서 말한 뜻은 매우 깊고 걸림 없는 지혜로 세존이라 함을 보여준 것이다. 아래로 상대하면 이승과 같다. 그러나 바로 이런 점 때문에 이승과 함께하지 않는다.】

後'一切'下는 抑同二乘하야 令不住忍이니 三獸渡河에 同涉理故니라 功行에 疲倦하야 趣寂爲垢니 故應勿住니라【鈔_ '抑同二乘'者는 此一乘旨는 二乘絶分이니 非是共理라 約寄位中에 勸其莫作일세 故抑令同이라

下 '三獸渡河' 亦是抑耳라 河卽是通理니 如彼身子 自領解云호되 我等이 同入法性故니라

'功行疲倦'者는 此下는 是論意니 斯則三乘이 皆功行疲하야 欲趣於寂이니 是菩薩垢라 故論云 依不共義하야 功行疲倦은 彼垢轉故라하니 謂依轉進이니라】

③ '一切二乘' 이하는 이승과 같은 점을 억제하여 무생법인에

머물지 않도록 함이다. 세 마리의 짐승이 강을 건널 적에 건너는 방법은 같기 때문이다. 공용을 행함에 피곤해하거나 싫증내어 고요함을 찾는 것으로 허물을 삼는다. 이 때문에 머무는 일이 없도록 한 것이다.【초_"이승과 같은 점을 억제한다."는 것은 이런 일승의 종지는 이승의 부분이 아니다. 이는 함께하는 이치가 아니기 때문이다. 지위에 붙여 말한 부분에서 그런 일을 하지 말도록 권면한 까닭에 이승을 억제하여 일승의 종지와 같도록 한 것이다.

아래에서 "세 마리의 짐승이 강을 건넌다."는 것 또한 억제일 뿐이다. 강이란 공통의 이치이다. 이는 마치 사리불이 스스로 깨닫고서, "우리들이 다 함께 법성에 들어간 때문이다."고 말한 부분과 같다.

"공용을 행함에 피곤해하거나 싫증낸다."는 아래 부분은 논의 뜻이다. 이는 삼승이 모두 공용을 행함에 피곤해하면서 고요함만을 지향하려고 하기 때문이다. 이는 보살의 허물이다. 이 때문에 논에 이르기를, "그 누구도 함께할 수 없는 이치에 의하여 공용을 행함에 피곤해하거나 싫증내는 것은 저들의 허물을 전변한 때문이다."고 하였다. 이는 전변에 의하여 더욱 나아감을 말한다.】

經

又善男子야 汝觀我等의 身相無量과 智慧無量과 國土無量과 方便無量과 光明無量과 淸淨音聲도 亦無有量하야 汝今宜應成就此事니라

또한 선남자여, 그대는 나의 몸매가 한량없고, 지혜가 한량없고, 국토가 한량없고, 방편이 한량없고, 광명이 한량없고, 청정한 음성 또한 한량없음을 보고서, 그대는 이제 응당 이런 일들을 성취하도록 하라.

◉ 疏 ◉

第五勸中에 舉身相等六은 皆是化生事業이라 若成就此法하면 則有力化生일새 故勸修成就니라

㈤ 권면 부분의 몸매 등 6가지를 들어 말한 것은 모두 중생 교화의 사업이다. 이런 무생법인을 성취하면 중생을 교화하는 데에 힘이 있기 때문에 이를 닦아서 성취하기를 권면한 것이다.

經

又善男子야 汝今適得此一法明하니 所謂一切法無生無分別이어니와
善男子야 如來法明은 無量入이며 無量作이며 無量轉일세 乃至百千億那由他劫에도 不可得知니
汝應修行하야 成就此法이니라

또한 선남자여, 그대는 때마침 이런 법의 지혜 광명을 얻었나니, 일체 법이 생겨남이 없고 분별이 없는 것이지만,

선남자여, 여래 일체 법의 지혜 광명은 한량없이 일체 법에 들어가며, 한량없이 일체 법에 작용하며, 한량없이 일체 법을 굴리며,

내지 백천 억 나유타 겁에도 알 수 없다.

그대는 응당 이를 수행하여 이런 법을 성취하도록 하라.

◉ 疏 ◉

第六勸中에 有三하니

初는 明其所得未廣이오

次善男子下는 示佛無量勝行이라 無量入者는 所入法門이 差別 故니라 作은 是法門業用이오 轉은 是業用上上不斷이라

後汝應下는 結勸이니라

㈏ 권면 부분은 3단락이다.

① 얻은 법문이 광대하지 않음을 밝혔고,

② '善男子' 이하는 부처님의 한량없이 뛰어난 행을 보여주었다.

"한량없이 일체 법에 들어간다."는 것은 들어간 법문이 각기 다르기 때문이다.

"한량없이 일체 법에 작용한다."는 것은 일체 법문의 업과 작용이며,

"한량없이 일체 법을 굴린다."는 것은 일체 법문의 업과 작용이 위로 갈수록 단절되지 않음이다.

③ '汝應' 이하는 권면을 끝맺었다.

經

又善男子야 汝觀十方無量國土와 無量衆生과 無量法種

種差別하야
悉應如實通達其事니라

또한 선남자여, 그대는 시방의 한량없는 국토, 한량없는 중생, 한량없는 법의 가지가지 다른 것을 보고서, 모두 실상대로 그런 일을 통달하도록 하라.

◉ 疏 ◉

第七勸中二니
先擧三種無量은 卽淨土中의 三自在行이오
後'悉應'下는 結勸이라 明少作在라 旣言悉應通達하니 明少分觀察이라도 卽能成就면 去佛非遙니 此同德生이 勸於善財호대 勿以少行으로 而生知足일세 故云無量이니라【鈔_ '三自在行'者는 卽三世間自在耳라】

(ㅅ) 권면 부분은 2단락이다.

① 3가지의 한량없음을 들어 말한 것은 정토 부분의 3가지 자재한 행이며,

② '悉應' 이하는 권면을 끝맺음이다. 하는 일이 적음을 밝혔다. 이미 "모두 통달하도록 하라."고 말하니 조금 관찰했을지라도 성취하면 부처님과의 거리가 멀지 않음을 밝힌 것이다. 이는 덕생동자가 선재동자에게 "적은 행실로 만족할 줄 아는 마음을 내지 말라."고 권면한 말과 같은 까닭에 '한량없음'을 말하였다.【초_ "3가지 자재한 행"은 3가지 세간에 자재함이다.】

第三顯勸所爲

(3) 권면의 목적을 밝히다

經

佛子여 **諸佛世尊**이 **與此菩薩如是等無量起智門**하사 **令其能起無量無邊差別智業**하나니

불자여! 부처님 세존께서 부동지의 보살에게 이처럼 한량없이 지혜를 일으키는 법문을 내려주어, 그로 하여금 한량없고 끝이 없는 각기 다른 지혜의 업을 일으키도록 하였다.

◉ 疏 ◉

顯勸所爲니 令起智業故니라

권면의 목적을 밝힘이니, 보살로 하여금 지혜로운 업을 일으키게 하고자 한 때문이다.

第四彰勸益

中에 亦是所爲니 爲是故로 勸이라

於中二니

先은 明不勸之損이니 故不得不勸이오 後 彰勸之益이니 是故로 須勸이라

今은 初라

(4) 권면의 이익을 밝히다

이 부분 또한 권면의 목적이다. 이를 위해서 권면하는 것이다.

이 부분은 2단락이다.

(ㄱ) 권면하지 않으면 손실이 있음을 밝혔다. 따라서 권면하지 않을 수 없음을 밝힌 것이다.

(ㄴ) '以諸佛' 이하는 권면의 이익을 밝혔다. 이런 이유 때문에 반드시 권면한 것이다.

이는 '(ㄱ) 권면하지 않으면 손실이 있음을 밝힌' 부분이다.

經

佛子여 若諸佛이 不與此菩薩起智門者인댄 彼時에 卽入究竟涅槃하야 棄捨一切利衆生業이어니와

불자여! 만약 부처님이 이 보살에게 지혜를 일으키는 법문을 내려주지 않았다면, 그 당시 구경의 열반에 들어가 중생에게 이익되는 모든 일을 버렸을 터이지만,

◉ 疏 ◉

有二니 一은 自損이니 旣不與智에 卽入涅槃일새 故應須與라 故論云 '卽入涅槃者는 與智慧示現이라'하니라 二者는 損他니 不利生故니라 問이라 始行之流도 尙修無住은 豈深智地가 取滅須勸고(一問) 頗有一人이 佛不與智하면 便取滅不아(二問)

答이라 有四義故로 是以須勸이니

一은 爲引斥定性二乘이니 明菩薩此地大寂滅處에도 猶有勸起온 況彼所得이 寧爲究竟가

二는 爲警覺漸悟菩薩樂寂之習이오

三은 爲發起始行無厭上求오

四는 爲顯此地는 甚深玄奧를 難捨일세 所以須勸이라 但有此深奧法流之處에 必有諸佛이 作七勸橋하나니 故無一人이 便取永寂이니라 又設佛이 不勸이라도 亦無趣寂이로대 爲顯勸益하사 假以爲言이라

이의 경문은 2단락이다.

① 자신의 손해이다. 부처님이 보살에게 지혜를 주지 않았다면 곧 열반에 들어갔을 것이다. 이 때문에 반드시 내려주는 것이다. 이 때문에 논에서는 "곧 열반에 든다는 것은 지혜를 주어야 함을 나타내 보인 것이다."고 하였다.

② 남에게 손해를 끼치는 일이다. 중생에게 이익이 되지 않기 때문이다.

물음: "처음 수행하는 이들도 오히려 머물지 않음을 닦는데 어찌 깊은 지혜의 지위에서 적멸을 취하라 권면할 수 있겠는가?"(첫째 질문)

"어느 한 사람이라도 부처님이 지혜를 내려주지 않은 이가 있다면 바로 적멸에 든다는 말인가?"(둘째 질문)

대답: 4가지 의의가 있기에 반드시 권면하는 것이다.

① 定性 二乘을 인용하여 배척하기 위함이다. 보살은 이런 대

적멸의 경지에도 오히려 권유하여 일어나게 하는데 하물며 저 이승이 얻은 것으로 어찌 궁극을 삼겠는가.

② 점차로 깨달은 보살이 적멸을 좋아하는 습기를 일깨워 주기 위함이다.

③ 처음 수행하는 부류가 위로 구함을 싫어하지 않도록 하기 위함이다.

④ 제8지는 매우 깊고 현묘하여 버리기 어렵기에 반드시 권면한다는 부분을 밝히기 위함이다.

다만 이처럼 심오한 법이 흐르는 강에만 부처님이 7가지 권면의 다리를 만드는 것이다. 이 때문에 그 어느 한 사람도 영원한 적멸을 취하지 않는다.

또한 설령 부처님이 권면하지 않을지라도 또한 적멸로 향하지 않지만, 권면의 이익을 밝히기 위하여 이를 빌려 말하였다.

第二 彰勸益
中에 有法·喻·合이라

初는 法이라

   (ㄴ) 권면의 이익을 밝히다

이 부분에는 법과 비유와 종합이 있다.

이는 첫째, 법의 부분이다.

> **經**

以諸佛이 與如是等無量無邊起智門故로
於一念頃에 所生智業이 從初發心으로 乃至七地의 所修
諸行으로 百分에 不及一이며
乃至百千億那由他分에도 亦不及一이며
如是阿僧祇分과 歌羅分과 算數分과 譬喩分과 優波尼
沙陀分에도 亦不及一이니라
何以故오 佛子여 是菩薩이 先以一身으로 起行이어니와
今住此地하야는
得無量身과
無量音聲과
無量智慧와
無量受生과
無量淨國하야
敎化無量衆生하며
供養無量諸佛하며
入無量法門하며
具無量神通하며
有無量衆會道場差別하며
住無量身語意業하야 集一切菩薩行하나니 以不動法故
니라

여러 부처님이 이처럼 한량없고 그지없이 지혜를 일으키는 문

을 주었으므로,

한 생각의 찰나에 내는 지혜의 업이 처음 발심한 때로부터 제7 원행지에 이르도록 닦는 행으로는 백분의 하나에도 미치지 못하고,

내지 백천 억 나유타분으로도 백분의 하나에도 미치지 못하며,

이와 같이 아승기분·가라분·산수분·비유분·우바니사타분으로도 백분의 하나에도 미치지 못한다.

무엇 때문일까?

불자여! 이 보살이 먼저 하나의 몸으로 행을 일으켰지만 이제 제8 부동지에 머물 적에는

한량없는 몸,

한량없는 음성,

한량없는 지혜,

한량없이 몸을 받아 태어남,

한량없이 국토를 청정히 하여,

한량없는 중생을 교화하고,

한량없는 부처님께 공양하며,

한량없는 법문에 들어가고,

한량없는 신통을 갖추며,

한량없는 대중법회 도량이 다르고,

한량없는 몸과 말과 뜻으로 지은 업에 머물면서 일체 보살의 행을 모은다. 동요하지 않는 법이기 때문이다.

● 疏 ●

法中三이니

初는 牒前與智彰益之因이라

二於一下는 起行이 速疾이라

三何以下는 釋疾所由니 謂先唯一身일세 故長時 劣此一念이오 此地에 身等無量일세 故一念頓超라

有十一句하니

前十은 別明이오 後一은 總結이라

十中에 初六은 依敎化衆生이오 次二는 依自集助道오 後二는 依障淸淨이라

十中一은 多身이 現이라 所以多者는 論云 一切菩薩身이 信解如自一身故라하니 謂智契同體일세 故能卽一爲多니 此는 實報能爲오 不同前諸地의 變이라【鈔_ 此實報下는 釋通妨難이니 難云 '初地百身이오 二地千身이며 如是漸增하야 乃至七地에 有百千億那由他身이어늘 何得言一고' 故今答云호되 '彼前多身을 皆云示現이니 卽變化爲오 非實報得이라 以期前地에 功用分別을 未捨離故로 不能合法이오 凡所爲作이 名心自在오 非法自在라 是故로 不得就法說多어니와 此地는 功用分別心息하야 契合法界일세 凡所爲作을 名法自在니 以法門無量으로 隨法論身에 身亦無量이라 擧身旣爾인댄 餘可例知니라】

법의 부분은 3단락이다.

① 앞의 지혜 주심을 이어서 이익이 되는 원인을 밝혔고,

② '於一念頃' 이하는 행을 일으킴이 빠름을 밝혔으며,

③ '何以' 이하는 빠른 이유를 해석하였다. 앞에서는 오직 하나의 몸이기에 오랜 시간이 한 생각의 찰나보다 못하지만, 제8 부동지에서는 몸이 한량이 없으므로 한 생각의 찰나에 단번에 초월한 것이다.

이는 11구이다.

앞의 10구는 개별로 밝혔고,

뒤의 1구는 총체로 끝맺었다.

10구 가운데 앞의 6구는 중생 교화에 의한 것이며,

다음 2구는 스스로 모은 보리분법에 의한 것이며,

뒤의 2구는 장애가 청정함에 의한 것이다.

10구 가운데 첫 구절[得無量身]은 많은 몸을 나타냄이다. 많은 몸을 나타낸 바는 논에 이르기를, "일체 보살의 몸이 자기의 한 몸과 같음을 믿고 알기 때문이다."고 하였다. 이는 지혜와 하나가 된 똑같은 몸이기에 하나의 몸이 많은 몸이 됨을 말한다. 이는 實報土에서 가능한 일이지, 앞의 여러 지위의 變化土와는 다르다.【초_'此實報' 이하는 비방과 논란을 해석하였다.

논란하였다.

"초지는 1백 가지의 몸이고, 제2지는 1천 가지의 몸이다. 이처럼 점차 늘어나서 제7지에 이르면 백천 억 나유타의 몸이 있는데, 어떻게 하나라고 말하는가?"

따라서 다음과 같이 답하였다.

"저 앞의 많은 몸을 모두 '나타내 보인 몸'이라고 말하였다. 이는 變化身이지, 實報身을 얻은 것은 아니다. 앞의 7지에서는 공용으로 분별함을 아직 버리지 못한 까닭에 법에 계합하지 못하였고, 모든 일들에 대해 '마음의 자재[心自在]'라 말할 뿐, 법에 자재한 것은 아니다. 이 때문에 법에 입각하여 많은 몸을 말할 수는 없지만, 제8 부동지는 공용으로 분별하는 마음이 사라져 법계에 계합하여, 모든 일들을 '법에 자재함[法自在]'이라 말한다. 법문이 한량없음으로 법을 따라 몸을 논함에 몸 또한 한량없다. 몸을 거론함이 이미 그렇다면 나머지도 이런 예로 미뤄 알 수 있다.}

此는 對前一身이라 餘音聲等은 對前起行이라 類亦無量이니

二는 圓音隨說이오

三은 隨所知智오

四는 隨取何類生이오

五는 隨應以何國이오

六은 隨其敎化何類衆生이오

七은 隨供養하야 集福德助道오

八은 隨入何法門하야 集知慧助道오

九는 隨神通障淨이오

十은 隨智慧障淨이라 故能處無量衆會하야 隨機說法이라 皆言隨者는 隨宜非一로 釋無量言이니 故隨時之義 其大矣哉인저

後一은 結釋中에 先은 結이니 謂起行이 衆多나 不離三業이오

後'以不動法故'者는 釋由無相無功하야 無有間斷이니 故相用에

不動하야 任運集成이니라

이는 앞서 말한 '하나의 몸'을 상대로 말하였고, 나머지 음성 등은 앞서 말한 '행을 일으킴'을 상대로 말하였다. 부류 또한 한량없다.

제2구[無量音聲]는 원만한 음성으로 중생에 따라 설법하고,

제3구[無量智慧]는 아는 바 지혜를 따르며,

제4구[無量受生]는 어떤 부류의 중생이든 그들을 따라 태어나고,

제5구[無量淨國]는 어떤 국토이든 그들을 따라 응하며,

제6구[教化無量衆生]는 어떤 부류의 중생이든 그들을 따라 교화하고,

제7구[供養無量諸佛]는 부처님께 공양 올림을 따라 복덕의 보리분법을 모으며,

제8구[入無量法門]는 어떤 법문이든 따라 들어가 지혜의 보리분법을 모으고,

제9구[具無量神通]는 신통을 따라 장애를 청정케 하며,

제10구[有無量衆會道場差別]는 지혜를 따라 장애를 청정케 하는 것이다. 이 때문에 한량없는 대중법회에서 중생의 근기를 따라서 법문을 설하는 것이다.

여기에서 모두에 따른다[隨]고 말한 것은 시의적절함을 따르는 일이 하나가 아니므로 한량없다는 말로 해석하였다. 이 때문에 때에 따르는 이치가 큰 것이다.

뒤의 1구[住無量身語意業 集一切菩薩行 以不動法故]는 해석을 끝맺은 부분으로, 이의 앞은 결론이다. 행을 일으킴이 여러 가지이지만

3가지 업에서 벗어나지 않는다.

뒤의 "동요하지 않는 법이기 때문이다."는 것은 형상 없음과 공용 없음으로 인하여 간단이 없으므로, 형상과 작용에 동요되지 않고서 마음대로 모아 성취함을 해석한 것이다.

二喻

둘째, 비유

經

佛子여 **譬如乘船**하고 **欲入大海**에 **未至於海**하야는 **多用功力**이어니와 **若至海已**하야는 **但隨風去**하고 **不假人力**하나니 **以至大海一日所行**으로 **比於未至**하면 **其未至時**에 **設經百歲**라도 **亦不能及**인달하야

불자여! 마치 배를 타고 바다를 항해할 적에 바다에 이르기 전에는 많은 노력을 기울여야 하지만, 바다에 들어간 후에는 바람결을 따라 달릴 뿐, 사람의 힘을 빌리지 않는다. 바다에서의 하루 동안 항해를 바다에 이르기 이전과 비교하면, 바다에 이르기 이전에는 설령 백 년 동안 달린다 할지라도 또한 미치지 못하는 것처럼,

● 疏 ●

喻中에 船은 喻彼行速疾이라 論云 應知因勝示現者는 釋疾所由니

船由入海故로疾이오 行入無生故로疾이니라

비유 부분에서 말한 '배'는 배의 달리는 속도가 빠름을 비유하였다.

논에서 "인행이 뛰어남을 나타내 보인 것임을 알 수 있다."고 말한 것은 빠르게 된 이유를 해석한 것이다. 배가 바다에 들어갔기 때문에 빠른 것이며, 인행으로 무생에 들어갔기에 빠름을 해석하였다.

三合

셋째, 종합

經

佛子여 菩薩摩訶薩도 亦復如是하야 積集廣大善根資糧하야 乘大乘船하고 到菩薩行海하야 於一念頃에 以無功用智로 入一切智智境界하나니 本有功用行은 經於無量百千億那由他劫이라도 所不能及이니라

불자여! 보살마하살도 그와 같다.

광대한 선근의 양식을 모아 대승의 배에 싣고서, 보살행의 바다에 이르면 한 생각의 찰나에 노력을 필요로 하지 않는 지혜로 일체지혜의 지혜 경계에 들어가는 것이다. 본래 노력을 필요로 하는 행으로는 한량없는 백천 억 나유타 겁을 지낼지라도 이를 따라갈 수 없다.

◉ 疏 ◉

合中에 初合未至海는 卽前七地오 次到菩薩下는 合若至海니 卽第八地라 無生之智 亦是行故로 名爲行海라 又頓能徧起하야 卽深而廣일세 亦得名海라 '無功用智'로 以合上風이오 '一切智境'은 明其趣果니 前喻所無라 以無生智가 同佛智海일세 故喻不分이라 '本有'已下는 合前校量이니라

종합 부분에서 첫째, '바다에 이르지 못함'에 종합한 것은 앞의 일곱 지위를 말하며, 다음 '到菩薩' 이하는 '바다에 들어감'에 종합한 것이니 곧 제8 부동지를 가리킨다. 무생법인의 지혜 또한 행인 까닭에 '행의 바다'라 말하였다. 또한 단번에 두루 일으켜서 깊으면서 광대하기에 또한 바다라 칭하였다.

"노력을 필요로 하지 않는 지혜"로 위의 바람에 종합하였고,

"일체 지혜의 지혜 경계"는 그 과덕으로 나아갈 바를 밝혔다. 이는 앞의 비유에서 언급한 바 없다.

무생법인의 지혜가 부처님 지혜의 바다와 같기 때문에 차이가 없음을 비유하였다.

'本有' 이하는 앞의 비교 분량[設經百歲 亦不能及]에 종합하였다.
第三 得勝行分 竟하다

3. 뛰어난 행법을 얻은 부분을 끝마치다.

◉ 論 ◉

總有三加七勸하니 三加者는 一은 諸佛現身이오 二는 與智오 三은

113

言讚善哉善哉라

七勸者는 如上科文作七段이 是也라 如世帝王이 德備에 卽鳳翔麟應이 是德所感也니 明此八地가 無功智現에 卽十方諸佛感應이 是法爾合然故니라

經云 '善男子 此忍第一 順諸佛法'者는 明此地 得無生忍하야 非如第六七地已前順忍故니라 '此忍第一順諸佛法'者는 明此無生忍이 是諸佛의 本體智性故니라

已上一段은 以明三加七勸으로 安立法則에 十住 十行 十廻向 十地等第八位中에 大勢共同이니 總明十住初心에 一念入道하야 生如來智慧家時에 一切法이 總具나 然法須安立次第昇進하야 不滯諸行故며 令諸始發心者로 知軌度故며 從初發心으로 興大願故며 令大悲智로 而與法身으로 齊昇進故니라 設敎는 前卻이나 學者는 一時니 智有迷悟하야 淺深이 自露언정 以智境界는 非有前後니라

모두 3가지 가피와 7가지 권면이 있다.

3가지 가피는

(1) 제불이 몸을 나타냄이며,

(2) 지혜를 내려줌이며,

(3) 善哉善哉라는 찬탄의 말이다.

7가지 권면은 위의 경문에서 말한 7단락이다. 이는 마치 세간의 제왕이 덕을 갖추면 곧 봉황이 날아들고 기린이 찾아온다. 이는 바로 성스러운 덕에 의한 감응이다. 이는 제8 부동지가 노력을 필요로 하지 않는 지혜가 나타남에 곧 시방제불의 감응이 법으로 당

연히 그럴 수밖에 없음을 밝힌 것이다.

경문에서 "선남자여, 이 법인이 으뜸이라, 제불의 법으로 따른다."는 것은 제8 부동지에서 무생법인을 얻어, 제6 현전지, 제7 원행지 이전의 자리에서 무생법인을 따르는 것과 똑같지 않음을 밝혔기 때문이다.

"이 법인이 으뜸이라, 제불의 법으로 따른다."는 것은 이 무생법인이 제불의 本體智性임을 밝혔기 때문이다.

이상 한 단락은 3가지 가피와 7가지 권면으로 법칙을 세움에 있어 십주, 십행, 십회향, 십지 등 제8 부동지에 대세가 모두 같음을 밝힌 것이다.

이는 모두 십주 초심에서 한 생각의 찰나에 도에 들어가 여래 지혜의 집안에 태어날 때에 일체 법을 모두 갖추었다.

하지만 법이란 반드시 차례에 따라 올라감을 안립하여 모든 행에 막히지 않도록 하기 위함이며,

모든 처음 발심한 자로 하여금 나아갈 궤도를 알도록 하기 위함이며,

처음 발심할 적부터 큰 서원을 일으키도록 하기 위함이며,

大悲大智로 법신과 함께 나란히 올라가도록 함을 밝힌 때문이다.

가르침을 마련한 데는 선후가 있지만 배우는 것은 일시에 이뤄진다. 지혜에 혼미와 깨달음의 차이가 있어 조예의 얕음과 깊음이 절로 드러나지만, 지혜 경계는 전후가 있지 않다.

大文第四淨土分者는 問이라 經中에 但云大方便智로 一切觀察을 皆如實知라하사 廣說化生應形作用하시며 瑜伽論中에 十自在前과 起智門後에 但云得分身智어늘 何以論主는 判爲淨土分耶아

答이라 淨土有二하니 一은 是能淨之因이오 二는 是所淨之果라

此有二對하니 一은 相淨果니 謂寶嚴等은 以行業爲因이니 謂直心等이오

二는 自在淨果니 謂三世間의 圓融等은 以德業爲因이니 謂淨土三昧等이니 今約後對니라

然淨土行業이 始起는 在凡이오 滿在一地며 淨土德業은 始起不動이오 終在如來니라

文分三別이니 一은 器世間自在行이오 二는 衆生世間自在行이오 三은 智正覺世間自在行이라

初는 是化處오 次是所化오 後는 是能化라 具後二淨하야사 方名淨土라 然初一은 多約能淨이오 後二는 多約所淨이니 文影畧耳라

今은 初라

4. 불국토를 청정하게 하는 부분

물음: "경문에서는 '큰 방편지혜로 일체를 관찰하여 실상대로 안다.'고만 말하여, 중생 교화를 위해 중생의 모습을 따라 몸을 나타내는 작용을 자세히 설명하였다.

유가사지론에서는 '10가지 자재함'의 이전과 지혜를 일으키는 법문 뒤에서 '분신의 지혜를 얻었다.'고 말했을 뿐이다. 어찌하여

논주는 이를 정토 부분으로 구분하였는가?"

대답: 정토에는 2가지가 있다.

첫째, 청정 주체의 원인,

둘째, 청정 대상의 결과이다.

여기에는 2가지 대구가 있다.

1) 형상 청정의 결과이다. 이는 보배 장엄 등은 행업으로 원인을 삼는다. 直心 등을 말한다.

2) 삼세간에 자재 청정의 결과이다. 이는 삼세간에 원융함 등은 덕업으로 원인을 삼는다. 淨土三昧 등을 말한다.

여기에서는 '2) 삼세간에 자재 청정의 결과'의 대구를 들어 말하였다.

그러나 정토의 행업이 처음 일어난 것은 범부에 있고, 원만함은 제1 환희지에 있으며, 정토의 덕업은 제8 부동지에서 처음 일어나고 마지막은 여래지에 있다.

경문은 3부분으로 나뉜다.

(1) 기세간에 자재한 행,

(2) 중생세간에 자재한 행,

(3) 지정각세간에 자재한 행이다.

기세간은 교화할 장소이며, 중생세간은 교화의 대상이며, 지정각세간은 교화의 주체이다.

뒤의 2가지 청정함을 갖춰야만 비로소 정토라 말할 수 있다. 그러나 앞의 기세간은 대부분 정토의 주체를 들어 말한 바 많고,

뒤의 중생세간과 지정각세간은 대부분 정토의 대상을 들어 말한 바 많다. 경문에서는 한 부분을 생략한 채, 그 뜻을 밝히고 있다.

이는 '(1) 기세간에 자재한 행을 밝힌' 부분이다.

經

佛子여 **菩薩**이 **住此第八地**에 **以大方便善巧智**의 **所起 無功用覺慧**로 **觀一切智智所行境**하나니

불자여! 보살이 제8 부동지에 머물 적에 큰 방편과 교묘한 지혜로 일으킨, 노력을 필요로 하지 않는 지혜로써 일체 지혜의 지혜로 행할 경계를 살펴보았다.

◉ 疏 ◉

分二니 先은 總標擧니 無功用智 爲能觀智요 智所行境이 爲所觀이라

方便善巧는 卽無功用因이니 在於七地하야 修無功用일세 今得自在니라

이의 경문은 2단락으로 나뉜다.

앞은 총괄하여 표방함이니, 노력을 필요로 하지 않는 지혜가 관찰 주체의 지혜이고, 지혜로 행할 대상인 경계가 관찰의 대상이다.

'방편의 교묘함'은 노력을 필요로 하지 않는 행의 원인이다. 제7 원행지에서 노력을 필요로 하지 않는 행을 닦았으므로 여기에서 자재함을 얻은 것이다.

所謂觀世間成하며 觀世間壞호되

이른바 세간이 이뤄짐을 살펴보고, 세간이 무너짐을 살펴보되,

● 疏 ●

後에 別顯其相이라 有五種自在하니 一은 隨心欲이오 二는 隨何欲이오 三은 隨時欲이오 四는 隨廣陜欲이오 五는 隨心幾許欲이라
今初에 觀世間成壞니 論云 '隨心所欲하야 彼能現及不現故'者는 謂約能淨하야 論隨오 '隨自心欲하야 知卽能知故'는 約所淨하야 論隨오 '隨衆生心樂欲見'者는 則現成現壞오 '不欲見'者는 則不現故니라
經云 觀知는 則唯約因이어늘 論主는 欲顯義兼於果일새 故云 隨現이니 卽轉變自在라 下之四段에 隨現準知니라

뒤는 개별로 그 양상을 밝혔다. 여기에는 5가지의 자재함이 있다.

(ㄱ) 마음의 원하는 바를 따르고,

(ㄴ) 어떤 업을 원하느냐에 따르고,

(ㄷ) 얼마 동안을 원하느냐에 따르고,

(ㄹ) 넓고 좁음을 원하느냐에 따르고,

(ㅁ) 마음의 얼마만큼을 원하느냐에 따른다.

이의 첫째는 기세간의 이뤄짐과 무너짐을 살펴보는 것이다.

논에서 "마음의 원하는 바를 따라 나타내기도 하고 나타내지

않기도 한다."고 말한 것은 청정의 주체를 들어 따름을 논하였고,

"자신의 마음에 원하는 바를 따라 아는 것은 곧 아는 주체이기 때문이다."고 말한 것은 청정의 대상을 들어 따름을 논하였고,

"중생의 마음에 좋아하여 보고자 함을 따른다."는 것은 이뤄짐을 나타내고 무너짐을 나타냄이며,

"보려고 하지 않는다."는 것은 나타내지 않기 때문이다.

경문에서 말한 '관찰'과 '아는 것'은 오직 因行을 들어 말했는데, 논주는 이치가 결과를 겸함을 밝히고자 한 까닭에 '따라 나타낸다.'고 하였다. 이는 전변의 자재이다.

아래 4단락의 '따라 나타낸다.'는 것도 이에 준하여 알 수 있다.

經

由此業集故로 成과 由此業盡故로 壞와

이 업이 모임으로써 이뤄지고 이 업이 다함으로써 무너지며,

疏

二는 明隨何欲이니 謂隨物이 欲知何業成壞하야 皆能現故니라

㈡ 어떤 업을 원하느냐에 따름을 밝혔다. 이는 중생이 무슨 업으로 이뤄지고 무너짐을 알고자 함을 따라서 모두 나타내기 때문이다.

幾時成과 幾時壞와 幾時成住와 幾時壞住를 皆如實知하며

얼마동안 이뤄지고 얼마동안 무너지며, 얼마동안 이루어 머물고 얼마동안 무너져서 머무는 것을 모두 실상대로 알며,

◉ 疏 ◉

三은 明隨時欲이니 謂隨時長短하야 卽能現故니라 若約能淨인댄 卽隨時智니라 如此世界 成二十劫이니 初劫에 成器하고 餘成衆生이라 壞亦二十이니 先壞衆生하고 後一은 壞器니라 竝稱事稱理를 名如實知니라

㈐ 얼마 동안을 원하느냐에 따름을 밝혔다. 이는 길고 짧은 시간을 따라 나타내기 때문이다.

만약 청정의 주체를 들어 말하면, 이는 '시간을 따르는 지혜'이다.

이런 세계가 20겁 동안을 걸쳐 이뤄진다. 첫째 겁에는 기세간이 이뤄지고, 나머지 19겁 동안에 중생세간을 이룬다. 무너지는 것도 20겁 동안을 걸쳐 이뤄진다. 먼저 19겁 동안 중생세간이 무너지고, 뒤의 한 겁 동안에 기세간을 무너뜨린다.

모두 사법계에 걸맞고 이법계에 걸맞게 아는 것을 "실상대로 안다."고 말한다.

經

又知地界의 小相·大相과 無量相·差別相하며
知水火風界의 小相·大相과 無量相·差別相하며
知微塵의 細相差別相과 無量差別相하며
隨何世界中하야 所有微塵聚와 及微塵差別相을 皆如實知하며
隨何世界中하야 所有地水火風界의 各若干微塵과 所有實物의 若干微塵과 衆生身의 若干微塵과 國土身의 若干微塵을 皆如實知하며
知衆生大身小身의 各若干微塵成하며
知地獄身·畜生身·餓鬼身·阿修羅身·天身·人身의 各若干微塵하야 成得如是知微塵差別智하며

또한 지대경계[地界]의 작은 모양과 큰 모양, 한량없는 모양과 각기 다른 모양을 알고,

수대·화대·풍대 경계[水火風界]의 작은 모양과 큰 모양, 한량없는 모양과 각기 다른 모양을 알며,

작은 티끌의 미세한 모양과 각기 다른 모양, 한량없는 각기 다른 모양을 알며,

어떤 세계에 있는 미세한 티끌의 무더기, 미세한 티끌의 각기 다른 모양을 모두 실상대로 알며,

어떤 세계에 있는 지대·수대·화대·풍대의 경계가 각각 얼마만큼의 미세한 티끌과

거기에 있는 보물의 얼마만큼의 미세한 티끌과

중생의 몸에 있는 얼마만큼의 미세한 티끌과

국토의 자체에 있는 얼마만큼의 미세한 티끌을 실상대로 알며,

중생의 큰 몸, 작은 몸이 각각 얼마만큼의 티끌로 이뤄졌는지를 알며,

지옥의 몸, 축생의 몸, 아귀의 몸, 아수라의 몸, 하늘의 몸, 인간의 몸이 각각 얼마만큼의 티끌로 이뤄졌는지를 알고서,

이처럼 미세한 티끌이 각기 다른 차별을 아는 지혜를 성취하며,

● 疏 ●

四는 隨廣陿欲이니 彼能現故니라
文中三이니 初는 知四大差別이니 卽是廣相이오 二는 是知陿相이오 三은 知能所成이니 卽雙明廣陿相이라
今初中에 小相者는 非定地報識境界오 大相者는 定地境界니 乃至四禪이 緣三千故니라 無量者는 如來境界라 上三은 是事分齊니 皆以境界智로 知라 差別相者는 是法分齊故니 以相智로 知니 知其自相과 同相의 差別故니라 後는 類餘易了니라 【鈔_ 初知四大差別 卽是廣相者는 謂知大分齊니라
'小相者'下는 散心所知니 少故로 名小오 定心所知는 廣故로 名大라 初禪은 量等四洲오 二禪은 量等小千이오 三은 等中千이오 四는 等大千이니 故云乃至라 量旣徧等일세 故能徧緣이라
'無量相者'는 佛智 稱事理之實일세 故無分量이라

123

'差別相'者는 若大小니 卽事分齊라 知地堅相과 水濕相等을 名知自相이오 同無常等은 名知共相이니 皆是法分齊也니라】

㈃ 넓고 좁음을 원하느냐에 따르니, 그 원함에 따라 나타내기 때문이다.

경문은 3단락이다.

① 四大의 각기 다른 경계를 앎이다. 이는 넓은 양상이다.

② '知微塵' 이하는 좁은 양상을 앎이다.

③ '隨何世界中所有地水' 이하는 이뤄주는 주체와 대상을 앎이다. 이는 넓고 좁은 형상을 모두 밝힌 것이다.

① 사대의 각기 다른 부분에서 말한 '작은 모양'이란 定地(色界와 無色界) 報識의 경계가 아니며, '큰 모양'이란 색계와 무색계의 定地 報識의 경계이다. 나아가 四禪天이 삼천대천세계를 반연하기 때문이다. 한량없다는 것은 여래의 경계이다.

위의 3가지[小相, 大相, 無量相]는 '현상의 영역'이다. 이는 모두 경계의 지혜로 아는 부분이다.

'각기 다른 차별의 양상'이란 '법의 영역'이다. 형상의 지혜로 아는 부분이다. 자신의 모양과 공동의 모양이 각기 다른 점을 알기 때문이다.

뒤는 나머지를 유추하면 쉽게 알 수 있다.【초_ '① 사대의 각기 다른 경계를 아는 것은 넓은 양상'이라는 것은 4대의 한계를 말한다.

'小相者' 이하는 '욕계의 산란한 마음'으로 알 수 있는 대상이니 적으므로 '小相'이라 말하였고, 선정의 마음으로 알 수 있는 바는 드넓기 때문에 '大相'이라 말하였다.

초선천의 분량은 四州세계와 같고, 이선천의 분량은 소천세계와 같고, 삼선천의 분량은 중천세계와 같고, 사선천의 분량은 대천세계와 같으므로 '乃至'라고 말하였다. 분량이 이미 두루 평등하므로 두루 반연한 것이다.

'한량없는 모양'이란 부처님 지혜가 사법계와 이법계의 실상에 걸맞기에 분량이 없다.

'각기 다른 모양'이란 大相·小相과 같음이니 현상의 영역이다.

地大의 굳건한 양상, 水大의 젖은 양상 등을 '자신의 양상'을 안다고 말하고, 無常과 같다는 등은 '공동의 모양'을 안다고 말한다. 이는 모두 법의 영역이다.】

二'知微塵'下는 知陜相中에 細者는 透金塵故니라 論經 次云 麤相者는 隙塵故니라 差別은 同前이니라 無量差別者는 一塵之中에 含多法故니라 塵之麤粗細는 俱通定散일새 故不云小大니라【鈔_ 細者透金塵故'者는 俱舍云 '極微·微·金·水와 兔·羊·牛·隙塵과 蟣·蝨·麥·指節이니 後後增七倍라'하니라 隙塵은 乃塵中의 最粗니 無一極微 獨處而住일새 故不說初오 而七極微 爲一微塵이니 此亦最細나 而名是通일새 故取第三透金之塵하야 以爲細也니라

'一塵之中 中含多法'者는 能造所造 一聚而現에 必具堅濕煖動과 色香味觸일새 故云多法이니라】

② '知微塵' 이하는 좁은 양상을 아는 부분에서 말한 '미세한 양상'이란 '금의 가장 작은 가루로 자유롭게 몸속을 지나갈 만큼의

아주 작은 티끌[透金塵]이기 때문이다.

논경에서 다음으로 '거친 모양'을 말한 것은 '공중에 흩어져 있어 육안으로 겨우 알아볼 수 있는 아주 작은 티끌[隙遊塵]'이기 때문이다.

'차별상'은 앞서 말한 바와 같다.

'한량없는 차별'이란 하나의 티끌 속에 많은 법을 포함하기 때문이다.

微塵의 거칠고 미세함은 선정과 산란심에 모두 통하므로 크고 작음을 말하지 않았다.【초_"미세한 양상이란 透金塵이기 때문이다."고 말한 것은 구사론 권12에서 다음과 같이 말하였다.

"7極微는 1微量이고,

7미량은 1金塵[7×7 = 49極微]이고,

7금진은 1水塵[49×7 = 343극미]이고,

7수진은 1兎毛塵[343×7 = 2,401극미]이고,

7토모진은 1羊毛塵[2,401×7 = 16,807극미]이고,

7양모진은 1牛毛塵[16,807×7 = 117,649극미]이고,

7우모진은 1隙遊塵[117,649×7 = 823,543극미]이고,

7극유진은 1蟣[823,543×7 = 5,764,801극미]이고,

7기는 1虱[5,764,801×7 = 40,353,607극미]이고,

7슬은 1麥[40,353,607×7 = 282,475,249극미]이고,

7맥은 1指節[282,475,249×7 = 1,977,326,743극미]이다.

이처럼 뒤로 갈수록 7곱절씩 더해가는 것이다."[1]

극유진은 미진수 가운데 가장 큰 단위이다. 어떤 극미수도 홀로 머물 수 없으므로 첫 자리를 말할 수 없고, 7개의 극미수가 하나의 미진수를 만든다. 이 역시 가장 미세한 수이지만, 명칭으로 통하므로, 제3 金塵[透金塵]을 취하여 미세함을 삼은 것이다.

"하나의 티끌 속에 많은 법을 포함한다."고 말한 것은 만드는 주체와 대상이 하나에 모여서 나타나면 반드시 땅의 굳건함, 물의 젖음, 불의 따뜻함, 바람의 움직임, 빛과 냄새, 그리고 맛과 촉감이 갖춰지게 된다. 이 때문에 '많은 법'이라 말하였다.】

三'隨何世界'下는 知能所成中에 二니 先은 總知內外오 二'知地獄'下는 別明六道라 斯卽楞伽에 責所不問이니 意顯窮幽라 又云無性故니라【鈔_ '斯卽楞伽'下는 謂大慧菩薩이 發一百八問云 '我名爲大慧니 通達於大乘이니라 今以百八義로 仰諮尊中上'하노라

下問'云何淨其念이며 云何念增長'等이닛고

列問竟이어늘 佛이 讚善하사 牒問竟하시고 然後에 責其所問不盡云하사대 '諸山須彌地와 巨海日月量과 下中上의 衆生이 身各幾微塵이며 一一刹이 幾塵이며 弓弓數有幾며 肘步拘樓舍와 半由一由巡'이라하시고 乃至云하사대 '是等을 所應請이어늘 何須問餘事오 聲聞辟支佛과 佛

---

[1] 해당 게송에 관한 논은 다음과 같다. "論曰 極微爲初, 指節爲後, 應知後後皆七倍增. 謂七極微爲一微量, 積微至七爲一金塵, 積七金塵爲水塵量, 水塵積至七爲一兎毛塵, 積七兎毛塵爲羊毛塵量, 積羊毛塵七爲一牛毛塵, 積七牛毛塵爲隙遊塵量, 隙塵七爲蟻, 七蟻爲一蝨, 七蝨爲積麥, 七麥爲指節, 三節爲一指, 世所極成."

及最勝子가 身各有幾數를 何故로 不問此오하니라
釋曰 此卽責所不問也니라】

　③ '隨何世界' 이하는 성립의 주체와 대상을 아는 부분은 2단락이다.

　㉠ 총체로 안팎의 세계를 앎이며,

　㉡ '知地獄' 이하는 개별로 육도를 밝혔다. 이는 능가경에서 묻지 않은 바를 꾸짖은 내용이다. 그 뜻은 보이지 않은 사후세계를 밝히는 데에 있다. 또한 자성이 없음을 말한 때문이다.【초_ '斯卽楞伽' 이하는 대혜보살이 108가지 물음을 여쭈기를, "저의 이름은 大慧라 하오니 대승법을 통달하였습니다. 지금 108가지 이치를 우러러 존귀한 분께 여쭈옵니다."

그 아래의 문장에서 여쭈었다.

"어떻게 그 생각을 청정케 하며, 어떻게 생각을 증장할 수 있는 것입니까?"

이와 같은 물음 등으로 모두 여쭈자, 부처님께서 훌륭하다고 칭찬하고, 그 물음의 뒤를 이어서 그 물은 바에 미진함이 있음을 꾸짖으셨다.

"수많은 산, 수미산, 그리고 땅,

큰 바다 그리고 해와 달의 분량,

하·중·상 근기의 중생,

그들의 몸은 각기 얼마의 미진수로 이뤄졌는가?

하나하나 국토에 얼마만큼의 미진이 있는가?

'弓弓'의 숫자가 얼마인가?

팔꿈치 길이와 걸음 폭과 拘樓舍,

반 유순과 1유순은 얼마인가?

(……)

이런 등등의 것들을 당연히 물었어야 하는데,

어찌하여 하찮은 일만을 묻는가?

성문이나 벽지불,

부처님과 보살,

그 몸이 각기 얼마만큼의 숫자인지

무슨 까닭에 이런 것들을 묻지 않는가?"

이에 대한 해석은 다음과 같다.

"이는 묻지 않은 바를 꾸짖음이다."】

經

又知欲界色界無色界成하며
知欲界色界無色界壞하며
知欲界色界無色界 小相·大相과 **無量相·差別相**하야
得如是觀三界差別智니라

　또한 욕계·색계·무색계가 이뤄짐을 알며,

　욕계·색계·무색계가 무너짐을 알며,

　욕계·색계·무색계의 작은 모양, 큰 모양, 한량없는 모양, 각기 다른 모양을 알고서,

이처럼 삼계의 각기 다른 모양을 관찰하는 지혜를 얻는 것이다.

● 疏 ●

第五는 明隨心幾許欲이니 卽能現故니라

文中二니

初는 約智知自在라 上은 卽三界互望하야 論大小오 今卽一界之中하야 自分大小니 欲界中에 人境爲小오 天境爲大며 色中에 覺觀爲小오 無覺觀爲大며 無色界中에 論云 '佛法中에 凡境爲小오 聲聞과 菩薩爲大'者는 爲揀外道 妄取爲涅槃故로 特云佛法이니 如來所知一切三界를 皆名無量相이니라【 鈔_ '佛法中'者는 問 '無色은 無色일새 無有分量이어늘 何有大小오 答이라 大乘之中에 許有色故니 離世間品에 明菩薩鼻根이 聞無色界의 宮殿香故니라 此有二意하니 一은 無粗有細오 二는 無共相色이니 有通果色故니라'】

㈤ 마음의 얼마만큼을 원하느냐에 따름을 밝혔다. 이는 나타내는 주체이기 때문이다.

경문은 2단락이다.

첫째, 지혜로 앎이 자재함을 들어 말하였다.

위에서는 삼계를 서로 대조하여 크고 작음을 말했는데, 여기에서는 하나의 세계 속에서 그 자체의 크고 작음을 구분하였다.

욕계에서는 인간의 경계가 작고 천상의 경계가 크며,

색계에서는 覺觀의 初禪天 경계가 작고 각관이 없는 나머지 3禪天의 경계가 크며,

무색계에서는 논에 의하면, "불법 가운데 범부의 경계는 작고 성문과 보살의 경계로 큰 것을 삼는다."는 것은 외도들이 부질없이 열반을 삼은 것과 구분하기 위하여, 특별히 '불법'이라 말한 것이다. 여래가 알고 있는 일체 삼계를 모두 '한량없는 모양'이라고 한다.【초_ '佛法中'이란, 어떤 이가 물었다.

"무색계는 물질이 없으므로 한량이 없는 것인데 어떻게 크고 작음이 있겠는가?"

이에 답하였다.

"대승에는 물질을 허용하고 있다. 제38 이세간품에 의하면, 보살의 코는 무색계 궁전의 향기를 맡는다고 말한 까닭이다.

여기에는 2가지 뜻이 있다.

① 거친 게 없고 미세한 것만 있다.

② 共相의 색이 없다. 이는 佛果의 색과 통하기 때문이다."】

經

佛子여 此菩薩이 復起智明하야 敎化衆生하나니
所謂善知衆生身差別하며 善分別衆生身하며 善觀察所生處하야
隨其所應하야 而爲現身하야 敎化成熟이니라
此菩薩이 於一三千大千世界에 隨衆生身信解差別하야
以智光明으로 普現受生하며 如是若二若三과 乃至百千과 乃至不可說三千大千世界에 隨衆生身信解差別하야

普於其中에 **示現受生**하나니
此菩薩이 **成就如是智慧故**로 **於一佛刹**에 **其身不動**하고
乃至不可說佛刹衆會中에 **悉現其身**이니라

　불자여! 이 보살이 다시 지혜 광명을 일으켜서 중생을 교화하나니,

　이른바 중생의 각기 다른 몸을 잘 알며,

　중생의 몸을 잘 분별하며,

　태어나는 곳을 잘 알아서, 그 감응할 바를 따라서 그에 걸맞은 몸을 나타내어 교화하고 성숙시켜 주는 것이다.

　이 보살이 하나의 삼천대천세계에서 각기 다른 중생의 몸과 믿음과 아는 것을 따라서 지혜 광명으로 몸을 받아 두루 태어나는 일을 나타내며,

　이와 같이 2곳, 3곳 내지 백 곳, 천 곳의 삼천대천세계, 그리고 말할 수 없는 삼천대천세계까지 각기 다른 중생의 몸과 믿음과 아는 것을 따라서 그들 가운데서 널리 몸을 받아 두루 태어나는 일을 보여주었다.

　이 보살이 이러한 지혜를 성취하였으므로 한 부처님 세계에서 그 몸을 꼼짝하지 않고, 내지 말할 수 없는 세계의 대중법회에 모두 그 몸을 나타내는 것이다.

● 疏 ●

　第二는 約通明自在하야 隨物現化라

文中三이니

一은 隨機現化라 於中에 初는 標能化智오 次'所謂'下는 明所知機라 有三句하니 一은 知身類의 不同故오 二는 知隨身에 宜用方便異故오 三은 生何等界하야 能利生故니라

後'隨其'下는 正明隨化라 雖言現身이나 意在生處니 故屬器界라

二'此菩薩於一三千'下는 明化分齊오

三'此菩薩成就'下는 明現自在니 謂不動而徧이 猶月入百川이니라

둘째, 신통 광명이 자재하여 중생이 좋아하는 바를 따라서 화신을 나타냄을 밝혔다.

경문은 3단락이다.

① 중생의 근기를 따라 화신을 나타냄이다.

이의 해당 경문은 3단락이다.

㉠ 화신 주체의 보살 지혜 광명을 내세웠고,

㉡ '所謂' 이하는 알아야 할 대상의 중생 근기를 밝혔다.

여기에는 3구가 있다.

제1구[善知衆生身差別]는 중생 몸의 부류가 똑같지 않음을 알기 때문이며,

제2구[善分別衆生身]는 중생의 몸에 따라 맞추어 써야 할 방편이 다름을 알기 때문이며,

제3구[善觀察所生處]는 어떤 세계에 태어나 중생에게 이익을 주어야 할지를 알기 때문이다.

㉢ '隨其所應' 이하는 바로 중생을 따라 화신을 나타냄을 밝혔

다. 비록 화신을 나타낸다고 말했지만, 그 뜻은 태어나는 곳에 있다. 이 때문에 기세간에 속한다.

② '이 보살이 하나의 삼천대천세계' 이하는 교화의 영역을 밝혔고,

③ '此菩薩成就' 이하는 화신의 자재함을 밝혔다. 이는 꼼짝하지 않으면서도 삼천대천세계에 두루 몸을 나타낸다. 이는 마치 하늘의 달이 수많은 강에 비치는 것과 같다.

器世間自在 竟하다

(1) 기세간에 자재함을 끝마치다.

第二 明衆生世間自在行

謂隨感能應하야 調伏衆生自在故니라

(2) 중생세간에 자재한 행을 밝히다

중생을 따라 감응하여 중생의 조복이 자재하기 때문이다.

經

佛子여 此菩薩이 隨諸衆生의 身心信解種種差別하야 於彼佛國衆會之中에 而現其身하나니
所謂於沙門衆中에 示沙門形하며 婆羅門衆中에 示婆羅門形하며 刹利衆中에 示刹利形하며 如是毘舍衆과 首陀衆과 居士衆과 四天王衆과 三十三天衆과 夜摩天衆과

兜率陀天衆과 化樂天衆과 他化自在天衆과 魔衆과 梵衆과 乃至阿迦尼吒天衆中에 各隨其類하야 而爲現形하며 又應以聲聞身得度者는 現聲聞形하며 應以辟支佛身得度者는 現辟支佛形하며 應以菩薩身得度者는 現菩薩形하며 應以如來身得度者는 現如來形이니라

佛子여 菩薩이 如是於一切不可說佛國土中에 隨諸衆生의 信樂差別하야 如是如是而爲現身이니라

　　불자여! 이 보살이 각기 다른 중생의 몸, 마음, 믿음, 아는 바를 따라서 그 국토의 대중법회에 걸맞은 몸을 나타내는 것이다.

　　이른바 사문대중에게는 사문의 모습을 보이고,
　　바라문대중에게는 바라문의 모습을 보이며,
　　찰제리대중에게는 찰제리의 모습을 보여주었다.

　　이와 같이 비사대중, 수타대중, 거사대중, 사천왕대중, 삼십삼천대중, 야마천대중, 도솔타천대중, 화락천대중, 타화자재천대중, 마군대중, 범천대중 내지 아가니타천대중에게 각각 그들의 부류를 따라서 그 모습을 나타냈다.

　　또한 성문의 몸으로 제도할 이에게는 성문의 모습을 나타내고,
　　벽지불의 몸으로 제도할 이에게는 벽지불의 모습을 나타내며,
　　보살의 몸으로 제도할 이에게는 보살의 모습을 나타내고,
　　여래의 몸으로 제도할 이에게는 여래의 모습을 나타냈다.

　　불자여! 보살이 이와 같이 말할 수 없는 일체 부처님의 국토에서 중생들의 각기 다른 믿음과 좋아하는 바를 따라서 이처럼 이렇

게 몸을 나타냈다.

● 疏 ●

於中三이니

初는 總明感應이오

二'所謂'下는 別顯感應이라 於中에 顯化生行이 有二自在하니 一은 化同物身이니 沙門中에 現沙門形等故니 卽身自同事라 二'又應'下는 化應物心이니 以身不必同其所化나 卽心自同事라 故論云 '彼行化衆生에 身心이 自同事라'하니라【鈔_ '以身不必同'者는 如有居士欲見佛身이어든 爲現佛身이니 佛身이 不同居士나 而隨心樂일새 名心同事니라】

이의 경문은 3단락이다.

① 총체로 감응을 밝혔다.

② '所謂' 이하는 개별로 감응을 밝혔다. 이는 화신으로 몸을 나타내는 행에 2가지의 자재함이 있음을 밝혔다.

㉠ 화신을 중생의 몸과 똑같이 함이다. 사문에게는 사문의 모습으로 나타내는 등이다. 이는 몸으로 자재하게 중생과 함께하는 것이다.

㉡ '又應' 이하는 화신을 중생의 마음과 똑같이 함이다. 몸은 굳이 교화의 대상에 맞추려 하지 않지만, 마음은 자연스럽게 그들과 함께하는 것이다. 이 때문에 논에서 "그가 중생을 교화하려 함에 몸과 마음을 자연스럽게 그들과 함께한다."고 말하였다.【초_

"몸은 굳이 교화의 대상에 맞추려 하지 않는다."는 것은 예컨대 거사가 부처님을 뵙고자 하면 부처님의 몸을 나타낸다. 부처님의 몸은 거사의 모습과 똑같지 않지만, 거사가 좋아하는 마음을 따르기에 '마음으로 함께한다.'고 말하였다.】

三佛子菩薩如是 下는 總結感應이라 如是如是者는 現類衆多故니 若身若心이 無偏頓應이라 故論云 自身心이 等分示現也라하니라

③ '佛子菩薩如是' 이하는 중생에 따른 감응을 총체로 끝맺었다. '이처럼 이렇게'라는 것은 화신을 나타내는 부류가 많기 때문이다. 몸과 마음을 어느 한쪽에 치우치지 않고 한꺼번에 감응하는 것이다. 이 때문에 논에서 이르기를, "자신의 몸과 마음을 평등하게 나누어 나타내 보여준다."고 하였다.

衆生世間自在 竟하다

(2) 중생세간에 자재함을 끝마치다.

第三 明智正覺世間自在行

遠公云 若就行境인댄 應名二諦自在行이어니와 今就行體일세 名智正覺이니 智於二諦에 正覺無礙일세 故名自在라하니라

今更一釋호리라 以所知十身이 皆是毘盧遮那正覺之體이며 亦得從境하야 名智正覺이니 能令相作이 亦自在故니라【鈔_ 今就行體者는 以智로 正覺一切法故니라】

(3) 지정각세간에 자재한 행을 밝히다

혜원 법사가 말하였다.

"만약 행의 경지로 말한다면 당연히 2가지 진리에 자재한 행법이라 해야 하겠지만, 여기에서는 행의 본체로 말하기에 '지혜로 바르게 깨달음[智正覺]'이라고 말하였다. 지혜로 2가지 진리를 바르게 깨달아 걸림이 없으므로 자재하다고 말하였다."

여기에서 다시 한 번 해석을 덧붙이고자 한다.

알고 있는 10가지 몸이 모두 비로자나불 正覺의 본체이며, 또한 경계로부터 얻었으므로 '지혜로 바르게 깨달음'이라고 말한다. 이는 서로 짓게 함이 자재하기 때문이다.【초_ "여기에서는 행의 본체로 말한다."는 것은 지혜로 일체 법을 바르게 깨달았기 때문이다.】

經
佛子여 **此菩薩**이 **遠離一切身想分別**하야 **住於平等**하며

불자여! 이 보살이 일체 몸과 생각과 분별까지도 멀리 여의고 평등한 데 머물며,

● 疏 ●

文中二니

初는 明第一義智오 後 明世諦智라

今은 初니 上句는 離妄이오 下句는 住實이라 由自身他身을 不分別故로 住於平等이라

'不分別'言은 非唯照同一性이라 亦乃能所照亡이니라 論云 '此不同

二乘이니 第一義智示現者는 以彼不得法空하야 不能卽俗而眞하야 非一異故니라

경문은 2단락이다.

(ㄱ) 으뜸가는 이치의 지혜를 밝혔고,

(ㄴ) 세속 이치의 지혜를 밝혔다.

이는 '(ㄱ) 으뜸가는 이치의 지혜' 부분이다.

위 구절[遠離一切身想分別]은 허망한 분별을 여읨이며, 아래 구절[住於平等]은 실법에 머묾이다. 나의 몸과 남의 몸을 분별하지 않음으로 인해서 평등한 데 머무는 것이다.

'不分別'이란 말은 오직 동일한 체성을 비출 뿐 아니라, 또한 비추는 주체와 대상이 모두 사라짐이다. 논에서 "이는 이승과는 다르다. 으뜸가는 이치의 지혜로 나타내 보인 것이다."고 말한 것은 이승이란 법의 '공'함을 얻지 못하여, '세속과 하나가 된 진리로 하나이거나 다른 것도 아닌' 게 아니기 때문이다.

經

此菩薩이 知衆生身과 國土身과 業報身과 聲聞身과 獨覺身과 菩薩身과 如來身과 智身과 法身과 虛空身하니라

이 보살이 중생의 몸, 국토의 몸, 업으로 받은 몸, 성문의 몸, 독각의 몸, 보살의 몸, 여래의 몸, 지혜의 몸, 법의 몸, 허공의 몸을 아는 것이다.

● 疏 ●

二는 明俗諦智라

中에 有三하니 一은 總知十身이오 二는 令十身相作하야 顯通自在오 三은 別顯知相하야 彰智自在라

今初十身을 論攝爲三하니 初三은 染分이오 次六은 淨分이오 後一은 不二分이라

皆言分者는 同一大緣起法界가 分爲十이라 故卽染分依他와 淨分依他 同依一實故니라

染中에 三者는 初는 是衆生世間이오 次는 國土世間이오 業報身者는 彼二生因이니 謂業煩惱라 經畧煩惱나 故論具之라 而云報者는 業能招報니 從果立名이라 若是所招인댄 寧異上二아 然國土身은 合通於淨이나 且從一類하야 以判爲染이라

次六은 總以三乘으로 爲淨分이라 於中에 前四는 是人이니 菩薩及佛은 但因果之異라 次一은 是能證智오 後一은 是所證法이라

'後虛空身 是不二分'者는 通爲二依니 非染淨故니라 觀下別顯하면 多約事空이나 義兼於理니라【鈔_ 義兼理空者는 無量同遍等이 皆兼於理라 亦由此故로 爲二所依니라】

(ㄴ) 세속 이치의 지혜를 밝혔다.

이는 3단락이다.

첫째, 총체로 10가지 몸을 앎이며,

둘째, '此菩薩' 이하는 10가지 몸을 서로 만들어 자재하게 통함을 밝혔으며,

셋째, '此菩薩知衆生' 이하는 개별로 아는 양상을 밝혀 지혜가 자재함을 밝혔다.

'첫째, 총체의 10가지 몸'을 논에서는 3가지로 포괄하였다.

① 3가지 몸[중생신, 국토신, 업보신]은 잡염분이며,

② 다음 6가지 몸[성문신, 독각신, 보살신, 여래신, 지신, 법신]은 청정분이며,

③ 뒤의 한 가지 몸[허공신]은 둘이 아닌 부분이다.

모두 '…分'이라 말한 것은 똑같이 一大緣起法界가 10가지로 나뉜다. 이 때문에 잡염분의 依他起性, 청정분의 의타기성이 모두 하나의 실법에 의지하기 때문이다.

① 잡염분에서 말한 3가지 몸이란, ㉠ 중생세간의 몸, ㉡ 국토세간의 몸이며, ㉢ 업보의 몸은 중생과 국토세간의 몸이 생겨나는 원인이다. 업의 번뇌를 말한다. 경문에서는 번뇌를 생략하였지만 논에서는 이를 구체적으로 말하고 있다.

그러나 업보의 '報'라는 것은 업이란 과보를 초래하는 주체이다. 과보에 따라 붙여진 명칭이다. 만약 초래하는 바의 대상을 말한다면 어찌 위의 중생과 국토세간의 2가지 몸과 다르겠는가. 그러나 국토의 몸은 당연히 청정분에 통하지만, 또한 하나의 부류를 따라서 잡염분으로 구분하였다.

② 다음 6가지 몸은 삼승을 총괄하여 청정분으로 삼았다.

6가지 몸 가운데 앞의 4가지 몸[성문·독각·보살·여래신]은 사람으로 말하니, 보살과 여래는 다만 원인과 결과의 차이일 뿐이다.

다음 하나의 몸[지신]은 증득 주체의 지혜이고,
뒤의 하나의 몸[법신]은 증득 대상의 법이다.
③ '뒤의 허공신은 둘이 아닌 부분'이라는 것은 잡염분과 청정분 2가지의 의지처에 모두 통한다. 잡염과 청정이 아니기 때문이다.
아래의 경문을 살펴보면서 개별로 밝힌다면 흔히 현상 사법계의 '空'으로 말한 것이나, 그 뜻은 이법계의 '공'을 겸하고 있다.
【초_"그 뜻은 이법계의 空을 겸하였다."는 것은 한량없고 두루 똑같음 등이 모두 이법계를 겸하고 있다. 또한 이런 연유로 잡염분과 청정분 2가지의 의지처가 된다.】

經

此菩薩이 知諸衆生心之所樂하야 能以衆生身으로 作自身하고 亦作國土身과 業報身과 乃至虛空身하며
又知衆生心之所樂하야 能以國土身으로 作自身하고 亦作衆生身과 業報身과 乃至虛空身하며
又知諸衆生心之所樂하야 能以業報身으로 作自身하고 亦作衆生身과 國土身과 乃至虛空身하며
又知衆生心之所樂하야 能以自身으로 作衆生身과 國土身과 乃至虛空身하나니
隨諸衆生의 所樂不同하야 則於此身에 現如是形이니라

이 보살이 중생들의 마음에 좋아하는 바를 알고서 중생의 몸으로써 자기의 몸을 만들고, 또한 국토의 몸, 업보의 몸 내지 허공

의 몸까지 만들며,

　또한 중생들의 마음에 좋아하는 바를 알고서 국토의 몸으로써 자기의 몸을 만들고, 또한 중생의 몸, 업보의 몸 내지 허공의 몸까지 만들며,

　또한 중생들의 마음에 좋아하는 바를 알고서 업보의 몸으로써 자기의 몸을 만들고, 또한 중생의 몸, 국토의 몸 내지 허공의 몸까지 만들며,

　또한 중생들의 마음에 좋아하는 바를 알고서 자기의 몸으로써 중생의 몸, 국토의 몸 내지 허공의 몸까지 만든다.

　이는 중생들의 마음에 좋아하는 바가 똑같지 않음을 따라서 이 몸으로 이처럼 다양한 모습을 나타내는 것이다.

● 疏 ●

二는 諸身相作이라 皆先은 明相作所由니 由隨機故니라
文中에 二니
一은 別顯相作이라 畧有四翻하니 云何法·智·虛空이 得爲自身고 入法智中에 自然應現自己身故로 令於虛空에 忽見自身일새 故名爲作이라 作餘도 亦爾니라【鈔_ '云何法智'者는 此假問也니 '法中에 理法이니 理法은 無形이오 智體와 虛空도 皆無形質이라 不可作身이어니 云何言作고' 答意云 '智證於法에 自然應現이 卽是作義라 亦由體理成智하야는 理寂無相이나 而成有知故니라'
'令於虛空'下는 通虛空이 作自니 此三作自 旣爾오 自作此三도 亦

然이니 冥同理智와 及虛空故니라】

둘째, 10가지 몸을 서로 만드는 것이다.

모두 앞은 서로 몸을 만드는 이유를 밝혔다. 중생의 근기를 따르기 때문이다.

경문은 2단락이다.

① 서로의 몸으로 만듦에 대해 개별로 밝혔다.

이는 대략 4중으로 번복하였다.

어찌하여 법신, 지신, 허공신이 나 자신을 만들 수 있는 것일까? 법신과 지신의 가운데 들어가면 절로 자기의 몸을 응하여 나타나기 때문에 갑자기 허공에서 자기의 몸을 볼 수 있는 까닭에 '자기의 몸을 만든다.'고 하였다. 나머지의 몸을 만드는 것도 이와 마찬가지이다. 【초_ "어찌하여 법신, 지신, 허공신이 나 자신을 만들 수 있는 것일까?"는 가설의 물음으로 다음과 같다.

"법이라는 부분은 '이치의 법'이다. 이치의 법이란 형상이 없으며, 지혜의 본체와 허공도 모두 형질이 없다. 도저히 몸을 만들 수 없는데 어떻게 만든다고 말하는가?"

대답의 뜻은 다음과 같다.

"지혜로 법을 증득함에 자연스럽게 감응하여 나타남이 바로 만들어진다는 의미이다. 또한 이치를 체득하여 지혜를 성취함에 의하여 이치는 고요하고 형상이 없지만, 앎을 성취하기 때문이다."

'令於虛空' 이하는 허공신까지 모두 나의 몸을 만드는 것이다. 이런 중생신, 국토신, 업보신 3가지가 나의 몸을 만듦이 이미 그와

같고, 나의 몸이 3가지 몸을 만듦 또한 마찬가지이다. 은연중 理智
와 허공이 같기 때문이다.】

二隨諸衆生下는 總結例餘라 上에 但擧四翻이니 理應具十이니 成
一百身이라 然自身이 卽是菩薩이니 若將自하야 望菩薩하면 別則有
百一十身이니 故云則如是現이라

所以相作이 得無礙者는 廣如懸談이라

今文에 畧有三意하니

一은 由證卽事第一義故로 事無理外之事하야 事隨理而融通이라
故此章初에 先明勝義니라

二者는 緣起相由故오

三은 業用自在故니라

② '隨諸衆生' 이하는 총체로 끝맺으면서 나머지 부분을 예시
하였다.

위에서는 4중의 번복을 들어 말했을 뿐이지만, 이치는 당연히
10가지 몸을 갖추고 있기에, 1백 가지의 몸을 이룬 것이다. 그러나
자기의 몸이 곧 보살의 몸이다. 만약 자기의 몸을 가지고서 보살에
대조하여 보면 개별로 110가지의 몸이 있다. 이 때문에 "이 몸으로
이처럼 다양한 모습을 나타낸다."고 말하였다.

서로의 몸을 만드는 데에 걸림이 없는 것은 현담에서 자세히
말한 바와 같다.

이의 경문에 간추려 3가지 뜻이 있다.

① 사법계와 하나가 된 으뜸가는 이치를 증득함에 따라서 현

상의 사법계는 이치 밖의 일이 없어서, 현상의 사법계는 이치를 따라 원융하게 통하는 것이다. 이 때문에 '(3) 지정각세간자재행'의 첫 부분에서 먼저 뛰어난 의미를 밝혔다.

② 연기법이 서로 연유하기 때문이며,

③ 업의 작용이 자재하기 때문이다.

經

此菩薩이 知衆生의 集業身과 報身과 煩惱身과 色身과 無色身하며

이 보살이 중생들의 업이 모인 몸, 과보로 얻은 몸, 번뇌의 몸, 형상 있는 몸, 형상 없는 몸을 알며,

⊙ 疏 ⊙

第三別顯知相中에 十身爲八이니 以三身이 合故니라 然其類例에 應各具十이니 文或闕畧이라 且從顯說이라
初는 衆生身에 有五相이니 初三은 業生煩惱와 妄想染差別이니 此는 約總明三界라 後二는 約上二界하야 卽就報開別이라 若總開三界五趣인댄 則具十矣니라【鈔_ '若總開'下는 色身에 兼欲色二界하니 加無色하야 爲三界라 集業·煩惱 爲二오 報身은 卽五趣報니 故爲十也니라】

셋째, 개별로 아는 양상을 밝힌 부분에서 10가지 몸을 8단락으로 묶었다. 이는 3가지 몸이 하나로 합해졌기 때문이다. 그러나 사

레로 유추하면 당연히 각기 10가지 몸을 갖춰야 한다. 이는 경문에 혹 빠졌거나 생략된 것이다. 우선 뚜렷한 것부터 말하겠다.

① 중생의 몸에 5가지의 양상이 있다.

앞의 3가지 몸[集業身, 報身, 煩惱身]은 업으로 생겨난 번뇌와 망상잡염의 각기 다른 모습이다. 이는 총체로 삼계를 밝힌 부분을 들어 말하였다.

뒤의 2가지 몸[色身, 無色身]은 위의 색계와 무색계를 들어 말하였다. 이는 과보의 몸의 입장에서 구분한 것이다. 만약 三界와 五趣를 총괄하여 나누면 10가지 몸을 갖추게 된다.【초_'若總開'이하는 色身에 욕계와 색계를 겸하였는데, 무색계를 더하여 삼계를 삼는다. 집업신과 번뇌신이 둘이고, 과보의 몸은 곧 五趣의 과보이다. 이 때문에 삼계의 3가지 몸, 집업신과 번뇌신의 2가지, 오취 과보의 5가지 몸을 합하여 10가지 몸이 된다.】

經

又知國土身의 小相·大相과 無量相과 染相·淨相과 廣相과 倒住相과 正住相과 普入相과 方網差別相하며

또한 국토인 몸의 작은 모양, 큰 모양, 한량없는 모양, 더러운 모양, 깨끗한 모양, 넓은 모양, 거꾸로 있는 모양, 바로 있는 모양, 널리 들어간 모양, 사방의 그물이 각기 다른 모양임을 알며,

● 疏 ●

二는 國土身에 具有十相하니 前八은 一切相이오 後二는 眞實義相이라 前中에 初三은 分齊相이니 卽小와 中과 大千이오 次二는 染淨差別이오 次廣은 卽寬陜差別이니 此畧無陜이라 次二는 依住差別이라
眞實中에 一重頓入이 名爲普入이오 十方交絡일새 故云方網이라 又 重重現故니 多同初地니라【鈔_ '又重重現'下는 雙釋普入과 及方網言이라 塵能受刹이오 刹以塵成하니 亦能受刹이라 重重皆入일새 名爲普入이라 旣交絡入하니 九方이 入東이오 東入西時에 帶餘九入 西오 入南時에 帶東諸方而入於南하니 故成重重이라 卽初地中에 如帝網差別故며 爲眞實義故니라】

② 국토의 몸에 10가지의 양상을 갖추고 있다.

앞의 8가지[小相, 大相… 正住相]는 일체 모양이며, 뒤의 2가지[普入相, 方網差別相]는 진실한 이치의 모양이다.

앞의 8가지 가운데 첫째 3가지[小相, 大相, 無量相]는 영역의 양상이다. 小相은 소천세계, 大相은 중천세계, 無量相은 대천세계이다.

다음 2가지[染相, 淨相]는 잡염과 청정의 차이이며,

다음의 廣相은 넓고 좁음의 차이인데, 여기서는 좁은 모양은 생략하여 언급한 바 없다.

다음 2가지[倒住相, 正住相]는 의지하여 머무는 차이이다.

'뒤의 2가지 진실한 이치의 모양' 부분에서 한 번에 바로 들어가는 것을 '널리 들어간 모양[普入相]'이라 말하고, 시방세계가 서로 연결되어 있으므로 '사방의 그물이 각기 다른 모양[方網差別相]'이라

말한다.

또한 거듭거듭 나타나기 때문이니 대부분 초지와 같다.【초_ '又重重現' 이하는 普入相과 方網相을 함께 들어 해석한 말이다.

미세한 티끌이 국토를 받아들이고, 국토는 미세한 티끌로 이뤄져 있다. 이 또한 국토를 받아들인다. 이처럼 거듭거듭 모두가 서로 들어가므로 '普入相'이라 말한다.

이미 서로 연결하여 들어가니 9가지 방위가 동쪽으로 들어가고, 동쪽 방위가 서쪽으로 들어갈 때에 나머지 9가지 방위를 데리고 서쪽으로 들어가고, 남쪽으로 들어갈 때에 동쪽 여러 방위를 데리고 남쪽으로 들어간다. 이처럼 거듭거듭 이뤄져 있다. 이는 초지에서 말한, 인드라망의 차별이 있음과 같은 까닭이며, 진실한 이치이기 때문이다.】

經

知業報身의 假名差別하며
知聲聞身과 獨覺身과 菩薩身의 假名差別하며

또한 업보의 몸에 붙여진 가지가지 다른 이름을 알며,

성문의 몸, 독각의 몸, 보살의 몸에 붙여진 가지가지 다른 이름을 알며,

● 疏 ●

三·四 二段에 共有四身이라 皆云 '假名差別' 者는 但有自相과 同

相인 差別假名分別이오 實無我人이라 餘亦假名이니라 偏語此四者
는 業因이 尙假이니 苦果를 可知라 聖人도 尙假온 況於凡類아 又三
乘聖人이라야 方能知假로되 佛德超絶일세 不得云假니라

③, ④ 2단락에는 총 4가지 몸이 있다. 모두 '가지가지 다른 이름'이라고 말한 것은 다만 각자의 양상과 동일한 양상이 각기 다름에 따라 임시 붙여진 이름으로 분별한 것이지, 실제로 '나'와 '남'이 없다. 나머지 또한 임시 붙여진 이름들이다. 그러나 유독 이 4가지만을 말한 것은 업의 원인도 오히려 임시 빌린 이름이다. 고통의 결과는 말하지 않아도 알 수 있다. 성인이라는 것도 오히려 임시 빌린 이름인데 하물며 범부의 무리야 오죽하겠는가.

또한 삼승의 성인만이 비로소 임시 빌린 이름임을 알 수 있지만, 부처님의 공덕은 뛰어나기에 '임시 빌린 이름'이라고 말하지 않는다.

經

**知如來身의 有菩提身과 願身과 化身과 力持身과 相好
莊嚴身과 威勢身과 意生身과 福德身과 法身과 智身하며**

여래의 몸에 보리의 몸, 서원의 몸, 화현의 몸, 힘으로 유지하는 몸, 아름다운 몸매로 장엄한 몸, 위엄과 세력 있는 몸, 뜻대로 태어나는 몸, 복덕의 몸, 법의 몸, 지혜의 몸이 있음을 알며,

●疏●

五는 知佛身에 自有十相이오 餘之九身이 旣是佛身이며 一一 有此하니 則已成百이라 若更相作인댄 則重重無盡이라

菩提者는 示成正覺故오

二는 願生兜率故오

三은 所有佛應化故니 揀異猿猴鹿馬等化일새 故云應化니 卽王宮生身이라

四는 自身舍利住持故니라

上四는 於三身中에 皆化身攝이니라

五는 所有實報身의 無邊相海等이니 揀三十二等일새 故云實報니 卽三中의 報身이라

六은 所有光明이 攝伏衆生일새 故云威勢니 卽通報化라【鈔_ 六所有下는 論經에 名光明身故로 遠公云 善軟衆生은 慈光攝取하고 剛強衆生은 威光伏取일새 故云攝伏이라하니라】

⑤ 부처님의 몸에 스스로 10가지 모양이 있으며, 나머지 9가지의 몸이 이미 부처님의 몸이며, 하나하나의 몸마다 이처럼 10가지 모양이 있어 이미 1백 가지의 몸을 이루고 있다. 만약 다시 서로가 서로의 몸을 만든다면 거듭거듭 끝이 없다.

제1 '菩提身'이란 정각 성취를 보여주기 때문이다.

제2 '願身'은 도솔천에 태어나기를 원하기 때문이다.

제3 '化身'은 소유한 부처님이 중생에 따라 감응하여 화현하기 때문이다. 원숭이, 사슴, 말 등의 동물로 화현하는 것과 다름을 구분

하기 위한 까닭에 '應化'라고 말한다. 이는 왕궁에 태어난 몸이다.

제4 '力持身'은 자신의 사리에 머물고 간직하기 때문이다.

위의 4가지 몸은 법신, 보신, 화신 3가지 몸 가운데 모두 화신에 속한다.

제5 '相好莊嚴身'은 소유한 實報의 몸에 그지없는 아름다운 몸매 등을 말한다. 32가지 大人相 등과 다른 점을 구별하기 위하여 이를 實報의 몸이라 말하였다. 이는 법신, 보신, 화신 3가지 몸 가운데 보신에 해당한다.

제6 '威勢身'은 소유한 광명으로 중생을 받아들이거나 조복하므로 이를 '위세신'이라 말한다. 이는 보신과 화신에 모두 통한다. 【초_ '六所有光明' 이하는 논경에서 '광명의 몸'이라 말한 까닭에 혜원 법사는 다음과 같이 말하였다.

"착하고 부드러운 중생은 자비의 광명으로 받아들이고, 억세고 뻣뻣한 중생은 위력의 광명으로 조복하므로 '받아들이거나 조복한다.'고 말하였다."】

七'意生身'者는 論云 '所有同異世間과 出世間에 心得自在解脫故'者는 同은 謂同類오 異는 謂異類오 世는 卽地前이오 出世는 地上이니 謂若凡若聖과 若同若異에 由得自在解脫故로 隨意俱生이니 卽種類俱生과 無作行인 意生身也라 此通變化와 及他受用이니라

八'福德'者는 所有不共二乘之福이 能作廣大利益因故니 故種少善根이라도 必之佛果니라

九'法身'者는 所有如來無漏界故니 斯卽所證法體故니라 離世間

品十佛中에 名法界佛하나니 諸漏永盡하고 非漏隨增하야 性淨圓明일새 故名無漏라 界는 是藏義며 生義니 含無邊德하고 生世出世의 諸樂事故니라

十'智身'者는 所有無障礙智니 謂大圓鏡智가 已出障垢하야 證平等性故니라 次云'此智能作一切事'者는 卽成所作智오 '彼事差別 皆悉能知'者는 卽妙觀察智니 此通四身이라 但兩重十身이 一一圓融일새 故異諸敎니라

제7 '意生身'이란 논에서 "같거나 다르거나 세간과 출세간에 마음으로 자재한 해탈을 얻었기 때문"이라 말한 대목에서, 同은 同類를, 異는 異類를 말하며, 세간은 십지 이전을, 출세간은 십지 이상을 가리킨다.

이는 범부와 성인, 동류와 이류에 자재한 해탈을 얻음에 따라서 마음대로 모두 태어남을 말한다. '여러 종류로 모두 태어나고 짓는 행이 없음에 따라서 생각하는 대로 생기는 몸[種類俱生無作行意生身]'을 가리킨다. 이는 변화토와 타수용토에 모두 통하는 몸이다.

제8 '福德身'이란 소유한 이승과 함께하지 않는 복덕이 광대한 이익의 원인을 만들어 주기 때문이다. 그러므로 적은 선근을 심을지라도 반드시 부처님의 과덕에 이르게 된다.

제9 '法身'이란 소유한 부처님의 무루의 세계이기 때문이다. 이는 증득의 대상인 법체이기 때문이다. 제38 이세간품에서 말한 10가지 부처님 가운데 法界佛의 명호에 해당한다. 모든 번뇌를 영원히 끊어서 번뇌를 따라 더 이상 커나가지 않으며, 체성이 청정하

고 원만하여 밝은 지혜가 있기에 '무루'라고 말한다. '界'는 '저장하다'의 뜻과 '태어나다'의 뜻이다. 그지없는 공덕을 저장하고 세간과 출세간의 모든 즐거운 일들을 낳아주기 때문이다.

제10 '智身'이란 소유한 걸림 없는 지혜이다. 大圓鏡智가 이미 장애와 번뇌에서 벗어나 平等性智를 증득한 때문이다.

다음에 "이 지혜가 모든 일을 만들어 낸다."고 말한 것은 成所作智이며,

"그 각기 다른 일들을 모두 알 수 있다."고 말한 것은 妙觀察智이다.

이는 4가지 몸[意生身, 福德身, 法身, 智身]에 모두 통한다. 다만 2중의 10가지 몸[解境十佛, 行境十佛]이 하나하나 원융하므로 다른 교법의 종지와 다르다.

經

知智身의 善思量相과 如實決擇相과 果行所攝相과 世間出世間差別相과 三乘差別相과 共相·不共相과 出離相·非出離相과 學相·無學相하며

지혜의 몸에 잘 생각하는 모양, 실상대로 결정하고 선택하는 모양, 결과의 행에 거두어진 모양, 세간과 출세간의 다른 모양, 삼승의 다른 모양, 함께하는 모양, 함께하지 않는 모양, 삼계를 여읜 모양, 삼계를 여의지 않은 모양, 배우는 모양, 배울 것 없는 모양을 알며,

● 疏 ●

六知智身有十一相을 攝爲三類하니

初二는 約體分別이니 初는 通聞思오 二는 卽修慧니 俱通理敎오

次果行相은 卽因果分別이라 行은 卽是因이니 通於三慧오 果는 唯證入이니 相離前三이라

餘有八智는 皆約位分別이라

於中에 初一은 是總이오 世間俗智를 名之爲世오 三乘聖智를 名爲出世라 又道前을 名世오 見道已去를 名出世라

五三乘者는 於出世中에 大小分別이니 小乘은 十智等이오 中乘은 七十七智等이오 大乘은 權實無量이라

六·七二相은 於大乘中에 麤妙分別이니 甚深般若는 不共二乘이오 相似般若는 是則名共이라

八·九二相은 通就三乘縛解分別이니 於新熏性에 習未習故니라

後二는 通於三乘의 修成分別이니라【鈔_ '果唯證入'者는 此明智身이 了於諸法이니라 法有達·證하니 二義不同이어늘 今就果說일세 故唯證知라

言'相離前三'者는 離聞思修相이니 如初地示說分齊中說이라 然此는 通約因果而說이어니와 若分三乘인댄 小乘은 四果가 爲果오 趣四果因이 爲行이오 中乘은 無學爲果오 有學爲行이며 大乘之中에 佛果爲果오 餘皆爲行이니라

'小乘十智等'者는 卽法과 類와 四諦와 他心과 世俗과 及盡과 無生이니 前已曾解니라

155

'中乘七十七'者는 廣如六地鈔中이라】

ⓖ 지혜의 몸을 아는 것에 11가지 모양을 3부류로 묶었다.

㉠ 첫 2가지 모양은 몸을 들어 분별하였다. 제1 '善思量相'은 聞慧와 思慧에 모두 통하고, 제2 '如實決擇相'은 修慧이니 이는 진리와 가르침에 모두 통한다.

㉡ 다음 제3 '果行所攝相'은 인과로 구분하였다. 果行의 行은 곧 因行이니 聞思修 三慧에 모두 통하고, 果行의 果는 오직 증득하여 들어감이니 앞의 삼혜를 모두 여의었다.

㉢ 나머지 8가지 지혜의 모양은 모두 지위를 들어 구분하였다.

그 가운데 제4 '世間出世間差別相'은 총상이다. 세간의 속된 지혜를 '세간'이라 말하고, 삼승의 성스러운 지혜를 '출세간'이라 한다. 또한 견도 이전을 '세간'이라 하고, 견도 이후를 '출세간'이라 한다.

제5 '三乘差別相'이란 출세간 부분에서 대승과 소승의 차이를 구분한 것이다. 소승은 10가지 지혜 등을, 中乘은 77가지 지혜 등을, 대승은 한량없는 권교와 실교를 가리킨다.

제6 '共相'과 제7 '不共相'은 대승 부분에서 거칠고 미세함의 차이를 구분한 것이다. 매우 깊은 반야[實相般若]는 이승과 함께할 수 없으며, 비슷한 반야[相似般若]는 이승과 함께할 수 있는 부분이다.

제8 '出離相'과 제9 '非出離相'은 삼승의 속박과 해탈의 차이를 구분한 것이다. 신훈의 성품에 익숙함과 익숙하지 못한 차이 때문이다.

제10 '學相'과 제11 '無學相'은 통틀어 3승의 수행과 성취에 의

지해 구분함이다.【초_"과는 오직 증득하여 들어감이다."고 말한 것은 지혜의 몸이 모든 법에 통달함을 밝힌 것이다. 법에는 통달과 증득이 있는데, 2가지 의의가 똑같지 않다. 여기에서는 과덕의 측면에서 말한 까닭에 오직 증득으로 아는 것이다.

"앞의 삼혜를 모두 여의었다."고 말한 것은 문혜, 사혜, 수혜의 양상을 여읜 것이다. 이는 초지의 설법 영역을 보여주는 부분[6. 請分 (3) 示說分齊]과 같다.

그러나 이는 인과를 모두 들어 말한 것이지만, 3승으로 구분하면,

소승은 四果로 결과를 삼고 4과로 나아가는 원인이 행을 삼고,

중승은 더 이상 배울 것이 없는 것으로 결과를 삼고 배울 게 있는 것으로 행을 삼으며,

대승의 중에는 부처님의 과덕으로 결과를 삼고 나머지는 모두 행으로 삼는다.

"소승은 10가지 지혜" 등은 法智, 類智, 四聖諦智, 他心智, 世俗智, 盡智, 無生智이니, 앞에서 이미 해석한 바 있다.

"중승은 77가지 지혜"는 제6 현전지의 초에서 자세히 말한 바와 같다.】

經
知法身의 平等相과 不壞相과 隨時隨俗假名差別相과 衆生非衆生法差別相과 佛法聖僧法差別相하며

법신의 평등한 모양, 무너뜨릴 수 없는 모양, 때를 따르고 시속을 따라 이름 붙여진 각기 다른 모양, 중생의 법과 중생이 아닌 법의 각기 다른 모양, 부처님 법과 거룩한 스님의 법이 각기 다른 모양을 알며,

◉ 疏 ◉

七 知法身이니 前은 能知智오 此는 所知法이니 竝通一切智法이라 不同前佛法智가 唯局如來니라
文有五相하니
一 '平等相'은 卽是理法이니 論云 '無量法門이 明等一法身故'者는 謂法門雖殊나 同詮平等法身이니 生佛無二故니라
二 '不壞相'은 卽是行法이니 論云 '如聞取故'라하니 謂稱理起行을 名如聞取오 行符乎理면 則冥之菩提를 名不可壞니라
三은 卽教法이니 隨所化衆生根性相應時하야 說差別故니라 理本無言이나 假言顯理니 若權若實이 皆是隨俗假名이니라
四는 卽重顯理法의 所徧之境이니 此通染淨이라 平等法身이 徧情非情故니라
五는 卽果法이니 唯約於淨이라 故論云 '第一相差別'이라하니 三乘이 同證第一義故니라 隨智有異하야 三種不同일세 故所顯理에 亦說深淺이라 若約功德等異인댄 如常所辨이니라【鈔_ '隨智有異'者는 卽一切賢聖이 皆以無爲法이로되 而有差別이라 大品云 '由平等故로 分別須菩提等'이라하니라

158

'故所顯理'者는 小乘人空은 如兎之足이오 中乘修習은 如馬之足이오 大乘二空은 深徹底故니라

'若約功德'者는 小乘은 三生이오 緣覺은 百劫이오 菩薩은 三祇라 乃至三學과 萬行이 差別非一이라 皆以一相으로 統之에 則四法이 一揆니라】

㉧ 법신을 아는 것이다. 앞은 아는 주체의 지혜를, 여기에서는 알아야 할 대상의 법을 말하였다. 이는 모두 일체지의 법에 통한다. 앞서 말한 불법의 지혜는 오직 부처님에게 국한된 것과는 다르다.

경문에는 5가지 모양이 있다.

㉠ '평등한 모양'은 바로 이치의 법이다. 논에서 "한량없는 법문의 광명이 하나의 법신에 평등하기 때문이다."고 말한 것은 법문이 비록 다르지만 평등한 법신을 표현함은 똑같다. 이는 중생과 부처가 둘이 없기 때문이다.

㉡ '무너뜨릴 수 없는 모양'은 行法이다. 논에서 "들은 대로 취하기 때문이다."고 하였다. 이는 이치에 걸맞게 행을 일으킴을 들은 대로 취한다고 말하고, 행법이 이치에 부합하면 보리에 그윽이 계합하는 것을 '무너뜨릴 수 없음'이라고 말한다.

㉢ '때를 따르고 시속을 따라 이름 붙여진 각기 다른 모양'은 가르침의 법이다. 교화받을 중생의 근성과 상응한 때를 맞추어 각기 다른 법을 말해주기 때문이다. 이치는 본래 말이 없지만, 말을 빌려 이치를 밝히는 것이다. 권교와 실법이 모두 俗諦를 따라 붙여진 이름이다.

㉣ '중생의 법과 중생이 아닌 법의 각기 다른 모양'은 理法이 두루 존재한 경계를 거듭 밝힌 것이다. 이는 잡염과 청정에 모두 통한다. 평등한 법신이 有情과 無情에 두루 존재하기 때문이다.

㉤ '부처님 법과 거룩한 스님의 법이 각기 다른 모양'은 과덕의 법이다. 오직 청정법만을 들어 말한다. 논에서 "으뜸가는 모양이 각기 다르다."고 하였다. 삼승이 모두 으뜸가는 이치를 증득하였기 때문이다. 지혜의 차이에 따라서 3가지가 똑같지 않으므로 밝힐 대상의 이치에도 깊거나 얕게 말하였다. 만약 공덕 등의 차이를 들어 말하면 일상으로 논변한 바와 같다.【초_"지혜의 차이에 따른다."는 것은 일체의 현자와 성인이 모두 無爲法이지만 여기에 각기 다른 차별이 있다. 대품반야경에 "평등함으로 인해 수보리 등을 분별한다."고 하였다.

"그러므로 밝힐 대상의 이치"란 소승의 人空은 토끼의 발과 같고, 중승의 수행은 말의 발과 같고, 대승의 我空과 法空은 깊이 밑바닥까지 다한 때문이다.

"만약 공덕 등의 차이를 들어 말하면"이란 소승은 三生이며, 연각은 백 겁, 보살은 3아승기겁이다. 나아가 三學과 만행의 차이는 하나가 아니다. 모두 하나의 모양으로 통합하면 4가지 법이 하나이다.】

知虛空身의 無量相과 周徧相과 無形相과 無異相과 無

邊相과 顯現色身相이니라

허공신의 한량없는 모양, 두루 존재한 모양, 형상이 없는 모양, 다르지 않은 모양, 그지없는 모양, 형상의 몸을 나타내는 모양을 알고 있다.

● 疏 ●

八 知虛空身이라

文有六相하니

一 無量相은 芥子中空이 亦無分量故니라

二는 徧至一切色非色處라

三은 不可見故니 今世人見者는 但見空一顯色하야 想心謂見故니 涅槃經中에 廣破見空이라 又此 含無爲空故니 亦不可見이라

四 無異相者는 無障礙故니 謂不同色法이 彼此相異하야 有障礙故니라

五 無邊相이니 謂無始終起盡之邊故니라

六은 能通受色相이니 持所持故니라 故下經云 '譬如虛空이 寬廣非色이나 而能顯現一切諸色이라'하니라 旣因色分別하야 彼是虛空하니 則知因空하야 顯彼爲色이로다 【 鈔_ '空一顯色'者는 謂上所見 靑等 顯色이라하니라

釋曰 '若智論說인댄 上空은 謂作靑白影色見故라'하니라】

⑧ 허공의 몸을 아는 부분이다.

경문에 6가지 모양이 있다.

161

㉠ '한량없는 모양'은 겨자 씨 속의 허공도 분량이 없기 때문이다.

㉡ '두루 존재한 모양'은 일체의 형색이 있는 곳과 형색이 없는 곳에 두루 이르기 때문이다.

㉢ '형상이 없는 모양'은 볼 수 없기 때문이다. 요즘 세간 사람들이 보는 것은 다만 허공이 하나의 색깔만으로 나타난 형상만을 보고서 생각하는 마음으로 보았다고 말하기 때문이다. 열반경에서 '공을 본다.'는 말을 자세히 타파한 바와 같다. 또한 여기에는 無爲의 '공'을 포함하고 있기 때문이다. 이 역시 볼 수 없는 부분이다.

㉣ '다르지 않은 모양'은 장애가 없기 때문이다. 색법이 피차가 서로 달라서 장애가 있는 것과는 다르다.

㉤ '그지없는 모양'은 시작도 끝도 일어남도 다함이라는 끝도 없음을 말한다.

㉥ '형상의 몸을 나타내는 모양'은 느낌과 물질에 모두 통하는 모양이다. 지닐 대상을 지녔기 때문이다. 그러므로 아래 경문에서 "마치 허공이 워낙 넓고 넓어서 형상으로 말할 수 없지만, 일체의 모든 형상을 나타낸다."고 하였다. 이미 형상의 분별로 인해서 저것을 허공이라 하니, '공'으로 인해서 그것이 형상으로 나타남을 알 수 있다.【초_ '空—顯色'이란 위에서 보았던 청색 따위를 '형상으로 나타남[顯色]'이라 말한다.

이에 대한 해석은 다음과 같다.

"만약 대지도론에 의하면, 위에서 말한 '공'은 청색과 백색 따위로 둘러쳐진 형색을 보았기 때문이다."】

◉ 論 ◉

大意는 明此八地菩薩 無功之智 所及之用故니라

　대의는 제8 부동지 보살의 공용이 없는 지혜로 미칠 수 있는 작용을 밝힌 때문이다.

第四 淨土分 竟하다

　4. 불국토를 청정하게 하는 부분을 끝마치다.

―

大文第五 自在分

　5. 자재를 얻은 부분

經

佛子여 菩薩이 成就如是身智已에 得命自在와 心自在와 財自在와 業自在와 生自在와 願自在와 解自在와 如意自在와 智自在와 法自在하나니라

　불자여! 보살이 이러한 몸과 지혜를 성취하고서,

　목숨에 자유로움, 마음에 자유로움, 재물에 자유로움, 업에 자유로움, 태어나는 데 자유로움, 서원의 자유로움, 아는 데 자유로움, 뜻대로 하는 자유로움, 지혜에 자유로움, 법에 자유로움을 얻는다.

◉ 疏 ◉

分二니

初는 牒前爲因이니 修行三種世間自在行일세 故得十自在라 此但約智通說이어니와 若依攝論인댄 以六度로 爲因이니 如下別明이니라

二 '得命'下는 顯自在果라

命自在者는 不可說不可說劫에 命住持故며

心은 則無量阿僧祇에 三昧入智故며

財는 謂一切世界에 無量莊嚴으로 嚴飾住持示現故니라

上三은 以施爲因이니 如次以一切時와 一切處와 一切物施故니라

業은 則如現生과 後時業報를 住持示現故오

生은 則一切世界生示現故니

上二는 自在以戒爲因이니 戒調身語하야 成勝業故며 復由戒淨하야 隨欲生故니라

願은 則隨心所欲하야 佛國土時에 示成三菩提故니 此則由進策勤하야 無懈廢故오

解는 則一切世界中에 徧滿示現故니라 論經에 名信解하고 攝論에 名勝解라하니 皆一義耳라 用忍爲因하야 以修忍時에 隨衆生意故로 得一切皆隨心轉이니 謂變地爲金等이라

如意는 則一切佛國中에 如意作變事示現故니 以定爲因이라

智는 則如來의 力과 無畏와 不共法과 相好莊嚴과 三菩提示現故오

法은 則無中無邊法門明을 示現故니

上二는 同以般若爲因이니 內照所知로 得智自在하고 應根宣說하야 得法自在니라

於此十中에 若智若通이 皆無壅滯일세 故云自在니라

論以此十으로 治十怖畏하니
一은 治死怖畏오 二는 治煩惱垢染怖畏오 三은 治貧窮이오 四는 治惡業이오 五는 治惡道오 六은 治求不得이오 七은 治謗法罪業이오 八은 治追求時縛不活이오 九智自在는 治云何云何疑라 十은 智自在는 治大衆威德이라

次는 此十이 亦卽初地五畏니 細故로 漸開라 此中에 二·四·七은 卽是惡名이니 惡名本故오 三·六은 屬不活이오 九는 屬第十이라 故約因而論인댄 此地方得이오 約果而論인댄 圓滿在佛이라 此約行布이니와 下離世間과 上賢首品에 皆有此十호되 而約普賢位하야 通貫始終이니라

이는 2단락이다.

(1) 앞을 이어서 원인을 삼았다. 3가지 세간의 자재한 행을 수행한 까닭에 10가지 자유로움을 얻은 것이다. 이는 지혜만을 들어서 전체로 말했지만, 섭대승론에 의하면 6가지 바라밀로 원인을 삼는다. 이는 아래에서 개별로 밝힌 부분과 같다.

(2) '得命' 이하는 자재의 결과를 밝혔다.

① '목숨의 자유로움'이란 말할 수 없고 말할 수 없는 겁에 목숨을 부지하기 때문이며,

② '마음의 자유로움'이란 한량없는 아승기겁에 삼매로 지혜에 들었기 때문이며,

③ '재물의 자유로움'이란 일체 세계에 한량없는 장엄으로 꾸며서 머물고 나타내 보이기 때문이다.

위의 3가지[命·心·財自在]는 보시로 원인을 삼는다. 차례대로 일체의 시간, 일체의 장소, 일체의 물건을 보시하기 때문이다.

④ '업의 자유로움'이란 예컨대 현재의 생과 다음 시간의 업보에 머물고 나타내 보여주기 때문이다.

⑤ '태어남의 자유로움'이란 일체 세계에 태어나 몸을 보여주기 때문이다.

위의 2가지[業·生自在]는 지계로 원인을 삼는다. 지계로 몸과 말을 조화하여 뛰어난 업을 이루기 때문이며, 다시 지계의 청정으로 인해 중생의 원하는 바에 따라서 몸을 받아 태어나기 때문이다.

⑥ '서원의 자유로움'이란 마음의 원하는 바를 따라 부처님 국토가 실현되었을 때에 정변지의 성취를 보여주기 때문이다. 이는 정진과 경책의 부지런함으로 인해서 게으름이 없어지기 때문이다.

⑦ '아는 것의 자유로움'이란 일체 세계 속에 부처님의 모습을 두루 나타내 보여주기 때문이다. 논경에서는 "믿고 앎의 자유로움"이라 하였고, 섭대승론에서는 "뛰어난 견해의 자유로움"이라 하였다. 이는 모두 하나의 이치일 뿐이다. 인욕으로 원인을 삼아 인욕바라밀을 닦을 때에 중생의 마음을 따르기 때문에 일체가 모두 마음을 따라 전변하는 것이다. 이는 땅이 변화하여 황금으로 만드는 등을 말한다.

⑧ '뜻대로 하는 자유로움'이란 일체 불국토에서 뜻대로 변화하는 현상을 나타내 보여주기 때문이다. 이는 선정으로 원인을 삼는다.

⑨ '지혜의 자유로움'이란 부처님의 열 가지 힘, 두려움 없음, 그

누구도 함께할 수 없는 법, 상호의 장엄, 정변지를 나타내 보여주기 때문이다.

⑩ '법의 자유로움'이란 중간도 없고 그지없는 법문의 광명을 나타내 보여주기 때문이다.

위의 2가지[智·法自在]는 모두 반야로 원인을 삼는다.

내면을 비춰보는 바로써 '지혜의 자유로움'을 얻고,

중생의 근기에 맞게 설법하여 '법의 자유로움'을 얻는다.

이런 10가지 자유로움 가운데 지혜와 신통이 모두 막힘이 없기에 '자유로움'이라고 말한다.

논에서 이런 10가지 자유로움으로 10가지 두려움을 다스렸다.

① '목숨의 자유로움'은 죽음에 대한 두려움을 다스리고,

② '마음의 자유로움'은 번뇌의 때에 대한 두려움을 다스리며,

③ '재물의 자유로움'은 가난에 대한 두려움을 다스리고,

④ '업의 자유로움'은 악업에 대한 두려움을 다스리며,

⑤ '태어남의 자유로움'은 악도에 대한 두려움을 다스리고,

⑥ '서원의 자유로움'은 구하여도 얻지 못함에 대한 두려움을 다스리며,

⑦ '아는 것의 자유로움'은 불법을 비방하는 죄업에 대한 두려움을 다스리고,

⑧ '생각의 자유로움'은 추구할 때에 속박되어 살지 못함에 대한 두려움을 다스리며,

⑨ '지혜의 자유로움'은 그 어떤 의심들을 다스리고,

⑩ '법의 자유로움'은 대중의 위덕을 다스림이다.

다음은 이런 10가지의 두려움이란 또한 초지에서 말한 5가지의 두려움이다. 미세한 까닭에 차츰차츰 나눠지는 것이다.

여기에서 말한 ② 煩惱垢怖畏, ④ 惡業怖畏, ⑦ 謗法罪業 3가지는 바로 '악명에 대한 두려움[惡名畏]'이다. 악명이 근본이기 때문이다.

③ 貧窮畏, ⑥ 求不得은 '살지 못할까 두려움[不活畏]'에 속하고,

⑨ 疑畏는 ⑩의 '대중 위덕의 두려움[大衆威德畏]'에 속하기 때문이다.

원인을 들어 논하면 제8 부동지에서야 비로소 얻게 되고, 결과를 들어 논하면 원만함은 부처의 지위에 있다. 이는 차례에 따른 行布門을 들어 말했지만, 아래의 제38 이세간품과 위의 제12 현수품에 모두 이런 10가지의 자재함이 있다. 그러나 보현의 지위를 들어 말하면 처음부터 끝까지 모두 관통하고 있다.

● 論 ●

經云 命自在者는 於不生不滅大智體上에 同一切衆生受生死自在故요 心自在者는 隨無念智하야 所作能辦故니라 餘는 如文自具니라

경에서 말한 '목숨의 자유로움'은 불생불멸의 大智의 본체 상에 일체중생과 똑같이 생사를 받음이 자유롭기 때문이다.

'마음의 자유로움'은 생각이 없는 지혜[無念智]를 따라서 하는

일마다 잘 갖추기 때문이다.

나머지는 경문에서 말한 바와 같이 그 나름 잘 갖춰져 있다.

大文第六 明大勝分

於中三이니

初는 智大니 智解殊勝故오

二는 業大니 行業이 寬廣故오

三은 彼二所住功德大니 智業所成故니라

今은 初라

6. 크게 뛰어난 부분

이의 경문은 3단락이다.

1) 지혜가 크다. 지혜로 이해함이 아주 뛰어나기 때문이다.

2) 업이 크다. 행업이 광대하기 때문이다.

3) 그 지혜와 행업 2가지의 머문 공덕이 크다. 지혜와 행업으로 성취한 바이기 때문이다.

이는 '1) 지혜가 큼'이다.

經

得此十自在故로 則爲不思議智者와 無量智者와 廣大智者와 無能壞智者니라

이러한 열 가지의 자유로움을 얻었으므로,

헤아릴 수 없이 지혜로운 이,

한량없이 지혜로운 이,

넓고 크게 자유로운 이,

무너뜨릴 수 없이 지혜로운 이가 되는 것이다.

◉ 疏 ◉

文有五句하니

初句는 牒前爲因이오 '則爲'下는 正顯이니 顯有四智라

初一은 爲總이니 謂不住世間·涅槃하야 寂用難測일세 名不思議라

此不思議에 有三하니

一은 修行盡至不思議니 謂證涅槃無分量故오

二는 所知不思議니 廣照世境故오

三은 除障不思議니 謂令眞如로 出所知障하야 天魔·外道 不能壞故니라

경문은 5구이다.

첫 구절은 앞의 문장을 이어서 원인을 삼았고,

'則爲不思' 이하는 바로 밝혔는바, 4가지의 지혜[不思議智, 無量智, 廣大智, 無能壞智]가 있음을 밝힌 것이다.

첫째, 不思議智는 총상이다. 세간과 열반을 집착하지 않아 고요함과 작용을 헤아리기 어려우므로 '불가사의'라 말한다.

이런 불가사의는 3가지가 있다.

① 無量智는 수행이 극진하여 불가사의하다. 열반의 증득이

한량없기 때문이다.

② 廣大智는 아는 바가 불가사의하다. 세간 경계를 널리 관조하기 때문이다.

③ 無能壞智는 장애를 없앰이 불가사의하다. 진여가 소지장에서 벗어나, 하늘의 마군과 외도가 무너뜨릴 수 없기 때문이다.

第二 業大
2) 행업이 크다

經
此菩薩이 如是入已하며 如是成就已에
得畢竟無過失身業과 無過失語業과 無過失意業하야 身語意業이 隨智慧行하며 般若波羅蜜이 增上에 大悲爲首하야 方便善巧로 善能分別하며
善起大願하야 佛力所護며 常勤修習利衆生智하야 普住無邊差別世界하나니
佛子여 擧要言之컨댄 菩薩이 住此不動地에 身語意業의 諸有所作이 皆能積集一切佛法이니라

이 보살이 이처럼 증득하여 들어가고 이처럼 성취한 후에,

끝까지 허물없는 몸의 업, 허물없는 말의 업, 허물없는 뜻의 업을 얻고서,

몸과 말과 뜻으로 짓는 모든 업이 지혜를 따라 행하며,

반야바라밀다가 날로 더욱 향상되어, 중생을 가엾이 여기는 마음이 으뜸이 되어 뛰어난 지혜방편으로 일체를 잘 분별하며,

큰 서원을 일으켜 부처님의 힘으로 가호를 받으며,

언제나 중생 이익의 지혜를 부지런히 닦아서, 그지없이 각기 다른 세계에 널리 머무는 것이다.

불자여! 요체를 들어 말하면 보살이 이런 부동지에 머물 적에 몸과 말과 뜻의 업으로 짓는 모든 일들이란 모두 일체 불법을 쌓아가고 모아가는 것이다.

⦿ 疏 ⦿

有三하니
初二句는 牒前爲因이니 一은 入自在오 二는 成就智라【鈔_ '一入自在'者는 卽經云 '如是入已'니 牒前十自在也라 '二成就智'는 卽經云 '如是成就已'이니 卽牒前爲不思議智者等이라】

경문은 3단락이다.
(1) 앞의 2구는 앞의 경문을 이어서 원인으로 삼음이다.
첫 구[如是入已]는 자재함에 들어감이며,
제2구[如是成就已]는 성취한 지혜이다.【초_ "첫 구는 자재함에 들어감이다."고 말한 것은 경문의 "이처럼 증득하여 들어감"이니, 이는 앞서 말한 10가지 자재함을 이어서 말한 것이다.
"제2구는 성취한 지혜"라는 것은 경문의 "이처럼 성취함"이니,

이는 앞서 말한 불가사의 지혜 등을 이어서 말한 것이다.】

次得畢竟下는 正顯業大니 有十二句라

初三은 明三業淨이니 當相辨業이오

後九는 約修辨業이라 攝爲四相하니

初一句는 明起니 論云 所起能起同時라하니 謂身語意는 是所起오 智慧는 爲能起라 此三業起에 必與能起로 同時니 故經云 隨行이라하니 智爲導首故니라

二般若下 四句는 智攝不染하야 作利衆生行等이니 謂由般若하야 攝彼大悲일새 故不染愛見하고 能起方便하야 利衆生行이라

三善起下 二句는 因攝이니 謂內由大願하야 爲自行他行之因이오 又外蒙佛攝하야 得成二因이라

四 後二句는 作業所持니 初句는 利益衆生이오 後句는 淨佛國土라【鈔_ 故經云下는 經文에 但有 身語意業이 隨智慧行이라하고 論經云 '智慧爲首하야 智隨順轉故라하나니 疏具用二句之意하야 以智先導로 釋其隨行하니 初智導起하고 起已에 不失於智 卽是隨行故니라】

(2) '得畢竟無過失' 이하는 바로 행업이 큼을 밝혔다.

12구이다.

앞의 3구[無過失身業, 語業, 意業]는 3업이 청정함을 밝혔다. 해당 양상에 따라 행업을 밝혔고,

뒤의 9구는 수행을 들어서 행업을 밝혔다. 이를 4가지 양상으로 묶었다.

① 첫 구절[身語意業 隨智慧行]은 수행을 일으킴을 밝혔다.

논에서, "일으킬 대상과 일으키는 주체가 동시에 이뤄진다."고 말하였다. 이는 身口意 3업이란 일으킬 대상이고, 지혜는 일으키는 주체임을 말한다. 이 3업이 일어날 적에 반드시 일으키는 주체의 지혜와 동시에 함께하는 것이다. 그러므로 경문에서 "지혜를 따라 행한다."고 말하였다. 지혜는 3업을 이끌어 주는 우두머리이기 때문이다.

② '般若' 이하 4구는 지혜가 물들지 않음으로써 중생의 이익 되는 일들을 마련하는 것이다. 이는 반야지혜에 의하여 중생을 가엾이 여기는 마음을 지녔으므로 애욕과 삿된 견해에 물들지 않고 잘 방편을 일으켜서 중생의 이익을 베푸는 것이다.

③ '善起' 이하 2구[善起大願, 佛力所護]는 원인과 부처의 攝受이다. 안으로는 큰 서원을 세워 자리행과 이타행의 원인을 삼고, 또한 밖으로는 부처님의 가호 섭수를 입어 자리이타의 2가지 원인을 성취함을 말한다.

④ 뒤의 2구는 업을 일으켜 부지하는 바이다.

첫 구절[常勤修習…]은 중생 이익의 행이며,

뒤 구절[普住無邊…]은 불국토를 청정케 함이다.【초_ '故經云' 이하는 경문에서 다만 "몸과 말과 뜻으로 짓는 모든 업이 지혜를 따라 행한다."고 말하였고, 논경에서는 "지혜를 우두머리로 삼아 지혜를 따라 나아가기 때문이다."고 말했을 뿐이다. 따라서 청량소에서는 이 2구절의 뜻을 구체적으로 인용하여 '지혜가 우두머리로 앞서 이끈다.'는 것으로 3업이 지혜를 따라 행함을 해석하였다. 처음에는 지혜가 3업을 이끌어 일으키고, 3업을 일으킨 뒤에 지혜를 따라 잃지 않음이 바로 '지혜를 따라 행함'이다.】

後'佛子'下는 總結이니 可知니라

(3) 뒤의 '佛子' 이하는 총체로 끝맺음이다. 이는 말하지 않아도 알 수 있다.

第三. 彼二所住功德大
3) 그 지혜와 행업 2가지의 머문 공덕이 크다

經

佛子여 菩薩이 住此地에
得善住深心力하나니 一切煩惱 不行故며
得善住勝心力하나니 不離於道故며
得善住大悲力하나니 不捨利益衆生故며
得善住大慈力하나니 救護一切世間故며
得善住陀羅尼力하나니 不忘於法故며
得善住辯才力하나니 善觀察分別一切法故며
得善住神通力하나니 普往無邊世界故며
得善住大願力하나니 不捨一切菩薩所作故며
得善住波羅蜜力하나니 成就一切佛法故며
得如來護念力하나니 一切種一切智智 現前故라

此菩薩이 得如是智力하야 能現一切諸所作事호되 於諸事中에 無有過咎니라

불자여! 보살이 이처럼 부동지에 머물 적에,

깊은 마음에 잘 머무르는 힘을 얻나니 일체 번뇌가 행하지 않기 때문이며,

훌륭한 마음에 잘 머무르는 힘을 얻나니 도를 여의지 않기 때문이며,

대비의 마음에 잘 머무르는 힘을 얻나니 중생의 이익 되기를 버리지 않기 때문이며,

대자의 마음에 잘 머무르는 힘을 얻나니 모든 세간을 구호하기 때문이며,

다라니에 잘 머무르는 힘을 얻나니 법을 잊지 않기 때문이며,

변재에 잘 머무르는 힘을 얻나니 일체 법을 잘 관찰하여 분별하기 때문이며,

신통에 잘 머무르는 힘을 얻나니 그지없는 세계에 널리 머물기 때문이며,

큰 서원에 잘 머무르는 힘을 얻나니 일체 보살이 행했던 바를 버리지 않기 때문이며,

바라밀에 잘 머무르는 힘을 얻나니 일체 불법을 성취하기 때문이며,

여래의 가호와 염려하시는 힘을 얻나니 일체 가지가지, 일체지의 지혜가 앞에 나타나기 때문이다.

이 보살이 이러한 지혜의 힘을 얻고서 일체 모든 할 일들을 나타내되, 모든 일에 잘못이 없다.

◉ 疏 ◉

分三이니

初는 標所住分齊요 次'得善'下는 顯所住德이오 三'此菩薩'下는 結成功德이라

二中에 十句依七種功德이니

謂初四는 爲一善住道功德이니 此是德體며 以二利行으로 爲菩薩道故니라 初二는 自利니 先은 契理離障을 名爲深心이오 後는 對治堅固를 名爲勝心이라 後二는 慈悲利他니라

後六은 各一이니 約修辨德이라 初三은 三輪化益이니 修上利他오 後三은 願行相符니 外招佛護하야 修上自利니라

三은 結成中에 近結此段하고 遠結前三이라

'得如是智'는 結前智大니 以智로 證理하야 得無憎愛故니라

次'能現'下는 結作業大니 平等作故로

後'於諸'下는 結所住功德大니 得七功德하야 無過咎故니라

 경문은 3단락으로 나뉜다.
 (1) 머물 대상의 영역을 내세웠고,
 (2) '得善住' 이하는 머물 대상의 공덕을 밝혔으며,
 (3) '此菩薩' 이하는 공덕을 끝맺었다.
 '(2) 머물 대상의 공덕' 부분에 10구는 7가지 공덕에 의하고 있다.

① 앞의 4구는 하나같이 도에 잘 머문 공덕이다. 이는 공덕의 본체이며, 자리이타행으로 보살의 도를 삼은 까닭이다.

앞의 2구[得善住深心力, 勝心力]는 자리행이다.

제1구는 이치에 계합하여 장애 여읨을 '깊은 마음'이라 하고,

제2구는 다스림이 견고함을 '뛰어난 마음'이라 한다.

뒤의 2구[得善住大悲力, 大慈力]는 자비의 이타행이다.

② 뒤의 6구는 각기 하나의 행업이다. 수행을 들어 공덕을 밝혔다.

앞의 3구[得善住陀羅尼力, 辯才力, 神通力]는 3가지 법륜으로 교화한 이익이니, 위의 이타행을 닦음이며,

뒤의 3구[得善住大願力, 波羅蜜力, 如來護念力]는 서원과 행업이 서로 부합함이니, 밖으로 부처님의 가호와 염려를 불러들여 위의 자리행을 닦음이다.

(3) 공덕을 끝맺은 부분은 가깝게는 이 단락을 끝맺었고, 멀게는 앞의 3가지[智大, 業大, 所住功德大]를 끝맺었다.

① 첫 구의 '得如是智力'은 앞의 '지혜가 큼[智大]'을 끝맺었다. 지혜로 이치를 증득하여 미움과 사랑이 없기 때문이다.

② '能現' 이하는 '행업이 큼[業大]'을 끝맺었다. 평등하게 행하기 때문이다.

③ '於諸' 이하는 '머문 바의 공덕이 큼[所住功德大]'을 끝맺었다. 7가지 공덕을 얻어 허물이 없기 때문이다.

大文第七 釋名分

亦攝眞如相廻向이니 稱如不動等故니라

釋名分二니 一은 地釋名이니 卽約法明位오 二는 智者釋名이니 卽約人彰德이라【鈔_ 第七釋名分이라 '一地釋名'者는 廣明此地에 有不動德故니라 '二約人'者는 廣明住此地菩薩의 有不動德故니라 法卽本有此德이니 如於菩提오 人由得地일새 故成勝德이 猶如此覺者니라】

7. 명칭 해석 부분

또한 제8 眞如相廻向에 속한다. '진여와 하나가 되어 동요하지 않는다.' 등등 때문이다.

명칭 해석 부분은 2단락으로 나뉜다.

1) 제8 부동지의 명칭 해석이다. 이는 법을 들어 지위를 밝혔고,

2) 지혜로운 이의 명칭 해석이다. 이는 사람을 들어 공덕을 밝혔다.【초_ 7. 명칭 해석 부분이다.

'1) 제8 부동지의 명칭 해석'은 제8 부동지에 흔들리지 않는 공덕이 있음을 자세히 밝힌 때문이다.

'2) 사람을 들어 말한다.'는 것은 제8 부동지에 머문 보살에게 흔들리지 않는 공덕이 있음을 자세히 밝힌 때문이다. 법은 본래 소유한 공덕이니 보리와 같다. 사람이 이 지위를 얻음에 의하여 뛰어난 공덕의 성취가 오히려 이런 깨달음을 얻은 이와 같다.】

經

佛子여 此菩薩智地 名爲不動地니 無能沮壞故며
名爲不退轉地니 智慧無退故며
名爲難得地니 一切世間이 無能測故며
名爲童眞地니 離一切過失故며
名爲生地니 隨樂自在故며
名爲成地니 更無所作故며
名爲究竟地니 智慧決定故며
名爲變化地니 隨願成就故며
名爲力持地니 他不能動故며
名爲無功用地니 先已成就故니라

　불자여! 이 보살의 지혜 지위를
　'흔들리지 않는 지위'라고 말한다. 그를 저지하거나 무너뜨릴 수 없기 때문이다.
　'물러서지 않는 지위'라고 말한다. 지혜의 물러남이 없기 때문이다.
　'얻기 어려운 지위'라고 말한다. 일체 세간의 중생이 헤아릴 수 없기 때문이다.
　'동진의 지위'라고 말한다. 일체 허물을 여의었기 때문이다.
　'생겨남의 지위'라고 말한다. 즐거움을 따라 자유롭기 때문이다.
　'성취의 지위'라고 말한다. 다시는 할 일이 없기 때문이다.
　'구경의 지위'라고 말한다. 지혜로 일체를 선택하고 결정하기 때문이다.

'변화의 지위'라고 말한다. 원하는 바를 따라 성취하기 때문이다.

'힘으로 부지하는 지위'라고 말한다. 다른 이가 그를 흔들지 못하기 때문이다.

'하는 일이 없는 지위'라고 말한다. 이미 성취하였기 때문이다.

● 疏 ●

今初는 十句니 謂此諸名은 對前經立이니 初二는 從淨忍分하야 受名이라 得無生忍하야 入不動故니 此句爲總이오 此智現前일새 故無退壞라

次二는 約得勝行分하야 受名이니 一은 得爲深行菩薩의 不可知故오 二는 離一切相等諸過失故오

次三은 約淨土分하야 受名이니 生地는 謂器世間에 自在하야 隨樂生故오 成地는 衆生世間에 自在하야 隨物成身하야 自無作故니라 究竟地智는 正覺世間에 決二諦故니라

次一은 約自在分이니 隨願成就하야사 方名自在오 次一은 約大勝分이니 得深心等十種力持故니라 後 無功은 用 通該始終이니라

1) 제8 부동지의 명칭 해석 부분은 10구이다. 이런 여러 명칭은 앞의 경문을 상대로 세운 것이다.

첫 2구는 청정법인 부분[淨忍分]을 따라 붙여진 명칭이다.

① 무생법인을 얻어 부동지에 들어간 까닭에 '흔들리지 않는 지위[不動地]'라고 말한다. 이 구절은 총상이다.

② 이 지혜가 앞에 나타나므로 '물러서지 않는 지위[不退轉地]'라고 말한다.

다음 2구는 뛰어난 행법을 얻은 부분에 의지하여 받은 명칭이다.

① 難得地는 심오한 행을 지닌 보살을 알 수 없기 때문이다.

② 童眞地는 일체 모양 등의 모든 허물을 여의기 때문이다.

다음 3구는 정토분을 들어 붙인 명칭이다.

① 生地는 기세간에 자유롭게 좋아하는 것을 따라 태어나기 때문이다.

② 成地는 중생세간에 자유롭게 중생을 따라 몸을 이루어 절로 억지로 함이 없기 때문이다.

③ 究竟地는 지정각세간에 眞諦와 俗諦를 가려서 결정하기 때문이다.

다음 變化地는 자재한 부분으로 말하였다. 서원을 따라 성취해야만 비로소 자재하다고 말한다.

다음 力持地는 크게 뛰어난 부분으로 말하였다. 깊은 마음 등 10가지의 힘으로 부지함을 얻기 때문이다.

마지막의 無功用地는 처음과 끝을 모두 갖추고 있다.

━━━

第二 智者釋名
中三이니 初는 牒前爲因이니 由得智地故오

2) 지혜로운 이의 명칭 해석

경문은 3단락이다.

⑴ 앞의 경문을 이어서 원인을 삼음이니 지혜의 경지를 얻었기 때문이다.

經
佛子여 **菩薩**이 **成就如是智慧**에

불자여! 보살이 이런 지혜를 이룰 적에,

二는 就人顯이니 以何義故로 菩薩名爲得不動地오 有二義故니 一은 一向不動이니 謂行修上順故오 二는 一體不動이니 謂與諸菩薩行體同故니라【鈔_ 一向不動은 是勝進行이오 一體不動은 是自分行이라 先明勝進者는 擧彼勝求하야 顯於自分이 從上滿也일세니라】

⑵ 사람의 입장에서 밝혔다.

"어떤 뜻으로 보살에게 부동지를 얻었다고 말하는가?" 여기에는 2가지 뜻이 있기 때문이다.

① 한결같이 흔들리지 않음이다. 행법을 닦아 위로 따르기 때문이다.

② 일체로서 흔들리지 않음이다. 여러 보살의 행과 체성이 같기 때문이다.【초_ '한결같이 흔들리지 않음'은 뛰어나게 나아가는 행이며, '일체로서 흔들리지 않음'은 자신의 행이다.

먼저 뛰어나게 나아가는 행을 밝힌 것은 그의 뛰어나게 나아가

고자 추구함을 들어서 자신의 向上 원만을 밝혔기 때문이다.】

文中에 先은 總明이오 後 '常爲'下는 別顯이라 今은 初라

경문은 2부분이다.

(ㄱ) 총체로 밝혔고,

(ㄴ) '常爲' 이하는 개별로 밝혔다.

이는 '(ㄱ) 총체로 밝힌 부분'이다.

經

入佛境界하며 佛功德照하며 順佛威儀하며 佛境現前하야

부처님의 경계에 들어가며,

부처님의 공덕을 비춰보며,

부처님의 위의를 따르며,

부처님 경계가 앞에 나타나,

◉ 疏 ◉

文有四句니 皆含二義하니 論總釋云 佛性이며 隨順因故라하니 佛性이 卽初句니 菩薩이 由得地智하야 能上入之니라 隨順因者는 卽下三句니 由三爲因일세 故能隨順佛境이니

一은 攝功德이니 佛功德照者는 善淸淨義故니 謂以無垢慧로 善照佛德이 卽是攝義라

二者는 行이니 謂正行威儀가 順同佛故니라

184

三者는 近이니 卽佛境이 現前하야 近如可覩故니라【鈔_ '今初 文有四句 皆含二義者는 謂一向·一體라 以遠公이 將此하야 總屬於一向不動하니 則此四句 明一向義오 後十은 方明一體不動이라 故疏按定云 皆含二義니 謂由入佛境故로 一向上順이오 亦與菩薩로 同一體性이라 下三句도 準之니라】

경문은 4구이다.

이는 모두 2가지 뜻을 포함하고 있다.

논에서 총체로 해석하기를, "佛性이며, 원인을 따르기 때문이다."고 하였다.

불성은 첫 구절[入佛境界]이다. 보살이 제8 부동지의 지혜를 얻음으로 인하여 위로 불성에 들어간 것이다.

'원인을 따르기 때문'이라는 것은 아래의 3구이다. 3구로 원인을 삼기에 부처의 경계를 따르는 것이다.

첫 구는 공덕을 받아들임이다. "부처님의 공덕을 비춰본다."는 것은 매우 청정하다는 뜻이다. '때 없는 지혜[無垢慧]'로 부처님의 공덕을 잘 비춰보는 것이 바로 '부처님의 공덕을 받아들임'이라는 뜻이다.

제2구[順佛威儀]는 행이다. 바로 행의 위의를 따름이 부처와 같기 때문이다.

제3구[佛境現前]는 친근함이다. 부처의 경계가 나타나 마치 가까이서 보는 것과 같기 때문이다.【초_ "이는 첫 부분이다. 경문은 4구이다. 이는 모두 2가지 뜻을 포함하고 있다."는 것은 '한결같이 흔들리지 않음'과 '일체로서 흔들리지 않음'을 말한다.

혜원 법사는 이를 들어서 모두 '한결같이 흔들리지 않음'에 붙여 말하였다. 다시 말하면 이 4구를 모두 '한결같이 흔들리지 않음'으로 밝혔고, 뒤의 10구에서 비로소 '일체로서 흔들리지 않음'으로 밝혔다.

이 때문에 청량소에서 이러한 점을 살펴 "모두 2가지 뜻을 포함하고 있다."고 결정지어 말하였다.

이는 부처 경계에 들어감으로 인하여, 한결같이 흔들리지 않고 위로 향하고, 또한 보살과도 똑같이 하나의 체성임을 말한다. 아래의 3구도 이에 준하여 보아야 한다.】

後 別顯

二에 先은 明一向不動이라

(ㄴ) 개별로 밝히다

이는 2단락이다.

첫째, '한결같이 흔들리지 않음'을 밝혔다.

經

常爲如來之所護念하며

梵釋四王과

金剛力士 常隨侍衛하며

恒不捨離諸大三昧하며
能現無量諸身差別호되
於一一身에 有大勢力하며
報得神通하며
三昧自在하며
隨有可化衆生之處하야 示成正覺하나니

　　항상 여래의 가호와 염려하심을 받으며,

　　범천과 제석천과 사천왕과 금강역사가 항상 따라 모시고 호위함을 받으며,

　　언제나 여러 큰 삼매를 여의지 않으며,

　　한량없는 여러 가지 몸을 각기 달리 나타내되,

　　하나하나의 몸마다 큰 세력이 있으며,

　　과보로 신통을 얻으며,

　　삼매에 자유로우며,

　　교화할 중생이 있는 곳을 따라서 바른 깨달음의 성취를 보여주었다.

◉ 疏 ◉

論經에 十句이어늘 今經에 闕一이라
初一은 總顯佛加니 解參玄極하야 上德이 被已故니라 旣常爲佛加일새 故名一向不動이라
餘句는 別依五功德하야 以顯不動이니

一은 供養功德이니 卽梵釋四王이라 論經에 '王'下에 有'奉迎'之言이라
二는 守護功德이니 謂金剛等이 現形衛故니라
三은 依止功德이니 恒不捨三昧故니라
四는 國土淸淨功德이니 卽能現諸身差別호되 若器若衆生을 皆能隨現일새 故云無量이라【鈔_ '謂金剛'等者는 此前亦有나 但冥衛耳라 如來에 常有八金剛神이 列其八面이라하고 此地菩薩은 隨分得之라】

　논경에 의하면 10구인데, 이의 경문에는 한 구절이 누락되었다.
　첫 구절[常爲如來之所護念]은 총합적으로 부처님의 가피를 밝혔으니, 견해가 현묘하고 지극함에 참예하여 덕 높은 이가 자신을 가피하기 때문이다. 이미 항상 여래의 가피를 받았으므로 '한결같이 흔들리지 않음'이라고 하였다
　나머지 9구는 개별로 5종류의 공덕에 의하여 흔들리지 않음을 밝혔다.
　제1구[梵釋四王]는 공양의 공덕이다. 범천과 제석천과 사천왕이다. 논경에서는 '王' 자 아래에 '받들어 영접한다.'는 말이 있다.
　제2구[金剛力士 常隨侍衛]는 수호의 공덕이다. 금강역사 등이 모습을 나타내어 호위하기 때문이다.
　제3구[恒不捨離諸大三昧]는 의지의 공덕이다. 항상 삼매를 버리지 않기 때문이다.
　제4구[能現無量諸身差別]는 국토 청정의 공덕이다. 각기 다른 수많은 몸을 나타내되 기세간과 중생세간을 따라 모두 몸을 나타내기 때문에 한량없다고 말한다.【초_ '謂金剛' 등이란 앞의 제7 원행지에서

도 금강역사 등의 호위가 있지만, 그것은 보이지 않게 호위했을 뿐이다.

　여래는 언제나 여덟 명의 금강역사와 신장들이 팔방으로 줄지어 호위한다는 점으로 살펴보면, 제8 부동지의 보살도 그 분수에 맞는 호위를 얻는 것이다.】

五於一一下는 教化衆生功德이라 此復五種이니 前三은 自分이오 後二는 勝進이라

一은 願取諸有니 多爲主導일세 故云有大勢力이라

二는 根心使智力이니 卽報得神通하야 窮三際中의 衆生根欲等故니라

三은 無量法力이니 三昧自在하야 轉法輪故니라

四는 受力이니 彼經云 '能受無量記故'라하야늘 今經에 闕此니라

五는 說力이니 卽隨有可化하야 示成正覺하야 眞能說故니라

論經에 此後에 更有一句하야 結云호되 '是菩薩이 如是通達'이라하며 論云 '一向不動故'라하니라

　제5구 '於一一身' 이하는 중생을 교화하는 공덕이다.

　여기에는 또한 5가지의 힘이 있다.

　앞의 3가지는 자신의 공덕이고,

　뒤의 2가지는 잘 닦아나가는 공덕이다.

　제5구[於一一身有大勢力]는 유형·무형의 모든 사물을 취하고자 원함이다. 그런 존재들을 주도하는 바가 많은 까닭에 "큰 세력이 있다."고 말하였다.

　제6구[報得神通]는 중생의 근기와 마음을 지혜롭게 만들어 주는

능력이다. 이는 과보의 몸으로 신통을 얻어, 과거·현재·미래 세계의 중생 근기와 그들이 원하는 바 등을 모두 다해주기 때문이다.

제7구[三昧自在]는 한량없는 법의 능력이다. 삼매에 자재하여 법륜을 굴리기 때문이다.

제8구는 수기 받은 능력이다. 다른 화엄경에서는 "한량없는 수기를 받기 때문이다."고 말했는데, 이의 경문에는 이 부분이 누락되었다.

제9구[隨有可化衆生之處示成正覺]는 설법의 능력이다. 이는 교화할 중생이 있는 곳을 따라서 바른 깨달음의 성취를 보여주어, 참으로 설법을 잘하기 때문이다.

논경에 의하면, 이 아래의 부분에 또한 1구로 끝맺고 있다.

"이 보살이 이처럼 통달하였다."

논에서는 이에 대해, "한결같이 흔들리지 않기 때문이다."고 하였다.

二. 明一體不動

둘째, '일체로서 흔들리지 않음'을 밝히다

經

佛子여 菩薩이 如是入大乘會하야
獲大神通하며

放大光明하며
入無礙法界하며
知世界差別하며
示現一切諸大功德하며
隨意自在하며
善能通達前際後際하며
普伏一切魔邪之道하며
深入如來所行境界하며

 불자여! 보살이 이와 같이 대승의 법회에 들어가서
 큰 신통을 얻으며,
 큰 광명을 놓으며,
 걸림 없는 법계에 들어가며,
 세계의 각기 다른 양상을 알며,
 일체 모든 큰 공덕을 보여주며,
 마음대로 자유로우며,
 과거와 미래 세계를 잘 통달하며,
 일체 마군과 외도를 널리 굴복시키며,
 여래께서 행하셨던 경계에 깊이 들어가며,

● 疏 ●

文有十句하니 初는 總이오 餘는 別이라
總云 入大乘會者는 謂入同類大乘衆數故니라 入數者는 不破壞

義니 和合如一故니라

別有九種하니 具此九種하야 堪入衆數라

一은 智不壞니 獲法智通故오

二는 說不壞니 謂放教智光故오

三은 解脫不壞니 謂不住行으로 證入空有等無礙法界하야 業用無礙故오

四는 佛國淸淨不壞니 知世界自在故오

五는 入大乘不壞니 智能示現大功德故오

六은 神通不壞니 隨意自在故오

七 '善能' 下는 能解釋義不壞니 稱三際說故오

八 '普伏' 下는 坐道場不壞니 萬行과 及菩提樹下에 伏魔邪故오

九는 正覺不壞니 入如來境하야 同佛覺故니라

경문은 10구이다.

제1구는 총상이고, 나머지 9구는 별상이다.

총상의 구절에서 "대승의 법회에 들어간다."고 말한 것은 동류 대승의 대중 수효에 들어갔기 때문이다. 대중 수효에 들어간다는 것은 대중의 화합을 무너뜨리지 않는다는 뜻이다. 이는 화합으로 일체가 되기 때문이다.

별상에는 9가지가 있다. 이런 9가지를 갖춰야 대중의 수효에 들어갈 수 있다.

① 지혜가 무너지지 않는다. 법의 지혜 신통을 얻었기 때문이다.

② 설법이 무너지지 않는다. 가르침의 지혜 광명을 쏟아내기 때

문이다.

③ 해탈이 무너지지 않는다. 집착하지 않는 행으로, '공'과 '유' 등으로 걸림 없는 법계에 증득하여 들어가 업과 작용이 걸림 없기 때문이다.

④ 국토의 청정이 무너지지 않는다. 세계를 앎이 자재하기 때문이다.

⑤ 대승법에 들어감이 무너지지 않는다. 지혜로 큰 공덕을 나타내 보이기 때문이다.

⑥ 신통력이 무너지지 않는다. 마음대로 자재하기 때문이다.

⑦ '善能' 이하는 이치를 잘 해석함이 무너지지 않는다. 과거·현재·미래에 걸맞게 설법하기 때문이다.

⑧ '普伏' 이하는 도량에 앉음이 무너지지 않는다. 만행과 보리수 아래에서 마군과 외도를 굴복시키기 때문이다.

⑨ 바른 깨달음이 무너지지 않는다. 여래의 경계에 들어가 부처의 깨달음과 같기 때문이다.

第三 總結所住
(3) 머물 대상을 총괄하여 끝맺다

於無量國土에 **修菩薩行**하야 **以能獲得不退轉法**일세 **是**

故說名住不動地니라

한량없는 국토에 보살행을 닦아 물러서지 않는 법을 얻었으므로 부동지에 머물렀다고 말한다.

◉ 疏 ◉

行無障礙하야 不斷不轉하니 念不退故니라

행에 장애가 없어 끊어지거나 물러서지 않는다. 이는 물러서지 않음을 생각하였기 때문이다.

第二位果

[2] 제8 부동지의 지위와 결과

經

佛子여 菩薩이 住此不動地已에 以三昧力으로 常得現見 無量諸佛하야 恒不捨離하야 承事供養하며
此菩薩이 於一一劫과 一一世界에 見無量百佛과 無量 千佛과 乃至無量百千億那由他佛하야 恭敬尊重하고 承 事供養하야 一切資生을 悉以奉施하며
於諸佛所에 得於如來甚深法藏하고 受世界差別等無 量法明하야 若有問難世界差別이라도 如是等事에 無能 屈者하며 如是經於無量百劫과 無量千劫과 乃至無量

百千億那由他劫토록 **所有善根**이 **轉增明淨**하나니

불자여! 보살이 이 부동지에 머물면서 삼매의 힘으로써 항상 한량없는 부처님을 뵈오며, 항상 떠나지 않고 받들어 섬기고 공양하며,

이 보살이 모든 겁마다 하나하나 세계에 한량없는 1백 부처님, 한량없는 1천 부처님 내지 한량없는 1백천 억 나유타 부처님 뵙고서 공경하고 존중하며 섬기고 공양하여, 생활 도구를 모두 받들어 올리며,

여러 부처님 계신 도량에서 여래의 깊고 깊은 법장을 얻고 세계의 각기 다른 등등의 한량없는 법의 광명을 받았으므로, 세계의 각기 다른 점을 묻는다 해도 그런 등등의 일에 굽힘이 없으며,

이처럼 한량없는 백 겁, 한량없는 천 겁 내지 한량없는 백천 억 나유타 겁을 지내도록 소유한 선근이 더욱 밝고 청정하다.

● 疏 ●

調柔中에 先은 調柔行이라
法說中에 '受世界差別等無量法明'者는 等取衆生·智正覺故니라
論名彼因相故者는 以所受法으로 爲自在因故니라

조련과 부드러움의 결과 가운데 앞은 조련과 부드러움의 행이다.

법을 말한 부분에서 "세계의 각기 다른 등등의 한량없는 법의 광명을 받았다."는 것은 중생세계와 지정각세계를 평등하게 취하였기 때문이다.

논에서 "저 원인의 양상 때문이라고 말한" 것은 받을 대상의 법으로 자재한 원인을 삼았기 때문이다.

經

譬如眞金으로 治作寶冠하야 置閻浮提主聖王頂上에 一切臣民의 諸莊嚴具 無與等者인달하야

비유하면 진금으로 보관을 만들어 염부제 임금이 머리에 쓰면, 일체 신하들의 장엄거리로는 도저히 똑같을 것이 없는 것처럼,

● **疏** ●

喻中에 眞金으로 作閻浮提主冠者는 喻得淸淨地身心勝故니 以此地中에 報行이 純熟하야 三世間에 自在故로 特加於王이라 '無與等'者는 喻善根光明이 轉更明淨이니라

비유 부분에 진금으로 염부제 임금의 보관을 만든 것은 청정한 땅을 얻은 몸과 마음이 뛰어남을 비유하였기 때문이다. 제8 부동지 가운데 報行이 순숙하여 3세간에 자재한 까닭에 특별히 '왕' 자를 더한 것이다.

"도저히 똑같을 것이 없다."는 것은 선근의 광명이 더욱 밝고 청정함을 비유하였다.

經

此地菩薩의 所有善根도 亦復如是하야 一切二乘과 乃至 第七地菩薩의 所有善根이 無能及者니 以住此地大智光明이 普滅衆生의 煩惱黑闇하고 善能開闡智慧門故니라 佛子여 譬如千世界主大梵天王이 能普運慈心하며 普放

光明하야 滿千世界인달하야 此地菩薩도 亦復如是하야 能放光明하야 照百萬佛刹微塵數世界하야 令諸衆生으로 滅煩惱火하고 而得淸凉이니라

이 부동지에 머문 보살의 선근 또한 그와 같다. 일체 이승이나 내지 제7 원행지의 보살이 지닌 선근으로도 도저히 미칠 수 없다.

이 지위에 머물면서 얻은 큰 지혜 광명으로 중생의 캄캄한 번뇌를 널리 없애주고, 지혜의 문을 잘 열어주기 때문이다.

불자여! 마치 1천 세계의 주인인 대범천왕이 널리 자비의 마음을 운전하고 광명을 두루 쏟아내어 1천 세계를 가득 비춘 것처럼, 부동지의 보살 또한 그와 같다.

광명을 쏟아내어 백만 세계의 티끌 수와 같은 세계를 비추어, 중생의 번뇌 불길을 잡아 시원하게 해주었다.

⦿ 疏 ⦿

二 佛子譬如下는 敎智淨이라 梵王이 普放光明者는 勝前日光이니 一은 多故오 二는 淨故오 三은 廣故니라

뒤의 '佛子譬如' 이하는 가르침의 지혜가 청정함이다.

범천왕이 널리 광명을 쏟아놓은 것은 앞서 말한 태양의 광명보다도 훨씬 뛰어나다. 그것은 3가지 이유 때문이다.

① 광명이 많기 때문이며,
② 광명이 청정하기 때문이며,
③ 광명이 광대하기 때문이다.

此菩薩이 十波羅蜜中에 願波羅蜜이 增上하니 餘波羅蜜
은 非不修行이로대 但隨力隨分이니라 是名略說諸菩薩
摩訶薩의 第八不動地니 若廣說者인댄 經無量劫이라도
不可窮盡이니라
佛子여 菩薩摩訶薩이 住此地에 多作大梵天王하야 主千
世界하야 最勝自在하며 善說諸義하야 能與聲聞辟支佛
諸菩薩의 波羅蜜道하며 若有問難世界差別이라도 無能
退屈하며 布施愛語利行同事하나니
如是一切諸所作業이 皆不離念佛하며 乃至不離念一
切種과 一切智智니라
復作是念호되 我當於一切衆生中에 爲首며 爲勝이며 乃
至爲一切智智依止者라하나니 此菩薩이 若以發起大精
進力인댄 於一念頃에 得百萬三千大千世界微塵數三
昧하며 乃至示現百萬三千大千世界微塵數菩薩로 以
爲眷屬이니라
若以菩薩殊勝願力으로 自在示現인댄 過於是數하야 乃
至百千億那由他劫에도 不能數知니라

이 보살이 십바라밀 가운데 원바라밀이 가장 더욱 뛰어나다는 것이지, 나머지 바라밀을 닦지 않은 것은 아니지만, 자신의 힘을 따르고 자신의 연분을 따를 뿐이다.

이를 모든 보살마하살의 제8 부동지라고 말한다.

만약 이를 자세히 말하려 하면, 한량없는 세월을 지날지라도 다할 수 없다.

불자여, 보살마하살이 이 부동지에 머물 적에 흔히 대범천의 천왕이 되어, 1천 세계를 주관하면서 가장 훌륭하고 자재하며, 모든 이치를 잘 말하여, 성문이나 벽지불에게 보살의 바라밀 도를 일러주며, 만약 세계의 각기 다른 모습을 묻거나 논란하는 이가 있을지라도 물러서거나 굴복하는 일이 없으며, 보시하고 사랑스러운 말을 하고 이익되는 행을 하고 일을 함께하도록 하였다.

이처럼 일체 모든 일마다 모두 부처님을 생각한 데서 떠난 적이 없으며, 내지 가지가지 지혜와 일체 지혜의 지혜를 두루 원만히 하려는 생각에서 떠난 적이 없다.

또 이런 생각을 하였다.

'나는 당연히 일체중생 가운데, 머리가 되고 나은 이가 되며, 내지 일체 지혜의 지혜에 의지한 자가 될 것이다.'

이 보살이 만약 큰 정진의 힘을 일으키면 한 생각의 찰나에 백만 삼천대천세계 미진수의 삼매를 얻고, 내지 백만 삼천대천세계 미진수의 보살로 권속을 삼을 것이다.

만약 보살의 훌륭한 원력으로 자재하게 나타내면, 이 수효보다 훨씬 뛰어나 백천 억 나유타 겁에도 그 수를 헤아려 알 수 없다."

第三 重頌分

제3. 금강장보살의 게송

經

爾時에 金剛藏菩薩이 欲重宣其義하사 而說頌曰

그때, 금강장보살이 그 뜻을 다시 말하고자 게송으로 말하였다.

七地修治方便慧하고　　　善集助道大願力하며
復得人尊所攝持하야　　　爲求勝智登八地로다

제7 원행지에서 방편지혜 닦고
도를 돕는 큰 원력을 잘 모았으며
세존의 거둬주심 다시 얻어
나은 지혜 구하고자 제8 부동지에 올랐어라

功德成就恒慈愍하며　　　智慧廣大等虛空이라

공덕 성취에 언제나 자비의 마음으로
넓고 큰 지혜 허공 같아라

● 疏 ●

二十二頌은 分三이니 初十八偈半은 頌位行이오 次二偈半은 頌位果오 後一은 結說分齊라
今初에 頌上七分을 卽爲七段이니
初一偈半은 頌集作地分이라

22수 게송은 3단락으로 나뉜다.

⑴ 18수 반의 게송은 제8 부동지의 행을 읊었고,

⑵ 2수 반의 게송은 제8 부동지의 과덕을 읊었으며,

⑶ 1수 게송은 부분의 한계를 끝맺었다.

'⑴ 18수 반의 게송'은 위의 7가지 부분을 7단락으로 읊었다.

① 1수 반의 게송은 '방편을 모아 제8 부동지를 만드는 부분'을 읊었다.

經

聞法能生決定力하니　　**是則寂滅無生忍**이로다

　법문 듣고 결정한 힘 내나니

　이것이 적멸의 무생법인이어라

知法無生無起相하며　　**無成無壞無盡轉**하며

離有平等絶分別하야　　**超諸心行如空住**로다

　법이란 생겨남도 일어남도 없고

　이뤄짐, 무너짐, 다함도 없으며

　유무(有無) 여읜 평등으로 분별도 없어

　마음 작용 초월하여 허공 같음을 아노라

● **疏** ●

二 一偈半은 頌淨忍分이라

② 1수 반의 게송은 청정법인 부분을 읊었다.

經

成就是忍超戱論하야　　**甚深不動恒寂滅**하니
一切世間無能知라　　**心相取着悉皆離**로다

　　이런 법인 성취하여 희론을 뛰어넘어
　　매우 깊고 동요 없이 길이 적멸하니
　　일체 세간 아무도 아는 이 없고
　　마음의 집착 모두 여의었다

住於此地不分別하니　　**譬如比丘入滅定**하며
如夢度河覺則無하며　　**如生梵天絶下欲**이로다

　　제8 부동지에 머물 적 분별심 없어
　　멸진정에 든 비구와 같고
　　꿈속에 강물 건너도 잠 깨면 사라지듯
　　범천에 태어난 사람 욕심 없는 듯하네

● **疏** ●

三有七偈는 頌得勝行分이라
於中二니 初二는 頌深行勝이라

　　③ 7수 게송은 뛰어난 행을 얻음에 대해 읊었다.
　　이 부분은 2단락이다.

첫째, 2수 게송은 깊은 행이 뛰어남을 읊었다.

經

以本願力蒙勸導하야 　　**歎其忍勝與灌頂**하고
語言我等衆佛法을 　　**汝今未獲當勤進**이어다

　　본래 원력으로 부처님의 권면과 인도 받들어

　　좋은 법인 찬탄하면서 관정해줄 적에

　　하시는 말씀, "우리의 많은 불법을

　　그대 아직 못 얻었나니, 부지런히 정진하라

汝雖已滅煩惱火나 　　**世間惑焰猶熾然**하니
當念本願度衆生하야 　　**悉使修因趣解脫**이어다

　　그대는 비록 번뇌의 불길 껐다지만

　　세간의 번뇌 불길 아직도 치성하니

　　본래 서원 생각하고 중생을 제도하여

　　좋은 인연 닦아 해탈케 하라

法性眞常離心念하니 　　**二乘於此亦能得**이라
不以此故爲世尊이오 　　**但以甚深無礙智**로다

　　참되고 영원한 법성, 생각 여읜 자리

　　이승도 이를 얻지 못했노라

　　이것으로 세존이 되는 게 아니다

다만 매우 깊고 걸림 없는 지혜 때문이다

如是人天所應供이　　與此智慧令觀察하니
無邊佛法悉得成하야　　一念超過曩衆行이로다
　　천상 인간 공양받는 부처님께서
　　이런 지혜 주어 관찰케 하나니
　　그지없는 부처님 법 모두 성취하여
　　한 생각에 예전 수행 뛰어넘으리라

菩薩住茲妙智地에　　則獲廣大神通力하고
一念分身徧十方하니　　如船入海因風濟로다
　　보살이 미묘한 지혜의 이런 부동지에 머물면
　　광대한 신통의 힘 얻고서
　　한 찰나에 몸을 나눠 시방에 두루 나타남이
　　바다에 떠 있는 배 순풍 만나듯 하리라."

● 疏 ●

後五는 頌發起勝이라
於中에 云'但以甚深無礙智'者는 長行에 所無니 故知唯念法性이
면 則同二乘이오 事理事事 皆無障礙는 是菩薩學故니라
　　둘째, 뒤의 5수 게송은 뛰어남을 일으킴에 대해 읊었다.
　　이 가운데 "다만 매우 깊고 걸림 없는 지혜 때문이다."고 말한

부분은 경문에 없는 내용이다. 오직 법성을 생각하면 이승과 같고, 事法界와 理法界에 걸림이 없으며, 그리고 事事無礙法界는 보살 지위에서의 배움이기 때문임을 알 수 있다.

經

心無功用任智力하야　　**悉知國土成壞住**하며
諸界種種各殊異와　　**小大無量皆能了**로다

　마음은 작용도 없이 지혜 힘에 맡겨
　국토의 성취, 무너짐, 머묾을 모두 알고
　많은 세계 가지가지 각기 다른 모습
　작고 크고 한량없는 양상을 모두 아노라

三千世界四大種과　　**六趣衆生身各別**과
及以衆寶微塵數를　　**以智觀察悉無餘**로다

　삼천대천세계의 지수화풍 구성이며
　육도 중생의 각기 다른 몸
　여러 가지 보배와 티끌의 수효까지
　지혜로 살펴 남김없이 모두 아노라

菩薩能知一切身하야　　**爲化衆生同彼形**호되
國土無量種種別에　　**悉爲現形無不徧**이로다

　보살이 여러 가지 몸 잘 알고

중생 교화 위해 그들 몸을 나타내되
한량없는 국토 각기 다른 모습으로
그들 형상 따라 두루 나타내는 화신이여

譬如日月住虛空호되 　　**一切水中皆現影**인달하야
住於法界無所動호되 　　**隨心現影亦復然**이로다

비유하면 허공의 태양과 달이
모든 물속에 그림자 비치듯
법계에 머문 보살 꼼짝한 바 없지만
마음 따라 나타나는 영상 그와 같아라

隨其心樂各不同하야 　　**一切衆中皆現身**호되
聲聞獨覺與菩薩과 　　**及以佛身靡不現**이로다

각기 달리 좋아하는 중생의 마음 따라
일체중생 가운데 몸을 나타내되
성문, 독각, 보살의 몸
부처님 몸까지도 모두 나타내노라

衆生國土業報身과 　　**種種聖人智法身**과
虛空身相皆平等을 　　**普爲衆生而示作**이로다

중생의 몸, 국토의 몸, 업보의 몸
가지가지 성인의 지혜 몸, 법의 몸

허공의 몸까지도 모두 평등하게

중생 위해 널리 나타내는 화신이여

● 疏 ●

四有六偈는 頌淨佛國土分이라

於中三이니

初二는 器世間이오 次三은 衆生世間이오 後一은 智正覺世間이니라

④ 6수 게송은 부처님 국토를 청정히 함을 읊었다.

6수 게송은 3부분이다.

첫째, 2수 게송은 기세간에 자재함을 읊었고,

다음 3수 게송은 중생세간에 자재함을 읊었으며,

뒤의 1수 게송은 지정각세간에 자재함을 읊었다.

經

十種聖智普觀察하며　　復順慈悲作衆業이라

10가지 성인의 지혜로 널리 살피고

자비의 마음 따라 모든 업을 짓노라

● 疏 ●

五有半偈는 頌十自在라 故晉經云 能得於十種妙大自在智라하니라

⑤ 반수 게송은 10가지 자재함을 읊었다. 이 때문에 60 화엄경에서는 "10가지의 미묘하고 광대 자재한 지혜를 얻었다."고 하였다.

經

所有佛法皆成就하야　　持戒不動如須彌로다
十力成就不動搖하니　　一切魔衆無能轉이라

　　모든 불법 모두 성취하여
　　흔들림 없는 계행, 수미산 같아라
　　열 가지 힘 성취하여 꼼짝 않으니
　　일체 마군 어찌할 길 없어라

◉疏◉

六一偈는 頌大勝分이라

　⑥ 1수 게송은 크게 뛰어난 부분을 읊었다.

經

諸佛護念天王禮하며　　密跡金剛恒侍衛로다
此地功德無邊際라　　　千萬億劫說不盡이며

　　부처님의 가호와 천왕의 경례
　　금강역사(金剛力士) 길이 호위하네
　　부동지의 큰 공덕, 그지없는 터라
　　천만 억 겁 말하여도 다할 수 없다

◉疏◉

七一偈는 頌釋名分이라 密跡者는 古譯爲力士라 餘文은 可知也니라

⑦ 1수 게송은 명칭 해석 부분을 읊었다.
'密跡'이란 옛 번역에서는 力士라 한다.
나머지 문장은 말하지 않아도 알 수 있다.

經

復以供佛善益明하니 　　**如王頂上莊嚴具**로다

　그럼에도 부처님께 공양 올려 선근 더욱 밝으니
　전륜왕 머리 위의 장엄과 같아라

菩薩住此第八地에 　　**多作梵王千界主**하야
演說三乘無有窮하니 　　**慈光普照除衆惑**이로다

　보살이 제8지에 머물 적에
　흔히 범왕 되어 1천 세계 주인으로
　삼승의 연설 그지없으니
　자비 광명 널리 비춰 중생 번뇌 없애주네

一念所獲諸三昧 　　**百萬世界微塵等**이라
諸所作事悉亦然이어니와　**願力示現復過是**로다

　한 찰나에 얻은 모든 삼매가
　백만 세계 티끌 수처럼 많아라
　모든 하는 일 모두 그러하거니와
　원력으로 나타내는 몸 이보다 더하여라

菩薩第八不動地를　　　我爲汝等已略說호니
若欲次第廣分別인댄　　經於億劫不能盡이로다

  보살의 제8 부동지 공덕을
  그대들 위해 간추려 말했지만
  차례차례 자세히 말하려면
  억만 겁 지내어도 다할 수 없다

已上은 第八地竟하다
  이상은 제8 부동지를 끝마치다.

십지품 제26-11 十地品 第二十六之十一

화엄경소론찬요 제70권 華嚴經疏論纂要 卷第七十

화엄경소론찬요 제71권
華嚴經疏論纂要 卷第七十一

●

십지품 제26-12
十地品 第二十六之十二

第九 善慧地
初는 明大意라

> 제9. 선혜지
> 첫 부분은 대의를 밝히다

● 疏 ●

所以來者는 瑜伽意云 '前雖於無相住中에 捨離功用하며 亦能於相에 自在나 而未能於異名衆相訓詞差別과 一切品類宣說法中에 得大自在하니 爲令此分으로 得圓滿故라'하니 次有此來니라

여기에 선혜지를 쓰게 된 이유는 유가사지론에서 말한 뜻은 다음과 같다.

"앞은 비록 모양 없이 머무는 가운데 공용을 여의었으며, 또한 현상세계의 모양에 자재하긴 하지만, 아직은 다른 명칭의 여러 모양과 각기 다른 언어, 일체 품류들을 설법하는 부분에서 아주 자재함을 얻지는 못하였다. 이런 부분들을 원만하게 하고자 하기 때문이다."

이런 이유에서 다음으로 제9 선혜지를 여기에 쓴 것이다.

言善慧者는 攝大乘云 '由得最勝無礙智故라'하니 無性이 釋云호되 謂得最勝四無礙解니 無礙解智 於諸智中에 最爲殊勝이라 智卽是慧니 故名善慧라'하니 卽下文中의 十種四無礙가 是也라
莊嚴論云 '於九地中에 四無礙慧가 最爲殊勝이니 云何勝耶아 於

213

一刹那에 三千世界의 所有人天異類異音異義問을 此菩薩이 能以一音으로 普答衆問하야 徧斷衆疑故라하니 此同下文이니라

'훌륭한 지혜'라 말한 것은 섭대승론에서, "가장 뛰어나고 걸림 없는 지혜를 얻었기 때문이다."고 하였다. 無性보살이 이에 대해 다음과 같이 해석하였다.

"이는 가장 뛰어난 4가지의 걸림 없는 이해를 얻었음을 말한다. 걸림 없이 아는 지혜는 수많은 지혜 가운데 가장 뛰어나다. 智는 곧 慧이므로 '훌륭한 지혜'라고 말한다." 이는 아래 경문에서 말한, '10가지의 4가지 걸림 없음'이 바로 이것이다.

대승장엄론에서는 다음과 같이 말하였다.

"제9 선혜지 가운데 4가지 걸림 없는 지혜가 가장 뛰어나다.

어떤 것이 뛰어남인가? 한 찰나 사이에 삼천대천세계의 헤아릴 수 없는, 인간과 천상의 각기 다른 부류의 중생, 각기 다른 언어의 음성, 각기 다른 마음의 뜻으로 수많은 물음을 던지고 있다.

이에 대해 제9 선혜지의 보살은 하나의 음성으로 널리 수많은 물음에 답하여 그들의 숱한 의문들을 모두 끊어주기 때문이다."

이는 아래의 경문에서 말한 바와 같다.

故所離障이 離利他中의 不欲行障이니 有四辨故니라
四無礙障 分成二愚니
前三은 爲一이니 名於無量所說法·無量名句字·後後慧辨陀羅尼自在愚라 謂所說法은 是義오 名句字는 是法이오 後後慧辨은 是詞오 陀羅尼自在愚는 通於上三이라

二는 辯才自在愚니 卽愚第四無礙니라

그러므로 장애를 여읠 대상인 이타행 가운데 '실천하기를 원하지 않는 장애'를 여의고자, 4가지 변재를 마련하게 된 것이다.

'4가지 걸림 없는 지혜'의 장애는 2가지의 어리석음으로 나뉜다.

(1) 앞의 3가지를 하나로 묶으니, '한량없이 말한 바의 법, 한량없는 명칭·문구·글자, 세 번째[後後] 지혜로운 논변, 다라니 자재에 대한 어리석음'이라고 말한다.

'한량없이 말한 바의 법'이란 義無礙智,

'한량없는 명칭·문구·글자'는 法無礙智,

'세 번째 지혜로운 논변'은 辭無礙智,

'다라니 자재에 대한 어리석음'은 위의 3가지 無礙智에 모두 통한다.

(2) 변재의 자재함에 대한 어리석음이다. 이는 제4 辨無礙智에 대한 어리석음이다.

故所證眞如를 名智自在所依니 謂若證得此眞如已에 於無礙解에 得自在故니라 便成善達法器自在說法行이니라【鈔_ 莊嚴論云 '四辨自在하야 成熟衆生하며(卽此經의 自在說法이라) 無邊總持로 廣受法行이라'하니라(卽此經의 善達法器니라)】

그러므로 증득할 대상인 진여를 '지혜 자재의 의지처'라고 말한다. 만약 이 진여를 증득하면 걸림 없는 지혜에 자재함을 얻기 때문이다. 이는 곧 法器를 잘 통달하여 자유자재로 설법하는 행을 성취하게 된다.【초_ 대승장엄론에서 말하였다.

"4가지 걸림 없는 변재가 자재하여 중생을 성숙시키며, (이는 화엄경에서 말한 '자재한 설법'이다.)

그지없는 총지다라니로 널리 법행을 받아들인다. (이는 화엄경에서 말한 '법기를 잘 통달함'이다.)"】

梁論云 '由通上眞如_{하야} 得應身果_{라하며} 金光明中_에 '得智藏三昧_{라하니} 皆一義耳_{니라}

양섭론에서는 "위의 진여를 통달함으로 인하여 응신의 과덕을 얻는다."고 하였으며, 금광명경에서는 "智藏의 삼매를 얻는다."고 말하였다. 이는 모두 똑같은 뜻이다.

◉ 論 ◉

此地_가 何故_로 名爲善慧_오 爲此第九地行_이 同十住中第九法王子住_{하야} 每與五位中第九位_로 竝同法師位_니 善知衆法_{일세} 故名善慧地_라

이 지위가 무엇 때문에 그 이름을 선혜라 하는가? 이는 제9지의 행은 십주 가운데 제9 법왕자주처럼 언제나 '십신, 십주, 십행, 십회향, 십지의 5위' 가운데 제9위로 모두 똑같은 법사의 지위이다. 중생의 법을 잘 알기에 그 이름을 '선혜지'라 한다.

次正釋文
三分之內_에 初_는 讚請分_{이라}

다음은 경문의 해석이다.

3부분 가운데, 제1. 찬탄하며 법을 청한 부분이다.

經

說此菩薩八地時에　　　如來現大神通力하사
震動十方諸國土하시니　　無量億數難思議로다

　　보살이 제8 부동지 말할 적에
　　여래께서 큰 신통력 나타내시어
　　시방의 모든 국토 진동하니
　　한량없는 억천만 불가사의여

一切知見無上尊이　　　其身普放大光明하사
照耀彼諸無量土하사　　 悉使衆生獲安樂이로다

　　일체를 알고 보는 부처님께서
　　몸으로 큰 광명 널리 놓아서
　　한량없는 저 국토 밝게 비춰
　　중생으로 하여금 안락 얻게 해주었네

● **疏** ●

有十三頌을 分三이니
初二는 如來現相이니 顯說無功用行과 無動之動에 難思議故로 特此現通이라

13수의 게송은 3부분으로 나눈다.

(1) 앞의 2수 게송은 부처님이 모습을 나타냄이다.

공용 없는 행과 움직임이 없는 움직임을 생각으로 헤아릴 수 없음을 밝힌 까닭에 특별히 이에 신통력을 나타낸 것이다.

經

菩薩無量百千億이 　　俱時踊在虛空住하야
以過諸天上妙供으로 　　供養說中最勝者로다

　　한량없는 백천 억 보살들이
　　한꺼번에 허공에 솟아 머물면서
　　하늘보다 더 좋은 공양거리로
　　가장 설법 잘하는 이에게 공양 올리네

◉ 疏 ◉

次十頌은 別讚이오 後一頌은 結請이라
別讚中에 亦三이니
初一은 菩薩供이라

　　(2) 다음의 10수 게송은 개별의 찬탄이며,
　　(3) 뒤의 1수 게송은 청법을 끝맺었다.
　　'(2) 개별의 찬탄' 부분 또한 3부분이다.
　　첫 1수 게송은 보살의 공양이다.

經

大自在王自在天이 　　悉共同心喜無量하야
各以種種衆供具로 　　供養甚深功德海로다

　　대자재천왕과 자재천왕이
　　모두 같은 마음 한량없이 기뻐하면서
　　제각기 가지가지 공양거리로
　　깊고 깊은 공덕 바다 공양하노라

● 疏 ●

次一은 天王供이라
　　다음 1수 게송은 천왕의 공양이다.

經

復有天女千萬億이 　　身心歡喜悉充徧하야
各奏樂音無量種하야 　　供養人中大導師로다

　　또다시 천만 억 천상 여인이
　　몸과 마음에 모두 기쁨 충만하여
　　한량없는 가지가지 음악 울리면서
　　천상 인간 대도사께 공양하노라

● 疏 ●

後八은 天女供讚이라

於中二니

初一은 供이오 餘七은 讚이라

> 뒤의 8수 게송은 천상 여인의 공양, 찬탄이다.
> 이 부분은 2단락이다.
> 첫 1수 게송은 공양이며,
> 나머지 7수 게송은 찬탄이다.

經

是時衆樂同時奏하니　　**百千萬億無量別**이라
悉以善逝威神力으로　　**演出妙音而讚歎**이로다

> 이때 많은 음악 한꺼번에 아뢰니
> 백천만 억 한량없이 다른 음악
> 모두 부처님의 위신력으로
> 미묘한 음성 울려 찬탄하노라

● 疏 ●

讚中二니

初一은 標讚이라

> 7수 게송의 찬탄은 2부분이다.
> 첫 1수 게송은 찬탄을 표방하였다.

寂靜調柔無垢害하야   **隨所入地善修習**하며
心如虛空詣十方하야   **廣說佛道悟群生**이로다

    고요하고 부드럽고 때 없는 이들

    들어가는 지위 따라 닦아 익히니

    마음이 허공처럼 시방세계 나아가

    부처님 법 말하여 중생을 깨쳐주노라

天上人間一切處에   **悉現無等妙莊嚴**하니
以從如來功德生이라   **令其見者樂佛智**로다

    천상이나 인간 그 모든 곳에

    더할 나위 없는 미묘한 장엄 모두 나타내니

    여래의 공덕으로 생겨난 터라

    보는 이들 부처 지혜 좋아하여라

◉ 疏 ◉

後六은 顯詞라

於中亦二니

初二는 讚菩薩이니 通於八地와 及說法主라

    뒤의 6수 게송은 찬탄의 말을 밝혔다.

    이 부분 또한 2단락이다.

    첫 2수 게송은 보살을 찬탄하였다. 제8 부동지와 설법주에 모

두 통한다.

經

不離一刹詣衆土　　　如月普現照世間하며
音聲心念悉皆滅하사대　譬猶谷響無不應이로다

　　이 나라 떠나지 않고 수많은 국토 찾아가
　　하나의 달이 세간 두루 비추듯
　　음성이나 생각이 모두 사라졌지만
　　골짜기에 메아리 울려 퍼지듯 하네

若有衆生心下劣이면　　爲彼演說聲聞行하고
若心明利樂辟支면　　則爲彼說中乘道하며

　　어떤 중생 마음이 용렬하면
　　그를 위해 성문법을 연설하고
　　마음이 총명하고 영리한 이라면
　　그를 위해 벽지불 도리 말해주며

若有慈悲樂饒益이면　　爲說菩薩所行事하고
若有最勝智慧心이면　　則示如來無上法이로다

　　자비로 이익 줌을 좋아하면
　　보살이 행한 일 말해주고
　　가장 나은 지혜를 가진 이에겐

위없는 여래의 법 보여주노라

譬如幻師作衆事에　　　　**種種形相皆非實**인달하야
菩薩幻智亦如是하야　　　**雖現一切離有無**로다

　　요술쟁이 많은 일 만들어 내는데
　　가지가지 형상 실상이 아니듯
　　보살의 지혜 또한 그와 같아서
　　모든 것 나타내지만 유무를 여의었다

◉ 疏 ◉

後四는 雙讚佛及菩薩의 三輪化益이라
此文에 云菩薩幻智라하고 後結云 讚佛已라하니 故文中에 通讚八九地라 如月普現은 前地有故니 此法師位에 隨機說權實故라【鈔_ 如月普現者는 偈云 '譬如日月住虛空에 一切水中皆現影하야 住於法界無所動이나 隨心現影亦復然이라하니라 從 '此法師'下는 卽九地之德이니 下文에 廣具니라】

　　뒤의 4수 게송은 부처님과 보살의 三輪 교화의 이익을 함께 찬탄하였다.

　　이의 게송에서 '보살의 허깨비 같은 지혜'라 하였고, 뒤의 찬탄에 대한 결론에서 '부처님을 찬탄한 뒤에'라고 하였다. 이 때문에 게송은 제8 부동지와 제9 선혜지를 통틀어 찬탄하였다.

　　'하나의 달이 두루 비추듯'이란 앞의 제8 부동지에 있기 때문이

다. 이는 법사의 지위에서 근기를 따라 방편과 실법을 연설하기 때문이다.【초_ '如月普現'이란 게송에서 다음과 같이 말하였다.

"비유하면 허공의 태양과 달이 모든 물속에 그림자 비치듯, 법계에 머문 보살 꼼짝한 바 없지만, 마음 따라 나타나는 영상 그와 같아라."

'此法師'로부터 이하는 제9 선혜지의 공덕이다. 아래 문장에 자세히 갖춰져 있다.】

文中三이니

初一은 身無心而普應이오 次二는 口隨機而演說이오 後一은 喩結이라

心常契中이라 旣特云 '最勝智心 示如來法이라'하니 權實 明矣로다 故纓絡經中에 說十種善하니 前九는 依三乘人하야 各成三乘이오 第十은 名佛乘種性이니 謂初聞佛法에 卽發佛心이라 唯觀如如하야 修佛智慧하고 終不爲悲願纏心하며 一向不起二乘作意라 第九는 爲悲願纏心일세 故此云 慈悲樂饒益이라 明文若斯어니 云何不信이리오

이의 경문은 3단락이다.

① 처음 1수 게송은 몸이 무심으로 널리 응함이며,

② 다음 2수 게송은 입으로 중생 근기 따라 연설함이며,

③ 뒤의 1수 게송은 비유로 끝맺음이다.

마음은 항상 중도에 계합한 터라, 앞서 특별히 "가장 뛰어나고 지혜로운 마음으로 여래의 법을 보여준다."고 하였다. 이는 방편과

실법이 분명하다.

이 때문에 보살영락경에서 10가지 선근을 말했는데, 앞의 9가지는 삼승의 사람에 의하여 각기 삼승을 이루고, 제10은 '一佛乘의 種性'이라 말한다. 처음 불법을 듣고서 바로 불심을 일으킴을 말한다. 오직 如如함을 관찰하여 부처님의 지혜만을 닦고, 마침내 대비와 원력에 마음이 얽히지 않으며, 한결같이 이승의 마음을 일으키지 않는다.

제9 선혜지는 대비와 원력에 마음이 얽힌 까닭에 여기에서 "자비로 이익 줌을 좋아한다."고 하였다. 분명한 지문이 이와 같은데 어찌 믿지 않을 수 있겠는가.

經

如是美音千萬種으로　　**歌讚佛已默然住**어늘
解脫月言今衆淨하니　　**願說九地所行道**하소서

이처럼 아름다운 음성 천만 가지로
부처님 찬탄하고 고요히 있으려니
해탈월보살이 청하였다.
"법회 대중 청정하오니 제9 선혜지에 올라 행할 도를 말해주소서."

● **疏** ●

結請이니 可知니라

(3) 청법을 끝맺음이다. 이는 말하지 않아도 알 수 있다.

第二正說分

先은 明地行이라

文有四分하니

一은 法師方便成就니 謂此地에 能起辯才說法일세 名法師地이며 趣地行立일세 名方便故오

二는 智成就니 具能知法之智慧故오

三은 入行成就니 達所化器之心行故오

四는 說成就니 稱根正授故니라

四中에 初一은 入心이오 餘皆住心이라 亦攝三位니 至下當知니라

然第八地中에는 但淨佛土하야 敎化衆生이로되 此地에는 辯才力故로 敎化衆生하야 成就一切相하니 能敎化故며 一切相者 具上四分故니라

初分中에 三이니

初는 牒前起後니 前得二諦等智故오

次 正顯方便이오

三은 結行入地니라

今은 初라

제2. 바로 설법하는 부분

[1] 제9 선혜지의 행상

이의 경문은 4단락으로 나뉜다.

1. 법사의 방편 성취이다. 제9 선혜지에서 변재의 설법을 일으키므로 '법사의 지위'라 말하였고, 제9 선혜지의 행상을 향하여 세우므로 '방편'이라 말하였다.

2. 지혜의 성취이다. 법을 잘 아는 지혜를 갖췄기 때문이다.

3. 행에 들어감의 성취이다. 교화 대상의 중생 근기의 心行을 통달하기 때문이다.

4. 설법의 성취이다. 근기에 맞추어 바르게 전수하기 때문이다.

4단락 가운데 '1. 법사의 방편 성취'는 들어가는 마음이며, 나머지[智成就, 入行成就, 說法成就]는 모두 머무는 마음이다. 또한 3지위를 포괄하니 아래의 해당 문장에서 이를 알아야 한다.

그러나 제8 부동지에서는 불국토를 청정히 하여 중생을 교화할 뿐이지만, 제9 선혜지에서는 변재의 힘으로 중생을 교화하여 일체 모양을 성취하니 교화하기 때문이며, 모든 모양이 위의 4단락에 갖춰져 있기 때문이다.

'1. 법사의 방편 성취' 부분은 3단락이다.

1) 앞의 문장을 이어서 뒤의 문장을 일으켰다. 앞의 8지에서는 眞諦와 俗諦 등의 지혜를 얻었기 때문이다.

2) '欲更' 이하는 바로 방편을 밝혔고,

3) '得入' 이하는 행을 끝맺으면서 제9 선혜지에 들어감이다.

이는 '1) 앞의 문장을 이어서 뒤의 문장을 일으킨 부분'이다.

> 經

爾時에 金剛藏菩薩이 告解脫月菩薩言하사대
佛子여 菩薩摩訶薩이 以如是無量智로 思量觀察하야

이때 금강장보살이 해탈월보살에게 말하였다.

"불자여! 보살마하살이 이처럼 한량없는 지혜로 생각하고 관찰하고서,

二 正顯方便

2) 바로 방편을 밝히다

> 經

欲更求轉勝寂滅解脫하며
復修習如來智慧하며
入如來祕密法하며
觀察不思議大智性하며
淨諸陀羅尼三昧門하며
具廣大神通하며
入差別世界하며
修力無畏不共法하며
隨諸佛轉法輪하며
不捨大悲本願力하야

得入菩薩第九善慧地니라

다시 더 좋은 적멸한 해탈을 구하고자 하며,

또한 여래의 지혜를 닦으며,

여래의 비밀스러운 법에 들어가며,

불가사의한 큰 지혜의 성품을 관찰하며,

다라니와 삼매의 문을 청정히 하며,

광대한 신통을 갖추며,

각기 다른 세계에 들어가며,

10가지의 힘[十力], 4가지 두려운 바 없음[四無所畏]과 그 누구도 함께할 수 없는 18가지의 법[十八不共法]을 닦으며,

부처님을 따라 법륜을 굴리며,

크게 가엾이 여기는 본래의 원력을 버리지 아니하고자,

보살의 제9 선혜지에 들어가는 것이다.

● 疏 ●

文有十句하니 不離二利라 論云 '一一·五·三句로 示現'者는 初句는 利他오 次句는 自利니 故云 一一이오 次五는 利他오 後三은 自利니 故云 五三이라 示現之言은 通上四段이니 初句는 依無色得解脫想 可化衆生하야 利益他故로 化其하야 令得大般涅槃일세 故云 轉勝이라 論主 謂菩薩이 不求自滅일세 故作此釋이라 然經에 旣云 更求寂滅하니 何妨自求리오 以七八九地 同得無生이라 八地는 得忍에 寂滅現前하야 依勸起修오 此求上品일세 名爲轉勝이니 卽用而寂하

야 眞解脫故니라

若依此義인댄 前二는 自利오 亦可十句는 俱通二利니 於理無失이어니와 且依論解라

二는 依未得究竟自利益故로 復修習如來智慧니라

三은 依根熟菩薩하야 化入如來秘密인 三密化益故오

四는 依邪念修行可化衆生하야 令觀察不思議智하야 得正念故니 謂觀念하야 見智性故니라

五는 依未知法衆生하야 轉法輪하야 令得知故니 卽淨陀羅尼三昧門이 皆說法所依故니라

六은 依邪歸依衆生하야 具廣大神通하야 令入正法故니라

七은 依信生天衆生하야 令入差別世界니 佛淨土故니라

上五中에 一은 無證이오 二는 無行이오 三은 無解오 後二는 無信이니라

下三은 自利中에 八은 依正覺內證智德일세 故修力等이오

九는 依轉法輪外化恩德이오

十은 依無住涅槃斷德이니라

경문은 10구이다. 이는 자리이타행에서 벗어나지 않는다.

논에서 "1구절, 1구절과 5구절, 3구절로 나타내 보였다."고 말한 것은 제1구[欲更求轉勝寂滅解脫]는 이타행이며, 제2구[復修習如來智慧]는 자리행이므로 '1구절, 1구절'이라 말하였다.

다음의 제3~7구의 5구절은 이타행이며, 뒤의 제8~10구의 3구절은 자리행이므로 '5구절과 3구절'이라 말하였다.

나타내 보였다[示現]는 말은 위의 4단락을 통틀어 말한 부분이다.

제1구[欲更求轉勝寂滅解脫]는 무색계에 의하여 해탈을 얻고서 교화할 만한 중생을 생각하여 그들에게 이익을 주고자, 그들을 교화하여 대열반을 얻도록 하므로 '더 좋은[轉勝]' 것이라 하였다. 논주가 "보살이 자신의 적멸은 구하지 않는 까닭에 이처럼 해석한 것이다."고 말하였다.

그러나 경문에서 이미 "다시 적멸을 구한다."고 말하였으니, 자신의 적멸을 구함을 어찌 나쁘다 하겠는가. 제7 원행지, 제8 부동지, 제9 선혜지가 똑같이 무생법인을 얻은 것이다. 제8 부동지에서 무생법인을 얻을 적에 적멸이 앞에 나타나, 부처님의 권면에 의하여 수행을 일으키고, 제9 선혜지에서는 상품의 적멸을 추구한 까닭에 보다 '더 좋은' 것이라고 말하였다. 작용과 하나가 된 적멸로 진실한 해탈이기 때문이다.

만약 이런 의의에 의하면, 앞의 2구는 자리행이고, 또한 10구는 자리이타에 모두 통한다고 해도 이치에 잘못이 없지만, 또한 논의 해석에 따른다.

제2구[復修習如來智慧]는 아직 최종의 자리행 이익을 얻지 못하였으므로 "또한 여래의 지혜를 닦는다."고 하였다.

제3구[入如來秘密法]는 선근 성숙의 보살에 의지하여 부처님의 비밀법인 身口意 三密의 교화 이익에 들어가기 때문이다.

제4구[觀察不思議大智性]는 삿된 생각으로 수행하는 중에 교화할 수 있는 중생으로 하여금 불가사의의 지혜를 관찰하여 바른 생각을 얻게 하고자 함이다. 생각을 관찰하면서 지혜의 체성을 보기 때문이다.

제5구[淨諸陀羅尼三昧門]는 법을 제대로 알지 못하는 중생을 따라 법륜을 굴려서 알도록 하고자 함이다. 이는 다라니와 삼매 법문을 청정히 함이 모두 설법의 의지처이기 때문이다.

제6구[具廣大神通]는 삿된 법에 귀의한 중생에게 광대한 신통을 갖춰 바른 법에 들어가도록 하기 위함이다.

제7구[入差別世界]는 천상에 태어나는 것을 믿는 중생에게 각기 다른 세계에 들어가도록 함이다. 부처님의 정토이기 때문이다.

위의 5구절 가운데 제3구는 증득이 없고,

제4구는 수행이 없으며,

제5구는 이해가 없고,

제6, 7구는 믿음이 없다.

아래의 3구절은 자리행 가운데, 제8구[修力無畏不共法]는 바르게 깨달아서 안으로 證道의 智德에 의한 까닭에 十力 등을 닦는다.

제9구[隨諸佛轉法輪]는 법륜을 굴려 밖으로 교화의 은덕에 의한 때문이다.

제10구[不捨大悲本願力]는 머묾이 없는 열반의 斷德에 의한 때문이다.

三'得入'下는 結行入地니 可知니라

3) '得入菩薩' 이하는 행을 끝맺으면서 제9 선혜지에 들어감이다. 이는 말하지 않아도 알 수 있다.

一 法師方便成就 竟하다

1. 법사의 방편 성취를 끝마치다.

● 論 ●

'以如是無量智慧로 思量觀察하야 欲更求轉勝寂滅解脫'者는 明第八地에 入理智無功하야 趣入升進如來佛果인 十力四無畏大用寂滅無功用故오.
'復修習如來智慧'者는 明修八九地호되 於佛功用에 未自在故오.
'入如來祕密法'者는 過思量修習所知하야 而不作念코 普應萬有하야 無休息故오.
'觀察不思議大智性'者는 是根本普光明大智也라 性者는 明智體也니 性無依住하야 對根物而成大用故오.
'淨諸陀羅尼三昧門'者는 以無依住智로 普應物而成大用이 是正受總持義故오.
'具大神通'者는 智隨根應을 名之爲神이오 不往而體徧十方을 名之爲通이며 又智無住를 名之爲神이라
已下는 如文自明이라

 "이처럼 한량없는 지혜로 생각하고 관찰하고서, 다시 더 좋은 적멸한 해탈을 구하고자 한다."는 것은 제8 부동지에서 理智의 공용이 없는 자리에 들어가, 여래의 佛果인 十力, 四無畏, 大用寂滅의 공용이 없는 자리를 향하여 올라감을 밝혔기 때문이다.

 "또한 여래의 지혜를 닦는다."는 것은 제8 부동지와 제9 선혜지를 닦되 부처님의 공용에 자재하지 못함을 밝혔기 때문이다.

"여래의 비밀스러운 법에 들어간다."는 것은 사량 수습으로 아는 경계를 벗어나 생각을 짓지 않고 삼라만상에 널리 응하여 휴식이 없기 때문이다.

"불가사의한 큰 지혜의 성품을 관찰한다."는 것은 널리 광명이 빛나는 근본의 큰 지혜이다. 성품이란 지혜의 본체를 밝혔다. 지혜 본체의 성품이 의지한 바 없이 중생을 상대로 큰 작용을 이뤘기 때문이다.

"다라니와 삼매의 문을 청정히 한다."는 것은 의지한 바 없는 지혜로 널리 중생을 응하여 큰 작용을 성취함이 正受總持의 의의이기 때문이다.

"광대한 신통을 갖췄다."는 것은 지혜가 중생의 근기를 따라 응함을 '神'이라 말하고, 찾아가지 않으면서도 그의 몸이 시방에 두루 나타남을 '通'이라 하며, 또 지혜가 머묾이 없음을 '神'이라 한다.

이 아래의 문장은 경문에서 밝힌 바와 같다.

已上은 是修第九地向이니라

이상은 제9 선혜지 회향을 닦음이다.

第二 智成就
此下에 二三段은 攝王子住니 知法知根이 皆法王의 軌度等故니라 且依智成이라

2. 지혜의 성취

이 아래의 제2, 제3 단락은 제9 法王子住에 속한다. 법을 아는 것과 근기를 아는 것이 모두 법왕의 궤범, 법도 등이기 때문이다. 이는 지혜에 의해 성취된 것이다.

經
佛子여 菩薩摩訶薩이 住此善慧地에
如實知善不善無記法行과
有漏無漏法行과
世間出世間法行과
思議不思議法行과
定不定法行과
聲聞獨覺法行과
菩薩行法行과
如來地法行과
有爲法行과
無爲法行이니라

> 불자여! 보살마하살이 제9 선혜지에 머물 적에,
> 선의 법행, 악의 법행, 무기의 법행,
> 유루의 법행, 무루의 법행,
> 세간의 법행, 출세간의 법행,
> 헤아릴 수 있는 법행, 불가사의의 법행,
> 결정의 법행, 결정하지 못하는 법행,

성문의 법행, 독각의 법행,

보살행의 법행,

여래지의 법행,

유위의 법행,

무위의 법행을 실상대로 아는 것이다.

● 疏 ●

文中에 初는 總知三性이니 謂淨染不二라 不二는 卽無記니라【鈔_ '不二卽無記'者는 不同前二니 故云不二라 淨은 卽是善이니 順理淸 升故오 染은 卽不善이니 違理雜穢故니라】

경문의 첫 구절[善·不善·無記法行]은 3가지 체성을 총체로 아는 것이다.

① 청정의 체성,

② 잡염의 체성,

③ 不二의 체성을 말한다. 불이의 체성이 바로 무기이다.【초_ "불이의 체성이 바로 무기이다."는 것은 앞의 청정과 잡염은 '둘이 아니다.'고 말하였다.

청정은 선의 법행이다. 이치를 따라 청정함이 상승하기 때문이며,

잡염은 불선의 법행이다. 이치에 어긋나 잡되고 더럽혀지기 때문이다.】

後 '有漏'下는 展轉別開니

一은 於淨法에 開漏無漏니 謂施戒等에 取相心修하면 與漏로 相應이

니 名爲有漏오 無漏反此니라

二는 於無漏에 開出이니 見道已前은 名世오 見道已去는 名出世니라

三은 卽就上二世出世異하야 名爲思議오 卽世出世하야 名不思議라 亦可於出世中에 約敎證二道니라

四는 彼有漏思議中에 定能證入을 名之爲定이오 爲緣所動을 名之不定이라 亦可佛性은 定有오 餘一切法은 皆悉不定이라【鈔_ 四彼有漏者는 以思議 通於二義니 今明定能證入이라 意取地前思議 일새 故兼取有漏之善이니라

言定能證入者는 大乘之中에 種性堅固를 名之爲定이오 爲緣所動을 名爲不定이라 故仁王受持品云 '習忍已前에 十善菩薩이 有退有進이 譬如輕毛가 隨風東西라 是諸菩薩도 亦復如是하야 雖以十千劫에 行十正道하야 發三菩提心이나 乃入習忍하야는 亦常學三伏忍法이니 而不可定名이라 是不定人이니라 是定人者는 入生空位니 聖人性故로 必不起五逆이며 十重等이라하니라 若通諸乘說인댄 小乘은 忍心已去에 名定이오 餘必不定이니라】

뒤의 '有漏' 이하는 점차 구분 지어 전개하였다.

① 선의 청정에서 유루와 무루의 법으로 구분 지어 전개하였다. 보시와 지계 등에 '모양에 집착하는 마음[取相心]'을 닦아가면 번뇌와 상응하기에 유루라 말하며, 무루법은 이와 반대이다.

② 무루의 법으로 구분 지어 전개하였다. 견도 이전은 세간이라 말하고, 견도 이후는 출세간이라 말한다.

③ 위의 2가지 세간과 출세간의 차이를 '思議'라 말하고, 세간

과 출세간이 하나인 것을 '不思議'라고 말한다. 또한 출세간의 부분
에서 教道를 들어 '사의'라 하고, 證道를 들어 '부사의'라 말하기도
한다.

④ 그 유루의 '사의'라 말한 부분에 결정코 증득해 들어감을 定
性이라 말하고, 반연으로 동요되는 바를 不定性이라 말한다. 또한
불성은 결정코 존재하며, 나머지 일체 법은 모두 定性이 아니다.
【초_ '四彼有漏'는 思議란 2가지 뜻에 통한다. 여기에서는 결정코
증득하여 들어감을 밝혔다. 그 뜻은 십지 이전에서는 '사의'의 뜻을
취하여 말한 까닭에 유루의 선법을 겸하여 취하였다.

"결정코 증득해 들어간다."고 말한 것은 대승의 가운데 種性이
견고한 것을 定性이라 말하고, 반연으로 동요되는 바를 不定性이라
말한다.

이 때문에 인왕반야경의 受持品에서 다음과 같이 말하였다.

"五忍을 익히기 이전에 10가지 善法을 수행하는 보살이 물러나
거나 나아감이 마치 가벼운 털이 바람결 따라 이쪽저쪽으로 날리는
것과 같다.

모든 보살 또한 그와 같다. 비록 천 겁을 열 차례 지나도록 10가
지 바른 도를 수행하면서 正覺을 일으킬지라도, 五忍을 익히는 데
들어가서는 또한 항상 十住, 十行, 十廻向 3가지 伏忍을 배우기에
결정된 이름을 지니지 못한다. 그런 그를 不定性의 사람이라 말한다.
定性의 사람은 '중생이 공한 지위[生空地]'에 들어간다. 그는 성인의
체성인 까닭에 반드시 五逆과 十重禁戒 등을 일으키지 않는다."

만약 여러 교법을 회통하면 소승의 忍心 이후를 定性이라 말하고, 나머지는 반드시 不定性이라 한다.】

五는 總上諸善하야 開出三乘이니 謂諦緣度等은 皆通上四라 故唯佛果一이 是唯無漏等이로대 而屬菩薩乘果니라【鈔_ '五總上'者는 三乘에 皆有有漏無漏와 世及出世와 敎證二道와 定不定等하니 故云皆通이니라】

⑤ 위의 모든 선법을 총괄하여 삼승으로 구분 지어 전개하였다. 4성제가 6바라밀을 반연하는 등은 모두 위의 4가지에 통한다. 그러므로 오직 부처님의 과덕 하나만이 무루와 같지만 보살승의 과덕에 속한다.【초_ '五總上'이란 삼승에는 모두 유루와 무루, 세간과 출세간, 교도와 증도, 정성과 부정성 등이 있으므로 '모두 통한다.'고 말하였다.】

六은 於三乘法中에 示有爲無爲니 依順行故로 此是善體라 故後明之니 謂滅諦·緣性은 彼岸眞理일새 皆名無爲오 道諦·緣智는 能證修起일새 皆名有爲라 如來一切 皆是無爲라 佛智有爲는 非極說故니 涅槃이 令覆有爲相故니라 三乘聖人이 依此起行이며 依此差別일새 故名順行이니라【鈔_ '三乘聖人'下는 釋上論文의 依順行言이라 然有二意하니 一은 依起行이오 二는 亦依無爲하야 成差別位니라】

⑥ 삼승법 가운데 유위와 무위를 보여주었다. 順忍에 의하여 수행한 까닭에 이는 선법의 체성이다. 따라서 이를 뒤에 밝힌 것이다.

滅諦와 연기의 체성[緣性]은 피안의 진리이기에 이를 모두 무

위라 말하고,

道諦와 연기의 지혜[緣智]는 증득의 주체로 수행을 일으키기에 이를 모두 유위라 말한다.

부처님은 일체 그 모두가 무위법이다. 부처님의 지혜를 유위법이라 말한 것은 지극한 경지를 말함이 아니기 때문이다. 열반이 유위의 양상을 덮어주기 때문이다. 삼승의 성자들이 이에 의하여 행을 일으키며, 이에 의하여 차별이 있기에 順行이라고 말한다.【초_ '三乘聖人' 이하는 위 논의 '依順行'이라는 말을 해석한 부분이다.

그러나 여기에는 2가지 뜻이 있다.

① 일으키는 행에 의하고,

② 또한 무위법에 의하여 각기 다른 지위를 성립하는 것이다.】

二 智成就 竟하다

2. 지혜의 성취를 끝마치다.

第三 明入行成就

於中三이니

初總標章門이오 二는 依章廣釋이오 三은 總結安住라

今은 初라

3. 행법에 들어감의 성취

여기에는 3가지가 있다.

1) 총체로 '가름의 문'을 내세웠고,

2) 가름의 문에 따라서 자세히 해석하였으며,

3) 안주함을 총괄하여 끝맺었다.

이는 '1) 총체로 가름의 문을 내세운 부분'이다.

經
此菩薩이 以如是智慧로 如實知衆生心稠林과 煩惱稠林과 業稠林과 根稠林과 解稠林과 性稠林과 樂欲稠林과 隨眠稠林과 受生稠林과 習氣相續稠林과 三聚差別稠林이니라

이 보살이 이와 같은 지혜로써

중생 마음의 빽빽한 숲,

번뇌의 빽빽한 숲,

업의 빽빽한 숲,

근기의 빽빽한 숲,

이해의 빽빽한 숲,

근성의 빽빽한 숲,

욕망의 빽빽한 숲,

수면(隨眠)의 빽빽한 숲,

생을 받는 빽빽한 숲,

습기가 이어지는 빽빽한 숲,

3가지 무리의 각기 다른 모양의 빽빽한 숲을 실상대로 아는 것이다.

● 疏 ●

有十一林하니

一 衆生心者는 是總이라 故論云 依共이라하니 以通是下十染淨이 共依故니라 菩薩이 依此而知일새 故名爲依라 下依義도 準之니라

餘十은 是別이니 不出三雜染이라 故論云 '依煩惱·業·生'이라하니 生은 是苦果니 今當第九니라 論에 釋餘七云호대 '依共·染·煩惱染淨等과 依定不定時'라하니 謂次根等四가 同是業故로 名共이오 隨眠은 卽煩惱種이라 名染이니 眠伏藏識하야 令心染污故니라 受生은 卽生이니 如前已說이니라

餘二는 通三이니 故不出三也라 二云何通고 謂習氣는 無別體니 是染淨等氣分故요 三聚는 但是約時定不定故니라【鈔_ 上論七林은 總有四節하니

一 '依共'字는 攝根解性欲四林이오

二 '染'字는 卽隨眠林이오

三 '煩惱染淨等'은 卽習氣林이오

四 '依定不定時'는 卽三聚林이니

四節에 皆合有其依字어늘 初一과 後一에 有依하고 中二에 畧無니 以初依字로 該於中二라 若具댄 應云依共이며 依染이며 依煩惱染淨이며 依定不定時也니라

'二云何通'下는 二別釋二林이니 此句는 徵問이오 後 '謂習氣'下는 釋이라】

　　여기에는 11가지 빽빽한 숲이 있다.

(1) '중생 마음의 빽빽한 숲'이란 총상이다. 그러므로 논에서 "共相을 의지한다."고 하였다. 아래의 10가지 잡염과 청정이 통틀어 모두 이를 의지하기 때문이다. 보살이 이에 의지하여 알기 때문에 의지한다[依]고 말한다. 아래 '依' 자의 뜻도 이에 준한다.

나머지 10구는 별상이다. 3가지 雜染에서 벗어나지 않는다. 그러므로 논에서 "번뇌의 잡염, 업의 잡염, 生의 잡염에 의한다."고 하였다. 生이란 고통의 결과이다. 본 경문의 제9 受生稠林에 해당한다.

논에서 나머지 7구[根·解·性·樂欲·隨眠·習氣相續·三聚差別稠林]에 대해 해석하였다.

"① 공통에 의지함[根·解·性·樂欲稠林],

② 오염[隨眠稠林],

③ 번뇌의 잡염·청정 등[習氣相續稠林],

④ 定聚와 不定聚의 시간에 의지한다[三聚差別稠林]."

다음 '根·解·性·樂欲稠林' 등 4가지는 모두 똑같은 '업의 잡염'인 까닭에 이를 '공통에 의지함[依共]'이라 말하고,

隨眠稠林은 번뇌의 종자이므로 '오염의 번뇌[染]'라 말한다. 藏識 속에 잠들고 있다가[眠伏] 마음을 더럽히기 때문이다.

受生稠林은 위의 '生의 잡염'이다. 이는 앞에서 이미 말한 바 있다.

나머지 習氣相續·三聚差別稠林 2가지는 '번뇌, 업, 생 3가지 잡염'에 모두 통한다. 이 때문에 3가지 잡염에서 벗어나지 않는다.

"습기상속·삼취차별조림 2가지는 어떻게 번뇌, 업, 생 3가지 잡염에 모두 통하는 것일까?" 습기상속조림은 개별의 체성이 없다. 잡염과 청정 등 습기의 부분이기 때문이며, 삼취차별조림은 시간에 따라 定聚와 不定聚로 말했을 뿐이다.【초_ 위에서 논한 7가지 稠林은 모두 4부분이다.

① 依共이란 글자는 根·解·性·樂欲 4가지 稠林을 포괄하고,

② 染이란 글자는 수면조림이며,

③ 煩惱染淨等은 습기상속조림이며,

④ 依定不定時는 삼취차별조림이다.

4부분에 모두 당연히 '依'라는 글자가 있어야 한다. 하지만 앞부분[依共]과 뒷부분[依定不定時]에만 '依' 자가 있을 뿐, 중간의 2부분에 이를 생략하여 언급한 바 없다. 이는 앞부분의 '依共'의 '依'자로 중간의 2부분[依染·依煩惱染淨等]을 포괄해야 한다. 만약 이를 구체적으로 말한다면 "공통에 의지하며, 잡염에 의지하며, 번뇌의 잡염·청정 등에 의지하며, 정취와 부정취의 시간에 의지한다."고 말했어야 한다.

'二云何通' 이하는 둘째, 습기상속·삼취차별조림 2가지를 개별로 해석하였다. '二云何通' 구절은 물음이고, 뒤의 '謂習氣無別體' 이하는 해석이다.】

十皆名稠林者는 多故로 名林이오 難知曰稠라 論經은 十林에 皆有 行字하니 謂不正信義故니라 名心行等稠林이니 心行이 若絶이면 證 信圓明일새 非稠林行이라 在此十名은 多如發心品辨이니라 而習氣

一은 通於二義하니 一者는 殘習이오 二者는 種子熏習이니 如下當辨이니라

10가지에 모두 '빽빽한 숲'이라 이름 붙인 것은 많기 때문에 숲이라 하였고, 알기 어려워서 빽빽하다고 하였다.

논경에는 10가지 조림에 모두 '行'이란 글자를 붙여 썼다. '바른 믿음[正信]'이라는 뜻이 아닌 까닭에 心行稠林 등이라 말하였다. 마음의 작용[心行]이 끊어지면 證智의 믿음이 원만하고 밝아지므로 '조림의 心行'이라 말하지 않는다.

이 10가지의 명칭은 대부분 제17 초발심공덕품에서 말한 바와 같다.

그러나 습기상속조림 하나만은 2가지 뜻에 모두 통한다. 첫째는 남은 습기이고, 둘째는 종자의 훈습이다. 이는 아래에서 밝히고자 한다.

◉ 論 ◉

經云 '此菩薩 以如是智慧 如實知衆生心稠林'者는 總擧煩惱廣多如稠林이 皆由心起니 無心이면 卽諸行稠林이 滅하야 大智如林하야 能普覆護一切衆生故니라
'煩惱稠林'者는 迷法界自性緣生하야 成等虛空界世界微塵數一切煩惱稠林이니 明煩惱廣多翳障이 如稠林이어든 一達智境이면 便爲萬行功德稠林故오 業·根·解·種性·樂欲도 竝可知니라

경문에 이르기를, "이 보살이 이와 같은 지혜로써 중생 마음의

빽빽한 숲을 실상대로 안다."는 것은 빽빽한 숲처럼 광대하고 수많은 번뇌가 모두 마음의 작용에서 일어남을 총체로 들어 말하였다. 따라서 無心하면 모든 心行의 빽빽한 숲이 사라지고 대지혜가 숲처럼 무성하여 일체중생을 널리 덮어 보호해주기 때문이다.

'번뇌의 빽빽한 숲'이란 법계의 자성이 반연으로 생겨남을 알지 못하여, 허공계와 같은 세계 미진수의 일체 번뇌의 빽빽한 숲을 이루었다. 번뇌의 광대한 뒤덮임과 가림이 숲과 같다면, 한번 지혜의 경계에 이를 경우 바로 만행공덕의 빽빽한 숲을 이루게 됨을 밝혔기 때문이다. '업의 빽빽한 숲, 근기의 빽빽한 숲, 이해의 빽빽한 숲, 종성의 빽빽한 숲, 낙욕의 빽빽한 숲'은 아울러 말하지 않아도 알 수 있다.

第二 依章廣釋
文分九段이니 以解性欲으로 合一例故니라
今初는 心稠林이라

2) 가름의 문에 따라서 자세히 해석하다

빽빽한 숲은 11가지인데, 경문은 9단락으로 나눈다. 이는 '이해의 빽빽한 숲, 종성의 빽빽한 숲, 낙욕의 빽빽한 숲'을 하나로 종합하여 예시하였기 때문이다.

(1) 마음의 빽빽한 숲

> **經**
>
> 此菩薩이 如實知衆生心種種相하나니
>
> 所謂雜起相과
>
> 速轉相과
>
> 壞不壞相과
>
> 無形質相과
>
> 無邊際相과
>
> 淸淨相과
>
> 垢無垢相과
>
> 縛不縛相과
>
> 幻所作相과
>
> 隨諸趣生相과
>
> 如是百千萬億으로 乃至無量을 皆如實知니라

　이 보살이 중생들의 마음의 가지가지 모양을 실상대로 알고 있다.

　　이른바 뒤섞이어 일어나는 모양,

　　빠르게 전변하는 모양,

　　무너지거나 무너지지 않는 모양,

　　형질이 없는 모양,

　　그지없는 모양,

　　청정한 모양,

　　때 묻거나 때 묻지 않은 모양,

얽매이거나 얽매이지 않은 모양,

요술처럼 만들어지는 모양,

여러 갈래의 세계를 따라 태어나는 모양,

이와 같은 백천만 억의 모양, 내지 한량없는 모양을 모두 실상대로 아는 것이다.

● 疏 ●

文三이니 謂總과 別과 結이라
別中에 略擧十門하야 攝之爲八이니 二三과 後二를 合故니라 一은 差別相이니 心意와 及識六種이 別故니라 此八이 緣境에 許得齊起일새 故名雜起라 又雜起者는 必與所俱오 極少라도 猶有徧行五故라
【鈔_ 第八을 名心이오 第七을 名意오 前六을 名識이라】

경문은 3단락이다. 총체, 개별, 결론이다.

개별 부분에서는 간략히 10가지 부분을 들어 8가지 부분으로 포괄하였다. 이는 앞의 제2 速轉相, 제3 壞不壞相을 합하여 하나로, 그리고 뒤의 제9 幻所作相, 제10 隨諸趣生相을 합하여 하나로 말하였기 때문이다.

① 각기 다른 모양이다. 마음과 생각, 6가지의 識이 각기 다르기 때문이다. 이런 8가지가 경계를 반연할 적에 한꺼번에 일어남으로, 이를 '뒤섞이어 일어나는 모양'이라고 말한다.

또한 뒤섞이어 일어난다는 것은 반드시 心所와 함께하고, 지극히 적은 것일지라도 오히려 5가지 徧行心所가 남아 있기 때문

이다.【초_ 제8식을 '心'이라 하고, 제7식을 '意'라 하고, 앞의 6가지 인식을 '識'이라고 말한다.】

二速轉下二句는 明行相이니 四相遷流故나라 速은 卽是住니 住體輕危하야 速就異故나라 轉者는 是異오 壞卽是滅이오 不壞는 是生이라 故論經에 但一句云 '輕轉生不生相이라하야는 論云 '住異生滅行故라하니라【鈔_ 論云住異'者는 住는 釋上輕이오 異는 釋上轉이오 生은 釋於生이오 滅은 釋不生이니라】

② '速轉相' 아래의 2구[速轉相, 壞不壞相]는 행법의 양상을 밝힌 것이다. 생로병사 4가지 양상으로 변해가기 때문이다.

速은 '머묾'이다. 머무르는 본체가 가볍고 위태하여 빠르게 변해가기 때문이다. 轉은 '변함'이다.

壞는 '소멸'이며, 不壞는 '생성'이다.

이 때문에 논에서 한 구절로 정리하여 말하기를, "가볍고 전변하고 생겨나고 생겨나지 않는 모습"이라 하였는데, 논에서 이를 "머물고 변해가고 생겨나고 사라지는 작용이기 때문이다."고 해석하였다.【초_ '論云住異'에서 말한 '머묾[住]'은 위의 가볍다는 '輕' 자를, '변함[異]'은 위의 전변하다의 '轉' 자를, '생겨남[生]'은 위의 생겨나다의 '生' 자를, '사라짐[滅]'은 위의 생겨나지 않는다의 '不生' 자를 해석한 것이다.】

三'無形質'者는 第一義相이니 觀彼心이 離心故나라 云何離오 謂心身을 不可得故나라 身者는 體며 依며 聚義니 卽同起信에 心體離念等이라

③ "형질이 없는 모양"은 으뜸가는 이치의 모양이다. 그 마음이 망념의 마음을 여의었음을 관찰하였기 때문이다.

어떻게 여의었는가? 마음과 몸을 얻을 수 없기 때문이다. 몸이란 본체이며, 의지처이며, 덩어리라는 뜻이다. 기신론에서 말한 "마음의 본체가 망념을 여의었다."는 등이다.

四 '無邊際'는 卽自相이니 順行無量境界取故니라 取境不同일세 故名爲自라【鈔_ 取境不同者는 此下는 疏釋이니 八識緣境이 有同有異하고 前五轉識緣五塵境은 是現量故요 第六意識이 緣一切法은 通三量故니라 第七末那는 緣賴耶爲境하니 是非量故요 第八賴耶는 緣於三境이니 謂種子와 根身과 器世間故로 亦現量攝이라 廣如唯識하니라】

④ "그지없는 모양"은 자체의 모습[自相]이다. 한량없는 경계를 따라 취하기 때문이다. 경계를 취함이 똑같지 않으므로 '자체'라고 말한다.【초_ "경계를 취함이 똑같지 않다."는 아래 청량소의 해석이다. 8식이 경계를 반연함이 같은 것도 있고 다른 것도 있다. 앞의 5가지 轉識이 5가지 경계를 반연하는 것은 現量이기 때문이고, 제6 의식이 모든 법을 반연함은 '3가지 比量[三量]'에 통하기 때문이다. 제7 말나식은 제8 아뢰야식을 반연함으로 경계를 삼기에 비량이 아니며, 제8 아뢰야식은 3가지 경계에 반연하니, 종자와 감각기관인 몸과 의지처인 기세간을 말한다. 이를 반연한 까닭에 또한 現量에도 속한다. 자세한 것은 유식론에서 말한 바와 같다.】

上四相은 初一은 是所相이오 二는 是能相이니 此二는 竝心之相이라

三은 是心之空性이니 性相不同일세 合爲心體라 四는 卽心用이니 此四는 竝通染淨이니라

後四는 明淨心隨緣이니 由第五가 隨煩惱緣하야 成六과 七하고 隨業生緣하야 成第八이라

謂第五淸淨者는 自性不染相이니 卽自覺聖智니 眞妄所依不空性也라 染而不染을 名自性淨이라

次下二句는 卽不染而染이니 謂六垢無垢者는 卽同煩惱不同煩惱相이니 隨緣有垢나 性恒離故니라

七縛不縛者는 同使不同使相이니 義不異前이나 但種現有別耳니라

八有二句는 同名因相이니 隨因受生故니라 菩薩은 以幻智願力으로 生故며 餘衆生은 隨業諸趣生故니라【鈔_ 隨因受生相은 通釋二句라 菩薩以下는 別釋二句라 幻所作相은 同於摩耶大願智幻耳니라】

위의 4가지 모습은 다음과 같다.

① 雜起相은 대상의 모습이며,

② 速轉相, 壞不壞相은 주체의 모습이다.

이 2가지는 모두 마음의 모습이다.

③ 無形質相은 마음의 공성이다. 체성과 양상이 똑같지 않으므로 이 2가지를 합하여 마음의 본체가 되는 것이다.

④ 無邊際相은 마음의 작용이다.

이 4가지는 잡염과 청정에 모두 통한다.

뒤의 4가지[淸淨相, 垢無垢相, 縛不縛相, 幻所作相]는 청정한 마음으

로 반연을 따르는 것을 밝히고 있다.

　⑤ 淸淨相은 번뇌의 반연을 따라 ⑥ 垢無垢相과 ⑦ 縛不縛相을 이루고, 업에서 생겨난 반연을 따라 ⑧ 幻所作相과 隨諸趣生相을 이루는 것이다.

　⑤ 淸淨相은 자성이 오염되지 않은 모습이다. 이는 自覺聖智이다. 진여와 망념의 의지처인 '不空'의 체성이다. 물들이되 물들지 않음을 자성의 청정함이라 말한다.

　다음의 아래 2구[垢無垢相, 縛不縛相]는 물듦이 없이 물드는 것이다.

　⑥ "때 묻거나 때 묻지 않은 모양"은 번뇌와 같거나 번뇌와 같지 않은 모양이다. 인연 따라 때가 있으나 체성은 항상 여의었기 때문이다.

　⑦ "얽매이거나 얽매이지 않은 모양"은 속박과 같거나 속박과 같지 않은 모양이다. 뜻은 앞[垢無垢相]과 다르지 않지만 종자번뇌와 현행번뇌가 다를 뿐이다.

　⑧ 幻所作相, 隨諸趣生相 2구절은 모두 원인의 모습[因相]이라 한다. 원인에 따라 몸을 받아 태어나기 때문이다. 보살은 허깨비 같은 지혜와 서원의 힘으로 태어나기 때문이며, 나머지 중생은 업을 따라 여러 갈래의 세계에 태어나기 때문이다.【초_ "원인에 따라 몸을 받아 태어난다."는 것은 2구절을 통틀어 해석한 부분이다.

　'보살' 이하는 2구절을 개별로 설명한 부분이다.

　"요술처럼 만들어지는 모양"은 마야부인의 큰 서원과 지혜가

요술과 같음이다.】

一

第二 釋煩惱稠林이라
  (2) 번뇌의 빽빽한 숲

經
又知諸煩惱種種相하나니
所謂久遠隨行相과
無邊引起相과
俱生不捨相과
眠起一義相과
與心相應不相應相과
隨趣受生而住相과
三界差別相과
愛見癡慢如箭深入過患相과
三業因緣不絶相과
略說乃至八萬四千을 皆如實知니라
    또한 많은 번뇌의 가지가지 모양을 알고 있다.
    이른바 오랫동안 멀리 따라다니는 모양,
    그지없이 이끌어 일으키는 모양,
    함께 생겨나 버리지 못하는 모양,

수면번뇌와 현행번뇌가 하나의 이치인 모양,

번뇌가 마음과 상응하거나 상응하지 않는 모양,

여러 갈래의 세계를 따라서 몸을 받아 태어나 머무는 모양,

욕계, 색계, 무색계에 각기 다른 번뇌의 모양,

애욕, 삿된 견해, 어리석음, 거만함이 화살처럼 깊숙이 들어가 걱정이 되는 모양,

삼업의 인연이 끊어지지 않는 모양,

간략히 말한 모양, 내지 8만 4천 가지의 모양을 모두 실상대로 아는 것이다.

● 疏 ●

亦三이니 別中에 九句를 攝爲三種事니 後七을 合故라【鈔_ 攝爲三種事者는 一은 卽遠入相이오 二는 難知相이오 三은 染相라】

이 또한 3단락이다.

개별 부분의 9구는 3가지의 현상으로 포괄한다. 뒤의 7구를 하나로 종합하였기 때문이다.【초_ "3가지의 현상으로 포괄한다."는 것은 첫째, 멀리 들어가는 모양이며, 둘째, 알기 어려운 모양이며, 셋째, 오염된 모습이다.】

一은 遠入相이니 乃至有頂故니라 此는 約四住現行이오 久者는 無始常隨故라【鈔_ 明分齊니 深至於有頂故니라 四住는 揀於無始無明이오 現惑은 揀種故라】

① "오랫동안 멀리 따라다니는 모양"은 멀리 들어가는 모양이

254

다. 유정천까지 이르기 때문이다. 이는 四住[見一處住地, 欲愛住地, 色愛住地, 有愛住地] 번뇌의 현행을 들어 말하며, '久遠'의 '久'는 시작도 없는 그 예전부터 항상 따라다니기 때문이다.【초_ 영역을 밝힌 부분이다. 깊이 유정천까지 이르기 때문이다. 四住번뇌는 시작도 없는 그 예전으로부터의 무명번뇌와 다름을 구분한 것이며, 현행번뇌는 종자번뇌와 다름을 구분하기 위함이다.】

二'無邊引起'者는 難知相이라 言無邊者는 修習無量善根故오 引起者는 引起惑故니라 惑與善俱일세 所以難知니 卽勝鬘中의 恒河沙等上煩惱也라 上明豎深이오 此辨橫廣이라【鈔_ '無邊引起'者는 論云 '二는 難知無量善根等 修業行故라하니라 餘如疏釋하니라 言恒沙等上煩惱者는 以善無邊하니 一一善上애 皆有煩惱故니라 亦卽所知未盡이니 則無法之上애 而無惑也니라】

② "그지없이 이끌어 일으키는 모양"은 알기 어려운 모양이다.

그지없다고 말한 것은 한량없는 선근을 닦았기 때문이며,

이끌어 일으킨다는 것은 번뇌를 이끌어 일으키기 때문이다.

번뇌는 선근과 함께하므로 알기 어렵다. 이는 승만경에서 말한 "항하의 모래알처럼 수많은 上煩惱"이다. 위에서는 시간의 수직으로 깊음을 밝혔고, 여기서는 공간의 수평으로 드넓음을 밝혔다.【초_ "그지없이 이끌어 일으킨다."는 것은 논에서, "(2) 한량없는 선근 등 업행의 닦음을 알기 어렵기 때문이다."고 하였다. 나머지는 청량소의 해석과 같다.

"항하의 모래알처럼 수많은 상번뇌"라 말한 것은 선근이 그지

없다. 하나하나의 선근에 모두 번뇌가 있기 때문이다. 또한 아는 바가 그지없다. 그 어떤 법이든 의혹이 없는 게 없다.】

三'俱生'下七句는 合爲染相이니 卽三雜染이라 謂此煩惱가 亦與業生하야 二俱起故니라

卽分爲三이니 初 三句는 當體明煩惱染이라

一'俱生不離'者는 明隨所縛이라 此句는 總明能所라 所縛은 卽妄心이니 謂惑與妄心으로 遞共同事일세 故云俱生이니 生卽是事라 然離惑인댄 不名妄心이니 離心인댄 惑依何住리오 故迭共相依니 名爲不捨니라

二'眠起一義'者는 是以何縛고 謂使爲能縛이니 使卽隨眠이오 起卽現行이라 現行이 由使하야 不得解脫하니 以現及種이 同一惑義故니라 然下辨使에 不必與現行으로 俱어니와 此中現行은 必由於使니 如有種子라도 未必有芽어니와 若已有芽인댄 必依種子라 故云一義니라

三'與心相應不相應'者는 是所縛事니 事卽眞心이라 若被妄染하면 名與相應이니 是縛非解라 心性淨故로 名不相應이니 示可解脫이니라

③ '俱生' 이하의 7구는 모두 하나로 합하여 오염된 모습을 이뤘다. 이는 곧 3가지 잡염이다. 이런 번뇌잡염이 또한 업잡염과 함께 생겨나 2가지가 함께 일어나기 때문이다.

이는 3단락으로 나뉜다.

첫째, 앞의 3구는 그 자체로 번뇌잡염을 밝혔다.

제1구의 "함께 생겨나 버리지 못하는 모양"은 얽매임의 대상을 따름에 대해 밝혔다. 이 구절은 주체와 대상을 총괄하여 밝혔다. 얽

매임의 대상은 허망한 마음이다. 미혹과 허망한 마음이 서로 함께 일하기 때문에 '함께 생겨난다[俱生].'고 말하였다. 생겨나는 것이 곧 '일'이다. 그러나 미혹을 여의면 허망한 마음이라 말하지 않는다. 허망한 마음을 여의면 미혹이 그 무엇에 의지하여 머물 수 있겠는가. 따라서 미혹과 허망한 마음이 서로 함께 의지하므로 '버리지 못한다.'고 말하였다.

제2구의 "수면번뇌와 현행번뇌가 하나의 이치인 모양"은 이는 무엇으로 속박하는가? 번뇌[使]는 속박의 주체이다. 使는 隨眠煩惱이며, 起는 현행번뇌이다. 현행번뇌가 속박의 주체로 인해 벗어나지 못한다. 현행번뇌와 종자번뇌가 모두 하나의 미혹의 의미이기 때문이다.

그러나 아래에서 번뇌[使]를 구분할 적에는 반드시 현행번뇌와 함께하지 않지만, 여기에서의 현행번뇌는 반드시 번뇌에 의한 것이다. 마치 종자가 있다고 반드시 새싹이 나오는 것은 아니지만, 이미 새싹이 나왔다면 그것은 반드시 종자에 의한 것이다. 이 때문에 '하나의 뜻'이라 말하였다.

제3구의 "번뇌가 마음과 상응하거나 상응하지 않는 모양"은 얽매임의 대상이 되는 일이다. 일이 곧 '참된 마음[眞心]'이다. 만약 허망한 마음에 물들면 '번뇌가 마음과 상응한다.'고 말한다. 이는 속박이지 해탈이 아니다. 마음의 체성이 청정한 까닭에 '번뇌가 마음과 상응하지 않는다.'고 말한다. 이는 해탈할 수 있음을 보여준 것이다.

二‘隨趣’下의 有二句는 約生하야 明煩惱染이니 論云 ‘身事生이 道
界因故’者는 苦報集起를 名身事生이라 上句는 是道因이오 下句는
是界因이니라【鈔_ ‘隨趣’下는 謂就生雜染中하야 明於煩惱니 先은
舉論總釋이오 從‘苦報’下는 釋論이오 從‘上句’下는 以經으로 對論의
道界因이라 ‘道界因’言은 彰惑之過니라】

　둘째, ‘隨趣’ 이하의 2구는 몸을 받아 태어나는 것으로 번뇌잡
염을 밝혔다.

　논에서 "몸에서 일이 생겨나는 것은 갈래 세계의 원인이기 때
문이다."고 말한 것은 고통의 보답으로 ‘고통의 원인[集諦]’이 일어
나는 것을 ‘몸에서 일이 생겨난다.’고 말한다. 위 구절은 道諦의 원
인이고, 아래 구절은 갈래 세계의 원인이다.【초_ ‘隨趣’ 이하는 태
어남의 잡염으로 번뇌를 밝힌 것이다.

　앞에서는 논을 들어 총체로 해석하였고, ‘苦報’로부터 이하는
논을 해석하였으며, ‘上句’로부터 이하는 경문으로 논에서 말한
‘갈래 세계의 원인’을 상대로 말하였고, ‘갈래 세계의 원인’이란 말
은 미혹의 허물을 밝힌 것이다.】

三‘愛見’下의 二句는 約業하야 明煩惱染이니
初句는 明於三分中에 業因이 障解脫故니라 言三分者는 愛는 是欲
求中에 追求現報하야 受欲行者오 見은 是邪梵行求오 癡는 是欲求
中에 追求現報하야 習惡行者라 故論云 無戒衆生이라하니 爲現少
樂하야 習衆惡行하야 愚癡之甚이라 慢은 通上三이나 而多屬見이라
有求는 屬生染所攝이니 故此略無니라 上三이 俱障解脫에 過患難

拔이 如箭入木이니 故外道는 得非想定하야 尙與見慢相應이라 上卽論意니라 亦可見愛이 等通七識中煩惱니 故云深入이니라
下句는 明此惑이 隨順世間身口意業하야 不斷起因故니라
結中의 八萬四千煩惱는 隨好品에 自明이라

셋째, '愛見' 이하의 2구는 업을 들어 번뇌잡염을 밝혔다.

첫 구절[愛·見·癡·慢 如箭深入過患相]은 3부분 가운데 업의 원인이 해탈의 장애임을 밝힌 때문이다.

'3부분'이라 말한 것은 '애욕[愛]'이란 욕구 가운데 현재의 과보를 추구하여 欲行을 받음이며,

'소견[見]'은 삿된 견해로 梵行을 구함이며,

'어리석음[癡]'은 욕구 가운데 현재의 과보를 추구하여 악행을 익히는 것이다. 이 때문에 논에서 '戒行 없는 중생'이라 하였다. 현재의 조그만 즐거움을 위하여 여러 가지 악행을 익혀서 어리석음이 깊어진 것이다.

'거만함[慢]'은 위의 3가지에 모두 통하지만, '삿된 견해'에 속한 바 많다. 추구함이 있는 것은 生雜染의 포괄한 바에 속한다. 따라서 이를 생략하여, 언급한 바 없다.

위의 3가지는 모두 해탈의 장애로 허물과 근심을 뽑아내지 못함이 마치 화살이 나무에 깊숙이 박힌 것과 같다. 이 때문에 외도들은 비상비비상천의 선정을 얻었을지라도 오히려 삿된 소견과 거만한 마음과 상응하는 것이다.

위는 논의 주장이다. 또한 애욕 등이 7식 중의 번뇌와 통함을

259

볼 수 있다. 이 때문에 '깊숙이 들어간다.'고 말하였다.

아래 구절[三業因緣不絶相]은 이런 미혹이 세간의 몸과 입과 뜻으로 짓는 업을 따라서 끊임없이 일어나는 원인이 되기 때문이다.

결론 부분에서 말한 8만 4천 가지의 번뇌는 제35 여래수호광명공덕품에서 밝히고 있다.

第三 釋業稠林

(3) 업의 빽빽한 숲

經

又知諸業種種相하나니
所謂善不善無記相과
有表示無表示相과
與心同生不離相과
因自性刹那壞而次第集果不失相과
有報無報相과
受黑黑等衆報相과
如田無量相과
凡聖差別相과
現受·生受·後受相과
乘非乘定不定相과

略說乃至八萬四千을 皆如實知니라

또한 여러 업의 가지가지 모양을 알고 있다.

이른바 선과 불선과 무기(無記)의 모양,

표시할 수 있고 표시할 수 없는 모양,

마음과 함께 생겨나서 떠나지 않는 모양,

원인의 성품이 찰나에 무너지지만 차례로 결과가 모여 잃지 않는 모양,

과보가 있고 과보가 없는 모양,

검고 검은 따위의 여러 가지 과보를 받는 모양,

밭처럼 한량없는 모양,

범부와 성인이 각기 다른 모양,

금생에 바로 받은 과보, 내생에 받는 과보, 내생 내생에 받는 과보의 모양,

삼승과 승이 아닌 세간 중생이 결정되거나 결정되지 않은 모양,

간략히 말한 모양, 내지 8만 4천 가지의 모양을 모두 실상대로 아는 것이다.

● 疏 ●

文亦三이니

別中十句를 爲九種差別이니 後二를 合故니라

初一은 道因差別이니 謂通說三性이 爲六趣因이라 引業은 唯善惡이오 各有三品하니 二地에 已說하니라

滿業은 通三性이라 名言熏習도 亦通三性하니 許爲種因故라【鈔_
'引業唯善惡'者는 俱舍業品云 '一業이 引一生하고 多業이 能圓滿
이라'하니라

釋云 引業은 謂總報業이니 但由一業하야 唯引一生이라 若許一業이
能引多生인댄 時分定業이 應成雜亂이오 若此一生이 多業所引인댄
應衆同分이라 分分差別은 以業果別故니라

注云'分分差別'者는 謂數數死生에 多業能圓滿者니 別報業也니
謂一生身에 圓滿莊嚴으로 許由多業이니 譬如畫師 先以一色으로
圖其形狀하고 後塡衆彩니 一色圖形은 喻引業一故오 後塡衆彩는
喻滿業多라 是故로 雖同稟人身이나 於其中間에 有支體色力이 莊
嚴缺減이니라

'滿業通三性'者는 唯識第八云 '然諸習氣가 總有三種하니 一은 名
言習氣니 謂有爲法에 各別親種이오 二는 我執習氣오 三은 有支習
氣라'하니 下二習氣는 六地에 廣明이오 其名言習氣는 問明已釋이어니
와 爲明三性일세 故復重擧니라

論釋名言習氣云호되 '名言에 有二하니 一은 表義名言이니 即能詮
義音聲差別이오 二는 顯境名言이니 即能了境心心所法이라 隨二
名言의 所熏成種하야 作有爲法各別因緣이라'하야늘 彼疏釋云호되
'名言熏習은 即三性法의 各自親種이라'하니라

'表義名言 即能詮義音聲差別'者는 揀無詮聲에 彼非名故니라 然
名은 乃是聲上屈曲이오 唯無記性일세 不能熏成色心等種이나 然
因名起種일세 名'名言種'이니 謂因於名하야 令心으로 了知而成種故

니라 今經에 從因起之義는 乃顯境名言이니 故云許爲因種이니라】

이의 경문 역시 3단락이다.

개별 부분의 10구는 9가지로 나뉜다. 이는 뒤의 2구를 하나로 종합하였기 때문이다.

① 제1구[善不善無記相]는 도의 원인이 각기 다름이다. 3가지의 체성이 여섯 갈래 세계의 원인임을 통틀어 말하였다. 업을 이끌어 오는 것은 오직 선과 악이며, 선악은 각각 3품이 있다. 이는 제2 이구지에서 이미 말하였다.

업을 원만케 함은 3가지 체성에 모두 통한다. 명언의 훈습 또한 3가지 체성에 모두 통한다. 종자의 원인임을 인정한 때문이다.
【초_ "업을 이끌어 오는 것은 오직 선과 악이다."는 것은 구사론 業品에서 말하였다.

"하나의 업이 하나의 생을 이끌어 오고, 많은 업이 그를 원만케 한다."

이에 대해 해석하였다.

"업을 이끌어 온다는 것은 과보의 업을 총괄하여 말한 것이다. 다만 하나의 업으로 인하여 오직 하나의 생만을 이끌어 오는 것이다. 만약 하나의 업이 많은 생을 이끌어 온다고 인정하면 시간에 따라 정해진 업이 당연히 혼란을 이룰 것이고, 하나의 생이 많은 업으로 인하여 이끌어진 것이라면 당연히 많은 사람이 함께하는 부분[衆同分]이어야 할 것이다. '부분 부분마다 각기 다른[分分差別]' 것은 업의 결과가 다르기 때문이다."

해석의 주에서 말한 '부분 부분마다 각기 다름'이란 수많은 생사에 많은 업을 원만하게 성취한 자이다. 이는 별상으로 얻은 업보이다. 이는 한 번 몸을 받아 태어남에 원만장엄으로 많은 업을 따르는 것이다. 비유하면 화공이 먼저 하나의 색깔로 그 형상을 그린 뒤에 수많은 색깔을 더하는 것과 같음을 말한다.

하나의 색깔로 그 형상을 그린다는 것은 하나의 업을 이끌어 온다는 비유이며, 뒤에 수많은 색깔을 더한다는 것은 원만한 업이 많음을 비유한 것이다. 이 때문에 똑같이 사람의 몸을 받아 태어날지라도 그 중간에 사지와 신체의 색깔과 힘이 장엄한 자도 있고 결함된 자도 있다.

"업을 원만케 함은 3가지 체성에 모두 통한다."는 것은 성유식론 권8에서 다음과 같이 말하였다.

"그런데 모든 습기에는 총체로 3가지가 있다.

㉠ 名言習氣, 유위법에 각기 다르게 직접 훈습된 종자를 말한다. ㉡ 我執習氣, ㉢ 有支習氣이다."

뒤의 아집습기, 유지습기 2가지는 제6 현전지에서 자세히 밝힌 적이 있고, 그 명언습기는 제10 보살문명품에서 이미 해석하였지만, 여기에서 3가지 체성을 밝히기 위해 거듭 다시 거론하였다.

논에서 명언습기에 대해 다음과 같이 말하였다.

"언어[名言]에 2가지가 있다.

하나는 '뜻을 표현하는 언어[表義名言]'이다. 뜻을 나타내는 음성의 차이이다.

다른 하나는 '대상을 나타내는 언어[顯境名言]'이다. 대상을 분별하는 심왕과 심소법이다.

2가지의 언어에 따라서 훈습된 종자가 유위법의 각기 다른 인연을 만든다."

그 소에서는, "명언훈습은 3가지 체성의 법으로 각기 스스로 직접 훈습된 종자이다."고 해석하였다.

"뜻을 표현하는 언어이다. 뜻을 나타내는 음성의 차이이다."라고 말한 것은, 음성으로 나타냄이 없으면 그것은 명언이 아님을 구분하기 위함이다. 그러나 명칭은 음성 상에 있는 굴곡일 뿐, 오직 無記의 성질이기에 색법과 심법 등의 종자를 훈습할 수 없지만, 명칭으로 인하여 종자가 생겨났으므로 '명언종자'라고 이름 붙인 것이다. 명칭으로 인하여 심법으로 하여금 이를 알고서 종자를 이루게 하였기 때문이다. 이의 화엄경에서 '원인에서 생겨난다[因起].'는 뜻은 곧 대상을 나타내는 언어이다. 따라서 '원인의 종자라고 인정한다.'고 말하였다.】

● 論 ●

經云 '又知業種種相'者는 都言之也오

'所謂善不善無記'는 善不善은 可知오 無記者는 有二種無記하니 一은 不記善不善과 及昏沉睡眠은 是不善無記오 二는 三昧正受로 心境俱亡하야 正智現前에 但爲衆生하야 轉正法輪하고 於其自他에 無法可記일세 故云無記相이라하니라

경문에서, "또한 여러 업의 가지가지 모양을 안다."는 것은 이를 모두 종합하여 말한 것이다.

"이른바 선과 불선과 무기의 모양"이란 선과 불선은 말하지 않아도 알 수 있고, 무기에는 2가지의 무기가 있다.

첫째, 선과 불선을 기억하지 못하는 것, 그리고 혼침과 수면은 불선의 무기이다.

둘째, 三昧正受로 마음과 경계가 모두 사라져 바른 지혜가 앞에 나타남에 다만 중생을 위하여 바른 법륜을 굴리고 나와 남에 대해 기억할 법 자체가 없기에 '무기의 모양'이라고 말한다.

● 疏 ●

二'有表示'等者는 自性差別이라 然論經此句를 云'作未作相이라 하니 此則竝以思로 爲自性이라 故論云 '此有二種하니 一은 籌量時라하니 此在意地라 唯有審慮一種思故니 釋未作義오 二는 作業時라하니 釋經作字니 有決定思라 若在身語하면 唯發動思니라 成唯識云 '動身之思는 名爲身業이오 發語之思는 名爲語業이라하니라 然今旣云有表示等이라하니 卽表無表業이라 各通三業이니 表則三皆是思오 無表則非心非色이라 或說色收하니 義如別說이니라【鈔_ '云自性者는 造作之義니 是業自性이라 論初釋中에 但云自性差別이라하니라 '然今旣云'下는 但順經文이오 而非論意라 '表卽表彰이니 相可見故오 '無表'는 反此니라 俱舍業品偈云 此身語二業이 俱表無表性이라하니

釋曰 論釋此二는 其文繁廣일세 今當畧示니라 初立有宗正理云身表許別形이라 故形爲身表니 如合掌等은 許有別形이니 形卽是表니 表善惡故오 表卽是業이라 此之形色이 依身起故로 名爲身業이라

次破正量部云 '非行動爲體오 行動은 卽是有爲니 有爲刹那後有盡故로 此之滅法은 更不待因이라 身表是果니 果必待因故니라

論主次復破有宗 云形色亦非實이오 有應二根取라하니 謂依多顯色 假立長等은 無別極微라 故假非實이니 若言有實인댄 顯是眼境이라 形可身取니 今顯卽形이면 應二根取니라 形雖是表나 而非是業이오 業是思故며 依身行門일세 故名身業이라

次立語云語表許言聲이라하니 謂且許之는 以其言聲으로 爲語業體오 業體도 亦以發語之思로 以爲語業이라 語門 行故며 語之業故니 則分同大乘이라

言'無表'者는 俱舍云 '無表는 雖以色爲其性하야 如有表業이나 而非表示하야 令他了知라 故名無表라'하고

又頌云 '亂心無心等은 隨流淨不淨이라 大種所造故로 由此說無表라'하니 然上依小乘이라

唯識論示正義云 '然心爲因하야 令識所變이라 示色等相이 生滅相續하고 轉趣餘方하야 似有動作이라 表示心故로 假名身表라 然因心故로 識變似聲하야 生滅相續하야 似有表示하야 假名語業이라'하니 釋曰 唯識은 但約心變이니 卽異小乘이라

次明'無表'云 表旣不實이어니 無表면 寧眞가 然依思願하야 善惡分限이니 假立無表오 理亦無違니라 次約大小二乘對辨이니 然俱舍

267

意는 唯身語二에 具表無表로되 而唯識意에 無表旣依오 表上假立
이라 是故로 疏云表則三皆是思라하니라
若以非色非心으로 而爲無表면 則意亦有矣라 故瑜伽五十三云
'云何表業고 略有三種이니 一染污. 二善. 三無記'라 若於身語意
十不善業道에 不離現行增上力故로 有身語表業을 名染污表業
이니 所治三也니라 若卽於彼誓受遠離所有身語表를 名善表業
이니 此身語善表也며 若諸威儀路工巧處에 一分所有身語表業
을 名無記表業이니 此身語無記表業이라 若有不欲表示於他면 唯
自起心이니 內言思擇이오 不說語言이로되 但發善染污無記法現하야
行意表業을 名意業이라
釋曰 此顯意業에 亦具三性을 自能曉了라 我今造作 如是事業을
別表於後하야 意俱之表를 名爲意表니 意爲無表를 如理思之니라
故知大乘에 三皆有表를 廣如別章이라】

② "표시할 수 있고" 등이란 자성이 각기 다름을 말한다. 그러나 논경에서 이 구절에 대해 말하기를, "이미 만들어졌거나 아직 만들어지지 않은 모습"이라 하였다. 이는 모두 생각으로써 자성을 삼은 것이다.

이 때문에 논경에서는, "여기에 2가지가 있다. 첫째, 헤아리고 생각할 때[籌量時]이다."고 하였다. 이는 생각의 단계[意地]이다. 오직 '살피고 염려하는' 하나의 생각만이 있기 때문이다. '아직 만들어지지 않은 모습'의 뜻으로 해석하였다.

"둘째, 업을 지을 때[作業時]이다."고 하였다. 이는 경문의 '作未

作'의 '作' 자를 '결정된 생각[決定思]'으로 해석하였다. 만약 몸이나 말에 있어서는 오직 '동작을 일으키려는 생각[發動思]'일 뿐이다.

성유식론에 이르기를, "몸을 움직이려는 생각은 身業이라 말하고, 언어를 일으키는 생각은 語業이라 한다."고 하였다.

그러나 여기에서 이미 "표시할 수 있고" 등이라 하였다. 이는 표시할 수 있는 업[表業]과 표시할 수 없는 업[無表業]이 각기 3가지 업에 통한다.

표시할 수 있는 업은 3가지 모두 생각이고, 표시할 수 없는 업은 心法도 色法도 아니다. 혹은 색법을 말하여 끝맺으니, 그 뜻은 개별로 말한 바와 같다.【초_ '자성'이라 말한 것은 '조작'한다는 뜻이니 업의 자성이다. 논의 첫 부분 해석에서 단 '자성의 차별'이라고 말하였다.

'然今既云' 이하는 단 경문만을 따른 것이지, 논의 뜻은 아니다. '表'는 곧 드러나 밝혀진 것이니, 형상을 볼 수 있기 때문이며, '無表'는 이와 반대이다.

구사론 業品偈에 이르기를, "이처럼 신업과 어업 2가지는 모두 표시할 수 있는 업과 표시할 수 없는 자성이다."고 하였다.

이에 대한 해석은 다음과 같다.

"이 2가지에 대한 논의 해석은 그 문장이 번잡하고 자세하기에, 여기에서는 간단하게 보여주고자 한다. 처음 有宗의 正理를 세워 말하였다.

"몸의 표면에는 각기 다른 개별의 형상이 있다. 형체는 身表라

한다. 합장 등은 별상의 형상이 있음을 인정한 것이다. 형체란 곧 표면이다. 선악이 드러나기 때문이다. 표면은 곧 업이다. 이런 형색이 몸에 의해 일어나기 때문에 이를 身業이라고 말한다."

다음 破正量部에서 말하였다.

"행동을 형체라고 말하지 않는다. 행동은 곧 有爲이다. 유위의 찰나 후에 다함이 있기 때문에 이처럼 사라지는 법은 다시는 원인을 필요로 하지 않는다. 身表는 결과이다. 결과는 반드시 원인을 필요로 하기 때문이다."

논주는 다음으로 有宗을 타파하여 말하였다.

"형색 또한 실상이 아니다. 당연히 二根을 취해야 한다."

이는 많은 것에 의해 색을 나타내어 장단 등을 내세운 것은 별도로 지극히 미묘함이 없다. 이 때문에 허상이지 실상이 아니다. 만약 실상이 있다고 말한다면 이는 분명 눈으로 볼 수 있는 경계이다. 형체란 몸으로 취할 수 있다. 이제 또렷이 형체로 볼 수 있다면 당연히 二根으로 취할 수 있다. 형체는 비록 表라고 하지만 업은 아니다. 업이란 생각이기 때문이며, 身行의 분야에 의한 까닭에 身業이라고 말한다.

다음으로 語業에 대해 말하였다.

"언어의 표현은 말의 소리[言聲]이다."

이처럼 말한 것은 그 言聲으로 어업의 본체를 삼고, 어업의 본체 또한 말을 표현하는 생각으로 어업을 삼는다. 언성 분야의 행이기 때문이며, 말의 업이기 때문이다. 그 분수는 대승과 같다.

'無表'라 말한 것은 구사론에서 말하였다.

"표시할 수 없다는 것은 비록 색으로 그 자성을 삼아 표시할 수 있는 업이 있는 것처럼 보이지만, 이를 표시하여 남들에게 알려줄 수 없기 때문에 이를 '표시할 수 없는 모양'이라고 말한다."

또 구사론의 게송에서 말하였다.

"亂心과 無心 등은 흐르는 물줄기 따라서 청정하기도 하고 못하기도 한다. 큰 종자에 의해 만들어진 까닭에 이런 연유로 표시할 수 없다고 말한다."

그러나 위의 말들은 소승에 따라 말한 것이다.

유식론의 示正義에서 말하였다.

"그러나 마음이 원인이 되어 식을 변하게 만드는 것이다. 색 등의 형상이 생멸이 서로 이어지고 나머지 다른 곳으로 전전하여 나아가 동작이 있는 것처럼 보이기에 '마음'이라 표시한 것이다. 이런 까닭에 임시방편으로 '몸의 표면[身表]'이라 말했지만, 마음으로 인한 까닭에 識이 변해 소리처럼 생멸이 서로 이어져 표시가 있는 듯하기에 이를 임시방편으로 語業이라고 말한다."

이에 대한 해석은 다음과 같다.

"유식은 마음의 변화를 들어 말했을 뿐이다. 소승과는 다르다."

다음으로 '표시할 수 없는 모양'을 밝혀 말하기를, "표시는 이미 실상이 아니다. 표시가 없으면 어떻게 진실할 수 있겠는가. 그러나 생각하는 것과 원하는 것에 의하여 선악이 나눠지는 것이다. 임시방편으로 표시할 수 없는 모양을 세우고, 이치 또한 어긋남이 없다."고 하였다.

　다음으로 대승과 소승을 상대로 논변하였으나, 구사론에서 말한 뜻은 오직 신업과 어업 2가지에 모두 표시할 수 있는 것과 표시할 수 없는 것으로 말하였다. 그러나 유식론에서 말한 뜻에는 이미 표시할 수 없는 모양만을 따랐고, 표시할 수 있는 모양의 위에 임시방편으로 세운 것이다. 이 때문에 청량소에서 "表는 身口意 삼업이 모두 생각하는 것이다."고 말하였다.

　만약 색도 아니고 마음도 아닌 것으로 '표시할 수 없는 모양'이라고 말한다면 意 또한 有이다. 이 때문에 유가사지론 53에서 이르기를, "무엇을 表業이라 말하는가. 간추려 말하면 3가지가 있다. ㉠ 오염, ㉡ 善, ㉢ 無記이다."고 하였다.

　예컨대 몸과 말과 뜻의 10가지 不善業道의 경우, 現行增上力을 여의지 못한 까닭에 몸과 말의 表業을 染汚表業이라 말한다.

　이를 다스릴 수 있는 대상은 3가지이다.

　그 존재하는 몸과 말의 표업을 멀리 여읠 것을 맹세코 받아들이는 것을 善表業이라고 말한다. 이는 몸과 말의 선한 표업이다.

　만약 모든 威儀의 길목, 정교한 곳에 일부분 소유한 몸과 말의 표업을 無記表業이라고 말하니, 이는 身語無記表業이다.

　만약 다른 데에 표시하고자 하지 않는다면 오직 자기의 마음에서 일어나니, 안으로는 생각과 선택[思擇]이라 말하고, 언어라고 말하지 않지만, 다만 오염을 잘 일으키는 無記法이 나타난 行意表業을 意業이라고 말한다.

이에 대해 해석하여 말하였다.

"여기에서 밝힌 意業 또한 3가지의 자성을 갖추고 있는 것을 스스로 알 수 있다. 내가 지금 조작하여 이와 같은 사업을 별도로 뒤에 나타내어 뜻과 함께하는 표시를 意表라고 말한다. 意에 대한 표시할 수 없는 모양을 이와 같은 이치로 미뤄 생각해야 한다. 이 때문에 대승의 3업에 모두 표업이 있음을 다른 장에서 자세히 말한 바와 같다.】

● 論 ●

有表示無表示相者는 明有表業者는 或有業因은 有表示生이니 卽因有前境의 可見聞覺知하야 由心取彼하야 以成業種이오 或有業種은 外無表示니 由心橫念하야 自計成業相이라

"표시할 수 있고 표시할 수 없는 모양"은 有表業이란 혹 어떤 업의 인연은 표시가 있어 태어나니 곧 앞의 경계에 '見聞覺知'할 게 있음으로 인하여 마음이 그것을 취함에 따라서 업의 종자를 이루게 된다.

혹은 어떤 업의 종자는 밖으로 표시할 게 없다. 마음의 잘못된 생각을 연유하여 자신의 계책으로 業相의 성취를 밝힌 것이다.

● 疏 ●

三 與心同生不離者는 方便差別이니 心共生熏心하야 不別生果故니라 謂此業思가 與等起意識으로 共生에 隨其善惡生已하야 卽

熏本識이라 成名言等種이라 種似能熏일세 故云 不別生果니 卽不離義니라【鈔_ '方便心業'者는 心爲起業之方便故니라 經云 '與心同生不離'者는 業共心生하야 生已不離니 此言業行이 常依心王也니라

'與等起'者는 俱舍頌云 '等起有二種하니 因과 及緣刹那니 如次第應知라 名轉과 名隨轉이라'하니 引論解釋은 已如六地하니라 然今此中에 正同緣等起也니 與所起業으로 同刹那故니라 故云意識共生이니라

言'隨其善惡生已 卽熏成名言等種'者는 此文影畧이라 若善惡熏이면 卽成業種이오 意識等熏에 成名言種이니 由上에 意識共生故니라 然要由業熏하야사 心方成種일세 故云爾耳니라

疏中'等'言은 等於業種이니라

言'種似能熏'은 亦有二義하니 一은 似善惡이니 惡生苦果하고 善生樂果오 二는 似名言이니 所熏第八이 成異熟種하고 能熏七識等이 成名色等種이라 上二에 竝言不別生果니라

言'卽不離義'者는 結歸於經이니 謂業種不離心일세 得果도 不離種也니라】

③ "마음과 함께 생겨나서 떠나지 않는 모양"은 방편으로 차별함이니, 마음과 업이 함께 나서 마음을 훈습하여 생겨난 결과와 다르지 않기 때문이다. 이런 업과 생각이 동시에 일어나는 의식과 함께 생겨나면 그 선과 악을 따라 생겨나서 근본식을 훈습하여 명언 등의 종자를 이룬다.

종자는 훈습하는 주체와 비슷하므로 "생겨난 결과와 다르지 않다."고 말하였다. 이는 여의지 않는다는 뜻이다. 【초_"방편으로 차별한다."는 것은 마음은 업을 일으키는 방편인 까닭이다. 경문에서 "마음과 함께 생겨나서 떠나지 않는다."고 말한 것은 업과 함께 마음이 생겨나고 생겨난 뒤에 떠나지 않는다. 이는 업의 행이 항상 심왕을 의지한다는 말이다.

"함께 동시에 일어난다."는 것은 구사론의 게송에서 말하였다.

"等起에 2가지가 있다. 因等起와 緣刹那等起이다. 그 순서대로 알아야 한다. 이를 일어남[轉]이라 말하고, 따라 일어남[隨轉]이라 한다."

인용한 논을 해석한 것은 이미 6지와 같다. 그러나 지금 여기서는 바로 等起를 함께 인연하니, 일어난 업과 찰나등기와 같기 때문이다. 이 때문에 "의식과 함께 생겨난다."고 말하였다.

"그 선과 악을 따라 생겨나서 근본식을 훈습하여 명언 등의 종자를 이룬다."고 말한 것은 생략한 문장이다. 만약 선과 악으로 훈습하면 곧 업의 종자를 이루게 되고, 의식 등으로 훈습하면 명언종자가 이뤄진다. 위로 인하여 의식과 함께 생겨나기 때문이다. 그러나 업의 훈습을 따라서 마음이 비로소 종자가 되기 때문에 이처럼 말했을 뿐이다.

청량소에서 말한 '等'이란 업과 종자를 동시에 취한다는 뜻이다.

"종자는 훈습하는 주체와 비슷하다."는 말 또한 2가지 뜻이 있다.

첫째, 선과 악이 비슷함이다. 악에서 고통의 결과가 생겨나고,

선에서 즐거운 결과가 생겨나는 것이다.

둘째, 명언과 비슷함이다. 훈습된 제8식이 이숙의 종자를 이루고, 훈습하는 주체인 7식 등이 명색 등의 종자를 이룬다.

위의 2가지에 함께 "생겨난 결과와 다르지 않다."고 말하였다.

"이는 여의지 않는다는 뜻이다."고 말한 것은 경문에 귀결 지은 것이다. 업과 종자가 마음을 떠나지 않으므로 얻은 결과도 종자를 떠나지 않는다.】

● 論 ●

'與心同生不離相'者는 明業由心起니 心卽是業이라 如鏡中像하야 業所報果 是心影像이니 心亡境寂이라

"마음과 함께 생겨나서 떠나지 않는 모양"이란 업이 마음을 연유하여 일어나니 마음이 곧 업이다. 거울 속에 비치는 영상과 같아서 업의 과보를 얻은 바의 果가 마음의 영상이다. 마음이 사라지면 경계가 고요함을 밝힌 것이다.

● 疏 ●

四'因自性'等者는 盡集果差別이니 謂無始業因이 以是有爲故며 自性刹那壞일세 故云盡이니 此顯非常이오 而得持至果하야 功不敗亡일세 故云集果不失이라 此顯非斷이라 前念雖滅이나 後念續存일세 故云次第라 亦是因卽頓熏이나 果則次第니 如識等五也니라 【鈔_ '前念滅'下는 釋經次序之言이라 然有二意하니 一은 卽就

上因滅果生하야 以明次第오 二亦是因卽頓熏下는 唯就果中하야 以明次第니 如六地明이니라】

④ "원인의 성품이 찰나에 무너지지만 차례로 결과가 모여 잃지 않는 모양"이란 모은 결과의 각기 다른 모양이 다함이다. 시작도 없는 과거에 지은 업의 원인이 유위법이기 때문이며, 자성이 찰나 사이에 무너지므로 다하였다[盡: 盡集果]고 하였다. 이는 영원하지 않음을 밝힌 것이다. 그러나 간직하여 결과에 이르러 공덕이 없어지지 않으므로 '모은 결과를 잃지 않는다.'고 말하였다. 이는 단절되지 않음을 밝힌 것이다. 앞의 생각이 비록 사라졌지만 뒤의 생각이 이어서 존재하므로 '차례로'라고 말하였다. 또한 이 원인은 곧 단번에 훈습되지만 결과는 차례대로 훈습되는 것이다. 제6 현전지의 識 등 5가지와 같다. 【초_ '前念雖滅' 이하는 경문의 '차례[次第]'라는 말을 해석한 부분이다. 그러나 여기에는 2가지 뜻이 있다.

첫째, 위의 '원인이 사라지면서 결과가 생겨나는[因滅果生]' 부분에 입각하여 차례를 밝혔고,

둘째, '亦是因卽頓熏' 이하는 오직 결과에 입각하여 차례를 밝힌 것이다. 제6 현전지에서 밝힌 바와 같다.】

● 論 ●

'因自性刹那壞而次第集果不失相'者는 明作業이 由迷自性이니 雖作妄業이나 忽起還亡이오 雖不常繫在前이나 所集果報——不失이니 自非正智現前하야 諸業이 便爲智用이라야 始可脫也니라

277

"원인의 성품이 찰나에 무너지지만 차례로 결과가 모여 잃지 않는 모양"은 업을 지음이 혼미한 자성에서 연유한 것이다. 비록 허망한 업을 짓지만 갑자기 일어났다가 다시 사라지고, 언제나 얽매임이 앞에 있지 않지만 모이는 과보는 하나하나 잃지 않음을 밝힌 것이다. 스스로 바른 지혜가 앞에 나타나 모든 업이 곧 지혜의 작용이어야 비로소 벗어날 수 있다.

● 疏 ●

五'有報無報'者는 論云 已受果未受果差別이라하니 過去生報業을 現在에 已受가 名爲有報오 後報未受를 名爲無報언정 非謂全無라 更有一理하니 謂已悔之業은 則許無報라 有報可知로다【鈔_ 論云'等者는 此句는 明業得報遲速이라

言'過去生報業을 現在已受'者는 且約一相은 隨近以明이니 若今世受는 更是前前所造之業이라 卽亦得是後報之業을 名爲已受라 是則後報之業이 已潤에 有報오 未潤無報라 亦應云 已熟을 已受오 未熟을 未受니라

'更有一理'者는 上是六地緣生中에 護外三過中에 此通業無報難이니 上論答曰 '業有三義'일새 故不受報하니 一은 未造오 二는 未潤이오 三은 得對治라하니 前은 卽第二義오 今은 卽第三이니 未造之業은 卽前無作是也라】

⑤ "과보가 있고 과보가 없는 모양"은 논에서, "이미 과보를 받은 것과 받지 않은 차이이다."고 하였다. 과거의 順生報의 업을 현

재에 이미 받은 것을 '과보가 있다.'고 말하고, 順後報의 업을 받지 않은 것을 '과보가 없다.'고 말할 뿐이지, 완전히 없다고 말하는 것은 아니다.

또 다른 하나의 논리가 있다. 이미 참회로 다스린 업은 '과보가 없다.'고 인정한다. 과보가 있는 것은 말하지 않아도 알 수 있다.
【초_'論云' 등이란 이 구절은 업의 결과로 과보를 받음에 있어 늦고 빠름에 대해 밝힌 내용이다.

"과거의 順生報의 업을 현재에 이미 받았다."고 말한 것은 한 가지 모양을 들어 말함이란 가까움을 따라 밝힌 것이다. 금생에 받는 경우는 또한 前前生에 지은 업이다. 또한 順後報의 업을 받은 것을 '이미 받은 과보'라 한다. 그렇다면 順後報의 업이 이미 성숙하게 되면 과보가 있고, 아직 성숙하지 않으면 과보가 없다. 또한 당연히 이미 성숙된 것은 이미 받았다 말하고, 아직 성숙되지 않은 것은 받지 않았다고 말해야 한다.

"또 다른 하나의 논리가 있다."는 것은 위의 제6 현전지의 반연으로 생겨나는 부분에 '외부의 3가지 허물을 막은' 대목은 지은 업에 대해 과보가 없다는 논란을 해명한 내용이다. 위의 논에서 대답하였다.

"업에는 3가지 이치가 있기 때문에 과보를 받지 않는다.

첫째, 아직 짓지 않은 것,

둘째, 아직 성숙하지 않은 것,

셋째, 이미 다스린 것이다."

앞에서는 '둘째, 아직 성숙하지 않은 것'으로 말했고, 여기에서는 '셋째, 이미 다스린 것'으로 말했다. 아직 짓지 않은 업은 앞서 말한 '만듦이 없다[未作].'는 것이 바로 이를 말한다.】

◉ 論 ◉

'有報無報相'者는 三界衆生과 及二乘과 并淨土菩薩은 皆是有報相이오 唯一乘佛果는 染淨心亡에 不依果報하고 但爲隨衆生樂欲하야 隨物現形이 似如意摩尼 與物同色호되 無自性하며 無他性이니 爲本來與一切衆生으로 同其一心하야 任彼心所見이니 達者는 法自如是오 非作用往來故니라

"과보가 있고 과보가 없는 모양"은 삼계중생, 이승, 아울러 정토보살은 모두 과보의 모양이 있고, 오직 一乘佛果는 오염과 청정의 마음이 이미 사라져 과보를 의지하지 않고, 다만 중생의 원하는 바를 따라 중생에 맞춰 각기 다른 그 형상을 나타내는 것이다. 마치 여의마니주가 상대 물질과 똑같은 색을 가지고 있지만, 마니주 자체의 성품도 없고, 상대 물질의 성품도 없는 것처럼, 본래 일체중생과 그 마음을 함께하여 그들의 마음에 각기 달리 보이는 대로 맡겨두는 것이다. 통달한 자는 법이 절로 이와 같은 것이지, 작용의 왕래가 아니기 때문이다.

◉ 疏 ◉

六'黑黑等衆報'者는 對差別이니 謂四業相對하야 成差別故니 初

二는 黑白相對오 後二는 漏無漏相對라

言'黑黑'者는 卽四中에 初一은 因果俱惡故오 又因果 俱與無明으로 相應故니 卽三塗業이라

等者는 等於餘三이니

謂二는 名白白業이니 因果俱善故며 俱與智明相應故니 卽色界善業이라

三은 黑白業이니 卽欲界善業이니 因中에 善惡雜故로 受報도 亦愛非愛雜이라

四는 非黑非白業이니 謂諸無漏業이 無異熟故니라 對上黑白二業하야 立雙非名이니라 言'衆報相'者는 上三은 有報故니라 論云 '業集成就故'라하니라 若俱舍意인댄 其黑白業을 約相續說이니 以無一業과 及一異熟은 是黑亦白이니 互相違故니라

言'相續'者는 謂或意樂黑과 方便白이니 如爲諂他하야 行敬事等이라 或意樂白方便黑이니 如愍弟子하야 現麤語等이라 若以義推인댄 正以諂心으로 而行敬事니 亦可同時니라

餘는 廣如雜集第八과 俱舍十六하니라【鈔_ 初二等者는 釋論對字라 然其論經에 具有四句하니 云黑業과 白業과 黑白業과 非黑非白業이라 論釋云 黑業對白하며 白業對黑하며 不黑不白으로 對二業이라하니 二業은 卽是第三黑白業也니 後二는 漏無漏相對니라 漏는 卽亦黑亦白業故라】

⑥ "검고 검은 따위의 여러 가지 과보를 받는 모양"은 상대의 차별이다.

281

4가지 업을 상대로 각기 다른 과보를 이루기 때문이다.

앞의 2가지는 검고 흰 것으로 상대하였고,

뒤의 2가지는 유루와 무루로 상대하였다.

검고 검다고 말한 것은 4가지 업 가운데, 첫째는 원인과 결과가 모두 악하기 때문이며, 또한 원인과 결과가 모두 무명과 상응하기 때문이다. 이는 3악도의 업이다.

'等'이란 나머지 3가지도 똑같다는 뜻이다.

둘째, 희고 흰 업이라 말한다. 원인과 결과가 모두 선하기 때문이며, 모두 지혜 광명과 상응하기 때문이다. 이는 색계의 선업이다.

셋째, 검으면서 흰 업이다. 욕계의 선업이다. 원인 가운데 선악이 뒤섞여 있기 때문에 받는 과보 역시 애욕과 애욕 아닌 것이 뒤섞여 있다.

넷째, 검지도 희지도 않은 업이다. 모두 무루의 업에 異熟이 없기 때문이다. 위의 검은 업과 흰 업 2가지를 상대로, 이것도 저것도 모두 아니라는 명칭을 세웠다.

'여러 가지 과보의 모양'이라 말한 것은 위의 3가지[黑業, 白業, 黑黑白業]는 과보가 있기 때문이다. 논에서 "업이 모여서 각기 다른 모양을 성취하기 때문이다."고 하였다.

구사론에서 밝힌 뜻으로 말하면, 그 검거나 흰 업은 '서로 이어짐[相續]'을 들어 말한 것이다. "하나의 업과 하나의 이숙이 없는 것은 검으면서도 흰 것이다." 서로가 반대이기 때문이다.

'서로 이어짐'이라고 말한 것은 意樂는 검지만 방편은 희다. 마치 남을 속이기 위해 그를 공경으로 섬기는 일 등과 같다. 혹은 의요는 희지만 방편은 검다. 이는 마치 제자를 사랑한 나머지 험한 말을 하는[現麤語] 등과 같다. 이런 뜻으로 미뤄보면 바로 아첨하는 마음으로 공경히 섬기는 것이니 또한 동시일 수도 있다.

나머지는 잡집론 권8, 구사론 권16에서 자세히 말한 바와 같다.【초_"앞의 2가지는 검고 흰 것" 등이란 논에서 말한 '상대'의 차별을 해석한 말이다. 그러나 논경에는 4구절이 구체적으로 언급되어 있다.

㉠ 검은 업, ㉡ 흰 업, ㉢ 검으면서 흰 업, ㉣ 검지도 않고 희지도 않은 업이다.

논에서 이에 대해 해석하였다.

"검은 업으로 흰 업에 상대하였고, 흰 업으로 검은 업에 상대하였으며, 검지도 않고 희지도 않은 업으로 2가지 업을 상대하였다."

여기에서 말한 '2가지 업'이란 '㉢ 검으면서 흰 업'을 가리킨다.

뒤의 2가지는 유루와 무루를 상대로 하였다. 漏는 곧 검기도 하고 희기도 한 업이기 때문이다.】

七 '如田無量'者는 因緣差別이니 謂識種이 爲因하고 業田이 爲緣하야 隨田高下等殊하야 令種亦多差別이라 故論經云 業田無量相이라하니라【鈔_ '因緣差別'者는 彰業能爲緣하야 容因種故니라

'隨田高下'者는 上句는 單約喩오 下句는 雙含法喩라

又云 '令種差別'者는 且約喩明이니 如穀子 隨田肥瘦라도 非令種穀하야 而生豆芽라 若約江南에 爲橘하고 江北에 爲枳인댄 則亦少有

283

變種之義라 然名流類요 非全差別也라 若約法說인댄 識種은 無異나 由業善惡하야 識招苦樂하야 即令種異也니라】

㉗ "밭처럼 한량없는 모양"은 인연의 각기 다른 차이이다. 識의 종자가 원인이 되고, 업의 밭이 간접 원인이 되어 밭의 높낮이 등의 차이에 따라 종자를 뿌리는 것 또한 많은 차이가 있다. 이 때문에 논경에서 "업의 밭이 한량없는 모양"이라고 하였다.【초_ "인연의 각기 다른 차이"란 업의 기능으로 간접 원인을 삼아서 종자를 원인으로 인정함을 밝힌 때문이다.

"밭의 높낮이 등의 차이에 따른다."는 것에서 위 구절은 단순히 비유만을 들어 말하였고, 아래 구절은 법과 비유를 모두 포함하고 있다.

또한 "종자를 뿌리는 것 또한 많은 차이가 있다."고 말한 것은 비유를 들어 밝힌 부분이다. 이는 마치 곡식의 종자는 밭의 비옥함과 척박함에 따라 뿌린다 할지라도 볍씨에서 콩의 싹이 나게 하는 것은 아니다. 물론 강남에선 귤이 되고 강북에서는 탱자가 되는 것으로 말하면 이 또한 종자가 조금은 변화하는 이치가 있다. 그러나 이 역시 유에 따라 말한 것이지, 완전히 차이가 나는 것은 아니다.

만약 법으로 말할 경우, 識의 종자는 달라지지 않지만, 업의 선악에 따라 식은 고통과 즐거움을 불러들여 종자가 달라지게 만드는 것이다.】

八 '凡聖差別'者는 即已集과 未集差別이니 出世는 未集이오 世已集故니라【鈔_ '出世'等者는 約凡未能集聖法故니 以釋經文의 凡聖

差別故니라】

⑧ "범부와 성인이 각기 다른 모양"은 이미 모음과 모이지 않음이 각기 다른 모양이다. 출세간은 모이지 않음이며, 세간은 이미 모은 것이기 때문이다.【초_ '출세간' 등이란 범부는 성인의 법을 모으지 못함을 들어 말하였기 때문이다. 경문의 "범부와 성인이 각기 다른 모양"을 해석한 것이다.】

九·十二句는 定不定差別이니라 前句는 明三種時報가 定不定이니 謂現作現得報를 名現受오 現作하야 次來生에 獲報를 名生受오 現作하야 第三生去에 方得報를 名後受라【鈔_ 然此三受를 畧說에 有三因하니 一은 由於因이니 如於佛僧이 慈定滅定과 及無諍定과 見修道出에 作供養者는 得現樂報오 於父母王等에 作損惱業하면 得現苦報라 二는 由業體니 如不動業은 得樂生報오 五無間業은 得苦生報라 三은 由行願이니 多福之人은 罪得生報하야 現世輕受하니 疾得菩提故오 多罪之人은 都無現報하니 以造重惡일새 趣生報故니라 諸相好業은 皆得後報니 不可一生에 卽成佛故니라 又諸輪王은 多受後報하니 劫減에 修因하야 劫增에 受果故니라】

⑨ 제9구[現受生受後受相], 제10구[乘非乘定不定相] 2구절은 결정되거나 결정되지 않은 각기 다른 모양이다.

제9구의 "금생에 바로 받은 과보, 내생에 받는 과보, 내생 내생에 받는 과보의 모양"은 3시기의 과보가 결정되거나 결정되지 않음을 밝힌 것이다.

이는 현재에 지은 업으로 현재를 얻은 과보를 '현생에 받음[現

受]'이라 말하고,

현재에 지은 업으로 바로 다음 내생에 얻는 과보를 '내생에 받음[生受]'이라 말하며,

현재에 지은 업으로 제3의 내생에 가서야 비로소 얻는 과보를 '후생에 받음[後受]'이라고 말한다.【초_ 그러나 이 '3가지 받음[順現受業, 順生受業, 順後受業]'을 간략히 말하면 3가지 원인이 있다.

첫째, 원인 때문이다. 부처님과 스님이 자비의 삼매와 멸진정 삼매 및 다툼 없는 삼매, 견도와 수도에서 나와서 공양을 짓는 이는 현생에 즐거운 과보를 얻고, 부모와 왕 등에게 손해나 번뇌스러운 업을 지으면 현생에 괴로운 과보를 얻게 된다.

둘째, 업의 체성 때문이다. 예컨대 동요 없는 업은 좋게 태어나는 과보를 얻고, 5가지 無間業은 고통스럽게 태어나는 과보를 얻는다.

셋째, 중생의 行願 때문이다. 복이 많은 사람은 죄로 다음 생의 과보를 받고서도 현세에 가볍게 받고 보리를 빠르게 얻기 때문이며, 죄가 무거운 사람은 전혀 현생의 과보가 없을지라도 중대한 악을 지었기에 내생의 과보로 나아가기 때문이다. 모든 상호의 업은 모두 후생의 과보를 받게 된다. 따라서 한 차례의 생으로 성불할 수 없기 때문이다.

또한 모든 전륜왕은 여러 차례 후생의 과보를 받는다. 겁이 감소할 적에 인행을 닦아서 겁이 증가할 적에 과보를 받기 때문이다.】

第十句는 明乘非乘定不定이니 乘은 卽三乘이니 唯修自乘業을 名定이오 乍修此乘이라가 復修彼乘을 名爲不定이라 非乘謂世間이니

無運出義故니라 定者는 難度오 不定은 易度故니라【鈔_ 定者下는 此約非乘과 及與二乘이라 各於自分에 已定이라 大乘에 若定인댄 更不須度니 是故로 不言定者易度니라】

제10구는 "삼승과 승이 아닌 세간 중생이 결정되거나 결정되지 않은 모양"에 대해 밝힌 내용이다.

乘은 삼승이다. 오직 自分의 乘의 업만을 닦는 것을 '정함'이라 하고, 조금 이쪽의 乘을 닦아나가다가 다시 저쪽 乘을 닦는 것을 '정하지 않음'이라고 말한다.

非乘이란 세간을 말한다. 움직여 나간다[運出]는 뜻이 없기 때문이다.

定이란 제도하기 어렵고, 不定은 제도하기 쉽기 때문이다.
【초_ '定者難度' 이하는 乘이 아닌 세간 중생과 이승을 들어 말한다. 각기 自分의 乘에 이미 정해진 것이다. 대승으로 만약 정해졌다면 다시는 제도를 필요로 하지 않는다. 이 때문에 정해진 이는 제도하기 쉽다고 말하지 않는다.】

結中에 亦言八萬四千者는 惑因이 旣爾인댄 所起之業도 亦然이라 根等諸門이 皆成八萬하니 飜此에 卽顯波羅密門三昧門等이니라
【鈔_ 根等諸門者는 由惑有業하니 惑有階降하고 業亦如之라 或依根有勝劣과 性有差異와 解有淺深과 欲有輕重하야 各成八萬이라 言'飜此卽顯等者'下는 明能治니 一一惑等이 皆至彼岸이니 窮理盡性이 卽是八萬四千度門이라 若於惑等에 寂妄不動하면 卽是八萬四千三昧오 若於惑等에 一一無羈하면 卽八萬四千解脫이니라】

결론 부분에 또한 '8만 4천 가지'라고 말한 것은 미혹의 원인이 이미 그렇다면 일으킨 업 또한 마찬가지이다. 근기의 조림 등 여러 부문이 모두 8만 가지를 이루고 있다. 이를 뒤집으면 바라밀문과 삼매의 문 등을 밝힌 것이다.【초_ "근기의 조림 등 여러 부문"이란 미혹으로 인하여 업이 생겨나니, 미혹은 단계적으로 내려가고 업 또한 그와 같다. 혹은 근기의 조림에 뛰어나고 열등함, 체성의 차이, 견해의 얕고 깊음, 욕구의 가볍고 무거움이 있음에 의하여 각기 8만 가지를 성취하게 된다.

'翻此卽顯' 등이라 말한 이하는 다스림의 주체를 밝힌 내용이다. 하나하나의 미혹 등이 모두 피안에 이른 것이다. 이치를 궁구하고 성품을 다함이 곧 8만 4천 가지의 바라밀문이다. 만약 미혹 등에 고요함과 妄惑에 흔들리지 않으면 곧 8만 4천 가지의 삼매이고, 미혹 등에 하나하나 얽매임이 없으면 곧 8만 4천 가지의 해탈이다.】

第四 釋根稠林

(4) 근기의 빽빽한 숲

經
又知諸根軟中勝相과
先際後際差別無差別相과

上中下相과

煩惱俱生不相離相과

乘非乘定不定相과

淳熟調柔相과

隨根網輕轉壞相과

增上無能壞相과

退不退差別相과

遠隨共生不同相하며

略說乃至八萬四千을 **皆如實知**니라

또한 많은 근기의 노둔, 중간, 뛰어난 모양,

과거와 미래의 다른 모양과 다르지 않은 모양,

상품, 중품, 하품의 모양,

번뇌가 함께 생겨나 서로 여의지 않는 모양,

삼승과 삼승 아닌 세간 중생이 결정하고 결정하지 않은 모양,

잘 성숙되어 부드러운 모양,

육근의 그물을 따라서 가볍게 전변하고 무너지는 모양,

더욱 향상되어 무너짐이 없는 모양,

물러서거나 물러서지 않는 각기 다른 모양

함께 태어남을 멀리 따라서 똑같지 않은 모양을 알며,

간략히 말한 모양, 내지 8만 4천 가지의 모양을 모두 실상대로 아는 것이다.

● 疏 ●

於中二니 先은 別이오 後는 結이라

別中에 十相이 爲九差別이니

一은 說器差別이니 謂說法所授之器라 信等五根에 有下中上故니라 亦是鈍中利니 謂於敎理에 受有遲速과 及多少故니라【鈔_ '受有遲速'者는 鈍者는 遲少하고 利者는 速多하고 中者는 木雁之間이오 淺深亦爾니라】

이 부분은 2단락이다.

앞은 개별로 밝혔고, 뒤는 결론이다.

개별 부분의 10가지 모양은 제5구 乘非乘定不定相, 제6구 淳熟調柔相을 합하여 9가지의 모양으로 구분하였다.

① 제1구 諸根軟中勝相은 설법을 받아들일 근기가 각기 다른 모양이다. 설법을 받아들일 근기를 말한다. 신심 등의 5가지 근기에 하열, 중간, 뛰어남이 있기 때문이다. 이 또한 노둔, 중간, 영리함이다. 이는 敎理를 받아들임에 더디고 빠름과 많고 적음이 있기 때문이다.【초_ "받아들임에 더디고 빠름"이란 노둔한 이는 받아들임이 더디고 적으며, 영리한 이는 빠르고 많으며, 중간은 좋지도 나쁘지도 않은 중간의 나무와 잘 울지도 잘 못 울지도 않는 중간의 거위와 같은 존재이며, 받아들임의 얕고 깊음 또한 마찬가지이다.】

二는 根轉差別이니 過未는 爲先後際오 現在는 已定이니 兩望論差라 謂前의 上中下根이 於三際中에 互望轉變이니 若後轉爲中上이면 前根則下오 後轉爲下이면 前根則增이니 是差別義오 不轉則平이니

是無差別이라

② 제2구 先際後際差別無差別相은 근기의 바뀜이 각기 다른 모양이다. 과거와 미래는 先際와 後際라 하고, 현재는 이미 정해져 있다. 과거·미래와 현재 2가지를 상대로 그 차이를 논하였다.

이는 과거의 하열, 중간, 뛰어난 근기가 과거·현재·미래의 가운데 서로 상대하여 바뀌고 변하는 것이다. 만약 미래에 중간과 뛰어난 근기로 바뀐다면 과거의 근기는 하열한 것이고, 미래에 하열한 근기로 바뀐다면 과거의 근기는 뛰어난 것이다. 이처럼 근기가 바뀐 것은 각기 달라지는 모양이다. 근기가 바뀌지 않으면 이는 그대로이다. 이는 각기 다른 모양이 없다.

三은 三性差別이니 謂約菩薩等 三乘根性相形하야 爲上中下故니 不同第一이 通於三乘이니라【鈔_ '三乘根性'者는 小乘爲下요 緣覺爲中이오 大乘爲上이니 亦猶羊鹿牛形之大小也니라】

③ 제3구 上中下相은 삼승의 근성이 각기 다른 모양이다. 보살 등 삼승 근성의 모양을 들어서 상근기, 중근기, 하근기로 나누었기 때문이다. 제1의 근성이 삼승에 모두 통하는 것과는 같지 않다.【초_ '삼승의 근성'이란 소승은 하근기, 연각승은 중근기, 대승은 상근기이다. 이는 또한 양, 사슴, 소의 형상이 크고 작은 것과 같다.】

四는 煩惱染差別이니 謂喜樂等五受根과 隨貪等煩惱가 得增上故니라【鈔_ 謂喜樂'者는 喜樂은 生於貪하고 憂苦는 生於瞋하고 捨根은 生於癡요 後於此類煩惱에 而有勝用일세 故名煩惱染根이니라】

④ 제4구 煩惱俱生不相離相은 번뇌의 오염이 각기 다른 모양

이다. 喜受, 樂受 등의 5가지 느낌의 근기[受根]와 탐욕 등에 수반되는 번뇌가 더욱 늘어나기 때문이다.【초_ '謂喜樂' 등이란 喜受와 樂受는 탐욕에서 생겨나고, 憂受와 苦受는 성냄에서 생겨나고, 捨受의 근본은 어리석음에서 생겨난다. 그 뒤, 이런 유의 번뇌에 엄청난 작용이 있으므로 '번뇌에 오염된 근기'라고 말한다.】

五·六 二相은 明定不定差別이니 初句 '乘非乘'은 皆約熟不熟明이라 大乘中에는 熟者定이오 不熟者不定이오 小乘中熟者는 不定이니 可轉向大乘故오 不熟者는 定이니 各隨自乘하야 而解脫故니라 若世間非乘인댄 熟者는 不定이니 可化入道故오 不熟者는 報已定故니 且暫捨之라 卽離世間中에 待時方化인 淸淨捨也라 後句에 淳熟調柔는 一向是定이니라【鈔_ '大乘中'者는 前章에 約業하야 明定不定이오 今此는 約根이니 居然自別이라 又前 定不定은 明難易度오 今此는 約熟하야 明定不定耳니라

'卽離世間'者는 彼有十種淸淨捨라 然有二類待時하니 今皆當之라 一은 以第四云 '於法器衆生이 待時而化오 於無法器에도 亦不生嫌淸淨捨'라하니라

釋曰 今但用法器待時니라

二는 第九捨云 '或有衆生이 根已成熟하야 發生慧念이라도 而未能知最上之法일새 待時而化淸淨捨'라하니 今全用之니 是以로 疏云 且暫捨之라하니라】

⑤ 제5구 乘非乘定不定相과 제6구 淳熟調柔相은 定性과 不定性으로 각기 다른 모양이다.

제5구의 乘과 非乘은 모두 성숙과 성숙되지 못함을 들어 밝힌 것이다.

대승에서는 성숙된 이는 정성이고, 성숙되지 않은 이는 부정성이며,

소승에서는 성숙된 이는 부정성이다. 대승으로 바꾸어 향할 수 있기 때문이다. 성숙되지 않은 이는 정성이다. 각기 자기의 교법[自乘]을 따라 해탈하기 때문이다.

만약 세간을 非乘으로 말하면 성숙된 이는 부정성이다. 교화하면 도에 들어갈 수 있기 때문이다. 성숙되지 않은 이는 과보가 이미 정성이기 때문이다. 이는 잠시 버려둔 것이다. 제38 이세간품에서 시절을 기다려서야 비로소 교화하는 '청정하게 버려둠[淸淨捨]'이다.

제6구 淳熟調柔相은 하나같이 정성이다.【초_ '大乘中'이란 앞의 業稠林에서 말한 업에 들어 정성과 부정성을 밝혔고, 지금 여기에서는 根稠林에 들어 말하니 쉽게 절로 구별된다.

또한 앞에서 말한 정성과 부정성은 제도하기 쉬움과 어려움을 밝혔으며, 여기에서는 성숙되고 성숙되지 않음을 들어 정성과 부정성을 밝혔다.

'卽離世間'이란 제38 이세간품에서 말한 10가지의 청정하게 버려둠[淸淨捨]이다. 그러나 2가지의 기다림 시간이 있다. 여기에서는 모두 해당된다.

첫째, 10가지의 청정하게 버려둠 가운데, 제4에서 말하였다.

"법 그릇이 될 만한 중생은 가르쳐야 할 시기를 기다렸다가 교

화하고, 법 그릇이 되지 못하는 이에게도 청정하게 버려둠을 혐의하는 마음을 내지 않는다."

이에 대한 해석은 다음과 같다.

"여기에서는 다만 법 그릇이 될 만한 중생은 가르쳐야 할 시기를 기다리는 것이다."

둘째, 10가지의 청정하게 버려둠 가운데, 제9에서 말하였다.

"혹 어떤 중생은 근기가 이미 성숙하여 지혜의 생각[念慧]을 낼지라도 최상의 법을 알지 못하고 있기에 때에 맞추어 교화하는 청정하게 버려둠이라 한다."

여기에서는 모두 이를 인용한 것이다. 이 때문에 청량소에서 '잠시 버려둠'이라고 말하였다.】

六'隨根網輕轉壞'者는 順行差別이니 此知眼等根의 順行境界하야 得增上故니라

於中에 有三種順行하니

一은 依身順行이니 謂六入에 展轉迭共相縛이 如網魚鳥하야 不得解脫일새 故云根網이니 此行은 內境이오

二는 生滅順行이니 謂體是有爲며 生住不久일새 故云輕이오 易可異滅일새 故云轉壞오

三은 觀行取相順行이니 此行은 外境이니 卽論經云 取相이라 今文에 闕此어나 或網中收니라【鈔_ '一依身'者는 此論이 語倒니 云身依順何行이니 今疏正用이니라

'謂六入'者는 如意識이 徧緣於六根中에 根法隨識하야 亦行六中

이니 眼見自身하고 耳聞自聲하고 聲身이 竝在內根所攝이라 由根隨識하야 緣於眼根하야 令根被縛하야 不得解脫이라 餘例은 可知니 故云展轉이니라

'二生滅順行'은 此言도 是倒니 若正인댄 應云順行生滅이니 根與心王으로 相隨染污일새 故順生滅이니라

'易可異滅'者는 以生住로 釋輕이오 以異釋轉이오 以滅釋壞라

'三觀行順行'者는 以覺觀心이 行六塵故니라

'或根網中收'者는 六根이 取於六塵은 根網塵也오 六塵이 引於六根은 塵網根也라 故其根網이 攝論取相이니라】

⑥ 제7구 "6근의 그물을 따라서 가볍게 전변하고 무너지는 모양"이란 행을 따라 각기 다른 모양이다. 여기에서 눈 등의 감각기관의 행하는 경계를 따라 더욱 더해지기 때문이다.

여기에는 3가지 順行이 있다.

첫째, 몸에 의지한 순행이다. 이는 6근이 서로가 서로를 번갈아 속박함이 마치 그물 속의 물고기나 새처럼 벗어나지 못하므로 '6근의 그물[根網]'이라 하였다. 이 행은 내면의 6근 경계이다.

둘째, 생멸의 순행이다. 몸은 유위법이며, 생겨나고 머묾이 오래가지 못하기에 가볍다[輕]고 말하였고, 몸이란 쉽게 달라지고 사라지기에 전변하고 무너진다[轉壞]고 말하였다.

셋째, 관행으로 모양을 취하는 순행이다. 이 행은 외부의 六塵 경계이다. 이는 논경에서 "모양을 취한다[取相]."고 하였다. 이의 경문에는 '取相'이 빠졌거나 혹은 6근의 그물 속에 그 뜻이 담겨 있

다.【초_ '一依身順行'이란 논경에서는 어순을 뒤바꿔서 "몸이 순행을 의지한다[身依順行]."고 하였다. 이의 청량소에서 바로 인용하였다.

'謂六入'이란 예컨대 의식이 6근을 두루 반연하는 가운데 감관의 법이 의식을 따라 또한 6근에 행함과 같다. 눈은 자신을 보고, 귀는 자신의 소리를 듣고, 소리와 몸이 아울러 내면의 감관에 포괄되어 있다. 감관이 의식을 따름으로 인하여 눈을 반연하여 감관으로 하여금 속박을 당하여 해탈하지 못하게 한다. 나머지의 예는 말하지 않아도 알 수 있으므로 '展轉'이라 하였다.

'둘째, 생멸의 순행'이라는 어순도 도치되었다. 이를 바르게 말한다면 당연히 '순행의 생멸'이라 말해야 한다. 감관이 심왕과 함께 서로 따라서 오염된 까닭에 따라서 생겨나고 사라진다는 뜻이다.

"쉽게 달라지고 사라진다."는 것은 생겨나고 머무는 것으로 '輕' 자를, 달라지는 것으로 '轉' 자를, 사라지는 것으로 '壞' 자를 해석하였다.

'셋째, 관행의 순행'이란 覺觀의 마음이 6진에 행하기 때문이다.

"혹은 6근의 그물 속에 그 뜻이 담겨 있다."는 것은 6근이 6진을 취하는 것은 감각기관이 경계를 그물질함이며, 6진 경계가 6근의 감각기관을 이끄는 것은 6진 경계가 6근의 감각기관을 그물질함이다. 이 때문에 그 6근의 그물이 논의 "모양을 취한다."는 말을 포괄하고 있다.】

七은 聲聞淨差別이니 望凡夫에 二乘行이 增上故니라 以二乘根은

由減障能成일세 故煩惱無能壞니라【鈔_ '七聲聞淨'下는 下二는 約人이라 今初에 聲聞이라

言'望凡夫二乘行增上故'者는 然論下에 重釋云 聲聞淨者는 行增上이니 減障能成故라하나니 今疏取論釋經이라

此上은 釋增上이니라 謂二乘淨相이 對望凡夫不求涅槃에 今能求故니 故於出世로 得增上也니라

從'以二乘根'下는 釋無能壞며 兼釋論中의 減障能成이니라】

⑦ 제8구 增上無能壞相은 성문의 청정이 각기 다른 모양이다. 범부에 대조하면 이승의 행이 더욱 뛰어나기 때문이다. 이승의 근기는 장애를 없앰으로 인하여 성취한 까닭에 번뇌가 이를 파괴할 수 없다.【초_ '七聲聞淨' 이하는 아래의 2구[增上無能壞相, 退不退差別相]는 사람을 들어 말하였다. 이의 첫 부분은 성문이다.

"범부에 대조하면 이승의 행이 더욱 뛰어나다."고 말한 것은, 하지만 논의 아래에서 다시 "성문의 청정이란 행이 더욱 뛰어나다. 장애를 없애어 이를 성취하였기 때문이다."고 해석하였다. 이의 청량소에서 논을 취하여 경문을 해석하였다.

이상은 增上에 대한 해석이다. 이승의 청정한 모양이 열반을 구하지 않는 범부와 대조하여 보면 여기에서 열반을 구하기 때문이다. 따라서 출세간에 더욱 뛰어남을 얻게 된다.

'以二乘根' 이하는 무너뜨릴 수 없음에 대한 해석이며, 겸하여 논의 "장애를 없애어 이를 성취함"을 해석하였다.】

八은 菩薩淨差別이니 此通三種退不退也니라【鈔_ '八菩薩淨'者

는 卽大乘根이라 '三不退'者는 卽位·證·念也라】

⑧ 제9구 退不退差別相은 보살의 청정으로 각기 다른 모양이다. 이는 3가지의 물러남과 물러나지 않음에 통한다.【초_ '八菩薩淨'이란 대승의 근기이다.

'3가지의 물러나지 않음'이란 ㉠ 지위가 물러나지 않음[位不退], ㉡ 증득이 물러나지 않음[證不退], ㉢ 생각이 물러나지 않음[念不退]이다.】

九 '遠隨'等者는 示一切根攝差別이니 謂三無漏根이 總攝諸根이라 三者는 一은 始行이니 卽未知當知根이오
二는 方便이니 卽已知根이니 正在修道일새 故名方便이라
三은 報熟者니 卽具知根이니 謂前信等이 共三無漏根生호되 而隨優劣하야 三位不同이라
自始至末일새 故名遠隨라 此之三根이 於修無學涅槃에 得增上故니라【鈔_ 從'謂三無漏'下는 疏釋論文이니 初修爲始오 正行善巧 爲方便이오 究竟 名報熟이니 配三無漏라 義見上文하니라
'謂前信等'下는 以論會經하야 釋'不同'·'遠隨'之言이오
其'信等共三無漏根'은 釋共生義니 根與法行이 相應起故니라
'而隨'已下는 釋不同義라
'自始至末'下는 釋遠隨義라
'此之三根'下는 釋成根義니 以勝用·光顯·增上을 名根이라】

⑨ 제10구 遠隨共生不同相은 일체 근기의 포괄을 보여줌이 각기 다른 모양이다. 3가지 무루의 근기가 모든 근기를 포괄한다

는 뜻이다.

3가지 무루의 근기는 다음과 같다.

첫째, 처음 행함이다. 이는 알지 못했던 사성제의 도리를 알게 되는 근기이다.

둘째, 방편이다. 이는 이미 사성제의 도리를 아는 근기이다. 바로 修道位에 있기 때문에 방편이라 말한다.

셋째, 과보의 성숙이다. 이는 구족하게 아는 근기이다. 앞의 신심 등 3가지 무루의 근기와 함께 생겨났지만 뛰어나고 열등함에 따라서 '見道位, 修道位, 無學位' 3가지 지위가 똑같지 않다.

시작부터 끝까지 이르기에 '멀리 따른다[遠隨].'고 말한다.

이런 3가지 근기가 무학위의 열반을 닦아 더욱 훌륭함을 얻기 때문이다.【초_ '謂三無漏'로부터 이하는 청량소에서 논의 문장을 해석하였다. 처음 닦는 것을 '처음 행함'이라 하고, 바른 행이 뛰어남을 '방편'이라 하고, 마지막 최고의 자리를 '과보의 성숙'이라 말한다. 이를 3가지 무루의 근기에 짝하였다. 이의 뜻은 위의 문장에 보인다.

'謂前信等' 이하는 논으로 경문을 회통하여 '不同'과 '遠隨'라는 말을 해석하였다.

그 "신심 등 3가지 무루의 근기와 함께 생겨났다."는 것은 共生의 뜻을 해석하였다. 근기가 법과 함께 행함이 상응하여 일어나기 때문이다.

'而隨' 이하는 不同의 뜻을 해석하였고,

'自始至末' 이하는 遠隨의 뜻을 해석하였으며,

'此之三根' 이하는 成根의 뜻을 해석하였다. 뛰어난 작용, 광명이 나타남, 더욱 뛰어남을 근기라고 말한다.】

此上의 九中에 初二는 約信等이오 三·五·七·八은 竝約三乘이니 通於諸根이오 四는 約五受오 六은 約眼等이오 九는 約三無漏根이라 二十二根에 已明十九오 男·女·命根은 不足可辨이라 餘如俱舍根品하니라

麤說하면 卽然이어니와 細分하면 無量일새 故結云 乃至八萬四千이니라

이상의 9가지 차별 가운데,

앞의 2가지[說器差別, 根轉差別]는 신심 등을 들어 말했고,

③ 三性差別, ⑤ 定不定差別, ⑦ 聲聞淨差別, ⑧ 菩薩淨差別은 모두 삼승을 들어 말하니 모든 근기에 통한다.

④ 煩惱染差別은 五受를 들어 말했고,

⑥ 順行差別은 눈 등의 감관을 들어 말했고,

⑨ 一切根攝差別은 3가지 무루의 근기를 들어 말했다.

22가지 근기에서 이미 19가지의 근기를 밝혔고, 남자·여자·명근 3가지는 논변할 게 없다. 나머지는 구사론 分別業品에서 말한 바와 같다.

대충 말하면 이렇지만, 자세히 구분하면 한량이 없다. 이 때문에 끝맺어 말하기를, "내지 8만 4천 가지이다."고 하였다.

第五例三稠林

(5) 이해, 근성, 욕망의 빽빽한 숲

經

又知諸解軟中上과
諸性軟中上과
樂欲軟中上과
皆略說 乃至八萬四千이니라

또 이해의 하품, 중품, 상품 모양,

근성의 하품, 중품, 상품 모양,

욕망의 하품, 중품, 상품 모양과

모두 간략히 말한 모양, 내지 8만 4천 가지의 모양을 알고 있다.

● **疏** ●

三稠林이니 謂解와 性과 欲이라 此三이 與根으로 性相順入하니 擧一에 可反三隅일새 故皆畧例이니라【鈔_ 然解性欲三이 畧如十力章이오 廣如發心功德品이라

言'性相順入'者는 依根生解하고 依解하야 成性하고 依性하야 起欲이 皆悉相似하니 名爲相順이오 義理相參을 名爲順入이라 以此로 例根하고 更不廣說하니라】

이는 3가지의 빽빽한 숲이다. 이해의 빽빽한 숲, 근성의 빽빽한

301

숲, 욕망의 빽빽한 숲을 말한다.

3가지의 빽빽한 숲이 감각기관과 함께 체성과 모양을 따라 들어가니, 하나를 들어 말하면 나머지 3모퉁이를 유추할 수 있기에 모두 간략히 예를 들어 말하였다.【초_ 그러나 "이해의 빽빽한 숲, 근성의 빽빽한 숲, 욕망의 빽빽한 숲" 3가지는 대략 十力章에서 말한 바와 같고, 자세히는 제17 초발심공덕품에서 말한 바와 같다.

"체성과 모양을 따라 들어간다."고 말한 것은 근성에 의하여 견해가 생겨나고, 견해에 의하여 근성이 이뤄지고, 근성에 의하여 욕구를 일으킴이 모두 비슷하기 때문에 이를 서로 따른다[相順]고 말하고, 뜻과 이치가 서로 함께하는 것을 '따라 들어간다.'고 말한다. 이로써 근성에 예를 삼고 다시는 자세히 말하지 않는다.】

第六 釋隨眠稠林

(6) 수면번뇌의 빽빽한 숲

經

又知諸隨眠種種相하나니
所謂與深心共生相과
與心共生相과
心相應不相應差別相과
久遠隨行相과

無始不拔相과

與一切禪定解脫三昧三摩鉢底神通相違相과

三界相續受生繫縛相과

令無邊心相續現起相과

開諸處門相과

堅實難治相과

地處成就不成就相과

唯以聖道拔出相이니라

또한 수면번뇌의 가지가지 모양을 알고 있다.

이른바 깊은 마음과 함께 나는 모양,

마음과 함께 나는 모양,

마음에 상응하거나 상응하지 않는 각기 다른 모양,

오래전부터 따라다니는 모양,

시작도 없는 옛적부터 뽑아내지 못한 모양,

일체 선정·해탈·삼매·삼마발저·신통과 서로 어긋나는 모양,

삼계에 끊임없는 생을 받아 태어나 무명번뇌에 얽매이는 가없는 모양,

그지없는 마음이 서로 이어오면서 현재에 일어나게 만드는 모양,

6근 6식의 여러 문이 열리는 모양,

삼독의 해가 너무나 단단하여 다스리기 어려운 모양,

모든 지위에서 성취하거나 성취하지 못한 모양,

오직 성인의 도로써 고통의 뿌리를 뽑아내는 모양이다.

● 疏 ●

先은 總이오 後는 別이라

總中에 晉及論經에 皆名爲使라하며 論云 隨順逐縛義故라하니 如世公使가 隨逐衆生하야 得便繫縛이 卽是隨眠이니 眠伏藏識이 隨逐纏繞故니라 此唯約種이니 不同小宗이니라

別有十二句를 論攝爲二하니 前六은 明何處隨逐이오 後六은 明以何隨逐이니라

앞은 총상이고, 뒤는 개별의 해석이다.

총상의 부분은 60 화엄경과 논경에서 모두 속박[使]이라 말하였고, 논에서는 "따라서 쫓아가 얽매인다는 뜻이기 때문이다."고 하였다. 이는 마치 세간의 공무를 집행하는 관리[使者]들이 중생을 따라다니면서 옭아매는 것이 바로 수면번뇌와 같다. 藏識에 잠들어 엎드려 있는 것이 쫓아가 옭아매기 때문이다. 이는 오직 종자를 들어 말하니 소승의 종지와는 같지 않다.

개별의 12구는 논에서 2부분으로 포괄하였다.

앞의 6구는 어느 곳을 따라가는가를 밝혔고,

뒤의 6구는 무엇으로 따라가는가를 밝혔다.

今初에 爲五니

一은 合初二句하야 約心明處니

初句는 於報心隨逐이라 正顯眠伏藏識이니 卽久安眠處니라 而言

深者는 無始來有오 微細難知故니라

下句는 於非報心隨逐이니 卽轉識分別事識이 不離現事而生일세 故但云心이니 卽暫廻轉處라【鈔_ '今初爲五'者는 一은 約心明處오 二는 就果明處오 三은 就位明處오 四는 就時明處오 五는 約行明處라

今初言'報心'者는 異熟賴耶 總報體故니라

'微細'等義는 頻見上文하니라

'不離現事'者는 故唯識等에 名前七識은 爲異熟生이오 非是報體라하니 酬昔心種이오 不得名報라 而七識이 皆依第八하야 託緣現起일세 名不離現事라 種隨現起하야 或有或無를 名暫廻轉處니 如人假寐에 不必本房이니라】

앞의 6구는 5부분으로 나뉜다.

① 첫 2구를 합하여 마음을 들어 의지하는 곳을 밝혔다.

첫 구절[與深心共生相]은 보답의 마음[報心]을 따른 것이다. 바로 藏識에 잠들어 엎드려 있음을 밝힌 부분이다. 이는 오래 편안히 잠든 의지처이다. 그러나 '深心'이라 말한 것은 시작도 없는 그 옛날로부터 존재해왔고, 미세하여 알기 어렵기 때문이다.

아래 구절[與心共生相]은 보답이 아닌 마음[非報心]을 따른 것이다. 제7 轉識과 제6 分別事識이 현재의 일에 나타남을 여의지 않고 생겨나므로 '마음'이라 말했을 뿐이다. 이는 잠시 돌아가는 곳이다.【초_ "앞의 6구는 5부분으로 나뉜다."는 것은 다음과 같다.

① 마음을 들어 의지하는 곳을 밝혔고,

② 과보를 들어 의지하는 곳을 밝혔으며,

③ 지위를 들어 의지하는 곳을 밝혔고,

④ 시절을 들어 의지하는 곳을 밝혔으며,

⑤ 행을 들어 의지하는 곳을 밝혔다.

이의 첫 구절에서 말한 '보답의 마음'이란 異熟의 아뢰야식이 총체로 보답의 체성이기 때문이다.

'미세'하다는 등의 뜻은 위의 문장에 자주 보인다.

"현재의 일에 나타남을 여의지 않는다."는 말은 이 때문에 성유식론 등에서 "앞의 7식은 이숙에서 생겨난다[異熟生]고 말하지만, 보답의 체성은 아니다."고 하였다. 이는 예전의 마음 종자에 대한 보답이지, 과보라고 말하지 않는다. 그러나 제7식이 모두 제8식에 의하여 반연에 의탁, 나타나 일어나므로 "현재의 일에 나타남을 여의지 않는다."고 말하였다. 종자는 현행을 따라 일어나 혹은 있기도 하고 혹은 없기도 하는 것을 '잠시 돌아가는 곳'이라 말한다. 마치 사람이 잠시 잠들 적에는 본래의 방을 꼭 필요로 하지 않는 것과 같다.】

二'相應不相應'者는 約三界明處니 唯與當界心으로 相應하고 不與異界心으로 相應故니라

② 제3구의 "마음에 상응하거나 상응하지 않는 각기 다른 모양"은 삼계를 들어 의지처를 밝혔다. 오직 해당 세계의 마음과 상응하고, 다른 세계의 마음과 상응하지 않기 때문이다.

三'久遠隨行相'者는 約地明處니 論云 '隨順乃至有頂故'라 하니라

然有頂之言이 通有二義하니 一은 至金剛之頂이오 二는 至三有之頂이니 今取通大小義하야 直云有頂이라 論經 但云遠入이어늘 今云久遠하니 亦無始來로 上至九地頂故니라【鈔_ 九地之言은 亦通二義하니 對上三有之頂하면 卽三界九地之九니 謂欲界와 四禪과 四空이 應爲九耳라 若順後義하면 卽善慧地니 第十은 當其斷盡位故니라】

③ 제4구의 "오래전부터 따라다니는 모양"은 지위를 들어 의지처를 밝혔다. 논에서 "따라서 유정천까지 이르기 때문이다."고 하였다.

그러나 '有頂'이란 말에는 2가지 뜻이 있다.

첫째, 금강의 꼭대기까지 다다름이며,

둘째, 삼계의 꼭대기까지 다다름이다.

여기에서는 크고 작은 의의에 모두 통하여 바로 '有頂'이라 말하였다.

논경에서는 다만 멀리 들어간다[遠入]고 말했을 뿐인데, 여기에서는 '오래전부터[久遠]'라고 말하였다. 이 또한 시작도 없는 그 옛적부터 위로 九地의 꼭대기까지 이르렀기 때문이다.【초_ '九地'라는 말은 또한 2가지 뜻에 모두 통한다. 위의 三界 꼭대기와 상대로 말하면 三界九地의 九를 가리킨다. 욕계, 四禪天, 四空[空無邊處, 識無邊處, 無所有處, 非想非非想處]을 합하면 당연히 九地가 된다. 만약 뒤의 뜻을 따르면 善慧地이다. 제10은 그 모든 지위가 끊어진 데에 해당하기 때문이다.】

四는 無始不拔相이니 此는 約時明處라 處旣無邊일새 時亦無始라 唯智라야 能怖隨眠冤賊이라 旣未曾有聞思修智일새 故不能拔出이니라

④ 제5구의 "시작도 없는 옛적부터 뽑아내지 못한 모양"은 시절을 들어 의지처를 밝혔다. 의지처가 이미 그지없으므로 시절 또한 시작이 없다. 오직 지혜 있는 이만이 수면을 원수나 도적처럼 두려워할 줄 안다. 아직은 일찍이 聞慧·思慧·修慧를 지니지 못했기에 수면번뇌를 뽑아내지 못하는 것이다.

五'與一切禪定'等者는 此는 約行明處니 由隨眠隨逐하야 令世間禪定等으로 不能滅愛見等心이니 不能隨順正修行故로 名爲相違라 故下偈云 禪定境排인달하야 仍退轉也라하니라

⑤ 제6구의 "일체 선정·해탈·삼매·삼마발저·신통과 서로 어긋나는 모양"이란 행을 들어 의지처를 밝혔다. 수면번뇌가 쫓아다니면서 세간의 선정 등으로 하여금 愛見 따위의 마음을 없애지 못하도록 만든다. 이처럼 올바른 수행을 따르지 못하기 때문에 서로 어긋난다고 말하였다. 이 때문에 아래의 게송에서 "선정의 경계를 물리침으로 인해 물러서게 된다."고 말하였다.

後'三界'下는 明以何隨逐이니 卽顯隨逐之相이라 由此相故로 名爲隨眠이라

此有六種하니

一은 於上三有에 不斷隨逐이니 所以三有 不斷相似相續者는 由有此使 作繫縛故니 如世眠者가 不能起牀이니라【鈔_ '後三界下

는 明以何隨逐中에 除第四句에 彰隨眠體虛라 餘五는 亦就前處하야 以明隨逐이나 而文不次라 一은 卽就前第二의 約界明處하야 以明隨逐不斷이니 卽是隨逐之相이라】

뒤의 '三界' 이하 6구는 무엇으로 따라가는가를 밝혔다. 이는 따라다니는 모양을 밝힌 것이다. 이런 모양으로 인해 '수면번뇌'라고 말한다.

여기에 6가지가 있다.

① 제7구의 "삼계에 끊임없는 생을 받아 태어나 무명번뇌에 얽매이는 가없은 모양"은 위의 삼계에 끊임없이 따르는 번뇌이다. 삼계가 끊임없이 비슷하게 서로 이어지는 바는 이런 번뇌가 속박하기 때문이다. 마치 세간의 잠든 이가 잠자리에서 일어나지 못하는 것과 같다.【초_ '뒤의 삼계' 이하는 무엇으로 따라가는가를 밝혔다. 제4에서 수면번뇌의 본체가 허망함을 밝힌 "굳건하고 진실하여 다스리기 어렵다."는 것을 제외하고, 나머지 5구는 또한 앞의 의지처에 입각하여 따라다님을 밝혔지만, 경문의 차례를 따르지는 않았다.

"① 제7구의 삼계에 끊임없는 생"이란 앞의 "② 삼계를 들어 의지처를 밝혔다."는 부분에 입각하여 끊임없이 따라다님을 밝혔다. 이것이 '따라다니는 모양'이다.】

二는 遠時隨逐이니 卽於上無始時에 令心相續하야 現起無邊이니 如世眠者가 夢心相續이니라【鈔_ 以辨隨逐이니 卽經의 令無邊心相續現起相이라】

309

② 제8구의 "오래전부터 따라다니는 모양"이다. 이는 위의 시작도 없는 시절로부터 마음이 이어오면서 그지없이 현재에 일어나게 하는 것이다. 이는 마치 세간의 잠자는 사람이 꿈꾸는 마음이 서로 이어지는 것과 같다.【초_ 따라다님을 구분한 것이다. 이는 경문의 "그지없는 마음이 서로 이어오면서 현재에 일어나게 만드는 모양"이다.】

三'開諸處門'者는 一身生隨逐이니 謂於前一身之上에 報非報心으로 明隨逐也라 如世眠者 夢中見聞이라

於中에 二義니

一은 令眼等諸根門으로 集生六種識時에 使與同生이니 故云開門이라 此는 明外逐方便心이오

二는 論云 '及阿賴耶熏故'라 하니 此明內熏報心이라 論經'門'字下에 更有'集'字하니 卽阿賴耶集起之心이라 然是諸處의 通依故니라 今經에 義含耳니라【鈔_ '三開處門'은 始於第一約心明處하야 以辨隨逐이라 '集生六識'은 卽隨逐相이라 餘如疏文이니라 但言'今經義含'者는 諸處之中에 意處가 攝賴耶故니라】

③ 제9구의 "여러 문이 열린다."는 것은 하나의 몸에서 나오는, 2가지의 따라다님이다. 앞서 말한 "하나의 몸에서 보답의 마음[報心]과 보답이 아닌 마음[非報心]"으로 따라다님을 밝힌 것이다. 마치 세간의 잠자는 사람이 꿈속에서 보고 듣는 것과 같다.

여기에는 2가지 뜻이 있다.

첫째, 눈 등 모든 감각기관으로 하여금 6가지 식을 모아 생겨

나게 할 때에 속박[使]과 함께 생겨나므로 '문이 열린다.'고 하였다. 이는 밖에서 따라다니는 방편의 마음을 밝혔다.

둘째, 논에서 "아뢰야의 훈습 때문이다."고 하였다. 이는 내면에 훈습된 보답의 마음을 밝힌 부분이다. 논경에서는 '門' 자의 아래에 또한 '集' 자가 있다. 이는 아뢰야식의 모아서 일으키는 마음[集起心]이다. 그러나 이런 모든 곳에서 공통으로 의지하기 때문이다. 이의 본경에서는 의미로 포함하고 있을 뿐이다.【초_ '三開諸處門'은 앞의 '① 마음을 들어 의지처를 밝힌 부분'에서 따라다님을 밝힌 것이다.

"6가지 식을 모아 생겨나게 한다."는 것은 바로 따라다니는 모양이다. 나머지는 청량소에서 말한 바와 같다. 다만 "이의 본경에서는 의미로 포함하고 있을 뿐이다."고 말한 것은 많은 의지처 가운데 생각의 의지처가 아뢰야식에 속하기 때문이다.】

四는 堅實難治니 卽不實隨逐이니 謂修禪等時에 不得眞實對治故니라 不實堅實이 如世重眠에 不得重觸大聲하면 無由起故니라【鈔_ '四堅實'下는 彰隨眠體虛니 不就前處라】

④ 제10구의 "너무나 단단하여 다스리기 어렵다."는 것은 진실하지 않은 것이 따라다님이다. 이는 선정 등을 닦을 때에 진실하게 다스리지 못하기 때문이다. 진실하지 못한 것이 굳건하고 튼튼하기에, 마치 세간의 깊은 잠에 빠진 사람이란 큰 소리를 지르지 않으면 일어나지 못하는 것과 같다.【초_ '四堅實' 이하는 수면번뇌의 본체가 공허함을 밝힌 것이다. 앞의 의지처에 입각하여 말할 부

분이 아니다.】

五'地處'等者는 微細隨逐이니 此於上有頂處九地中에 六入處煩惱身이 隨逐故니라

然九地 有二義하니

一은 約三界九地니 雖竝成就나 細故로 不知成處多少니 名不成就라 如世眠者가 夢中에 謂覺이오

二는 以善慧爲九地니 十地에 猶有라 故名微細라 不成就者는 此地中에 分有斷除故니라 故下偈云 金剛道滅方畢竟故라하니라

【鈔_ '五地處'者는 五는 卽就前第三約位明處하야 以辨隨逐이라 言'九地中六入處'者는 以論經云 '地入隨順不隨順相이라'하야늘 論釋云 '九地中六入處煩惱身이 隨逐故라'하니라

釋曰 身卽體也라

'然九地'下는 是疏釋論이니 對二有頂하야 存二九地라

二는 約善慧九地中에 就所知障種이라 十地에 猶有等覺二愚하니 從入地來로 地地雙斷일새 故於九地에 已斷十八하니 故云此地에 分有斷除니라 次引金剛方畢竟은 雙證上二라 金剛方畢은 明十地에 猶有라 旣言方畢하니 明九已有除니라 又約煩惱障種인댄 金剛에 頓斷하니 亦成於經의 地地之中에 皆有成就義니라】

⑤ 제11구의 "모든 지위에서 성취하거나 성취하지 못한 모양"은 미세하게 따라다님이다. 이는 위의 유정처 九地 가운데 六入의 의지처인 번뇌의 몸이 따라다니기 때문이다.

그러나 九地에는 2가지 뜻이 있다.

첫째, 삼계의 9지를 들어 말한다. 비록 모두 성취하였을지라도 미세한 까닭에 성취한 곳이 많고 적음을 알 수 없으므로 '성취하지 못한 것'이라고 말한다. 이는 마치 세간의 잠자는 사람이 꿈속에서 잠을 깼다고 말하는 것과 같다.

둘째, 훌륭한 지혜로 9지를 삼는다. 아직도 10지가 남아 있기에 '미세'하다고 말한다. 성취하지 못하였다는 것은 이 9지에서 부분적으로 끊어야 하고 없애야 할 것이 남아 있기 때문이다. 따라서 아래의 게송에 이르기를, "금강의 도가 사라지면 비로소 끝마치게 된다."고 하였다. 【초_ '五地處' 등이란 ⑤는 곧 앞의 '③ 지위를 들어 의지처를 밝힌 부분'에 입각하여 따라다님을 밝힌 것이다.

"9지 가운데 6입의 의지처"라 말한 것은 논경에서 "9지와 6입에 따르거나 따르지 않는 모양"이라 하였는데, 논의 해석에서는 "9지 가운데 6입의 의지처인 번뇌의 몸이 따라다니기 때문이다."고 하였다.

이에 대한 해석은 다음과 같다.

"몸은 본체를 말한다."

'然九地' 이하는 청량소에서 논을 해석하였다. 2가지의 有頂을 상대하여 2가지의 9지가 있음을 말한다.

"둘째, 훌륭한 지혜로 9지를 삼는다."는 훌륭한 지혜의 9지 가운데 소지장의 종자에 입각하여 말한 것이다. 제10시에도 아직 능각의 2가지 어리석음[俱生微所知障, 及有任運煩惱障種]이 남아 있다. 초지에 들어간 이후로 모든 지위마다 2가지를 모두 끊음으로 9지에 이르러서는 이미 18가지의 어리석음을 끊은 것이다. 따라서 "이 9지에서 부분적으로 끊어야 하고 없애야 할 것이 남아 있기 때문이다."고 말하였다.

다음에 인용한 게송에서 "금강의 도가 사라지면 비로소 끝마치게 된다."는 것은 위의 2가지를 동시에 증명한 부분이다.

"금강에 가서야 비로소 끝마치게 된다."는 말은 10지에서도 남아 있음을 밝힌 것이다. 이처럼 "비로소 끝마치게 된다."고 말함은 9지에 이미 제거할 대상이 남아 있음을 뜻한다.

또한 번뇌장의 종자를 들어 말하면 金剛喩定에서 단번에 끊어지는 것이다. 이 또한 경문의 "모든 지위마다 모두 성취한다."는 뜻이다.】

六는 離苦隨逐이니 謂唯無分別智出世間聖道하야 方能拔出이니 如眠得觸이니라【鈔_ '六離苦隨逐'者는 此就前第五約行明處하야 辨隨逐義라

'唯以出世聖道方能離'者는 則反顯世間之道와 諸定等은 不能離也라 故論云 '餘行不能離故'라하니 此以不能離 卽隨逐相이라 前第五中에 以有成就로 爲隨逐相이니라】

⑥ 제12구의 "오직 성인의 도로써 고통의 뿌리를 뽑아내는 모양"은 괴로움을 여읨이 따라다님이다. 이는 오직 분별심이 없는 지혜와 출세간의 聖道만이 비로소 뽑아낼 수 있다. 이는 마치 잠자던 사람이 일깨움을 얻은 것과 같다.【초_ '六離苦隨逐'은 앞의 '⑤ 행을 들어 의지하는 곳을 밝힌 부분'에 입각하여 따라다님을 밝혔다.

"오직 출세간의 성도만이 비로소 여읠 수 있다."는 말은 세간의 도와 모든 선정 등으로는 이를 여읠 수 없다는 점을 반대로 밝혀준 말이다. 따라서 논에서 "나머지 행으로는 여읠 수 없기 때문이다."고 하였다. 이는 여의지 못함이 곧 따라다니는 모양이다. 앞의 '⑤ 제11구의 모든 지위에서 성취'한 것으로 따라다니는 모양을 삼은 것이다.】

第七 釋受生稠林

(7) 생을 받는 빽빽한 숲

經

又知受生種種相하나니
所謂隨業受生相과
六趣差別相과
有色無色差別相과
有想無想差別相과
業爲田하고 愛水潤하며 無明闇覆하고 識爲種子하야 生後有芽相과
名色俱生不相離相과
癡愛希求續有相과
欲受欲生에 無始樂着相과

妄謂出三界貪求相이니라

또한 중생이 몸을 받아 태어나는 가지가지 다른 모양을 알고 있다.

이른바 업을 따라 태어나는 모양,

6도의 세계에 각기 달리 태어나는 모양,

색계의 중생과 무색계의 중생이 각기 다른 모양,

생각이 있는 중생과 생각이 없는 중생이 각기 다른 모양,

업으로 밭을 삼아 사랑의 물로 적셔주고 무명으로 덮어주고 식(識)이 종자가 되어서 뒤 세상에 태어날 싹을 돋아내는 모양,

마음과 물질이 무명과 함께 생겨나 서로 떠나지 못하는 모양,

무명의 어리석음이 낳은 사랑으로 계속하여 뒤 세상에 태어나기를 바라는 모양,

몸을 받고자 하고 태어나고자 하여 시작도 없는 옛적으로부터 좋아하고 집착하는 모양,

거짓으로 삼계를 벗어났다고 생각하면서도 삼계를 탐착하는 모양이다.

◉ 疏 ◉

受生稠林이라 於中十句하니

先은 總이오 後는 別이라 論에 通爲八하니

一은 身種種이니 謂形類多故오

二는 業因種種이오【鈔_ '第七 受生稠林 論通爲八'者는 八中에

前七은 對因顯果오 後一은 約對後苦하야 彰能生集이라 就前七中하야 攝爲三對니 謂初二와 次三과 後二라 其三對中에 皆初는 當相論生이오 後는 對因說生이라 就初對中하야 一'身種種'은 當相論生이오 二'業因種種'은 對因辨生이라 由業不同일세 故生成種種이니라】

몸을 받아 태어나는 빽빽한 숲이다.

이의 경문은 10구이다.

제1구는 총상이고, 나머지는 별상이다.

논에서 총상과 별상을 통틀어 8가지로 삼았다.

① 제1구 受生種種相은 여러 가지 몸이다. 그 모습의 유가 많기 때문이다.

② 제2구 隨業受生相은 여러 가지 업의 원인이다.【초_"(7) 몸을 받아 태어나는 빽빽한 숲이다. 논에서 통틀어 8가지로 삼았다."는 것은 8가지 가운데 앞의 7가지는 원인을 상대로 결과를 밝혔고, 뒤의 하나는 後身의 고통을 상대로 생겨나게 하는 주체[能生]인 集諦를 밝혔다.

앞의 7구절에 입각하여 3가지 對句로 포괄하였다.

앞의 2구, 다음의 3구, 뒤의 2구를 말한다.

그 3가지 대구 가운데 모두 첫째 구절은 모양에 맞추어 태어남을 논하였고,

뒤 구절은 원인을 상대로 태어남을 말하였다.

첫째 대구 가운데,

'① 여러 가지 몸[身種種]'은 모양에 맞추어 태어남을 논하였고,

'② 여러 가지 업의 원인[業因種種]'은 원인을 상대로 태어남을 말하였다.

　중생의 지은 업이 각기 다르기 때문에 몸을 받아 태어난 모양이 가지가지이다.】

三은 住處種種이라

四는 四·五 二句는 色想上下種種이오

五는 同外色因種種이니 謂田等은 取外同喩故라【鈔_ 第二對는 三句中에 前二句는 當相論生이라 三은 住處種種은 非唯六趣라 一趣之中에 無量處故니라

'四 四五二句 色想上下種種'者는 今經二句가 爲論中一句니 經云 '有色無色差別相과 有想無想差別相'이라하니 二界는 有色이오 無色界는 爲無色이오 無想天은 爲無想이오 餘皆有想이니라 而言'上下'者는 以無色爲上하고 有色爲下하며 無想爲上하고 有想爲下라 應更有非想非非想이로대 亦無想收니 而論但云 色想上下라하니라 故遠公問云 無色이 云何得爲色中上下오 釋云 彼無粗色이나 有細色故니라 又問호대 無想이 云何得爲想 中上下오 答義는 同前하니 意云호대 彼無粗想이나 有細想故니라 餘는 如初地中辨이니라

'五 同外色種種'은 卽對因辨生이니 以擧過業之因하야 顯有芽故니라 廣如六地하니라】

　③ 제3구 六趣差別相은 머문 곳이 가지가지이다.

　④ 제4구 有色無色差別相과 제5구 有想無想差別相은 물질과 생각이 위아래로 가지가지이다.

⑤ 제6구 業爲田 愛水潤 無明闇覆 識爲種子 生後有芽相은 외부의 물질 원인이 같은 것이 가지가지이다. 이는 밭 등은 외면의 같은 비유를 취하기 때문이다.【초_ 제2 대구는 3구 가운데 앞의 2구는 모양에 맞추어 태어남을 논한 것이다.

"③ 머문 곳이 가지가지이다."는 것은 6趣의 차이뿐 아니라, 하나의 세계에서도 한량없는 곳이 있기 때문이다.

"④ 제4구와 제5구는 물질과 생각이 위아래로 가지가지이다."는 것은 이의 경문의 '제4구 有色無色差別相, 제5구 有想無想差別相' 2구절이 논의 '色想上下種種' 한 구절에 해당한다. 경문에서 "형상이 있거나 형상이 없는 각기 다른 모양, 생각이 있거나 생각이 없는 각기 다른 모양"이라 하였다.

욕계와 색계는 有色이라 하고, 무색계는 無色이라 한다. 無想天은 無想이라 하고, 나머지는 有想이라 한다.

하지만 '위아래'라고 말한 것은 무색계를 위라 하고, 욕계와 색계를 아래라 하며,

무상천을 위라 하고 나머지 유상천을 아래라 말한다.

당연히 다시 비상비비상천이 있지만 또한 무상천의 범주에 넣는다. 그러나 논에서는 다만 '형색과 생각의 위아래'라고 말했을 뿐이다.

이 때문에 혜원 법사가 물었다.

"무색계가 어떻게 형색의 위아래가 되는가?"

이에 대해 해석하였다.

"거기에는 두드러진 형색은 없지만 미세한 형색이 있기 때문이다."

또 물었다.

"무상천이 어떻게 유상천의 위아래가 되는가?"

대답한 뜻은 앞과 같다. 그 뜻은 다음과 같다.

"거기에는 두드러진 생각은 없지만 미세한 생각은 있기 때문이다."

나머지는 초지에서 밝힌 바와 같다.

"⑤ 외부의 물질 원인이 같은 것이 가지가지이다."는 것은 원인을 상대로 태어남을 논변한 것이다. 과거 업의 원인을 들어서 뒤 세상의 새싹이 생겨남을 밝혔기 때문이다. 자세한 것은 제6 현전지에서 밝힌 바와 같다.】

六은 自體種種이니 名色與識으로 俱生하야 相依不離가 是報自體故니라

七은 本順生因種種이니 謂癡愛爲本하야 順生求有하야 令有續故라【鈔_ 第三對中에 '六自體種種'은 卽當相論生이니 亦如六地니라 然有體唯名이오 有體唯色이니 有體에 具二일세 故云種種이니라

'七本順生' 下는 卽對因辨生이라

此上은 論文이오 '謂癡愛' 下는 疏順論釋이라

若遠公云인댄 論中語倒니 若正인댄 應云順本生因이니 謂現在之生이 本因癡愛어늘 依今生上하야 還起癡愛일세 故云順本이라하니 亦不違理로다】

⑥ 제7구 名色俱生不相離相은 자신의 본체가 가지가지이다. 이름과 물질[名色]이 識과 함께 생겨나 서로 의지하고 떨어지지 않음이 과보의 본체이기 때문이다.

⑦ 제8구 癡愛希求續有相은 본래 태어난 원인을 따름이 가지가지이다. 이는 무명과 애욕이 근본이 되어 태어남을 따라 '有'를 구하여 '有'로 하여금 이어지게 만든 때문이다. 【초_ 제3 대구 가운데 '자신의 본체가 가지가지'는 곧 모양에 맞추어 태어남을 논한 것이니 이 또한 제6 현전지에서 밝힌 부분과 같다. 그러나 어떤 것은 본체가 오직 이름뿐이고, 어떤 것은 본체가 오직 물질뿐이며, 어떤 것은 본체에 이름과 물질 2가지를 모두 갖추고 있기에 이를 가지가지라고 말한다.

'⑦ 本順生' 이하는 원인을 상대로 태어남을 구분한 것이다. 이상은 논의 문장이고, '謂癡愛' 이하는 소를 쓴 이가 논경에 따라 해석한 내용이다.

만약 혜원 법사의 말을 따른다면, 논의 문장은 도치되어 있다. 이를 바로잡는다면 당연히 "본래 태어난 원인을 따른다[順本生因]."고 말했어야 한다. 현재에 태어남이 본래 무명과 애정 때문이었지만, 금생에 의하여 다시 무명과 애욕을 일으키므로 '본래 원인을 따른다.'고 하였다. 이 또한 이치에 어긋나지 않는 말이다.】

八은 末後二句는 集苦諦種種이니 謂三求不同이나 皆是集因이오 但集苦果일세 故云種種이라

上句는 顯欲·有二求니 欲受는 卽欲求니 貪愛共取하야 追求不已

故오 欲生은 卽求有니 愛生三有하야 自得勝身하며 復攝眷屬故니라 言'無始樂著'者는 顯上二求之過라

下句는 卽邪梵行求니 由心取著故로 不知三界輪廻하고 貪求三界大小無量之相하야 妄謂涅槃이니 謂或拍腹爲道하며 或計無想非想하야 爲涅槃故니라【鈔_ '八末後'下는 約對後果하야 彰其生集이니 故名集苦諦種種이니라

'謂三求'下는 疏取論意하야 以爲解釋이라

論中에 先은 總釋論名이오 後 '上句'下는 別消經文이라

先釋上句라 二求를 言'欲受'者는 受卽樂受니 欲生五欲하야 增取追求하야 招於當苦오 言'欲生'者는 體卽是想이니 取三界勝相하야 而欲生故니라

下句는 卽邪梵行求中에 初는 總明이라 此言輪廻는 卽論의 往來上下니라

次'貪求三界'下는 別說이니 小卽欲界오 大卽色界오 無量은 卽空識二無色이니 竝如八地니라

'妄謂涅槃'은 總相而說이라 或謂拍腹은 卽檀提婆羅門이 拍腹唱言호되 我身卽道라하니 是計欲界하야 爲道오 無想은 卽計色界하야 爲道오 非想은 卽計無色界하야 爲道라 則上二無色도 亦在其中이라 二界에 偏擧此二天者는 外道 多計하야 爲涅槃故니라 然論經云 '貪著三界想出想故'라하야늘 而論에 以無想天으로 釋經想字하나니 意云호되 彼有細想이어늘 外道가 妄計以爲無想하야 有想을 謂無라하고 云想出想이니라 成實論中에 亦謂無想天은 但無粗想하고 而有

細想이라하니라 故論結云 外道妄計하야 謂出有輪이라하니 故知三求는 但增集因하야 展轉招苦로다】

⑧ 마지막 제9구 欲受欲生無始樂着相과 제10구 妄謂出三界貪求相 2가지는 集諦와 苦諦가 가지가지이다. 이는 3가지 구함[欲求, 有求, 邪梵行求]이 똑같지 않지만 모두 집제의 원인이며, 다만 집제와 고제의 결과이므로 '가지가지'라 하였다.

위의 제9구 欲受欲生無始樂着相은 欲求, 有求 2가지이다.

'몸을 받고자 함[欲受]'은 欲求이다. 貪愛를 함께 취하여 추구하기를 그만두지 않기 때문이다.

'태어나고자 함[欲生]'은 有求이다. 애욕으로 삼계에 태어나 스스로 뛰어난 몸을 얻고, 다시 권속을 포괄하기 때문이다.

"시작도 없는 옛적부터 좋아하고 집착한다."고 말한 것은 위의 欲求, 有求 2가지의 허물을 밝혔다.

아래의 제10구 妄謂出三界貪求相은 삿된 범행을 구함이다. 마음의 집착으로 인해 삼계에 윤회하는 줄 알지 못하고, 삼계의 크고 작은 한량없는 모양을 탐착하고 구하면서 부질없이 열반이라 말한다. 이는 간혹 배를 두드리면서 도라 말하기도 하고, 간혹 무상천이나 비상비비상천의 경지를 열반이라 잘못 생각하기 때문이다.【초_'八末後二句' 이하는 뒤의 결과를 상대하여 集諦가 생겨남을 밝혔다. 이 때문에 集諦와 苦諦가 가지가지라고 말하였다.

'謂三求' 이하는 청량소에서 논의 의의를 취하여 해석하였다.

논의 앞에서는 총체로 논의 명칭을 해석하였고, 뒤의 '上句' 이하는 개별로 경문을 해석하였다.

앞은 제9구의 해석이다. 欲求, 有求 2가지를 欲受라 말한 것은 受란 받아들이기를 좋아함이니, 탐욕으로 五欲을 낳아 더욱 추구하여 미래의 고통을 초래함을 말한다.

'欲生'이라 말한 것은 본체는 바로 '생각'이다. 삼계의 가장 훌륭한 모습을 취해서 태어나고자 한 때문이다.

뒤의 제10구는 삿된 범행을 구하는 가운데 첫 '由心取著'은 총체로 밝힘이다. 여기서 말한 윤회란 곧 논의 '위아래로 왕래'한다는 말이다.

다음 '貪求三界' 이하는 개별의 설명이다. 작은 것은 욕계이며, 큰 것은 색계이며, 한량없음은 곧 空無邊處天과 識無邊處天인 무색계의 두 하늘이다. 모두 제8 부동지에서 말한 바와 같다.

"부질없이 열반이라 말한다."는 총상으로 말한 것이다.

"어떤 이가 배를 두드린다[拍腹]."는 말은 단제바라문이 배를 두들기면서 노래하기를, "나의 몸이 곧 도이다."고 하였다. 이는 욕계를 도라고 잘못 생각한 것이며, 無想은 곧 색계를 도라고 잘못 생각한 것이며, 비상천은 무색계를 도라고 잘못 생각한 것이다. 그러나 위의 2가지 無色 또한 그 안에 있다. 2세계 가운데 유독 두 하늘만을 들어 말한 것은 외도들이 흔히 이를 열반으로 잘못 생각했기 때문이다.

그러나 논경에서 "삼계를 탐내고 집착하는 생각과 벗어나려는 생각이다."고 하였는데, 논에서 무상천으로 본 경문의 '想' 자를 해석하였다. 그 뜻은 "거기에 미세한 망상이 있는데 외도가 부질없이 이를 無想으로 잘못 생각한 나머지, 망상이 남아 있는 것을 '無想'으로 여기고, '망상과 망상에서 벗어난 모양'이라 말한다."고 하였다. 성실론에서도 또한 "무상천은 다만 거친 망상만 없는 것이지, 미세한 망상은 남아 있다."고 말하였다. 따라서 논에서 끝맺기를, "외도가 잘못 생각하여 '有'의 수레바퀴에서 벗어났다고 말한다."고 하였다. 이 때문에 欲求, 有求, 邪梵行求 3가지는 다만 集諦의 원인만을 더하여 점차 더욱 괴로움을 초래하였음을 알 수 있다.】

● 論 ●

欲受欲生者는 於一切名色에 常有欲受故니며 有受故로 卽有生也니 愛爲生根故니라 照心無體에 卽境無所起하야 心境總無하야 業體便謝하고 唯普光智가 無暗無明이니 卽無明이 滅에 十二虛妄緣이 滅하고 唯法界가 自在無礙하야 智悲自在緣成也라

　　欲受·欲生이란 일체 이름과 색신을 언제나 받고자 원함이 있기 때문이며, 이처럼 받음이 있기 때문에 곧 생이 있는 것이다. 애욕은 生의 근본이기 때문이다.

　　마음의 체성이 없음을 관조함에 경계가 일어나는 바가 없어, 마음과 경계가 모두 없어 업의 본체가 문득 사라지고 오직 보광명지가 어둡지도 않고 밝음도 없다.

　　이는 곧 무명이 사라짐에 12가지 허망한 인연이 사라지고, 오직 법계가 자재무애하여 大智大悲의 자재한 인연이 성취되는 것이다.

第八 釋習氣稠林

(8) 습기가 이어지는 빽빽한 숲

經

又知習氣種種相하나니
所謂行不行差別相과
隨趣熏習相과
隨衆生行熏習相과
隨業煩惱熏習相과
善不善無記熏習相과
隨入後有熏習相과
次第熏習相과
不斷煩惱遠行不捨熏習相과
實非實熏習相과
見聞親近聲聞獨覺菩薩如來熏習相이니라

또한 버릇의 가지가지 모양을 알고 있다.
이른바 행하고 행하지 않는 각기 다른 모양,
6갈래 길에 따른 훈습의 모양,
중생의 행에 따른 훈습의 모양,
업과 번뇌에 따른 훈습의 모양,
선과 불선과 무기에 따른 훈습의 모양,

뒤 세상에 들어감을 따라 훈습된 모양,

차례로 익힌 훈습의 모양,

번뇌를 끊지 못한 채 멀리 가면서 버리지 않은 훈습의 모양,

진실한 것과 진실하지 않은 것에 훈습된 모양,

성문·독각·보살·여래를 뵙고 듣고 가까이하여 훈습된 모양이다.

● 疏 ●

亦先은 總이오 後는 別이라

總云 習氣는 旣通二義하니 不可局於羅漢餘習이니라 雖標習氣나 別中에 皆言熏習하니라【鈔_ 初 標章中에 卽餘習과 熏習이 而爲 二義니 標章에 通故니라 故唯識第二云 內種이 必由熏習生長이라야 親能生果하나니 是는 因緣故오 外種熏習은 或有或無하야 爲增上緣의 所辦成果니 必以內種으로 爲彼因緣이니 是共相種의 所生果故라하니라】

또한 앞 구절은 총상이고, 뒤의 10구는 개별의 해석이다.

총상에서 말한 습기는 이미 2가지 뜻에 통한다. 아라한의 남은 습기에 국한되지 않는다. 비록 습기라고 표방했지만 개별의 10구 해석 부분에 모두 훈습이라 말하였다.【초_ 처음 표장 부분에서 남은 습기와 훈습이 2가지의 뜻이다. 표장에 통하기 때문이다. 그러므로 성유식론 권2에서는, "내면의 종자는 반드시 훈습에 의해 생겨나고 자라나야만 직접 결과를 일으킨다. 이는 인연이기 때문이

다. 외부 종자의 훈습은 혹 있기도 하고 혹은 없는데 增上緣에 의해 갖춰져 결과가 이뤄지게 된다. 반드시 내면의 종자로써 그 외부 종자를 인연으로 삼는다. 이는 共相의 종자가 낳은 결과이기 때문이다."고 하였다.】

熏은 謂熏灼이니 如外香氣오 習은 謂習學이니 唯約有情이라 習必能熏하야 以成氣分일세 故云習氣라하나리 卽賴耶識이 以爲所熏이니 以恒住一類며 是無記性이며 可受熏故오 前七轉識이 以爲能熏이니 由有生滅이며 勢力增盛이며 有增減故며 能所共相和合일세 故名熏習이라 此如攝論과 及唯識第二니라 若依起信인댄 眞如가 亦能內熏이오 佛과 善友等이 以爲外熏이니 內外和合하야 以成氣分이라 前中에 雖聞教等이나 亦因識能領受일세 故判識爲能熏이니라

熏은 그을리고 굽는 것을 말한다. 이는 바깥 향기와 같다. 習이란 익히고 배움을 말한다. 오직 유정만을 들어 말한다.

習이란 반드시 그을리고 굽는 것을 통하여 그런 냄새가 배어들게 되기에 '습기'라고 말한다.

이는 아뢰야식이 훈습의 대상이다. 항상 한 부류에 머물며, 이는 無記의 성질이며, 훈습을 받을 수 있기 때문이다.

앞의 7전식이 훈습의 주체이다. 생멸이 있기 때문이며, 세력이 더욱 성대하기 때문이며, 증가하고 감소함이 있기 때문이며, 주체와 대상이 서로 화합함으로 인해 훈습이라 한다. 이는 섭대승론과 성유식론 권2에서 말한 바와 같다.

만약 기신론의 논지를 따르면, 진여 또한 내면에서 훈습하고,

부처님과 선지식 등이 외면에서 훈습하니, 이처럼 안팎에서 화합하여 하나의 氣味를 이루게 된다. 앞에서 비록 교법 등을 들었다 할지라도 또한 식이 이를 받아들임으로 인한 까닭에 식이 훈습의 주체가 된다고 판단하였다.

今竝通此하니 別中에 十種差別이니
一은 與果現在非現在差別이니 謂過去善惡業因이 與今現果로 同起를 名行이오 不同起를 名不行이니 如人行施하야 今得人身에 亦常好施等이라 此는 卽因習이니라

여기에서는 모두 이에 통하니 개별 해석의 10구에는 10가지 각기 다른 모양이 있다.

제1구 "행하고 행하지 않는 각기 다른 모양"은 결과와 함께 현재와 현재가 아닌 각기 다른 모양이다. 과거의 선업과 악업의 원인이 지금 현재의 결과와 함께 일어나는 것을 '행함'이라 말하고, 함께 일어나지 않는 것을 '행하지 않음'이라 말한다. 이는 예컨대 어떤 사람이 과거에 보시를 많이 행하여 금생에 사람의 몸을 받아 태어나서도 또한 항상 보시하기를 좋아하는 일 등을 말한다. 이는 '원인의 습기[因習]'이다.

二隨趣熏者는 道熏差別이니 如從天來에 今猶鮮淨이라 廣明道習은 如大威燈光仙人의 所問經이니 此卽果習이라 上二는 皆是對過說今이니라【鈔_ '大威燈光仙人'者는 彼云問疑經이니 此仙爲首하야 廣有問答하며 末後諸仙이 同問此義云호되 '衆生業持가 猶如流星하야 各各別異어늘 云何得成眞實聚集이닛고'

329

下取意引하리라

'佛言하사대 無時方處에 而持得聚集하나니 過一乘已하야 若菩薩地中에 方得聚集이오 無餘涅槃中하야 方得聚集이 如百川歸海라하니라 又云하사대 '我雖說煩惱平等中에 得聚集이나 亦非聚集이니 如風吹蟲하야 聚在一處나 風息還散이라 衆生亦爾하야 業風이 吹聚地獄餓鬼等處나 業盡還散이니라'

又問意云 '先同在六道라가 後人中에 相遇하면 云何得知先來聚集이닛고 佛言하사대 大仙人이며 所有衆生이 若相見時에 心不歡喜하야 生瞋結恨하며 或時頭痛하며 或時失禁大小便利하면 當知是輩는 已於先世地獄之中에 曾聚集相이니라'

又問호되 '若先世에 曾在畜生中하야 百千萬身이 一處者한대 云何可知닛고 佛言하사대 彼生人中하야 各相見時에 結成瞋怨하야 常覓其便호되 我當何時에 覓得其便고하면 卽畜生中에 曾聚集相이니라 若餓鬼中來인댄 常樂臭穢하고 復多貪食하며 設欲與他라도 心不去離하야 生惱貪者하며 或復見彼富貴勢力하면 心生嫉妒하며 復常欲得彼人財物이니라 若有先世에 同在人中하야 曾共一處者인댄 於現世中에 若相見時에 更生欲心하며 若有先世에 共在天中하면 若相見時에 各以眼道로 遠相攝取하야 共相眷愛니라 仙人이 聞此하고 稱讚如來가 是一切智라하니라'】

제2구 "6갈래 길에 따른 훈습의 모양"은 세계의 길이 각기 다른 데에 따른 훈습이다. 이는 마치 천상에서 태어나면 금생에 오히려 맑고 청정한 것과 같다. 세계의 길에 따른 습기에 대해 자세히 밝힌 것은 대위등광선인소문경에서 말한 바와 같다. 이는 '결과의 습기[果習]'이다.

위의 2구는 모두 과거에 상대하여 현재의 습기에 대해 말하였다.【초_ '大威燈光仙人'이란 問疑經이라 하였다. 이 仙人이 上首가 되어 자세히 묻고 답한 것이며, 마지막에 여러 선인이 함께 이런 뜻에 대해 물었다.

"중생이 지닌 업이 마치 流星처럼 각기 다른데, 어떻게 진실하게 무더기를 만드는 것입니까?"

아래에서는 의미만을 취하여 인용하고자 한다.

부처님께서 말씀하셨다.

"어느 때이든, 어느 곳이든 업의 무더기를 모을 수 있다. 하나의 乘을 지나서 보살 지위에 이르러서야 비로소 모으게 되며, 無餘涅槃에 가서야 비로소 모으게 된다. 이는 마치 많은 강물이 바다로 돌아가 모이는 것과 같다."

또 말씀하셨다.

"내가 비록 '번뇌가 평등한 곳에서 모은다.'고 말했지만, 또한 모으지 못한다. 이는 마치 바람이 벌레들이 있는 곳에 불어서 한 곳에 모이게 하지만, 바람이 잠잠해지면 다시 흩어지는 것과 같다. 중생 또한 그와 같다. 업의 바람이 불어와 지옥과 아귀도에 모였을지라도 업이 다하면 다시 흩어지게 된다."

또 물은 뜻을 정리하면 다음과 같다.

"먼저 함께 육도에 있다가 다음에 人道에서 서로 만나면 어떻게 먼저 와서 모였던 것을 알 수 있습니까?"

부처님께서 말씀하셨다.

"큰 선인이여, 모든 중생이 서로 만날 적에 마음에 기쁘지 않고 성을 내거나 원한 맺으며, 혹 어떤 때는 머리가 아프기도 하고, 혹 어떤 때는 대소변을 실수하기도 한다면, 이런 무리들은 이미 과거의 지옥에서 일찍이 모였던 모양이다."

또 물었다.

"만약 과거세에 일찍이 축생 가운데 백천만 가지의 몸으로 어느 한곳에 살았다면 이를 어떻게 알 수 있습니까?"

부처님께서 말씀하셨다.

"그가 인간 세상에 태어나 각기 서로 만났을 적에 성내고 원한 맺어서 항상 기회를 엿보면서 '내가 어느 때, 그 기회를 얻을 수 있을까?'라고 한다면, 이는 중생으로 일찍이 모인 적이 있는 모양이다. 만약 아귀의 세계에서 왔다면 항상 냄새나고 더러운 것을 좋아하고, 또한 자주 음식을 탐내며, 설령 다른 것을 주려고 해도 마음에 포기하지 못하여 번뇌와 탐착을 일으키며, 혹은 또한 부귀의 힘 있는 이를 보면 질투의 마음을 일으키며, 또한 항상 그 사람의 재물을 얻고자 한다. 만약 전생에 함께 사람으로 태어나 일찍이 한곳에서 살았으면 현세에서 서로 만날 적에 다시 욕심을 내며, 전생에 천상에서 함께 살았으면 서로 만날 적에 각기 도리의 눈으로 멀리서 서로 받아들이고 취하여 서로가 서로 한집안 식구처럼 사랑하게 된다."

선인이 이런 말을 듣고서 여래는 一切智를 지닌 분이라고 칭찬

하였다.】

三 '隨衆生行'者는 親近衆生熏差別이니 此是緣習이라 故宜遠惡近善하야 慎所習也니라 所以로 昔王이 不立廐於寺하고 而立之於屠하니라【鈔_ '三 隨衆生行'者는 此下三句는 現望現在하야 以說習氣니라

'所以昔王'下는 卽智論文이니 謂此王이 有象하니 可以敵國이라 每有怨敵에 莊嚴器仗하면 無不尅勝이라 後에 敵國이 皆懼하야 久而無敵하니라 遂於寺中에 立廐養之커니 久聞僧衆이 禮念熏心하고 馴善成性하니라 後에 有鄰國의 兵衆相侵이어늘 嚴象敵之호되 都不肯敵이라 其王憂愁하야 慮其國敗한대 智臣이 白王호되 '此象이 久處精舍하야 見聞善事일새 與之化矣니 可處屠坊하야 令常見殺하면 後未經久하야 惡心이 還起니다 畜生도 尙爾은 況復於人이 近善不善이며 近惡不惡가】

제3구 "중생의 행에 따른 훈습의 모양"은 중생과 가까이한 데서 훈습된 각기 다른 모양이다. 이는 간접 원인의 습기[緣習]이다. 따라서 당연히 악은 멀리하고 선을 가까이하여 익히는 바를 삼가는 것이다. 이 때문에 예전의 어떤 왕이 사찰에 마구간을 마련하지 않고, 도살장에 마구간을 세웠다.【초_ "제3구 중생의 행에 따른 훈습의 모양"은 아래의 3구는 현생에서 현재와 대조하여 습기를 설명하였다.

"예전의 어떤 왕이 사찰에 마구간을 마련하지 않았다."는 것은 대지도론의 문장으로 다음과 같다.

그 왕에게 코끼리 한 마리가 있었는데, 나라와 맞설 만하였다. 원수나 적의 침략이 있을 때마다 그 코끼리에게 무기를 장착하면 그 누구든 이기지 못할 자가 없었다. 훗날 적국에서 모두 코끼리를 두려워하여 오랫동안 대적할 상대가 없었다. 마침내 사찰에 마구간을 마련하여 코끼리를 길렀는데, 오랫동안 대중스님들의 염불소리에 마음이 훈습되어 착하게 길들여졌다.

훗날 이웃 나라의 병사들이 침범했을 적에 코끼리에게 무기를 장착하고 대적하였는데 도무지 싸우려 들지 않았다. 그 왕이 근심하여 나라가 패망할까 염려했는데, 지혜로운 신하가 왕에게 아뢰었다.

"이 코끼리가 오래 사찰에 살면서 착한 일만 보고 들어 승려들처럼 교화된 것입니다. 도살장에 살면서 항상 도살하는 것을 보게 만들면 오래지 않아 악한 마음이 다시 일어날 것입니다."

축생도 오히려 이와 같은데 하물며 사람이 착한 이와 착하지 않은 이를 가까이하고, 악한 이와 악하지 않은 이를 가까이하는 경우야 오죽하겠는가.】

四'隨業'等者는 功業煩惱熏差別이니

功業者는 釋經'業'字니 謂是起作事業이오 揀非業因이니 如鍛金之子를 宜教數息等이라

'煩惱習'者는 如人喜眠에 眠則滋多等이니라【鈔_ '四隨業'下는 四五二句는 約因說習이니 第四는 約於作業之因이오 第五는 約於善惡之因이라 如鍛金之子等은 明法品已引하니라

莊嚴經論說호되 '舍利弗이 錯敎弟子호되 一은 白骨觀이오 一은 數息觀이라 經歷多年호되 各不得定하야 以是因緣으로 卽生邪見하야 言無涅槃과 無漏之法이라 設其有者인댄 我應得之니 何以故오 我能善持所受戒故라하야늘

我於爾時에 見是比丘가 生邪見心하고 卽喚舍利弗하야 而訶責之호되 汝不善敎로다 云何乃爲是二弟子하야 顚倒說法고 汝二弟子가 其性各異하니 一은 是浣衣오 一은 是金師라 金師之子에는 應敎數息觀이오 浣衣之子에는 應敎白骨觀이어늘 以汝錯敎하야 令是二人으로 生於惡心이로다

我於爾時에 爲是二人하야 如應說法하니 二人聞已에 得羅漢果라 是故로 我爲一切衆生의 眞善知識이오 非舍利弗과 及目連也라 하니라

釋曰 以此文證인댄 明是工業之習이오 非業因也로다 業은 卽下善惡이 是耳니라

如人喜眠者는 卽涅槃十九니 大臣이 皆爲闍王하야 說此偈曰 '若常愁苦인댄 愁遂增長하리니 如人喜眠에 眠則滋多라 貪婬嗜酒도 亦復如是라'하니라】

제4구 "업과 번뇌에 따른 훈습의 모양"은 功業과 번뇌로 훈습한 각기 다른 모양이다. 功業이란 경문에서 말한 '業' 자의 해석이다. 이는 사업을 일으킴을 말한 것이지, 업의 원인이 아님을 구분한 것이다. 이는 금세공사의 아들에게는 의당 數息觀 등으로 가르쳐야 하는 것과 같다.

'번뇌의 습기'란 마치 잠자는 것을 좋아하는 사람은 잠이 더욱 많아진다는 등과 같다.【초_ '四隨業' 이하는 제4구와 제5구 2구절은 원인을 들어 습기를 말하였다. 제4구 隨業煩惱熏習相은 업을 짓는 원인을 들어 말하였고, 제5구 善不善無記熏習相은 선과 악의 원인을 들어 말하였다.

'대장장이 아들' 등은 제18 명법품에서 이미 인용한 내용이다.

대승장엄경론에서 다음과 같이 말하였다.

"사리불이 두 제자를 잘못 가르쳤다. 한 제자에게는 白骨觀으로, 또 다른 제자에게는 數息觀으로 가르쳤다. 여러 해를 지냈지만 각기 선정을 얻지 못하였다. 이런 인연으로 삿된 소견을 일으켜 '열반과 무루의 법이 없다. 설령 그런 것이 있다면 내가 당연히 얻었을 것이다. 무엇 때문일까? 내가 받은 계율을 잘 지녀왔기 때문이다.'고 하였다.

나[부처님]는 그때, 이 비구들이 삿된 견해의 마음을 내는 것을 보고서 곧바로 사리불을 불러 꾸짖었다.

'그대는 제자를 잘못 가르쳤다! 어찌하여 두 제자에게 뒤바뀐 설법을 하였느냐? 그대의 두 제자는 그 성품이 각기 다르다. 하나는 빨래하던 사람이었고, 하나는 금세공사였다. 금세공사였던 제자에게는 당연히 수식관을 가르쳤어야 했고, 빨래하던 제자에게는 당연히 백골관을 가르쳤어야 했는데, 그대는 잘못 가르쳐 두 사람에게 악한 마음을 내도록 만들었다.'

나는 그때, 그 두 사람을 위하여 그들에게 알맞은 법을 일러주었다. 그 두 사람이 나의 말을 듣고서 아라한과를 얻었다. 이 때문에 나는 모든 중생의 진실한 선지식이 되었고, 사리불과 목건련은 진실한 선지식이 되지 못했다."

이에 대한 해석은 다음과 같다.

"이의 경문으로 증명하면 이는 익혀왔던 습기 때문이지, 업의 원인이 아님이 분명하다. 업은 아래에서 말한 선과 악이 바로 이를 말한다."

"마치 잠자는 것을 좋아하는 사람"이란 열반경 권19의 전고이다. 대신들이 모두 아사세왕[闍王]을 위하여 이런 게송으로 말하였다.

"언제나 근심에 찌든 사람은 근심이 더욱 커나간다. 이는 마치 잠꾸러기는 잠이 더욱 많아지는 것과 같다. 탐욕·음욕·술을 즐기는 것 또한 그와 같다."】

五'善不善'等者는 善業等熏差別이니 此業은 卽是業因이라 以是善等三性으로 望來果하야 稱業故니 如久行施者가 施心이 轉濃等이라 上三은 唯約現世하야 以明習氣니라

제5구 "선과 불선과 무기에 따른 훈습의 모양"은 선업 등의 훈습에 의한 각기 다른 모양이다. 여기에서 말한 업은 바로 업의 원인이다. 이런 선 등의 3가지 성품으로 미래의 결과와 대조하여 업에 걸맞기 때문이다. 마치 오래 보시를 행하던 사람이 보시하는 마음이 더욱 두터워진다는 등과 같다.

위의 3가지는 오직 현세를 들어서 습기를 밝힌 것이다.

六'隨入後有'者는 中陰熏差別이니 中有는 卽是本有後故니라 如梵

行人은 至中有內하야도 亦無染欲이니라【鈔_ '中有'者는 以經文의 隨入後有를 論判爲中陰熏故니라 故俱舍云 '本有는 謂死前이며 居生刹那後라하니 則本有는 卽是今身이니 未至當有인 於二中間을 說爲中有라 俱舍云 '死生二有中에 五蘊을 名中有故라하니라】

제6구 "뒤 세상에 들어감을 따라 훈습된 모양"은 중음신의 훈습에 의한 각기 다른 모양이다. 중간의 존재[中有]는 곧 근본 존재[本有]의 뒤이기 때문이다. 마치 범행을 닦은 사람이 中有에 이를지라도 또한 오염의 욕구가 없는 것과 같다.【초_ '中有卽是'란 경문의 "뒤 세상에 들어감을 따른다[隨入後有]."를 논에서 '중음신의 훈습'으로 科判을 지었기 때문이다. 따라서 구사론에서는, "本有는 죽기 전을 말하고, 태어난 찰나의 뒤에 있다."고 하였다.

本有는 금생의 몸이다. 미래의 존재[當有]에 이르지 않는, 둘의 중간을 中有라 말한다.

구사론에서, "死有와 生有인 2가지 존재 중의 5온을 中有라고 말하기 때문이다."고 하였다.】

七'次第'者는 與果次第熏差別이니 謂修善惡業하야 於後有位諸趣之中에 受果次第니 習亦與果로 次第無差라

上二는 約現望後하야 以說熏習이니라【鈔_ '七次第'等者는 此言後有는 卽當本有也라

遠公이 釋次第云호되 中有가 能與生陰之果로 爲方便故로 名爲次第라하니라

疏意云 '如在因中하야 先多作善하고 後則兼惡하면 後與果時에 初

卽多樂하고 後便有苦라

先苦後樂도 義亦準之니 則受果時에 如因次第니라

上二約現者는 第六은 現望中陰이오 第七은 現望當有니라】

  제7구 "차례로 익힌 훈습의 모양"은 결과와 함께 차례로 훈습한 각기 다른 모양이다. 이는 선업과 악업을 닦아서 다음 존재의 지위를 모든 갈래에서 과보를 받는 순서이다. 습기 또한 과보를 받는 순서와 차이가 없다.

  위의 2가지는 현재를 들어서 미래와 대조하여 훈습을 말하였다.

【초_ '七次第' 등이란 여기에서 말한 後有는 곧 本有에 해당한다.

  혜원 법사는 '차례'를 다음과 같이 해석하였다.

  "中有가 태어난 5음의 결과와 함께 방편이 되기 때문에 '차례'라고 말한다."

  청량소에서 말한 바는 다음과 같다.

  "마치 원인 중에 앞에서는 선행을 많이 짓다가 나중에 악행을 겸한다면, 후세에 과보를 받을 적에 처음에는 즐거움이 많다가 나중에 고통을 받게 되는 것과 같다."

  앞에는 고통스럽다가 나중에 즐거움을 얻는다는 의의 또한 이에 준한다. 과보를 받을 때에 원인의 순서와 같다.

  "위의 2가지는 현재를 들어서"라고 말한 것은 제6구는 현생을 중음신과 대조한 것이며, 제7구는 현생을 미래의 존재와 대조한 것이다.】

八不斷'等者는 離世間禪因熏差別이니 謂諸無漏定을 名離世間

禪이니 修學無漏가 卽是彼因이라 由未斷煩惱하야 雖修無漏나 亦
爲煩惱牽하야 煩惱가 隨至無漏를 名爲遠行이라 行亦入義니라

제8구 "번뇌를 끊지 못한 채 멀리 가면서 버리지 않은 훈습의
모양"은 세간을 여읜 선정의 원인으로 훈습한 각기 다른 모양이다.
이는 모든 무루법의 선정을 세간을 여읜 선정[離世間禪]이라 말한
다. 무루법을 닦고 배움이 곧 선정의 원인이다. 번뇌를 끊지 않음
으로 인해 아무리 무루법을 수행할지라도 또한 번뇌에 이끌림을
당하여 무루에까지 따라가는 것을 '遠行'이라 말한다. 行 또한 들
어간다는 뜻이다.

九 '實非實'者는 同法異外道行解脫熏差別이니 同法으로 釋實이니
卽三乘이 同佛法故오 異外道로 釋非實이니 在佛法外일새 故名爲
異니라

行者는 上二之因이오 解脫者는 上二之果니 各有熏習하야 好習本
法故니라 曾修小乘이면 今雖學大나 先發小習하니 餘可準知니라
此는 卽邪正雙明이어니와 約修證說인댄 亦含三乘의 餘習之相이니라

【 鈔_ '九實非實'下는 後二는 約人이라

'亦含三乘'者는 智論第三에 云 '譬如香在器中에 其香雖去나 習
氣故在하며 如人被縛이라가 初得脫時에 身猶不便이니라 如畢陵伽
罵恒河女니라'

亦第二論에 舍利弗瞋이라 亦當第二에 謂身子爲上座에 羅睺羅
瘦어늘 佛問其故한대

彼說偈云호되 若人食油則得力이오 若食酥者는 得好色이어니와 食

麻滓者는 無氣力하나니 大德世尊은 自當知하리이다한대

佛問하사대 誰爲上座오

答하되 和尙舍利弗이니다

佛言하사대 舍利弗이 食不淨食이로다

令日中에 炙하고 後復令止한대 不肯歸하고 已炙不合止라하야늘

佛이 遂引하사대 昔爲蛇하야 傷王이어늘 呪師 設火坑하야 令其毒호되 若不者면 當入火坑이라하야늘 彼自思惟호되 我已能吐이니 云何更이리오하고 遂投身入火라 故其瞋習이 至今不已라하니라 其大迦葉舞는 卽智論四十七이오 餘는 如第二疏鈔니라】

제9구 "진실한 것과 진실하지 않은 것에 훈습된 모양"은 같은 법과 다른 외도 수행의 해탈에 훈습한 각기 다른 모양이다.

'같은 법[同法]'으로 '진실함[實]'을 해석하였다. 이는 삼승이 불법과 같기 때문이다.

'다른 외도[異外道]'로 '진실하지 않음[非實]'을 해석하였다. 이는 불법의 바깥에 있기 때문에 '다르다'고 말하였다.

行이란 위의 2가지[同法, 異外道]의 원인이고, 해탈이란 위 2가지의 결과이다. 각기 훈습이 있어 본래 법을 잘 훈습하기 때문이다. 일찍이 소승을 닦은 바 있으면 지금 아무리 대승을 배울지라도 소승의 습기가 먼저 나오게 된다. 나머지는 이에 준하여 알 수 있다.

여기에서는 삿된 이단과 바른 도를 함께 밝혔지만, 修證으로 말하면 또한 삼승의 남은 습기의 모양을 포함한다.【초_ '九實非實' 이하 뒤의 2구는 사람을 들어 말하였다.

"또한 삼승의 남은 습기의 모양을 포함한다."는 것은 대지도론 권2에서 말한 바와 같다.

"비유하면, 향을 그릇에 담아놓으면 그 향을 버린 뒤에도 배어 있는 향기가 여전히 남아 있는 것처럼, 사람이 오라에 묶여 있다가 풀려나면 그 몸이 한참동안 불편한 것과 같다. 마치 필릉가바차가 항하의 여신을 꾸짖은 것과 같다."

또한 권2에서 사리불의 성내는 습기를 논하였다.

사리불이 상좌가 되었는데 라후라가 야위자, 부처님께서 그 까닭을 물으셨다.

이에 라후라는 게송으로 대답하였다.

"사람이 기름을 먹으면 힘이 나고, 연유를 먹으면 살갗이 좋아지며, 깻묵을 먹으면 힘이 없습니다. 대덕세존이시여, 이런 줄을 아소서."

부처님께서 물으셨다.

"누가 상좌인가?"

"사리불이옵니다."

"사리불이 깨끗지 않은 공양을 받았구나."

사리불을 햇볕에 태우게 하였고, 그 후에 그만두도록 하였지만, 사리불은 돌아오지 않았다. 이처럼 햇볕에 태웠음에도 그치지 않자, 부처님께서 마침내 전생의 일을 들어 말씀하셨다.

"옛적에 독사가 되어 왕을 물었다. 그때, 의원이 '다시 그 독사로 하여금 독을 빨아내게 하면 왕의 독기가 사라질 것입니다.'라고 하자, 주술사가 장작을 쌓아 불을 지피고서 독사에게 명하였다. '너의 독기를 도로 빨아내도록 하라. 그러하지 못하거든 이 불구덩이로 들어가라.'

독사가 생각하였다.

'이미 내가 토해낸 독기를 어떻게 다시 빨아들이겠는가?'

마침내 불길 속으로 몸을 던졌다.

이런 인연으로 그 성내는 습기가 지금까지 멈추지 않은 것이다."

그 대가섭의 춤에 대해서는 대지도론 권47에 나온다.

나머지는 권2의 疏鈔에서 말한 바와 같다.】

十은 乘熏差別이니 唯就於正하사 約其見聞이라 故法華安樂行에 '令不親近二乘'은 恐習成種故니라

제10구 "성문·독각·보살·여래를 뵙고 듣고 가까이하여 훈습된 모양"은 교법으로 훈습된 각기 다른 모양이다. 오직 바른 교법에 입각하여 그 보고 들음을 들어 말하였다. 따라서 법화경 安樂行品에서 "이승과 가까이하지 말도록 하였다."고 하였다. 이는 훈습으로 종자가 이뤄질까 염려하였기 때문이다.

● 論 ●

見聞親近聲聞獨覺菩薩如來熏習相者는 親近二乘하야 厭苦修空하야 捨大悲習하며 親近菩薩하야 修空破我하야 成大慈悲習하며 親近如來하야 成就根本普光明智하고 圓該法界하야 具普賢行習이라

"성문·독각·보살·여래를 뵙고 듣고 가까이하여 훈습된 모양"
은 이승을 가까이하여 고통을 싫어하고 空을 닦아 大悲의 습기를
버리며,

보살을 가까이하여 空을 닦고 '나'라는 것을 타파하여 대자비
의 습기를 이루며,

여래를 가까이하여 근본 보광명지를 성취하고 법계를 원만히
갖춰 보현행의 습기를 갖추는 것이다.

● 疏 ●

上來十種에 前七은 約時하야 三世·三有를 互望明習이니 通於善惡
이오 八은 明惡隨於善이오 後二는 約人이니 種種習氣를 皆能了之하
야 令成如來의 無習氣之習氣智故니라

위의 10구에서 앞의 7구는 시절을 들어 삼세와 삼계를 서로 대
조하여 습기에 대해 밝힌 내용이니, 선악에 모두 통한다.

제8구는 악이 선을 따르는 것에 대해 밝혔고, 뒤의 제9구와 제
10구 2구절은 사람을 들어 말하였다.

가지가지 습기를 모두 알고서 부처님의 '습기 없는 습기의 지
혜'를 성취하도록 하기 위해서이다.

第九 釋三聚稠林

(9) 3가지 무리의 각기 다른 모양의 빽빽한 숲

又知衆生의 正定邪定不定相하나니
所謂正見正定相과
邪見邪定相과
二俱不定相과
五逆邪定相과
五根正定相과
二俱不定相과
八邪邪定相과
正性正定相과
更不作二俱離不定相과
染着邪法邪定相과
習行聖道正定相과
二俱捨不定相이니라

　또한 중생이 바른 결정, 잘못된 결정, 결정하지 못한 모양을 알고 있다.

　이른바 바른 견해로 바르게 결정한 모양,

　삿된 견해로 삿되게 결정한 모양,

　바르거나 삿된 2가지를 모두 결정하지 못한 모양,

　5역(五逆: 弑父·母·阿羅漢, 破和合僧, 出佛身血)으로 삿되게 결정한 모양,

　5근(五根: 信·進·念·定·慧)으로 바르게 결정한 모양,

5역과 5근 2가지를 모두 결정하지 못한 모양,

8가지 삿된 것[邪見·邪思惟·邪語·邪業·邪命·邪精進·邪念·邪定]으로 삿되게 결정한 모양,

바른 성품으로 바르게 결정한 모양,

다시는 8가지 삿된 것과 바른 성품 2가지를 짓지 않고 모두 여의어서 결정하지 못한 모양,

삿된 법에 물들어 삿되게 결정한 모양,

성인의 도를 행하여 바르게 결정한 모양,

삿된 법과 성인의 도 2가지를 모두 버리어 결정하지 못한 모양이다.

◉ 疏 ◉

亦先은 總이오 後는 別이라 論通爲五하니
總은 卽第一有涅槃法과 無涅槃法과 三乘中의 一向定差別이라 無卽邪定이오 有卽正定이니 各於自乘에 定故오 離此에 不定이니 論畧不釋하니라 此就種性하야 約位以明이니 外凡은 無涅槃이오 三乘聖人은 定有오 內凡은 不定이니라 又約一期久遠이언정 非究竟無니라
【鈔_ 第九. 三聚林이라 論通爲五者는 一은 約生死涅槃之果하야 以分이오 次二는 偏就生死之因이오 後二는 偏就涅槃之因이라 又約一期下는 揀法相宗無性之義니라】

이 또한 앞은 총상이고, 뒤의 12구는 별상이다.

논에서는 총상과 별상을 통틀어 5단락으로 묶었다.

① 총상은 첫 구절로 열반이 있는 법, 열반이 없는 법, 삼승 가운데 하나같이 결정되어 있는 각기 다른 모양이다.

열반이 없다는 것은 邪定聚, 열반이 있다는 것은 正定聚이다. 이는 각기 자신의 교법에 따라 결정하기 때문이다. 이 2가지 범주에서 벗어나면 不定聚이다. 논에서는 이를 생략하여 해석하지 않았다. 이는 종성에 입각하여 지위를 들어 밝힌 것이다.

외도의 범부는 열반이 없는 邪定聚, 삼승의 성인은 열반이 있는 正定聚, 불법 내의 범부는 외도도 성인도 아닌 결정되지 않은 不定聚이다. 이는 또한 어느 한 기간의 오랜 세월을 들어 말한 것일 뿐, 끝까지 없다는 말은 아니다.【초_ '⁽⁹⁾ 3가지 무리의 각기 다른 모양의 빽빽한 숲'은 "논에서는 총상과 별상을 통틀어 5단락으로 묶었다."에서, 5단락은 다음과 같다.

① 첫 구절 '正定相邪定相, 離此二不定相'은 생사와 열반의 결과에 의지하여 구분하였고,

다음의 ② '正見正定相, 邪見邪定相, 二俱不定相', ③ '五逆邪定相, 五根正定相, 二俱不定相'은 오직 생사의 원인만을 들어 말하였으며,

뒤의 ④ '八邪邪定相, 正性正定相, 更不作二俱離不定相', ⑤ '染着邪法邪定相, 習行聖道正定相, 二俱捨不定相'은 오직 열반의 원인만을 들어 말하였다.

"이는 또한 어느 한 기간" 이하는 법상종에서 본성이 없다는 뜻과 다름을 구분한 것이다.】

二는 善行惡行因差別이니 此約解惑하사 以分三聚니 謂正見은 是
善行因이오 邪見은 惡行因이라 二見이 定起二行일새 名之爲定이니라
言二俱不定者는 無正慧決擇이며 又不撥無因果라 率之則可淸
升이오 任之則便鄙替라 故曰不定이니라 下不定도 倣此可知일새
故論皆不釋하니라

三은 惡道善道因差別이니 此約行業以辨이니라

四는 外道聲聞因差別이니 此約位以分이라 飜彼八正을 名曰八邪
라 外道는 邪位定이오 正性離生은 聖人位定이니 已入見道故니라 前
三善根이 則名不定이니라

五는 菩薩差別이니 此約修大乘者의 得失以分이라 著邪는 是失이니
所謂六蔽오 聖道는 爲得이니 卽六度等이니라

② 선행과 악행의 원인이 각기 다른 모양이다. 이는 이해와 미혹을 들어서 3가지의 무리를 나눈 것이다.

바른 소견은 선행의 원인이고, 삿된 소견은 악행의 원인이다. 2가지 소견은 반드시 2가지의 행위를 일으키므로 '결정된 것'이라고 말한다.

"2가지를 모두 결정하지 못했다."고 말한 것은 바른 지혜로 결정하고 선택함이 없으며, 또한 인과를 모두 털어버린 것도 아니다. 그런 그를 잘 이끌어 주면 청정하게 위로 오를 수 있고, 그런 그에게 맡겨두면 곧 비루하고 쇠퇴하게 되므로 결정되지 못했다고 말한다. 아래의 '결정되지 못함'도 이에 준하면 알 수 있다. 따라서 논에서 모두 해석하지 않았다.

③ 악도와 선도의 원인이 각기 다른 모양이다. 이는 행업을 들어서 논변하였다.

④ 외도와 성문의 원인이 각기 다른 모양이다. 이는 지위를 들어서 논변하였다.

8정도를 뒤바꾸면 8가지의 삿됨이 된다. 외도는 삿된 지위의 선정이고, 바른 체성으로 생을 여읨[正性離生]은 성인 지위의 선정이니, 이미 見道位에 들어갔기 때문이다. 앞의 3가지 선근[煖, 頂, 忍]을 곧 '결정되지 못함'이라고 말한다.

⑤ 보살위의 각기 다른 모양이다. 이는 대승 수행자의 잘잘못을 들어서 논변하였다.

삿된 소견에 집착함은 잘못이다. 이른바 6가지 가림[六蔽: 慳貪, 破戒, 瞋恚, 懈怠, 散亂, 愚痴]이다.

성인의 도는 잘한 일이다. 이는 6바라밀 등이다.

◉ 論 ◉

所謂 '正見·正定相'者는 但正見이라야 卽有正定이니 正見者는 思亡智現에 正邪見盡하고 定亂總無하야 無得無證하며 無生無滅이 名爲正見이오 心稱此理 名爲正定이며 反此有作有爲 卽爲邪定이라

'習行聖道正定相'者는 明修諸法空하야 無相無性하며 無作作者 名爲聖道오 其心이 不與生滅和合이 名爲正定이며 又修四聖諦가 名爲聖道오 修於八禪하야 入九次第定이 名爲正定이니 九次第定者는 名滅盡定이라

此滅定者는 有四種滅定하니

一은 聲聞滅定은 以四諦觀으로 識心이 滅에 現行煩惱와 及智亦滅이오

二는 緣覺滅定은 十二緣滅에 現行煩惱滅이며 及智亦滅이오

三은 權敎菩薩은 觀四諦十二緣하야 明苦空無常無我無人無衆生壽者하야 性相空寂에 都無所縛하야 行六波羅蜜하야 生於淨土하며 或以隨意生身하야 住於娑婆하며 或言以慈悲로 留惑住世라하나니 設入寂定이라도 但隨無相理滅이라 不得法界大用滅故오

四는 如一乘菩薩은 依如來普光明智發心하야 但達根本無明이 是一切諸佛根本普光明智하야 以此大智로 以爲進修之體일세 所有寂用이 皆隨智門하야 一身寂이 多身用이라 多身寂 一身用이며 同身寂이 別身用이오 別身寂이 同身用이라 如是同別寂用이 自在하야 等空法界하야 無礙重重이니 如海幢比丘 是也라 不同三乘의 以一切法空으로 爲進修十地之體하며 或以無性之理로 爲十地之體니 是三乘의 極果故니라

二俱捨不定相者는 正邪俱捨하야 無定無亂하야사 方始應眞이니라

　　이른바 "바른 견해, 바른 선정의 모양"이란 다만 바른 견해여야 바른 선정이 있다.

　　바른 견해란 생각하여 헤아림이 없고 지혜가 드러남에 바르고 삿된 이치를 지극히 다 보고, 선정과 산란함이 모두 사라져 얻음도 없고 증득함도 없으며, 생겨남도 없고 사라짐도 없는 것을 바른 견해라 말하고, 마음이 이런 이치에 부합하는 것을 '바른 선정'이라

하며, 이와는 반대로 지음이 있고 행함이 있는 것은 곧 '삿된 선정'이다.

"성인의 도를 행하여 바르게 결정한 모양"이란 모든 법의 空을 닦아 모양도 없고 자성도 없으며, 짓는 일과 짓는 자가 없음을 '성인의 도'라 하고, 그 마음이 생멸과 화합하지 않는 것을 '바른 선정'이라 하며, 또한 四聖諦를 닦음을 '성인의 도'라 하고, 八禪定[色界禪定 4가지, 無色界禪定 4가지]을 닦고서 아홉 단계의 선정[九次第定]에 들어가는 것을 '바른 선정'이라고 말한다.

'아홉 단계의 선정'은 滅盡定이라고 말한다. 이 멸진정에는 4가지의 滅定이 있다.

① 聲聞滅定은 四諦觀으로 識心이 사라짐에 현행번뇌와 지혜까지도 또한 사라진 것이다.

② 緣覺滅定은 12연기가 사라짐에 현행번뇌와 지혜까지도 또한 사라진 것이다.

③ 權教菩薩은 四諦와 12연기를 관조하여 苦, 空, 無常, 無我, 無人, 無衆生壽를 밝혀 性·相이 공적함에 모두 얽매인 바가 없어 6바라밀을 행하여 정토에 태어나고, 혹 意生身을 따라 사바세계에 머물며, 혹은 자비로써 의혹에 머물러 세간에 머문다고 말한다. 설령 고요한 선정에 들어가더라도 다만 無相의 이치를 따라 사라질 뿐, 아직은 법계 大用이 사라지지 않았기 때문이다.

④ 일승보살은 여래보광명지를 의하여 발심하여, 다만 근본 무명이 일체제불의 근본 보광명지임을 통달하여, 이런 대지혜로써

닦아나가는 본체를 삼는다.

    그러므로 소유한 寂靜과 妙用이 모두 지혜의 문을 따라,

한 몸의 고요함이 많은 몸의 작용이며,

많은 몸의 고요함이 한 몸의 작용이며,

같은 몸의 고요함이 개별의 몸의 작용이며,

개별의 몸의 고요함이 같은 몸의 작용이다.

    이처럼 같은 몸과 다른 몸의 寂靜과 妙用이 자재하여 허공과 법계와 같이 거듭거듭 걸림이 없다. 이는 해동비구가 바로 그에 해당되는 인물이다.

    이는 삼승의 일체 법공으로써 십지를 닦아나가는 본체를 삼거나 혹은 자성이 없는 이치로 십지의 본체를 삼는 것과는 다르다. 이는 삼승의 지극한 결과이기 때문이다.

    "삿된 법과 성인의 도 2가지를 모두 버리어 결정하지 못한 모양"이란 바른 성인의 도와 삿된 법을 모두 버려서 선정도 없고 산란함도 없어야 비로소 진여에 부응하는 것이다.

                           십지품 제26-12 十地品 第二十六之十二
                        화엄경소론찬요 제71권 華嚴經疏論纂要 卷第七十一

화엄경소론찬요 제72권
華嚴經疏論纂要 卷第七十二

십지품 제26-13
十地品 第二十六之十三

第三. 總結安住

文屬 入行이라

3) 안주함을 총괄하여 끝맺다

경문은 행법에 들어감을 성취함에 속한다.

經

佛子여 菩薩이 隨順如是智慧 名住善慧地니라

불자여! 보살이 이런 지혜를 따라 따르는 것을 선혜지에 머무른다고 말한다.

◉ 疏 ◉

論意는 總結前三일세 故云前三種事成就라하니 方能安住此地니라 【鈔_ '總結前三'者는 卽一은 法師方便成就요 二는 智成就요 三은 入行成就니라】

논에서 말한 뜻은 앞의 3가지를 총괄하여 끝맺은 까닭에 '앞의 3가지 일의 성취'라고 말한다. 이런 성취가 있어야 비로소 선혜지에 안주할 수 있다.【초_ "앞의 3가지를 총괄하여 끝맺는다."는 것은 1. 법사의 방편 성취, 2. 지혜의 성취, 3. 행법에 들어감의 성취이다.】

大文第四는 明說成就니 亦攝善法行이라 辯才饒益이 多同彼故니라
文中二니 先은 牒前總顯이라

4. 설법의 성취

이는 또한 십행의 제9 선법행에 속한다. 변재로 중생에게 이익을 베풂이 대부분 선법행과 같기 때문이다.

경문은 2단락이다.

앞부분은 앞의 경문을 이어서 총체로 밝혔다.

經

住此地已에 了知衆生의 諸行差別하야 教化調伏하야 令得解脫이니라

이 지위에 머물러서는 중생의 모든 행이 각기 다름을 알고서 그들을 교화하고 조복하여 해탈을 얻게 하였다.

◉ 疏 ◉

謂了心行하야사 方善說故니라【鈔_ '先牒前'者는 住此地已를 名爲牒前이라 '了知'已下는 卽是總顯이니 先了心行이오 後教化調伏令得解脫이 卽是善說이라】

중생의 마음 작용을 알아야만 비로소 설법을 잘할 수 있기 때문이다.【초_ "앞부분은 앞의 경문을 이어 썼다."는 것은 '이 지위에 머물러서는' 구절을 '앞의 경문을 이어 쓴' 부분이라고 말한다.

'了知衆生' 이하는 총체로 밝힌 부분이다. '먼저 중생의 마음 작용을 알고서 뒤에 교화하고 조복하여 해탈을 얻도록 함'이 곧 설법을 잘함이다.】

▬

後 廣顯說成
有三成就하니
一은 智成就니 謂知法하며 知器며 知化儀故오
二는 口業成就니 能起說故오
三은 法師自在成就니 得陀羅尼等하야 成彼德故니라
各有佛子하야 以爲揀別이니라
今은 初라

뒤는 설법의 성취를 자세히 밝혔다.

3가지의 성취가 있다.

1) 지혜의 성취이다. 법을 알고 중생의 근기를 알고 교화의 의식을 알기 때문이다.

2) 구업의 성취이다. 설법을 일으키기 때문이다.

3) 법사의 자재함 성취이다. 다라니의 총지 등을 얻어서 법사의 공덕을 성취하기 때문이다.

위의 3가지는 각기 '佛子'라는 2글자로 단락을 구분하였다.

1) 지혜의 성취

經

佛子여 此菩薩이 善能演說聲聞乘法과 獨覺乘法과 菩
薩乘法과 如來地法하며
一切行處에 智隨行故로
能隨衆生의 根性欲解와 所行有異와 諸聚差別하며 亦隨
受生과 煩惱眠縛과 諸業習氣하야 而爲說法하야
令生信解하고 增益智慧하야 各於其乘에 而得解脫이니라

　　불자여! 이 보살이 성문승의 법, 독각승의 법, 보살승의 법, 여래 지위의 법을 잘 연설하며,

　　이처럼 일체 수행할 곳에 지혜가 행을 따르기에 중생의 근기, 성품, 욕망, 이해와 행할 바의 차이, 많은 부류의 각기 다른 모양을 잘 따르며,

　　또한 중생의 원하는 바를 따라 몸을 받아 태어남과 번뇌와 수면번뇌의 속박, 많은 업의 습기를 따라서 그들을 설법하여 신심과 이해를 내게 하고 지혜를 더욱 더하여 각각 그들의 자리에서 해탈을 얻게 하였다.

● 疏 ●

分二니 先은 明隨所知之法이오 二 '一切'下는 隨所依之器라
此二何異前文의 智成·入成고 '前二'는 各別而知오 今此는 總收하
야 以法逗器니라
今初에 所知法은 卽三乘·一乘解脫差別이니 各含敎證이라 敎道

는 以將化生하야 令器熟故오 證道는 以將度生하야 令得解脫하야 正體度故니라【鈔_ '此二何異'下는 問答料揀이니 先은 問이오 後 '前二'下는 答이니 謂若前二의 別知智成은 如別知本草오 別明入成은 如別知脉經이라 今此는 依脉知病하야 授本草藥이라

'教道以將化生'者는 文無教證이니 故各含之라 其教證言은 在簡總中이니 教化調伏은 卽是教道오 令得解脫은 卽是證道라 此三乘中에 皆具此二라】

이의 경문은 2단락으로 나뉜다.

(1) 아는 바의 법을 따름을 밝혔고,

(2) '一切' 이하는 의지 대상의 근기를 따름이다.

"이 2단락이 앞의 경문에서 말한 '지혜의 성취'와 '행법에 들어감의 성취'와 그 무엇이 다른가?"

"앞의 2단락은 각각 나누어서 아는 부분이고, 지금 여기서는 총체로 정리하여 법을 근기에 맞춘 부분이다."

'(1) 아는 바의 법'은 삼승과 일승의 해탈법이 각기 다르다. 여기에는 각기 教道와 證道를 포함하고 있다. 교도는 중생을 교화하여 그들의 근기를 성숙시켜줌이며, 증도는 중생을 제도하여 그들로 하여금 해탈을 얻어 바르게 체득하고 제도하기 위함이다.【초_ '此二何異' 이하는 물음과 대답으로 구분한 내용이다.

앞은 물음이고, 뒤의 '前二' 이하는 대답이다.

앞의 2가지에서, 개별로 지혜의 성취를 아는 것은 마치 약의 처방[本草]을 개별로 아는 것과 같고, 개별로 행법에 들어감의 성취

에 대해 밝힌 것은 개별의 환자의 맥과 경락을 구별하여 아는 것과 같다. 여기에서는 맥에 의지하여 병의 증상을 알고 약을 처방하는 것이다.

"교도는 중생을 교화한다."는 것은 경문에는 교도와 증도를 언급한 바 없다. 이 때문에 각기 이를 포함하고 있다. 그 교도와 증도라는 말은 앞의 총상으로 밝힌 부분에서 "교화하고 조복한다."는 것은 교도에 해당되고, "해탈을 얻게 한다."는 것은 증도에 해당된다. 이 삼승 가운데 모두 이처럼 교도와 증도 2가지를 갖추고 있다.】

二 隨所依中에 文有三節하니
初는 總明이오 次'能隨'下는 別顯이오 後'令生'下는 結益이라
論主가 通收하야 爲七種器하나니
一은 說所說法對器니 自釋云호되 隨應度者는 授對治法故라하니라
卽總中二句니 下句는 是說所說法이오 上句는 卽所對之器니라
別中에 初는 能隨오 及後의 而爲說法은 卽上說所說法이오 中間根等諸林은 卽是所對之器라 於中에 準論經하면 衆生下에 有心字하니 卽是心稠林이니 通爲五種器라 初는 衆生心根性欲解는 明所說法成器니 謂十一林之中에 此五는 正顯已成信等法器라 可隨根欲等說일새 故別顯之니라
二는 所行有異라 含其二義하니
一은 約能行之行하야 名種種異行器니 卽上根等能行이오
二는 所行之境이라 卽上根等所行을 名譬喻器니 總喻上五故니라
如世稼穡에 具五因緣에 彼所種物을 成就堪用이니 一은 有心物이

오 二는 有根益其生力이오 三은 有可生性이오 四는 含潤欲發이오 五는 決定可生이라 喩上心等일세 故云譬喩니라

四諸聚差別者는 卽定不定根轉器니 亦通上根等이라

五亦隨下는 隨辭辨器라 以彼生과 煩惱와 業熏을 難捨일세 要作同行巧辨하야사 方能化故니라

三은 結成益이니 卽隨乘因能乘出器니 以上諸義가 不離自乘解脫故니라【鈔_ '三結成益'下는 卽第七器라 言'以上諸義不出自乘'者는 上六器義 不出三乘일세니라】

'(2) 의지 대상의 근기를 따른' 부분의 경문은 3절이다.

㈀ 총상으로 밝혔고,

㈁ '能隨' 이하는 개별로 밝혔으며,

㈂ '令生' 이하는 이익의 끝맺음이다.

논주가 통틀어 정리하여 7가지의 근기를 위함이다.

㈀ 말해야 할 법을 말하여 상대하는 근기이다. 스스로 "당연히 제도할 자에 따른다는 것은 다스릴 법을 주기 때문이다."고 해석하였다. 이는 총상의 2구절을 가리킨다. 총상의 아래 구절은 설법의 주체가 말한 법이고, 위 구절은 상대 대상의 근기이다.

㈁ 개별 부분 가운데 첫 구절 '一切行處 智隨行故'는 따르는 주체이며,

뒤의 '而爲說法'은 위의 '말해야 할 대상의 법을 말함'이며,

중간의 '중생의 根·性·欲·解' 등의 여러 가지 빽빽한 숲은 상대 대상의 근기이다.

그 부분의 논경에 준하여 살펴보면, 경문의 '能隨衆生'의 아래에 '心' 자가 있다. 이는 곧 '마음의 빽빽한 숲[心稠林]'으로 5가지의 근기에 모두 통한다.

첫째, 중생의 마음, 근기, 성품, 욕망, 이해는 설할 법과 근기의 성취를 밝힌 것이다. 11가지 빽빽한 숲 가운데 이 5가지는 바로 이미 성취한 믿음 등의 법기임을 밝히고 있다. 근기, 욕망 등에 맞추어 설법해야 하므로 이를 개별로 밝힌 것이다.

둘째, 행할 바의 차이가 있다. 여기에는 2가지의 뜻을 포함하고 있다.

① 행의 주체가 되는 행을 들어서 '가지가지 다른 행의 근기'라 말한다. 이는 상근기 등이 행할 수 있는 행이다.

② 행할 대상의 경계이다. 상근기 등이 행할 대상을 '비유의 근기'라고 말한다. 이는 위의 5가지를 총괄하여 비유하였기 때문이다. 이는 마치 세간에서 씨앗을 뿌려 농사지을 적에 5가지 원인과 조건을 갖추면 그 씨앗을 뿌린 작물을 거둘 수 있는 것과 같다.

'5가지 원인과 조건'이란,

㉠ 씨앗이 있는 작물,

㉡ 뿌리가 돋아나 생기를 더해야 하고,

㉢ 새싹이 돋아날 수 있는 가능성을 지녀야 하며,

㉣ 물기를 머금어 싹을 틔워야 하고,

㉤ 반드시 돋아나야 한다.

위의 마음 등을 비유하였으므로 이를 '비유'라 말하였다.

넷째, '많은 부류의 각기 다른 모양'이란 곧 '결정되고 결정되지 않은 근성이 바뀌는 근기'이다. 이 또한 위의 상근기 등과 통한다.

다섯째, '亦隨受生' 이하는 '그들의 말을 따르는 근기'이다. 그 생을 받아 태어남, 번뇌, 업의 훈습을 버리기 어려우므로 함께 행하면서 뛰어난 변재를 갖춰야만 비로소 잘 교화할 수 있기 때문이다.

㈐ 이익의 성취를 끝맺었다. 이는 '교법의 원인과 교법의 주체를 따라 나온 근기'이다.

위의 모든 의의는 자신의 입장에 따른 교법의 해탈에서 벗어나지 않기 때문이다.【초_ '三結成益' 이하는 일곱째 근기이다.

"위의 모든 의의는 자신의 입장에 따른 교법의 해탈에서 벗어나지 않는다."고 말한 것은 위의 6가지 근기에 대한 의의는 삼승에서 벗어나지 않기 때문이다.】

一 智成就 竟하다

1) 지혜의 성취를 끝마치다.

第二 口業成就

曲分爲二니 先은 總明具說之德이오 二는 正明口業成就라

今은 初라

2) 구업의 성취

자세히 나누면 2단락이다.

⑴ 설법의 자질을 총괄하여 밝혔고,

(2) '以無量' 이하는 바로 구업의 성취를 밝혔다.

이는 '(1) 설법의 자질'이다.

經

佛子여 **菩薩**이 **住此善慧地**에 **作大法師**하야 **具法師行**하야 **善能守護如來法藏**호되

불자여! 보살이 이 선혜지에 머물 적에 큰 법사가 되어 법사의 행을 갖추고서 여래의 법장을 잘 수호하되,

● 疏 ●

今初 亦是智成就니 以具法師行이 卽是智故니라 而言說者는 護如來法藏이 通於說故니 斯則內持於智하고 外口說故니라
何名具法師行고 深妙義中에 具二十種功德故니라
一은 知時오 二는 正意오 三은 頓이오 四는 相續이오 五는 漸이오 六은 次오 七은 句義漸次오 八은 示오 九는 喜오 十은 勸이오 十一은 具德이오 十二는 不毁오 十三은 不亂이오 十四는 如法이오 十五는 隨衆이오 十六은 慈心이오 十七은 安穩心이오 十八은 憐愍心이오 十九는 不著名利오 二十은 不自讚毁他니 廣釋如論이니라【 鈔_ '今初亦是'下는 義有兩兼일새 故云亦是니 而智는 先已說이라 此中之智 爲成口業이니 故論但云 口業成就라하니라
'廣釋如論'者는 以文多稍易며 非正釋經일새 故署指耳니 今具出之호리라

364

論二十德을 分之爲二니 前十五種은 是隨順說이니 外順說儀故오
後之五德은 是淸淨說이니 內心無過故니라

前十五中에 初言時者는 觀察物心하야 無留難時하야 而爲說法이니
論云 是中時者는 無八難故라하니 如偈云 如王懷憂惱며 病·恚·
著諸欲이며 險處·無侍衛며 讒佞·無忠臣인 如是八難時에 智臣不
應語라 心王亦如是하야 非時不應說이라하니라

釋曰 論但兩偈오 更無解釋이니 今當釋之호리라 前一偈半은 是喩
오 但半偈는 合이라 王은 喩衆生이니 於所說法에 取捨自在故니라 一
은 如人憂惱에 言不入心하나니 衆生憂惱에 法不入心이라 二는 病苦
는 喩衆生有苦에 法不入心이라 三은 恚오 四는 欲이니 可知로다 五는
險處는 喩八難處오 六은 無善法이 爲無侍오 七은 惡友讒佞이오 八
은 無善友忠臣이니 此八이 皆爲法之難이라

二正意者는 論云 正威儀住오 非不正住라 此義云何오 自立他坐
에 不應爲說法이니 如是等事는 如戒經中에 廣說이라

何以故오 諸佛菩薩이 敬重法故니 以恭敬故로 令他生尊重心하야
聞法恭敬하야 攝心聽故라하니라

三頓·四相續은 論云 頓者는 是菩薩이 正意로 爲一切衆生하야 說
一切離慳法垢故라하니라

釋曰 說一切法이 是法頓也오 離慳法垢故가 卽心頓也라 生多法
廣이 事雖難盡이나 但捨慳垢가 卽名頓矣니라 論云 相續者는 說無
休息이니 捨諸法中의 嫉妒意故라하니라

釋曰 說無休息者는 說相續也오 捨嫉妒意는 心相續也라 事難常

俱나 但捨妒心이 即名相續이니라

五漸·六次·七句義漸次는 論云 '漸者는 如字句次第說故'라하니라

釋曰 此約教明이라

論云 '次者는 如字句次第니 義亦如是說故'라하니라

釋曰 '此依義也'라

論云 '句義漸次者는 說同義法이오 不說不同義法故'라하니라

釋曰 '此依行法次第說이라 亦可於前教及義中에 說同義法이오 不說不同義法이라 是義云何오 如四諦中에 苦說有作이면 集滅道中에 亦說有作이오 苦說無作이면 集滅道中에도 亦說無作이니 如是一切 不相間雜일새 故曰同義니라

八示·九喜·十勸은 論云 '示者는 示所應示等故'라하니라

釋曰 '如小乘根에 應示小等이라 等者는 授所應授와 照所應照等이라'

論云 '喜者는 喜所應喜等이라하니 量宜開曉하야 令歡喜故니라'

論云 '勸者는 怯弱衆生에 勸令勇猛故'라하니라

十一具德者는 '現智·比知·阿含所證을 具說故'라하니라

釋曰 '現比一對는 情意分別이오 教證一對는 約境分別이니 備此四種能說之德일새 故云具德이니라'

十二不毀로 至第十五는 論云 '不毀者는 隨順善道說故'라하니라

釋曰 '說能隨順出世之道니라

論云 '十三不亂者는 不動不雜하야 正入非稠林故'라하니라

釋曰 '此明說能順理라 不動者는 言不太淺이니 太淺失理를 名之

爲動이라 不雜者는 說不太深이니 不雜深隱이니라 言正入者는 顯前
不動이니 言能顯理하야 令人正入이니라 非稠林者는 顯前不雜이니
語不深隱하야 不如稠林의 難見知故니라

論云 '十四如法者는 具說四聖諦故'라하니라

釋曰 '謂說稱於四諦法相하야 能令人으로 知苦며 斷集이며 證滅修
道故'니라

論云 '十五隨衆者는 於四衆八部에 隨所應聞하야 而爲說法故'라
하니라

釋曰 '此明說順於人이라 故論 總結云호되 如是十五種相으로 菩
薩이 隨順利益他하야 說一切法故'라하니라

後之五種은 是淸淨說者니 謂'十六慈心'下 是라

論云 '慈心者는 於怨衆生에 起慈心說法故'라하니라

釋曰 '怨多瞋故'니라

論云 '安穩心者는 於惡行衆生中에 起利益心說法故'라하니라

釋曰 '惡行은 必當受大苦故'니라

論云 '憐愍心者는 於受苦樂放逸衆生中에 起憐愍利樂心하야 說
法故'라하니라

釋曰 '於受苦者에 愍其現苦요 於受樂放逸者에 愍其當苦'니라

論云 '不著名聞利養者는 心不希望하야 常行遠離故'라하니라

釋曰 '未得에 不悕며 已得에 能離故'니라

論云 '不自讚毁他者는 離我慢嫉妒隨煩惱하고 爲衆生說法故'라
하니라

釋曰 '隨緣現起를 名隨煩惱니 以離我慢일새 故不自讚이오 以離嫉妒일새 故不毁他니라'
論結云 '如是五種相으로 菩薩이 自心淸淨故라하니라
論에 又總結云 '具此二十事면 能作法師니 是名住大法師深妙義中이라하니라】

구업 성취의 첫 부분인 설법의 자질 또한 '지혜의 성취'이다. 법사의 행을 갖춤이 곧 '지혜'이기 때문이다. 그러나 '설법'이라 말한 것은 부처님의 法藏 수호는 설법에 통하기 때문이다. 이는 안으로 지혜를 간직하고, 밖으로는 입으로 설법하기 때문이다.

무엇을 법사의 행을 갖췄다고 말하는가? 심오하고 미묘한 의의 가운데 20가지의 공덕을 갖췄기 때문이다.

① 때를 아는 것,
② 바른 뜻,
③ 頓法,
④ 끊임없이 이어지는 것,
⑤ 漸法,
⑥ 차츰차츰 차례를 따르는 것,
⑦ 구절과 이치의 순서,
⑧ 보여줌,
⑨ 기쁘게 함,
⑩ 권면함,
⑪ 공덕을 갖춤,

⑫ 훼손하지 않음,

⑬ 산란하지 않음,

⑭ 바른 법을 순응하여 어기지 않음,

⑮ 중생을 따름,

⑯ 자비의 마음,

⑰ 평온한 마음,

⑱ 중생을 가엾이 여기는 마음,

⑲ 명성과 이득에 집착하지 않음,

⑳ 자신을 찬탄하고 남을 비방하지 않음이다.

자세한 해석은 논에서 말한 바와 같다.【초_ '今初亦是' 이하는 2가지 의미를 겸하고 있기에 '亦是'라고 말하였다. 지혜는 앞에서 이미 말했지만, 여기에서의 지혜는 구업의 성취를 위함이다. 이 때문에 논에서 '구업의 성취'라 말했을 뿐이다.

"자세한 해석은 논에서 말한 바와 같다."는 것은 문장이 번다하고, 조금은 쉽게 이해할 수 있으며, 바르게 경문을 해석한 것이 아니므로 간단하게 말했다.

그러나 여기에서는 이를 구체적으로 말하고자 한다.

논에서 20가지의 공덕을 2가지로 나누었다.

앞의 15가지는 따른 설법이다. 밖으로 설법 의식을 따랐기 때문이다.

뒤의 5가지 공덕은 청정한 설법이다. 안으로 마음의 잘못이 없기 때문이다.

앞의 15가지 가운데 '① 때를 아는 것'이란 중생의 마음을 살펴보고서 멈추거나 어려워하는 때가 없이 설법하는 것이다. 논에서는, "여기에서 말한 '때'란 8가지의 어려움[八難]이 없기 때문이다."고 하였다. 이는 게송에서 말한 바와 같다.

"왕이 ㉠ 근심과 고뇌를 품거나, ㉡ 병들거나, ㉢ 성내거나, ㉣ 모든 욕망에 집착하거나, ㉤ 험난한 곳이거나, ㉥ 호위의 시종이 없거나, ㉦ 참소와 아첨을 하거나, ㉧ 충신이 없는 이런 8가지 어려운 때에 지혜로운 신하는 말하지 않는다. 마음의 왕 또한 마찬가지로 때가 아니면 말하지 않는다."

이에 대한 해석은 다음과 같다.

"논에는 2수의 게송만을 말했을 뿐, 다시 해석하지 않았다. 여기에서 이를 해석하고자 한다.

앞의 1수 반의 게송[如王懷憂惱, 病·恚·著諸欲, 險處·無侍衛, 讒佞·無忠臣, 如是八難時, 智臣不應語]은 비유이고, 반수의 게송[心王亦如是, 非時不應說]만이 종합이다.

왕은 중생을 비유하였다. 설법할 바에 대해 취하고 버림이 자유롭기 때문이다.

㉠ 사람에게 근심과 고뇌가 있으면 말이 마음에 들어오지 않는 것처럼, 중생이 근심하고 고뇌하면 마음에 법문을 받아들이지 못하는 것과 같다.

㉡ 질병의 고통은 중생에게 고통이 있으면 마음에 법문을 받아들이지 못함을 비유하였다.

ⓒ 성냄과 ㉣ 욕망은 말하지 않아도 알 수 있다.

㉤ 험난한 곳은 8가지 어려운 곳을 비유하였다.

㉥ 선한 법이 없다는 것은 호위의 시종이 없는 것이다.

㉦ 나쁜 친구는 참소와 아첨을 함이며,

㉧ 착한 친구와 충신이 없는 것이다.

이 8가지는 모두 법문을 받아들이기 어려움에 해당한다."

'② 바른 뜻'에 대해 논에서 말하였다.

"바른 위의에 머무는 것이지, 올바르지 않게 머무는 것이 아니다.

이 뜻은 무엇인가? 나는 서 있고 남들은 앉아 있다면 그들을 위해 설법해서는 안 된다. 이런 등의 일들은 계경에 자세히 말한 바와 같다.

무엇 때문일까? 제불보살이 법을 공경하고 중히 여기기 때문이다. 공경하기 때문에 다른 이로 하여금 존중하는 마음을 내어, 공경히 법문을 들으면서 조금이라도 흐트러진 마음 없이 귀 기울여 듣도록 하기 위함이다."

'③ 돈법'과 '④ 끊임없이 이어지는 것'에 대해 논에서 말하였다.

"③ 돈법이란 보살이 바른 뜻으로 일체중생을 위하여, 일체를 설법하여 '법에 인색한 허물[慳法垢]'을 여의도록 하는 것이다."

이에 대한 해석은 다음과 같다.

"일체 법을 연설함이 '법의 돈법'이요, 법에 인색한 허물을 여읨이 곧 '마음의 돈법'이다. 중생은 많고 법문이 광대하여 현상의 일에서 모두 다하기는 어렵지만, 다만 인색한 허물을 버리는 것만이 곧 돈법이라고 말한다."

논에서 말하였다.

"④ 끊임없이 이어지는 것이란 설법을 멈추지 않는 것이다. 모든 법문 가운데 질투하는 마음을 버렸기 때문이다."

이에 대한 해석은 다음과 같다.

"'설법을 멈추지 않는 것'은 설법이 이어짐이며, '질투하는 마음을 버리는 것'은 마음이 이어지는 것이다. 현상의 일에서 언제나 함께하기는 어렵지만 질투하는 마음만 버리면 곧 '끊임없이 이어진다.'고 말한다."

'⑤ 漸法, ⑥ 차츰차츰 차례를 따르는 것, ⑦ 구절과 이치의 순서'에 대해 논에서 말하였다.

"⑤ 점법이란 字句의 차례대로 설법하기 때문이다."

이에 대한 해석은 다음과 같다.

"이는 敎道를 들어 밝힌 것이다."

논에서 말하였다.

"⑥ 차츰차츰 차례를 따르는 것이란 자구의 차례대로 설법하는 것처럼, 그 의의 또한 이처럼 말하기 때문이다."

이에 대한 해석은 다음과 같다.

"이는 의의를 따른 설법이다."

논에서 말하였다.

"⑦ 구절과 이치의 순서'란 같은 이치의 법으로 말하고 다른 이치의 법으로 말하지 않기 때문이다."

이에 대한 해석은 다음과 같다.

"이는 행법의 차례를 따라 설법한 부분이다. 또한 앞의 敎道와 이치 가운데 같은 이치의 법으로 말하고 다른 이치의 법으로 말하지 않는다.

그 이치는 어떤 것일까? 예컨대 四諦 가운데 苦諦에 대해 행해야 한다고 말하면 집제·멸제·도제 또한 행해야 한다고 말하며, 고제에 대해 행해서는 안 된다고 말할 경우, 집제·멸제·도제 또한 행해서는 안 된다고 말하는 것과 같다. 이렇듯 그 모든 것을 뒤죽박죽 말하지 않으므로 '같은 이치'라고 말한다."

'⑧ 법을 보여줌, ⑨ 기쁘게 함, ⑩ 권면함'에 대해 논에서 말하였다.

"'⑧ 법을 보여줌'이란 응당 보여주어야 할 것들을 보여주는 것이다."

이에 대한 해석은 다음과 같다.

"마치 소승의 근기에는 당연히 소승을 보여주는 등과 같다. '等'이란 당연히 그에 걸맞게 건네주어야 할 것을 건네주고, 당연히 비춰줘야 할 것을 비춰준다는 등이다."

논에서 말하였다.

"'⑨ 기쁘게 함'이란 당연히 기쁘게 해야 할 것을 기쁘게 하는 등이다. 그에게 적절한 바를 헤아려 깨우쳐주어 기쁨을 주기 때문이다."

논에서 말하였다.

"'⑩ 권면함'이란 겁이 많고 나약한 중생을 권면하여 용맹하도록 만들어 주기 때문이다."

"'⑪ 공덕을 갖춤'이란 있는 사실 그대로 아는 지혜[現量智], 추리로 미루어 아는 지혜[比量智], 아함의 도로 증득한 지혜[證智]를 모두 갖춰 설법하기 때문이다."

이에 대한 해석은 다음과 같다.

"現量智와 比量智의 한 對句는 분별심으로 구분한 것이요, 교도와 증도의 한 對句는 경계에 의지한 구분이니, 이런 4종류의 설법하는 주체의 자질을 구비하였으므로 공덕을 갖췄다고 말한다.

'⑫ 훼손하지 않음'으로부터 '⑮ 중생을 따름'에 대해 논에서 말하였다.

"'⑫ 훼손하지 않음'이란 착한 도를 따라 설법하기 때문이다."

이에 대한 해석은 다음과 같다.

"설법하는 데 출세간의 도를 따른 것이다."

논에서 말하였다.

"'⑬ 산란하지 않음'이란 동요하지 않고 혼잡하지 않고서 바르게 빽빽한 숲이 아닌 곳으로 들어가기 때문이다."

이에 대한 해석은 다음과 같다.

"이는 이치를 따라 설법함을 밝힌 것이다.

'동요하지 않음'이란 너무 천박한 언어를 사용하지 않음이다. 너무 천박하여 이치를 잃음을 동요라 말한다.

'혼잡하지 않음'이란 너무 심오하게 설법하지 않음을 말한다. 말이 뒤죽박죽으로 심오하게 들리거나 분명하지 않은 뜻으로 말하지 않는다.

'바르게 들어감[正入]'이란 앞의 '동요하지 않음'을 밝힌 것이다. 이치를 잘 밝힌 언어로 사람들을 바르게 들어가도록 하는 것이다.

'빽빽한 숲이 아닌 곳'이란 앞의 '혼잡하지 않음'을 밝힌 것이다. 말의 표현이 심오하거나 숨겨져 있지 않아서 빽빽한 숲처럼 알아보기 어려운 게 아니기 때문이다.

논에서 말하였다.

"⑭ 바른 법을 순응하여 어기지 않음'이란 사성제를 모두 말하기 때문이다."

이에 대한 해석은 다음과 같다.

"설법이 사성제의 법과 행상에 걸맞아서 사람들로 하여금 괴로움을 알고 괴로움의 원인을 끊으며, 괴로움이 사라짐을 증득하고 괴로움을 없애는 도를 닦도록 하기 위함이다."

논에서 말하였다.

"⑮ 중생을 따름'이란 사부대중과 팔부신중이 마땅히 들어야 할 것을 따라서 그들을 위한 법문을 연설하기 때문이다."

이에 대한 해석은 다음과 같다.

"이는 사람에 따라서 설법하는 것을 밝힌 것이다. 이 때문에 논에서 총체로 끝맺어 말하기를, '이러한 15가지 양상으로 보살이 남들을 따라 이익을 베풀기 위하여 일체 법문을 연설하기 때문이다.'

고 하였다."

뒤의 5가지는 청정하게 설법하는 자이다. '⑯ 자비의 마음'이하를 가리킨다.

논에서 말하였다.

"⑯ 자비의 마음'이란 원수 맺은 중생에게 자애로운 마음을 일으키도록 설법하기 때문이다."

이에 대한 해석은 다음과 같다.

"원망으로 성냄이 많기 때문이다."

논에서 말하였다.

"⑰ 평온한 마음'이란 악행을 일삼는 중생에게 이익 주려는 마음을 일으키도록 설법하기 때문이다."

이에 대한 해석은 다음과 같다.

"악행은 반드시 큰 고통을 받기 때문이다."

논에서 말하였다.

"⑱ 중생을 가엾이 여기는 마음'이란 고통받거나 방일을 좋아하는 중생에게 연민의 마음과 이롭고 좋아하는 마음을 일으키도록 설법하기 때문이다."

이에 대한 해석은 다음과 같다.

"고통을 받는 자에게 현재의 고통을 불쌍히 생각하고, 방일하기 좋아하는 자가 미래에 받게 될 고통을 불쌍히 여기는 것이다."

논에서 말하였다.

"⑲ 명성과 이득에 집착하지 않음'이란 마음으로 바라지 않고 항상 수행하여 멀리 여의기 때문이다."

이에 대한 해석은 다음과 같다.

"얻기 이전에는 바라지 않고, 얻은 후에는 여읠 수 있기 때문이다."

논에서 말하였다.

"⑳ 자신을 찬탄하고 남을 비방하지 않음'이란 아만과 질투의 수면번뇌를 여의고, 중생을 위하여 설법하기 때문이다."

이에 대한 해석은 다음과 같다.

"인연 따라 나타나는 것을 '수면번뇌'라 말한다. 아만심을 여의었으므로 스스로 칭찬하지 않고, 질투심을 여의었으므로 남을 비방하지도 않는다."

논에서 끝맺어 말하였다.

"이런 20가지 사례를 갖추면 법사가 될 수 있다. 이를 일러 '큰 법사의 심오하고 미묘한 이치에 머문다[住大法師深妙義中].'고 말한다."】

涅槃에는 具七善知를 名大法師니 與此로 畧同이라
慈氏論說호되 '具十德者는 名大法師라 攝義具足이니 一은 善知法義오 二는 能廣宣說이오 三은 處衆無畏오 四는 無斷辯才오 五는 善巧方便說이오 六은 法隨法行이오 七은 威儀具足이오 八은 勇猛精進이오 九는 身心無倦이오 十은 成就忍力이라 하니 會之亦同이니라

열반경에서는 7가지를 잘 아는 분[七善知]을 '대법사'라 말하였다. 여기에서 말한 바와 대충 똑같다.

慈氏菩薩論에서 말하였다.

"10가지 공덕을 갖춘 이를 '대법사'라 말한다. 이치를 포괄함이 두루 원만하기 때문이다.

① 법과 이치를 잘 아는 것이며,

② 설법을 널리 잘함이며,

③ 대중 속에서 두려움을 모르는 것이며,

④ 끊임없는 변재이며,

⑤ 뛰어난 방편의 설법이며,

⑥ 법이 법의 행을 따름이며,

⑦ 위의가 두루 원만함이며,

⑧ 용맹정진이며,

⑨ 몸과 마음이 게으르지 않음이며,

⑩ 참는 힘을 성취함이다."

여기에서 말한 부분과 회통하면 또한 똑같다.

第二 正明口業

中에 先은 畧明이오 後는 廣顯이라

今은 初라

 (2) 구업의 성취

  (ㄱ) 간략히 밝혔고,

  (ㄴ) 자세히 밝혔다.

이는 '(ㄱ) 간략히 밝힌' 부분이다.

經

以無量善巧智로 **起四無礙辯**하야 **用菩薩言辭**하야 **而演說法**이라
此菩薩이 **常隨四無礙智轉**하야 **無暫捨離**하나니
何等이 **爲四**오
所謂法無礙智와 **義無礙智**와 **辭無礙智**와 **樂說無礙智**니

한량없이 뛰어난 지혜로 4가지 걸림 없는 변재를 일으켜, 보살의 말씨로써 법문을 연설하였다.

이 보살이 언제나 4가지 걸림 없는 지혜를 따라서 잠깐도 버리지 않는다.

무엇이 4가지 걸림 없는 지혜인가?

이른바 일체 법에 막힘없이 통달한 지혜,

일체 이치에 막힘없이 통달한 지혜,

일체 언어에 막힘없이 통달한 지혜,

듣기 좋게 말해주는 데 막힘없이 통달한 지혜이다.

● 疏 ●

先은 **顯名體**니 **謂外由菩薩美妙言辭**하야 **而演法義**를 **名四無礙辯**이오 **內由智起**를 **名四無礙智**라
次辨體者는 **此智 卽無漏後得**으로 **爲體**일세 **故云善巧**니 **卽上**의 **知**

法知機智也라 義無礙解는 或通正體니라【鈔_ "次辨體"者는 重取
善巧智字하야 以爲辨體니라 '義無礙'下는 隨難하야 別釋義名所以
라 知是差別은 即後得智오 無心照理는 即通正體니라】

앞에서는 명칭과 체성을 밝혔다.

이는 밖으로 보살의 미묘한 언사로 인해 법과 이치를 연설하
는 것을 '4가지 걸림 없는 변재'라고 말하며, 안으로 지혜로 인해
일어남을 '4가지 걸림 없는 지혜'라고 말한다.

다음 '체성을 밝힘'이란 이 지혜는 무루의 후득지로 체성을 삼
았으므로 뛰어나다[善巧]고 말한다. 이는 위의 '법을 알고 근기를
아는 지혜[知法知機智]'를 말한다. 이치에 걸림 없는 지혜는 간혹 바
른 체성에 통하기도 한다.【초_ "다음 체성을 밝힘"이란 거듭 '善巧
智'라는 글자를 취하여 체성을 밝힌 부분이다.

'義無礙解' 이하는 논란을 따라 이치와 명칭의 이유를 개별로
해석하였다. 이런 차별을 아는 것은 후득지이고, 무심으로 이치를
관조하는 것은 바른 체성에 통한다.】

次'此菩薩'下는 約位顯勝이니 以初地分得하고 此地任運일새 故無
暫捨니라

後'何等'下는 徵列名字니 智緣法等하야 無拘礙故니 法等이 皆智境
界라 從境分四니라【鈔_ 卜釋名中에 但釋辨智하고 今釋無礙니라】

다음 '此菩薩' 이하는 지위를 들어서 뛰어남을 밝혔다. 초지에
서는 부분적으로 증득하였고, 이 제9 선혜지에 이르러서는 마음대
로 할 수 있으므로 잠시도 버리지 않는다.

뒤의 '何等爲四' 이하는 4가지 걸림 없는 지혜의 명제에 대해 묻고 나열하였다. 지혜가 법 등을 반연하면서 장애가 없기 때문이다. 법 등이 모두 지혜의 경계이다. 경계에 따라 4가지로 나뉘었다. 【초_ 위의 명제 해석에서는 다만 변재와 지혜만을 해석하였고, 여기에서는 無礙에 대해 해석한 내용이다.】

一法者는 法體니 謂法自體에 有軌持故니라 卽二空所攝이니 卽眞之俗境이라 故論云 遠離二邊인 生法所攝이니 如色礙相等이라하니라【鈔_ '一法者'下는 別釋四名이라 然唯識云 '法無礙智는 緣能詮教法爲境하고

義無礙智는 卽於所詮에 總持自在하야 於一義中에 現一切義故오 詞無礙智는 卽於言音에 展轉訓釋에 總持自在하야 於一音聲中에 現一切音聲故오

樂說無礙智는 緣機巧說爲境이라'하며

今之本論에 釋法無礙에 不局能詮일새 故云法體는 如色礙相이라하니라

然論에 一時列名云 '是中에 四無礙境界者는 一은 法體오 二는 法境界體오 三은 正得與衆生이오 四는 正求與無量門이라'하고 後方牒釋하니라

今疏四中에 文皆三節이니 一은 牒經擧論立名이오 二'謂'字下는 是疏釋論이오 三'故論云'下는 擧論牒釋이라

今初法中에 論牒釋內에 以色從緣集하야 非定斷常일새 故離二邊이오 辨俗異眞일새 云生法所攝이라하니 卽二執所依之法이니라

381

言'如色礙相'者는 正出法體니라】

① "일체 법에 막힘없이 통달한 지혜"란 법의 체성이다. 법의 자체에 궤범과 유지함이 있기 때문이다. 이는 法空과 我空 2가지에 속하니, 眞諦와 하나가 된 俗諦의 경계이다.

따라서 논에서 말하였다.

"진제와 속제를 멀리 여읜 데서 생겨나는 법에 포괄된다. 예컨대 물질에 구애되는 모양[色礙相] 등과 같다."【초_ '一法者' 이하는 4가지의 명제를 개별로 해석하였다.

그러나 성유식론에서 말하였다.

"일체 법에 막힘없이 통달한 지혜는 표현되는 교법을 반연함으로 경계를 삼고,

일체 이치에 막힘없이 통달한 지혜는 표현할 대상을 모두 지녀서 자재하여, 하나의 이치 속에 일체 이치를 나타내기 때문이다.

일체 언어에 막힘없이 통달한 지혜는 모든 언어 음성에 대해 전전하여 해석함에 있어 모두 지녀서 자재하여, 하나의 음성 속에서 일체 음성을 나타내기 때문이다.

듣기 좋게 말해주는 데 막힘없이 통달한 지혜는 중생의 근기를 따라 뛰어난 설법으로 경계를 삼는다."

이의 논에서 일체 법에 막힘없이 통달한 지혜를 해석할 적에 표현하는 주체에만 국한하지 않았으므로 "법의 체성은 물질에 구애된 모양과 같다."고 말하였다.

그러나 논에서 한꺼번에 명제를 나열하면서 말하였다.

"여기에서 4가지 막힘없이 통달한 경계는 ㉠ 법의 체성, ㉡ 법의 대상인 경계의 체성, ㉢ 바른 증득을 중생에게 말해줌이며, ㉣ 바른 추구에 따라 한량없는 법문을 말해줌이다."

그 뒤에서 이어 해석하였다.

이의 청량소에서는 4가지 막힘없이 통달한 지혜를 모두 3절의 문장으로 구성하고 있다.

㉠ 경문을 이어서 논을 들어 명제를 세웠고,

㉡ '謂' 자 이하는 청량소에서 논을 해석하였으며,

㉢ '故論云' 이하는 논을 들어서 이어 해석하였다.

이의 첫째 法 부분에서 유식론을 이어서 해석한 가운데 물질은 인연이 모인 데에서 생겨났으므로 斷見과 常見을 결정지을 수 없기 때문에 진제와 속제 2가지를 모두 여의었고, 속제가 진제와 다른 점을 밝혔으므로 "생겨나는 법에 포괄된다."고 하였다. 이는 2가지 집착이 의지하는 법이다.

"물질에 구애되는 모양 등과 같다."고 말한 것은 바로 법의 체성을 내보인 표현이다.】

二義者는 法境界體니 謂於法體上의 差別境義니 卽上二空所攝 眞諦之境이라 故論云 '卽彼遠離二邊인 生法所攝中의 如實智境 界故라하니라 然得此眞智者는 由菩薩이 於生法二執所攝境中에 以智安住하야 求彼色等이 但是虛妄이며 卽俗而眞이니 是彼色等 之中別義라 上은 卽遠公之意니 其猶不生不滅이 是無常義라 亦 可不約二諦하고 法은 約自體오 義는 約差別이니 謂十一色等인 虛

妄分別之相이 卽是別義니라 言如實智者는 稱事實也니라 【鈔_ '言如實'下는 解妨이니 妨云호되 若義亦俗諦인댄 何名如實고 答云 約如事實'이니라】

② "일체 이치에 막힘없이 통달한 지혜"란 법의 대상인 경계의 체성이다. 법의 체성 위에서 경계를 차별한다는 뜻이다. 이는 위의 '법공과 아공'에 속하는 진제의 경계이다. 따라서 논에서 "그 진제와 속제 2가지를 멀리 여읜 데서 생겨난 법에 속한 여실한 지혜의 경계이기 때문이다."고 하였다.

그러나 이런 진실한 지혜[眞智]를 얻는다는 것은 보살이 생겨난 법의 2가지 집착에 속하는 경계 가운데 지혜로 안주하여 저 색법 따위가 허망할 뿐이며, 속제와 하나가 된 진제를 추구하는 것이다. 이는 그 색법 등으로 구별한 이치이다.

위의 말들은 혜원 법사의 주장이다. 그의 말은 생겨나지도 않고 사라지지도 않음이 곧 무상이라는 뜻과 같다. 이 또한 진제와 속제 2가지를 들어 말하지 않았다.

법은 자체로 말하였고, 이치는 차별로 말하였다. 이는 11가지 색법 등의 허망 분별의 모양이 개별의 이치이다.

'여실한 지혜'라 말한 것은 현상의 사법계와 하나가 된 실상이다. 【초_ '言如實智' 이하는 논란을 해명함이다. 논란하여 말하였다.

"만약 이치 또한 속제라면 어찌하여 如實이라 말하였는가?"

답하였다.

"현상의 사법계와 하나가 된 실상을 들어 말하였다."】

三 詞者는 正得與衆生이니 謂得彼方言하야 與他說故니라 故論云 '於彼如實智境中에 隨他所喜言說正知'라하니 此는 釋正得이오 隨他言說正知而與故라하니 此釋與衆生이니라

③ "일체 언어에 막힘없이 통달한 지혜"란 바른 증득을 중생에게 말해주는 것이다. 이는 그들의 사투리를 익혀 그들에게 말해주기 때문이다.

이 때문에 논에서, "그 여실한 지혜 경계에서 그들이 좋아하는 언어를 따라 바르게 알고 있다."고 하였다. 이는 '바른 증득[正得]'을 해석한 말이다.

"그들의 언어를 따라 바르게 알고서 말해주기 때문이다."고 하였다. 이는 '중생에게 말해줌[與衆生]'을 해석한 말이다.

四 樂說者는 正求與無量門이니 謂樂說은 乃辭中別義니 七辯剖析이 名無量門이라 論云 '於彼에 隨他所喜言語하야 正知와 無量種種義語하야 隨知而與故'라하니【鈔_ '正求與'者는 邪求不與니라】

④ "듣기 좋게 말해주는 데 막힘없이 통달한 지혜"란 바르게 구하여 한량없는 법문을 일러줌이다. 듣기 좋은 말[樂說]은 일체 언어에 막힘없이 통달한 지혜 가운데 또 다른 이치이다. 7가지 변재 [七辯: 捷疾辨, 利辨, 不盡辨, 不可斷辨, 隨應辨, 義辨, 一切世間最上辨]로 분석한 것을 '한량없는 법문'이라 한다.

논에서 말하였다.

"그들에게 그들이 좋아하는 언어를 따라 바르게 알고서 한량없는 가지가지 이치와 말을 아는 대로 일러주기 때문이다."【초_

"바르게 구하여 일러준다."는 것은 삿되게 구한 것은 일러주지 않음이다.】

● 論 ●

'用菩薩言詞而演說法'者는 明佛爲正覺之體하야 無分別故니 明如來所有出生滅度와 度衆生과 及轉法輪이 總是菩薩道故니라
已下는 如文自明이니 各依四智所轉法輪이 皆有所歸하야
以法無礙智로 總辨法身平等自性之理하고
以義無礙智로 能辨諸法이 總別同異하고
以詞無礙智로 所說이 無錯謬하고
以樂說無礙智로 所說諸法이 無有斷盡이니
以如是四智로 轉一切法輪이 不離此也라 如阿耨池가 流出四河하야 潤諸世間하며 生諸草木하야 各有差別호되 而體不離一水四河니 思之可見이라

"보살의 말씨로써 법문을 연설한다."는 것은 부처님이 정각의 본체가 되어 분별심이 없음을 밝힌 때문이다. 여래가 지닌 출생과 열반, 중생의 제도, 법륜을 굴리는 것이 모두 보살의 도임을 밝힌 때문이다.

이하는 경문에서 말한 바와 같이 그 의의가 분명하다. 각기 4가지 지혜에 의하여 굴리는 법륜이 모두 귀결처가 있다.

일체 법에 막힘없이 통달한 지혜로 모두 법신의 평등한 자성 이치를 밝히고,

일체 이치에 막힘없이 통달한 지혜로 모든 법의 總相, 別相, 同相, 異相을 밝히며,

일체 언어에 막힘없이 통달한 지혜로 말한 바에 착오가 없고,

듣기 좋게 말해주는 데 막힘없이 통달한 지혜로 말하니 모든 법이 끊어지거나 다함이 없다.

이와 같은 4가지 지혜로 일체 법륜을 굴림이 여기에서 벗어나지 않는다. 마치 히말라야 산중에 있는 아뇩지가 사방의 강줄기로 흘러가면서 모든 세간을 촉촉이 적셔주어, 모든 초목을 생겨나게 하는 데 각기 차별이 있지만, 본체가 하나의 아뇩지, 사방의 강줄기에서 벗어나지 않음과 같다. 이를 생각하면 그 뜻을 볼 수 있다.

二. 廣顯中에 理實此四 通該一切나 且約圓數하야 以列十門호되 各有復次라 論云 '後五是淨'者는 謂三乘行果니 則顯前五는 是 三乘敎理라 通於染淨이니라

言十者는 一은 依自相이니 謂知事法의 體各殊故오

二는 依同相이니 謂知理法의 若性若相이 各有同理故오

三은 行相이니 此約時辨法이니 三世가 遷流故니라 上三은 知義니 卽 是所詮이니라

四는 說相이니 此知敎法이라 上四는 皆約所知니라

五는 智相이니 此約能知니라

六은 無我慢相이니 此約所離明淨이니라

七은 小乘大乘相이니 此約所行이라 上二는 通辨諸乘行果요 後三은 別約一乘이니라

八은 菩薩地相이니 此約因行이요 後二는 知果니라

九는 如來地相이니 約體요

十은 作住持相이니 約用이니라

然十中에 法義則別이요 後二는 多同이라 皆詞則說於法義요 樂說은 乃詞中別義니라 亦有以詞로 說於法 樂說로 說義라 十中에 皆四無礙니 卽四種相이니라

今初는 自相이라

(ㄴ) 자세히 밝히다

여기에서 이치로는 실로 이 4가지가 일체 통틀어 포괄하지만, 원만한 숫자를 들어 10가지 법문을 나열하면서 각기 '또한[復次]'이라 말하였다.

논에서 "뒤의 5가지는 청정함이다."고 말한 것은 삼승 행의 결과를 말한다. 앞의 5가지[自相, 同相, 行相, 說相, 智相]는 삼승의 교리이니 잡염과 청정에 통한다.

'10가지'라 말한 것은 다음과 같다.

① 自相에 의함이다. 현상 事法界의 체성이 각기 다름을 알기 때문이다.

② 同相에 의함이다. 理法界의 체성과 모양이 각기 같은 이치에 있기 때문이다.

③ 行相에 의함이다. 이는 시간을 들어 법을 밝혔다. 삼세가 바

뀌면서 흐르기 때문이다.

위의 3가지는 이치를 아는 것이다. 이는 표현의 대상이다.

④ 설법하는 모양에 의함이다. 이는 교법을 안다는 뜻이다.

위의 4가지는 모두 알아야 할 대상을 들어 말하였다.

⑤ 지혜로운 모양에 의함이다. 이는 아는 주체를 들어 말하였다.

⑥ 아만심이 없는 모양에 의함이다. 이는 여읠 대상을 들어 청정함을 밝혔다.

⑦ 대승과 소승의 모양에 의함이다. 이는 행할 대상을 들어 말하였다.

위의 2가지는 여러 교법의 행의 결과를 통틀어 밝혔고, 뒤의 3가지[菩薩地相, 如來地相, 作住持相]는 개별로 일승을 들어 말하였다.

⑧ 보살 지위의 모양에 의함이다. 이는 인행을 들어 말하였다.

뒤의 2가지는 아는 것의 결과이다.

⑨ 여래 지위의 모양에 의함이다. 이는 체성을 들어 말하였다.

⑩ 주지가 되는 모양에 의함이다. 이는 작용을 들어 말하였다.

그러나 위의 10가지 가운데 법과 이치는 개별이고, 뒤의 2가지는 대부분 같다.

모두 "일체 언어에 막힘없이 통달한 지혜"는 법과 이치를 말하는 것이고,

"듣기 좋게 말해주는 데 막힘없이 통달한 지혜"는 "일체 언어에 막힘없이 통달한 지혜" 가운데 별개의 뜻이다.

또한 "일체 언어에 막힘없이 통달한 지혜"로써 법을 말하는 데

에 듣기 좋게 이치를 말하는 것이다.

10가지는 모두 4가지 막힘없이 통달한 지혜이다. 이는 곧 4가지의 모양이다.

이는 '① 자상'이다.

經

此菩薩이 **以法無礙智**로 **知諸法自相**하며
義無礙智로 **知諸法別相**하며
辭無礙智로 **無錯謬說**하며
樂說無礙智로 **無斷盡說**이니라

이 보살이

일체 법에 막힘없이 통달한 지혜로 모든 법의 자체 모양을 알고,

일체 이치에 막힘없이 통달한 지혜로 모든 법의 각기 다른 모양을 알며,

일체 언어에 막힘없이 통달한 지혜로 잘못 말하지 않고,

듣기 좋게 말해주는 데 막힘없이 통달한 지혜로 끊임없이 말하였다.

● **疏** ●

自相에 有四種者니
一은 生法自相이니 謂知色是變礙相等이오【鈔_ '一生法自相'者는 論에 標名也오 '謂知色'下는 疏釋이라 世法이 集起일새 故名爲生이

라 自性門中에 辨此生法하야 名生自相이라 下三例然이니라】

자체의 모양에는 4가지가 있다.

㉠ 생겨난 법의 자체 모양이다. 색이 변하고 걸림이 있는 모양 등을 아는 것을 말한다.【초_ '㉠ 생겨난 법의 자체 모양'이란 논에서 표방한 명제이다.

'謂知色' 이하는 청량소의 해석이다. 세간법은 緣起가 모여서 일어나므로 생겨난다고 말한다. 자성의 문에서 이처럼 생겨나는 법을 밝혀 '생겨난 법의 자체 모양'이라 말하였다.

아래의 3가지 또한 이런 예와 같다.】

二義者는 差別自相이니 謂知色有十一處等이라
上二는 約總別하야 以分法義오
後二는 同體에 義分이라【鈔_ '二義' 下는 論立名이오
'謂知' 下는 疏釋이니 卽生法之中의 差別也니라
'十一處'者는 五根·五境과 及法處所攝色也니라
'上二'下는 疏結前生後라 然上諸義에 論無重釋하니라】

㉡ 이치는 각기 다른 자체 모양이다. 색에 11가지 처소 등이 있음을 아는 것이다.

위의 2가지는 총상과 별상을 들어서 법과 이치를 구분하였고,

뒤의 2가지는 동일한 체성에서 이치를 구분하였다.【초_ '二義' 이하는 논에서 세운 명제이다.

'謂知' 이하는 청량소의 해석이다. 생겨난 법 가운데 각기 다른 것이다.

'11가지 처소'란 5가지의 감각기관, 5가지의 경계와 法處에 속하는 색법이다.

'上二' 이하는 청량소에서 앞의 문장을 끝맺으면서 뒤의 문장을 일으켰다. 그러나 위의 여러 이치는 논에 중복의 해석이 없다.】

三은 想堅固自相이니 想者는 起言所依라 亦以慧心으로 取彼二種相故니라

一은 隨自所覺諸法相이오

二는 隨彼彼所化言詞所宜相이니

以所覺法으로 隨彼言詞하야 爲彼生說호되 說無錯謬일세 名爲堅固라 論經云 不壞者는 壞는 卽錯也니라【鈔_ '三想堅固'下는 是論立名이오 '想者'下는 疏釋이니 卽論重釋中意라】

ⓒ 생각이 견고한 자체 모양이다. 생각이란 말의 의지 대상을 일으키는 것이다. 또한 지혜의 마음으로 그 2가지의 모양을 취하기 때문이다.

하나는 자체로 깨달은 바의 모든 법을 따르는 모양이며,

다른 하나는 그와 그 교화 대상인 중생의 언어에 적절한 바를 따르는 모양이다.

깨달은 바의 법으로 그들의 언어를 따라 그들을 위해 말하되 잘못된 말이 없으므로 '견고'하다고 말한다. 논에서 말한 무너지지 않는다는 '무너짐'은 곧 잘못을 말한다.【초_ '三想堅固' 이하는 논에서 세운 명제이다.

'想者' 이하는 청량소의 해석이다. 논의 거듭 해석한 데서 말한

뜻이다.】

四는 彼想差別自相이니 想義는 同上이라 但以次第不息하야 以多異名으로 堅固彼義하야 令他愛樂일새 名不斷盡이니라【鈔_ '四彼想'下는 論立名也오 '想義'下는 卽疏釋이니 亦論重釋中意라】

㉣ 그 생각이 각기 다른 자체 모양이다. 생각이라는 뜻은 위에서 말한 바와 같다. 다만 차례로 멈추지 않아서 많은 다른 명칭으로 그 이치를 견고히 하여 다른 이로 하여금 사랑하고 좋아하게 하므로 '끊어지거나 다함이 없다.'고 말한다.【초_ '四彼想' 이하는 논에서 세운 명제이며, '想義' 이하는 청량소의 해석이다. 이 또한 논의 거듭 해석한 데서 말한 뜻이다.】

此自相一門이 是總이라 故論前總中에 亦依此釋하며 諸經論中에 亦多依此니라

이 자체 모양의 한 부분은 총상이다. 그러므로 논의 앞부분 총상에서 또한 이를 따라 의지하여 해석하였으며, 여러 경문과 논에서도 대부분 이를 따르고 있다.

第二 同相
約性與相하야 分於法義니라

② 동일한 모양
체성과 모양을 들어서 법과 이치를 구분하였다.

經

復次以法無礙智로 知諸法自性하며
義無礙智로 知諸法生滅하며
辭無礙智로 安立一切法不斷說하며
樂說無礙智로 隨所安立不可壞無邊說이니라

　　또한 일체 법에 막힘없이 통달한 지혜로 모든 법의 자체 성품을 알고,

　　일체 이치에 막힘없이 통달한 지혜로 모든 법이 생겨나고 사라짐을 알며,

　　일체 언어에 막힘없이 통달한 지혜로 일체 법을 세워서 끊임없이 말하고,

　　듣기 좋게 말해주는 데 막힘없이 통달한 지혜로 일체 법을 세움에 따라 무너뜨릴 수 없고 그지없이 말하였다.

● 疏 ●

一은 一切法同相이니 謂諸法이 同以無性으로 爲自性故니라【鈔_ 初知法은 先은 論立名이오 謂字下는 疏釋이니 論無重釋이라】

　　㉠ 일체 법이 동일한 모양이다. 모든 법이 똑같이 체성이 없음으로 자체 성품을 삼기 때문이다.【초_ 여기서 처음으로 법을 아는 것은 앞의 논에서 세운 명제이며, '謂' 자 이하는 청량소의 해석이다. 논에 중복의 해석이 없다.】

二는 有爲法同相이니 同生滅故니라 謂觀無常門生滅相하야 得入

初句法無我性일새 故無我智境得成이니 是則生滅이 是常義也
니라【鈔_ 若準推無常門하야 入初無性인댄 亦是不生不滅이 是無
常義라 今以經中에 法尙無自性이 卽是常也요 義明生滅이 是無
常也라 故以無常生滅이 是無性常家의 義用이니라 三詞·四辯도 準
此可知니라】

　　ⓛ 유위법의 동일한 모양이다. 똑같이 생겨나고 사라지기 때문
이다. 이는 떳떳함이 없는 부분의 생겨나고 사라지는 모양을 관찰
하여 첫 구절의 '법에 내가 없는 성품'에 들어가게 되므로 내가 없
는 지혜의 경계를 이룬다. 이는 생겨나고 사라짐이 바로 영원하다
는 뜻이다.【초_ 만약 떳떳함이 없는 부분을 추구하여 처음 체성이
없는 데에 들어감에 준하면, 또한 생겨나거나 사라지지 않음이 바
로 떳떳함이 없는 이치이다. 이의 경문에서 법에 오히려 자체 성품
이 없음이 곧 영원함이요, 이치로 생겨나고 사라짐이 바로 떳떳함
이 없음을 밝힌 것이다. 그러므로 떳떳함이 없이 생겨나고 사라짐
이 바로 체성 없는 영원한 쪽에서 말한 이치이다. 셋째의 '일체 언
어에 막힘없이 통달한 지혜'와 넷째의 '듣기 좋게 말해주는 데 막
힘없이 통달한 지혜'도 이에 준하면 알 수 있다.】

三은 一切法假名同相이니 故云安立이니 所立之法이 已是假名이어
늘 更以言詮으로 假名而談일새 名不斷說이니라

　　ⓒ 일체 법과 거짓 명칭이 동일한 모양이다. 이 때문에 '안립'이
라 말하였다. 세운 바의 법이 이미 거짓 명칭인데 다시 언어의 표
현으로 거짓 명칭을 말하므로 "끊임없이 말한다."고 하였다.

四는假名假名同相이니 謂不壞前假名하고 更能以異異無邊假名으로 說일새 故重言假名이니라

㉣ 거짓 명칭과 거짓 명칭이 동일한 모양이다. 앞의 거짓 명칭을 무너뜨리지 않고 다시 다르고 다른 그지없는 거짓 명칭으로 말하므로 거듭하여 '거짓 명칭'이라 말하였다.

第三 行相

中에 約三世하야 以分法義라

③ 행법의 모양

이 부분에서는 삼세를 들어 법과 이치로 구분하였다.

經

復次以法無礙智로 知現在法差別하며
義無礙智로 知過去未來法差別하며
辭無礙智로 於去來今法에 無錯謬說하며
樂說無礙智로 於一一世에 無邊法을 明了說이니라

또한 일체 법에 막힘없이 통달한 지혜로 현재 법의 각기 다른 모양을 알고,

일체 이치에 막힘없이 통달한 지혜로 과거와 미래 법의 각기 다른 모양을 알며,

일체 언어에 막힘없이 통달한 지혜로 과거·미래·현재의 법을

착오 없이 말하고,

　　듣기 좋게 말해주는 데 막힘없이 통달한 지혜로 모든 세상에 그지없는 법을 분명하게 말하였다.

◉ 疏 ◉

一은 生行相이니 現法緣生故니라 設知過未라도 亦名現在니 以三世가 皆是當世現在故니라 故論云 '過去未來인 彼彼世間을 攝受故'라하니라

　　㉠ 태어남의 행상이다. 현재의 법이 반연으로 생겨나기 때문이다. 설령 과거와 미래인 줄 알지라도 또한 현재라고 말한다. 삼세가 모두 해당 세상에서의 현재이기 때문이다. 따라서 논에 이르기를, "과거와 미래인 그 세간과 그 세간을 섭수하기 때문이다."고 하였다.

二는 已生未生行相이니 設知現在라도 亦名過未니 以現이 是過家未며 未家過故니라 是則當世而知를 名法이오 逆見過未하야 能知現在는 是則名義니 爲菩薩智境이니라【鈔_ 云何逆見過未하야 知現在耶아 見過去法謝하고 未法이 未生하면 則知現在가 從未而生이니 必當謝滅이라】

　　㉡ 이미 태어났거나 아직 태어나지 않은 행상이다. 설령 현재인 줄 알지라도 현재란 과거의 쪽에서는 미래이고, 미래의 쪽에서는 과거이기 때문이다.

　　이로 보면 해당 세상으로 아는 것을 법이라 말하고, 거꾸로 과

거와 미래를 보고서 현재의 세간을 아는 것은 이치라 말한다. 보살의 지혜 경계이다.【초_ 어떻게 거꾸로 과거와 미래를 보면서 현재의 세간인 줄 아는가? 과거의 법은 지나가고 미래의 법은 생겨나지 않음을 보면 현재가 미래로부터 생겨나니, 반드시 미래는 지나가고 사라졌음을 알 수 있다.】

三은 物假를 名行相이니 總說三世之物이 不謬故니라

ⓒ 사물의 거짓을 행상이라 말한다. 삼세의 사물이 잘못되지 않음을 총괄하여 말하였기 때문이다.

四는 說事行相이니 然所說事가 不出三世總相物中일세 故云一一世요 但曲明異異事法일세 故云無邊法明이니라

ⓓ 현상의 사법계를 말하는 행상이다. 그러나 말한 바의 현상은 삼세의 총상인 사물에서 벗어나지 않으므로 하나하나의 세상이라 말하였고, 다만 다르고 다른 현상의 법을 자세히 밝힌 것이므로 "그지없는 법을 분명하게 말하였다."고 하였다.

第四說相
中에 約本釋하야 以分法義니라

④ 설하는 모양
이 부분은 근본 해석을 들어 법과 이치로 구분하였다.

復次以法無礙智로 **知法差別**하며
義無礙智로 **知義差別**하며
辭無礙智로 **隨其言音說**하며
樂說無礙智로 **隨其心樂說**이니라

또한 일체 법에 막힘없이 통달한 지혜로 법의 각기 다른 모양을 알고,

일체 이치에 막힘없이 통달한 지혜로 이치의 각기 다른 모양을 알고,

일체 언어에 막힘없이 통달한 지혜로 그들의 언어와 음성을 따라 말하고,

듣기 좋게 말해주는 데 막힘없이 통달한 지혜로 그들의 마음에 좋아하는 바를 따라 말하였다.

◉ 疏 ◉

一은 修多羅相이니 故但云法이니라
二는 解釋相이니 所以名義니라
三은 隨順相이니 隨類言音故니라
四는 相似說相이니 謂隨心樂聞何法과 宜何譬喩하야 說似彼心故니라

㉠ 수다라의 모양이다. 다만 법이라 말하였을 뿐이다.
㉡ 해석의 모양이다. 이치라 말하였다.

399

ⓒ 따르는 모양이다. 부류의 언어와 음성을 따랐기 때문이다.

ⓔ 비슷하게 말하는 모양이다. 그들의 마음에 좋아하는 바를 따라 어떤 법을 듣고 어떤 비유가 적절한가에 맞추어 그들의 마음에서 원하는 바와 같이 말하였기 때문이다.

第五 智相
約法類하야 以分法義니라

⑤ 지혜로운 모양

법의 부류에 의지하여 법과 이치로 구분하였다.

經
復次法無礙智는 以法智로 知差別不異하며
義無礙智는 以比智로 知差別如實하며
辭無礙智는 以世智로 差別說하며
樂說無礙智는 以第一義智로 善巧說이니라

또한 일체 법에 막힘없이 통달한 지혜는 법의 지혜로 각기 다른 모양이 다르지 않음을 알고,

일체 이치에 막힘없이 통달한 지혜는 미뤄 추측하는 지혜[比量智]로 각기 다른 모양이 실상과 똑같음을 알며,

일체 언어에 막힘없이 통달한 지혜는 세간의 지혜로 각기 달리 말하고,

듣기 좋게 말해주는 데 막힘없이 통달한 지혜는 으뜸가는 지혜로 뛰어나게 말하였다.

● 疏 ●

一은 現見智오 二는 比智니 比卽類也니라 然所知境은 卽是二諦오 法比等智는 是無礙體니 從體立稱일새 不同前後니라

又法比等智는 通於大小하고 四無礙智는 唯局大乘이라 故涅槃說하사대 '唯菩薩有니 聲聞設有라도 少故로 名無'라하니라

若就二智所觀인댄 立通大小어니와 約能觀智인댄 唯局大乘이니라 於大乘中에 依觀所取하야 能取以立法類니

一은 法智로 觀如일새 故云現見이니 謂觀差別二諦가 同如不異故니라【鈔_ 同如가 卽是不異所以니라】

㉠ 현재 있는 그대로 보는 지혜[現量智]이고,

㉡ 미뤄 추측하는 지혜[比量智]이다.

'比量智'의 比는 유추하는 지혜이다. 그러나 알아야 할 대상 경계는 바로 眞諦와 俗諦이며, 법의 지혜와 유추하는 지혜 등은 걸림 없는 체성이다. 체성을 따라 명제를 세웠기에 앞뒤의 명제가 똑같지 않다.

또한 법의 지혜와 유추하는 지혜 등은 대승과 소승에 모두 통하고, 4가지 걸림 없는 지혜는 오직 대승에만 국한된다. 이 때문에 열반경에서는, "걸림 없는 지혜는 오직 보살만이 지니고 있다. 성문은 설령 있다 할지라도 적기 때문에 없다고 말한다."고 하였다.

만약 법의 지혜와 유추하는 지혜의 관찰 대상에서 말하면 대승과 소승에 모두 통하지만, 관찰 주체의 지혜로 말하면 오직 대승에만 국한된다.

대승 가운데 관법으로 취할 대상과 취하는 주체에 의하여, 법의 지혜와 유추하는 지혜의 유를 세운 것이다.

㉠ 법의 지혜로 진여를 살펴보기 때문에 '현재 있는 그대로 살펴본다[現見].'고 말하였다. 각기 다른 진제와 속제를 관찰함이 진여와 같아 다르지 않기 때문이다.【초_ 진여와 같다는 것은 바로 다르지 않은 이유이다.】

二는 比智니 卽觀前能觀如實分別之智라 類餘도 亦爾라 類何等耶아 比知는 如前差別이 卽如實故니라

㉡ 미뤄 추측하는 지혜이다. 이는 앞서 말한, '관찰의 주체인 여실하게 분별하는 지혜'를 살펴보는 것이다. 나머지의 유 또한 그와 같다.

유는 어떤 것인가? 미뤄 추측하는 지혜는 앞서 말한 바와 같이 각기 다른 모양이 곧 진여실상이기 때문이다.

三은 欲得方便智니 謂此是相見道니 依眞假說이라 後得智攝일세 故云世智니 若欲得第一義인댄 假說以爲方便이니라

㉢ 방편지혜를 얻고자 함이다. 이는 相見道이다. 진여에 의하여 거짓으로 말하였다. 후득지에 속하므로 '세간의 지혜[世智]'라고 말한다. 만약 으뜸가는 이치를 얻고자 한다면 거짓으로 말한 것을 방편으로 삼아야 한다.

四는 得智니 謂雖以世智說이나 而與第一義로 相應하야 非顚倒異를 方名樂說이니 故云善巧라 可以證得第一義故니라

㈣ 지혜를 얻음이다. 비록 세속의 지혜로 말하지만, 으뜸가는 이치와 상응하여 전도된 차이가 없는 것을 비로소 '듣기 좋게 말함'이라고 한다. 이 때문에 '善巧'라 하였다. 으뜸가는 이치를 증득할 수 있기 때문이다.

第六 無我慢相

中에 約眞俗하야 以分法義라

⑥ 아만심이 없는 모양

이 부분에서 진제와 속제를 들어 법과 이치를 구분하였다.

經

復次法無礙智로 知諸法一相不壞하며
義無礙智로 知蘊界處諦緣起善巧하며
辭無礙智로 以一切世間易解了美妙音聲文字說하며
樂說無礙智로 以轉勝無邊法明說이니라

또한 일체 법에 막힘없이 통달한 지혜로 모든 법이 한 모양이어서 무너지지 않음을 알고,

일체 이치에 막힘없이 통달한 지혜로 5온, 18계, 12처, 4성제, 12연기가 교묘함을 알며,

일체 언어에 막힘없이 통달한 지혜로 모든 세간에서 알기 쉽고 미묘한 음성과 글자로써 말하고,

듣기 좋게 말해주는 데 막힘없이 통달한 지혜로 더욱 뛰어나고 그지없는 법에 밝은 지혜로 말하였다.

● 疏 ●

一은 第一義諦는 無我일세 故云一相이라 言不壞者는 不壞無我故니라 若言我知無我며 我證無我인댄 則壞無我니 以有能所故니라

㉠ 으뜸가는 이치의 진리는 '나'라는 것이 없으므로 '하나의 모양'이라 한다. '무너지지 않음'이라 말한 것은 '나'라는 것이 없음을 무너뜨리지 못하기 때문이다.

만약 내가 '나'라는 것이 없음을 알고, 내가 '나'라는 것이 없음을 증득했다고 말하면, 이는 '나'라는 것이 없음을 무너뜨림이다. 주체와 대상이 있기 때문이다.

二는 世諦無我일세 故云蘊等이니

迷蘊에 著積聚我하고

迷界에 著異因我하야 計種族別故며

迷處에 著欲我하야 計爲生門이 能受入故며

迷諦·緣起에 著作我하야 皆明因果 有造作故로 竝是法我며 亦通人我라

今에 隨順觀察世諦緣生無實하야 以爲對治하야 得入第一義法無我일세 名善巧方便이라 故蘊界等이 是菩薩智境所治之我니라

【鈔_ '迷五蘊'者는 以聚·生門·種族이 是蘊處界義라 故迷積聚爲蘊하야 謂有我人이라하고 亦謂聚色하야 以爲色蘊等이니라

'迷十八界'者는 約法我이니 六根六塵이 生識正因이니 因各異故로 有此法我라 若外道計中인댄 有人我 以爲異因이니 使知塵等이라

'迷十二處'者는 迷於六入하고 根塵相順하야 眼見色等에 遂生貪著하야 則有法我라하며 或謂神我라 於中에 能著이 猶如一人이 在於六向하야 見色聞聲等이라

'迷諦緣'者는 迷於四諦와 十二因緣하야 皆謂以因能作果故니라 人我可知일새 故疏雙結호되 並是法我며 亦通人我니라

'今隨順'下는 上辨所遣之病이니 卽是我慢이라 此下는 辨能遣之藥이니 卽是無我라 觀世緣生일새 故無有實이니 無實卽實이 爲第一義故니라 上六地論云 '隨順觀察世諦하야 入第一義'라하니라

從'故蘊界'下는 結成蘊等이 爲智之境이니라】

㉡ 세속 진리에 '나'라는 것이 없으므로 5온 따위를 말하였다.

5온에 미혹하면 '나'라는 것을 쌓아가고 모음에 집착하게 되고,

18계에 미혹하면 다른 원인의 '나'에 집착하여 종족이 다르다고 헤아리기 때문이며,

12처에 미혹하면 욕구를 가진 '나'에 집착하여 태어나는 문이 받아 들어가는 주체가 된다고 헤아리기 때문이고,

진리와 연기법에 미혹하면 작자인 '나'에 집착하여 인과가 조작이 있음을 모두 밝힌 까닭에 아울러 '法我'에 집착하고, 또한 '人我'에도 통한다.

여기에서는 세속의 진리가 연기법으로 생겨남이 실상이 없음을 따라서 관찰하고 이를 다스리기 위하여 으뜸가는 이치의 法無我에 들어가므로 '뛰어난 방편'이라 말한다. 그러므로 5온, 18계 등이 보살의 지혜 경계로 다스릴 대상의 '나'라는 것이다.【초_"5온에 미혹하다."는 것은 모여 쌓임, 태어나는 문, 종족이 5온, 12처, 18계라는 뜻이다. 그러므로 쌓고 모은 것을 5온이라 함에 미혹하여, '나'라는 것이 있다고 생각하고, 또한 색법을 모아서 '물질의 쌓임'이라 말하는 등이다.

"18계에 미혹하다."는 것은 法我를 들어 말하였다. 6근, 6진이 識을 낳는 바른 원인이다. 원인이 각기 다른 까닭에 이런 법아가 있다. 만약 외도의 잘못된 생각을 따르면, 中有와 人我를 다른 원인으로 삼아야 할 것이다. 6진을 알게 하는 등이다.

"12처에 미혹하다."는 것은 6入에 미혹하고 6근과 6진이 서로 따라서 눈으로 물질을 보는 등에 마침내 탐착을 내어, 法我가 있다고 하며, 혹은 神我라고 말하기도 한다. 그 가운데 집착하는 주체가 마치 한 사람이 여섯 방향에 있으면서 물질을 보거나 소리를 듣는 것과 같다.

"진리와 연기법에 미혹하다."는 것은 4성제와 12인연에 미혹하여, 모두 이르기를 "원인으로 결과를 지을 수 있다."고 말한다. 人我에 대해서는 말하지 않아도 알 수 있기에 청량소에서 이를 함께 결론지어 말하기를, "아울러 법아에 집착한다고 하며, 또한 인아에도 통한다."고 하였다.

'今隨順' 이하는 위에서 떨쳐 없애야 할 병통을 밝혔다. 이는 바로 '나'라고 생각하는 거만한 마음이다. 이 아래는 떨쳐 없앨 수 있는 약을 밝혔다. 이는 바로 '나'라는 것이 없다. 세계가 인연으로 생겨남을 살펴볼 수 있기 때문에 실상이 없다. 실상이 없는 것이 곧 실상인 것이 으뜸가는 이치이기 때문이다.

위의 제6 현전지의 논에서 이르기를, "세속의 진리를 따라 관찰하여 으뜸가는 이치에 들어간다."고 하였다.

'故蘊界等'으로부터 이하는 5온 등이 지혜의 경계가 됨을 끝맺은 것이다.】

三은 說美妙無我니 愜情이 稱美오 順理爲妙라

㉢ 설법이 아름답고 미묘하여 '나'라는 것이 없다. 중생의 마음에 맞추는 것을 아름답다고 말하고, 이치에 따르는 것을 '미묘'라고 말한다.

四는 說無上無我일새 故云轉勝이라 詞中差別일새 故曰無邊法明이니라

㉣ 설법이 위없고 '나'라는 것이 없다. 따라서 "더욱 뛰어나다."고 말하였다. 언사 중에 각기 달리 말하기에 "그지없는 법에 밝다."고 하였다.

第七 大小乘相
中에 約權實하야 以分法義라

㉠ 대승과 소승의 모양

이 부분은 권교와 실교를 들어 법과 이치로 구분하였다.

經

復次法無礙智로 **知一乘平等性**하며
義無礙智로 **知諸乘差別性**하며
辭無礙智로 **說一切乘無差別**하며
樂說無礙智로 **說一一乘無邊法**이니라

또한 일체 법에 막힘없이 통달한 지혜로 일승의 평등한 성품을 알고,

일체 이치에 막힘없이 통달한 지혜로 여러 승의 각기 다른 성품을 알며,

일체 언어에 막힘없이 통달한 지혜로 일체 승의 차별이 없음을 말하고,

듣기 좋게 말해주는 데 막힘없이 통달한 지혜로 모든 승마다 그지없는 법을 말하였다.

● 疏 ●

一은 觀相이니 謂一觀不異니 唯一事實故라【鈔_ '唯一事實'者는 卽法華云 '唯此一事實'이오 餘二則非眞이라하니라】

㉠ 관찰하는 모양이다. 일승으로 다르지 않음을 관찰하는 것이다. 오직 하나의 사실이기 때문이다.【초_ "오직 하나의 사실"이라

고 말한 것은 법화경 권1에서, "이 하나의 사실일 뿐, 나머지 2가지는 진실이 아니다."고 말하였다.】

二는 性相이니 就彼根性하야 有三乘故니라

　　ⓛ 성품의 모양이다. 그 근본 성품에 입각하여 삼승이 있기 때문이다.

三은 解脫相이니 會彼三乘하야 同歸一實이니 解脫相中에 無差別故니라 論云 '依同解脫不懼'者라하고 法華云 '今我喜無畏하야 但說無上道故'라하니라【鈔_ '三乘同歸一實'者는 第一經云 '舍利弗이여 當知하라 諸佛語無異니 於佛所說法에 當生大信力하라 世尊法久後에 要當說眞實이니라 告諸聲聞衆과 及求緣覺乘하노니 我令脫苦縛하야 逮得涅槃者라 佛以方便力으로 示以三乘敎는 衆生處處著일새 引之令得出이라'하며

又第三經云 '汝等所行이 是菩薩道니 漸漸修學하면 悉當成佛이라'하니 三周之經이 皆是會三方便하야 歸一眞實이니라

'解脫相'者는 第三經藥草喩品云 '如來知是一相一味之法이니 所謂解脫相과 離相과 滅相과 究竟涅槃常寂滅相이라 終歸於空이라'하니 卽解脫中의 無差別也니라

又第二經云 '但離虛妄하면 名爲解脫이나 其實은 未得一切解脫이라'하니 則一切解脫이 三乘同歸也니라

'法華云'下는 釋成上論이니 亦方便品이라 先有一偈云호되 '舍利弗當知하라 鈍根小智人이 著相憍慢者는 不能信是法이라'하니라

釋曰 '此偈는 則明如來有畏커니 畏其謗故니라

次에 卽云 '今我喜無畏하야 於諸菩薩中에 正直捨方便하고 但說 無上道라하니라】

ⓒ 해탈한 모양이다. 저 삼승을 회통하여 모두 일승의 진실로 귀결 짓는다. 해탈의 모양에는 차별이 없기 때문이다.

논에서는, "똑같은 해탈에 의하여 두려워하지 않는 모양"이라고 하였다.

법화경에서는, "나는 이제 두려움이 없음을 좋아하여, 위없는 도만을 말하리라."고 하였다.【초_"삼승을 회통하여 모두 일승의 진실로 귀결 짓는다."는 것은 또한 법화경 권1에서 말하였다.

"사리불이여, 알아야 한다. 여러 부처님의 말씀은 다름이 없다.

부처님이 말씀하신 법문에 큰 신심의 힘을 내야 한다.

세존의 그 법이 오랜 뒤에야 진실하다 말할 것이다.

성문 대중과 연각의 법을 구하는 이들에게 고하노니,

내가 너희를 고통의 속박에서 벗어나 열반을 얻게 하리라.

부처님이 방편의 힘으로 삼승의 가르침 보이신 것은

중생이 모든 곳에 집착하므로 그들을 이끌어 벗어나게 하려는 것이다."

또한 법화경 권3에서 말하였다.

"너희들이 행해야 할 바는 보살의 도이다. 차츰차츰 닦아 배우면 모두 성불할 것이다."

三周說法[法說周, 譬說周, 宿世因緣周]의 경문은 모두 삼승의 방편을 모아서 일승의 진실에 돌아가게 하였다.

'해탈한 모양'은 권3의 약초유품에서 말하였다.

"여래는 하나의 모습, 하나의 맛에 대한 법을 알고 있다. 이른바 해탈의 모습, 여의는 모습, 멸하는 모습, 구경열반의 언제나 적멸한 모습이다. 이는 마침내 공허한 데로 돌아간다."

이는 해탈의 모양에 차별이 없다는 뜻이다.

또한 권2 비유품에서 말하였다.

"단 허망함을 여의면 해탈이라 말하지만, 실제로는 일체 해탈을 얻은 것은 아니다."

이는 일체 해탈이 삼승이 다 함께 돌아갈 곳이라는 뜻이다.

'法華云' 이하는 위의 논을 해석한 것으로, 이 또한 방편품이다. 앞에 1수의 게송이 있다.

"사리불이여, 알아야 한다. 둔한 근기의 작은 지혜를 지닌 사람이

相에 집착하여 교만한 자는 이런 법을 믿지 않는다."

이에 대한 해석은 다음과 같다.

"이 게송은 부처님도 두려움이 있음을 밝힌 것이다. 그들의 비방을 두려워하였기 때문이다."

다음의 게송에서 말하였다.

"나는 이제 기쁜 마음으로 두려움 없이, 여러 보살 가운데

정직하게 방편 버려두고 위없는 도만을 말하리라."】

四는 念相이니 卽開方便門하야 隨機念異와 心行不同하야 以多法明으로 說諸乘法이나 然皆爲一事니 故論云 隨順解脫이라하니라【鈔

411

卽開方便이 有二義하니

一은 於一佛乘에 分別說三이 名之爲開니 卽初施權이라 故信解品 末云 '隨諸衆生의 宿世善根하고 又知成熟未成熟者하야 種種籌 量하야 分別知已하고 於一乘道에 隨宜說三'等이 是也니라

二는 開者는 開除며 開發이니 故第四經云 '此經은 開方便門하야 示 眞實相이라'하니 斯卽說三爲方便이 名之爲開니 卽然皆爲一事下 疏 是也라

第一經云 '我此九部法은 隨順衆生說이니 入大乘爲本이라 以故 說是經이라'하며

亦卽長行中에 云 '諸佛世尊이 唯以一大事因緣故로 出現於世라' 하며

又云하사대 '舍利弗이여 諸佛如來가 但敎化菩薩이어니 諸有所作이 常爲一事라 唯以佛之知見으로 示悟衆生이라'하니 卽其文也라

故引論하야 明隨順解脫이니 卽方便多門이 皆順解脫也니라】

㉣ 생각하는 모양이다. 방편문을 열어 중생의 근기와 생각이 다르고, 마음의 작용이 똑같지 않음에 따라서 여러 가지 법의 광명 으로 여러 교법을 말하였다. 그러나 그 모두가 하나의 일이다. 이 때문에 논에서 "따라서 해탈한다."고 하였다.【초_ 방편문을 여는 것에 2가지 의의가 있다.

첫째, 하나의 佛乘에서 삼승으로 분별하여 말한 것을 열었다 [開]고 말한다. 처음으로 방편을 베푼 것이다. 이 때문에 信解品의 끝부분에서 말하였다.

"모든 중생의 지난 세상 선근을 따르고, 또한 중생의 근기가 성숙한 자와 성숙하지 못한 자를 알고서 가지가지로 헤아려서 분별하고 一乘의 도로 편의에 따라 삼승을 말씀하셨다."는 등이 바로 이를 말한다.

② 開는 열어 없애다, 개발하다의 뜻이다. 따라서 권4 法師品에서 말하였다.

"이 경전은 방편의 문을 열어 진실한 모양을 보여주었다."

이는 삼승을 말하여 방편을 삼는 것을 열어준다고 말한다. 이는 "그러나 그 모두가 하나의 일이다[然皆爲一事]." 이하의 청량소가 바로 이를 말한다.

권1에서 또 말하였다.

"내가 말한 9部의 법은 중생의 근기를 따라 말한 것이다. 대승에 들어가는 것으로 근본을 삼는다. 이 때문에 이 경전을 말하였다."

또 장항의 경문에서 말하였다.

"모든 부처님 세존은 오직 일대사인연으로 세상에 나오신 것이다."

또 말하였다.

"사리불이여, 모든 부처님께서는 오직 보살을 교화하실 뿐이다. 모든 하시는 일이 항상 하나의 일만을 위하였다. 오직 부처님의 지견으로 중생에게 보여 깨달음을 주는 것이다."

이는 바로 그 문장이다.

이 때문에 논을 인용하여 중생을 따라서 해탈함을 밝혔다. 방

편의 많은 부분이 모두 해탈을 따르는 것이다.】

第八菩薩地相
中에 約地體相하야 以分法義라【鈔_ '第八菩薩地相'者는 說地體
爲法이오 地相爲義라
'三辭'者는 說相不違體오 '四樂說'者는 說相隨機니
此之體相이 卽證敎二道며 亦卽前義說二大며 亦卽不可說과 及
可說義니 總收一品之意라 廣如本分과 及請分中하니라】

⑧ 보살지의 모양

이 부분은 지위의 본체와 모양을 들어 법과 이치를 구분하였다.【초_ '⑧ 보살지의 모양'은 지위의 본체를 법으로 삼았고, 지위의 모양을 이치로 삼았다.

제3구 '辭無礙智'는 지위의 모양이 본체와 어긋나지 않음을 말하였고,

제4구 '樂說無礙智'는 지위의 모양이 중생의 근기에 따름을 말하였다.

이런 본체와 모양이 곧 證道와 敎道이며, 또한 앞서 말한 義大와 說大이며, 또한 말할 수 없음과 말할 수 있음[不可說·可說]의 뜻이니, 이런 의의를 이 품에 총괄하여 담은 것이다. 자세한 것은 本分과 請分에서 말한 바와 같다.】

經

復次法無礙智로 知一切菩薩行智行法行의 智隨證하며
義無礙智로 知十地分位義差別하며
辭無礙智로 說地道無差別相하며
樂說無礙智로 說一一地無邊行相이니라

또한 일체 법에 막힘없이 통달한 지혜로 일체 보살의 행, 지혜의 행, 법의 행의 지혜를 따라 증득함을 알고,

일체 이치에 막힘없이 통달한 지혜로 십지의 각 부분 지위의 뜻이 각기 다름을 알며,

일체 언어에 막힘없이 통달한 지혜로 십지의 도에 차별 없는 모양을 말하고,

듣기 좋게 말해주는 데 막힘없이 통달한 지혜로 하나하나 지위마다의 그지없는 행의 모양을 말하였다.

● **疏** ●

一은 智相이니 一切菩薩行者는 總標也라 何者是耶아 謂所證法行과 能證智行이니라 何以此二를 名菩薩行고 以智로 契如故니라 故經云 智隨證이라하고 論云 觀智說故라하니 此菩薩行이 卽十地智體니라

㉠ 지혜의 모양이다. 일체 보살의 행이란 총상의 표방이다.

어떤 것이 보살의 행인가?

증득의 대상인 法行, 증득하는 주체인 智行이다.

어째서 이 2가지를 보살의 행이라 하는가?

지혜로 진여에 계합하기 때문이다.

이 때문에 경문에서 "지혜를 따라 증득한다."고 하였고, 논에서는 "觀智로 설법하기 때문이다."고 하였다. 이 보살의 행이 곧 십지 지혜의 본체이다.

二는 說相이니 謂體雖一智나 相有十地分位故니라 然此分位가 由心差別이니 故論云 十地差別者는 謂心이오 而名說相者는 約口言也라하며 以論經云 義無量者는 說十地差別이라하니 故作是釋이니 斯則異前義大로다【鈔_ 斯則異前者는 顯義無礙 卽說是大오 前法無礙 是義大也니라】

㉡ 설법하는 모양이다. 본체는 비록 한 가지 지혜이지만 모양은 십지의 부분적 지위가 있기 때문이다. 그러나 이 부분적 지위가 마음으로 인해 각기 다르게 된다.

이 때문에 논에서 "십지의 각기 다른 것은 마음이라 말하는데, 여기에서 '설법하는 모양'이라 말한 것은 입으로 언어를 들어 말한 것이다."고 하였고,

논경에서는, "이치가 한량없는 것은 십지의 각기 다른 모양을 말한다."고 하였다.

이 때문에 이런 해석을 하였다. 이는 앞서 말한 義大와는 다른 점이다.【초_ "이는 앞서 말한 義大와는 다르다."는 것은 일체 이치에 걸림 없는 것이 바로 說大이고, 앞의 일체 법에 걸림 없는 것이 곧 義大임을 밝힌 것이다.】

三은 與方便相이니 謂巧說十地하야 授與衆生에 不顚倒敎授하며

與地證道 無有差別故니라【鈔_ 謂巧說十地者는 釋方便言이오 從授與下는 釋無差別言이라 乃有二意하니 一은 稱機不倒 爲無差別이오 二는 不違證道 爲無差別이니 如鳥迹合空이니라】

㈢ 방편과 함께하는 모양이다. 중생에게 십지를 잘 설법하여 전도된 가르침이 없고, 십지의 증도와 다름이 없기 때문이다.【초_ "십지를 잘 설법한다."는 것은 방편을 해석한 말이며, '授與'로부터 이하는 "다름이 없다."는 말을 해석한 것이다.

여기에는 2가지 뜻이 있다.

① 근기에 걸맞게 전도되지 않음이 다름이 없음이며,

② 證道에 어긋나지 않음이 다름이 없음이다. 이는 마치 새 발자국이 허공과 합해지는 것과 같다.】

四는 入無量門相이니 入諸地相差別故니라

㈣ 한량없는 문에 들어간 모양이다. 모든 지위의 모양이 각기 다른 데에 들어갔기 때문이다.

第九 如來地相

約眞應하야 以分法義라

⑨ 여래지의 모양

眞身과 應身을 들어 법과 이치를 구분하였다.

經

復次法無礙智로 知一切如來 一念에 成正覺하며
義無礙智로 知種種時種種處等의 各差別하며
辭無礙智로 說成正覺差別하며
樂說無礙智로 於一一句法에 無量劫說不盡이니라

또한 일체 법에 막힘없이 통달한 지혜로 일체 시방삼세 여래께서 한 생각의 찰나에 정각을 성취함을 알고,

일체 이치에 막힘없이 통달한 지혜로 가지가지 다른 시간, 가지가지 다른 국토 등이 각기 다름을 알며,

일체 언어에 막힘없이 통달한 지혜로 정각 성취가 각기 다름을 말하고,

듣기 좋게 말해주는 데 막힘없이 통달한 지혜로 하나하나의 구절마다 한량없는 겁에도 모두 말할 수 없는 뜻이 담겨 있음을 말하였다.

◉ 疏 ◉

謂一은 法身相이니 卽始本無二之法身일새 故云一念成正覺이니라
【鈔_ 以始本無二로 釋一念者는 以起信云 '謂一念相應慧로 無明頓盡을 名一切智'라하니 言'一念相應'者는 卽始覺이 與本覺으로 相應故니라 彼論云 '如菩薩地盡이 滿足方便하야 一念相應이라 覺心初起하야 心無初相이라 以遠離微細念故로 得見心性하야 心卽常住하니 名究竟覺이라'하니 正是始本無二相也니라

次上論에 釋本覺竟云 '何以故오 本覺義者는 對始覺義說이니 以始覺者가 即同本覺이라'하며

又云 '若得無念者는 則知心相의 生住異滅하나니 以無念等故니라 而實無有始覺之異니 以四相이 俱時而有라 皆無自立하야 本來平等하야 同一覺故라'하니 以始覺이 同於本覺하야 無復始本之異於一念相應이며 亦是一念에 頓覺一切法故니라 故淨名云 '一念에 知一切法이 是道場이니 成就一切智故라'하니 餘竝可知로다】

㉠ 법신의 모양이다. 始覺과 本覺이 둘이 없는 법신이므로 "한 생각의 찰나에 정각을 성취하였다."고 말하였다.【초_ 始覺과 本覺이 둘이 없다는 것으로 '한 생각의 찰나'를 해석한 것은 기신론에서 다음과 같이 말하였다.

"이는 한 생각과 상응하는 지혜로 무명이 단번에 없어지는 것을 一切智라 말한다."

'한 생각과 상응한다.'고 말한 것은 시각이 본각과 상응하기 때문이다.

기신론에서 이런 말을 하였다.

"보살의 지위를 다한 이는 방편이 원만하여 한 생각과 상응하는 것이다. 마음이 처음 일어나는 모양을 깨달아 마음에 처음 모양이 없다. 이는 미세한 생각을 멀리 여의었기 때문에 마음의 본성을 보고서 마음이 곧 상주하나니 이를 究竟覺이라 말한다."

이는 바로 시각과 본각이 둘이 아닌 모양이다.

다음은 위의 기신론에서 본각에 대한 해석을 끝마치고 다시

말하였다.

"무엇 때문일까? 본각의 뜻이란 始覺의 뜻을 상대로 말한 것이다. 시각이 바로 본각과 같기 때문이다."

또 말하였다.

"만약 생각이 없으면 마음의 모양이 생겨나고·머물고·변해가고·사라짐을 알게 되어 무념과 같기 때문이다. 실로 始覺과 차별이 없어지게 된다. 生住異滅 4가지 현상이 동시에 이뤄지는 것이다. 이는 모두 자립이 없으며, 본래 평등하여 동일한 깨달음이기 때문이다."

시각이 본각과 똑같아 다시는 시각과 본각의 다름이 없는 것이 한 생각과 상응하며, 또한 한 생각의 찰나에 일체 법을 한꺼번에 깨닫기 때문이다. 그러므로 유마경 보살품 제4에서, "한 생각의 찰나에 일체 법을 아는 것이 곧 도량이다. 일체지를 성취했기 때문이다."고 하였다. 나머지는 모두 말하지 않아도 알 수 있다.】

二는 色身相이니 種種時者는 隨何劫中이오 種種處者는 隨何國土니 依報事오 各差別者는 隨何等佛身이니 正報事니라

㋁ 색신의 모양이다. '가지가지 다른 시간[種種時]'이란 '어떤 겁을 따르든'이라는 뜻이며,

'가지가지 다른 곳[種種處]'이란 '어떤 국토를 따르든'이라는 뜻이니, 依報에 관한 일이며,

'각기 다름'이란 '어떤 부처님을 따르든'이라는 뜻이니, 正報에 관한 일이다.

三은正覺相이니 通說正覺이니 十佛이 差別故니라

㉢ 바른 깨달음의 모양이다. 통틀어 정각을 말하였다. 시방 부처님 몸이 각기 다르기 때문이다.

四는說相이니 佛德無盡일세 故說亦無盡이니라

㉣ 설법하는 모양이다. 부처님의 공덕이 그지없으므로 설법 또한 그지없다.

第十作住持相
約諸佛의 能說德과 所說聲教하야 以分法義라

⑩ 주지하는 모양

부처님의 설법하는 주체인 공덕과 설법할 대상인 음성과 교법을 들어 법과 이치를 구분하였다.

經

復次法無礙智로 知一切如來의 語와 力과 無所畏와 不共佛法과 大慈大悲와 辯才와 方便과 轉法輪과 一切智智隨證하며
義無礙智로 知如來 隨八萬四千衆生의 心行根解差別音聲하며
辭無礙智로 隨一切衆生行하야 以如來音聲差別說하며
樂說無礙智로 隨衆生信解하야 以如來智淸淨行圓滿

說이니라

또한 일체 법에 막힘없이 통달한 지혜로 일체 여래의 말씀, 열 가지의 힘, 두려운 바 없음, 그 누구도 함께할 수 없는 부처님의 법, 대자대비, 변재, 방편, 법륜을 굴림, 일체 지혜의 지혜를 따라 증득함을 알고,

일체 이치에 막힘없이 통달한 지혜로 여래께서 8만 4천 중생의 마음, 행, 근기, 이해, 각기 다른 음성을 따라 알며,

일체 언어에 막힘없이 통달한 지혜로 일체중생의 행을 따라서 여래의 음성으로써 각기 달리 말하고

듣기 좋게 말해주는 데 막힘없이 통달한 지혜로 중생의 믿음과 이해를 따라서 여래의 지혜로써 청정한 행을 원만하게 말하였다.

● 疏 ●

一은 覺相이니 卽作住持德이니 覺法性相故니라 語者는 隨自意語와 他意語와 隨自他意語니 此는 能說法故니라 十力은 破魔憍慢이오 無畏는 伏外道오 不共은 異二乘이오 慈悲故로 常說이오 辯才故로 能說이오 方便者는 隨順物機오 轉法輪者는 正說이니 此上은 皆一切智智隨證이니라
二는 差別相이니 知佛隨心種性等하야 差別聲敎故니라
三은 說相이니 用前音聲差別說故니라
四는 彼無量相이니 異異說故니라 隨信解者는 示現菩薩의 無盡樂說故니라 以如來智等者는 諸佛法身이 以利生으로 爲行하니 此行이

合智故로 無垢淸淨이오 不可破壞일세 故云圓滿이라 此地에 分得일세 故用之而說이니라

㉠ 깨달음의 모양이다. 주지의 공덕을 지음이다. 법의 체성과 모양을 깨달았기 때문이다.

말씀이란 자기 의사에 따른 말, 다른 이의 의사에 따른 말, 자기와 남의 의사를 따른 말이다. 이는 설법의 주체이기 때문이다.

'10가지 힘'이란 마군과 교만을 타파함이며,

'두려운 바 없음'은 외도를 항복 받음이며,

'그 누구도 함께할 수 없는 부처님의 법'은 이승과 다름이다.

대자대비 때문에 항상 설법하고,

변재 때문에 잘 설법하며,

방편은 중생의 근기를 따름이며,

'법륜을 굴림'은 바른 설법이다.

이상은 모두 일체 지혜의 지혜를 따라 증득한 공덕이다.

㉡ 차별의 모양이다. 부처님이 중생의 마음, 종성 등을 따라서 음성과 가르침을 각기 달리함을 알기 때문이다.

㉢ 설법의 모양이다. 앞서 말한 각기 다른 음성으로 설법하기 때문이다.

㉣ 그 한량없는 모양이다. 각기 다르고 다르게 설법하기 때문이다.

"중생의 믿음과 이해를 따른다."는 것은 보살의 그지없이 듣기 좋도록 설법함을 나타내 보이기 때문이다.

'여래의 지혜 등'은 부처님의 법신이 중생을 이롭게 함으로써 행을 삼는다. 이 행이 지혜와 부합한 까닭에 때 없이 청정하고, 무너뜨릴 수 없으므로 '원만'하다고 말한다.

이의 제9 선혜지에서는 일부분을 얻었기 때문에 그것을 사용하여 설법하는 것이다.

二 口業成就 竟하다

2) 구업의 성취를 끝마치다.

第三 法師自在成就

中二니 先은 牒前標後오

3) 법사의 자재함 성취

이는 2단락이다.

먼저 앞의 경문을 이어서 뒤의 문장을 표방하였다.

經

佛子여 菩薩이 住第九地에 得如是善巧無礙智하며 得如來妙法藏하야 作大法師하나니

불자여! 보살이 제9 선혜지에 머물면 이처럼 뛰어난 걸림 없는 지혜를 얻으며, 여래의 미묘한 법장을 얻어서 큰 법사가 되는 것이다.

二正顯成就

有四種事하니

一은 持成就니 得不失故오

二는 說成就니 巧能演故오

三은 問答成就니 斷疑網故오

四는 受持成就니 更受勝法故니라

則前三은 自分이오 後一은 勝進이라

又前一은 釋得妙法藏이오 後三은 釋作大法師니라

於此四種에 皆無縛著하니 卽攝第九廻向也니라

今은 初라

다음은 바로 성취를 밝혔다.

4가지 성취가 있다.

⑴ 기억의 성취이다. 잃어버리지 않음을 얻었기 때문이다.

⑵ 설법의 성취이다. 잘 연설하기 때문이다.

⑶ 문답의 성취이다. 의심의 그물을 끊어버렸기 때문이다.

⑷ 받아 지님의 성취이다. 더욱 훌륭한 법을 받았기 때문이다.

앞의 3가지 성취는 자신의 본분에 따른 행이고,

뒤의 1가지 성취는 잘 닦아나가는 행이다.

또한 앞의 '⑴ 기억의 성취'는 미묘한 法藏을 얻음에 대한 해석이며,

뒤의 3가지 성취는 대법사에 대한 해석이다.

이 4가지 성취에 모두 속박과 집착이 없으니, 이는 제9 無縛無着解脫廻向에 속한다.

이는 '(1) 기억의 성취'이다.

經

得義陀羅尼와 **法陀羅尼**와 **智陀羅尼**와 **光照陀羅尼**와 **善慧陀羅尼**와 **衆財陀羅尼**와 **威德陀羅尼**와 **無礙門陀羅尼**와 **無邊際陀羅尼**와 **種種義陀羅尼**하야
如是等百萬阿僧祇陀羅尼門을 **皆得圓滿**하야 **以百萬阿僧祇善巧音聲辯才門**으로 **而演說法**이니라
此菩薩이 **得如是百萬阿僧祇陀羅尼門已**하야는 **於無量佛所**에 **一一佛前**에 **悉以如是百萬阿僧祇陀羅尼門**으로 **聽聞正法**하고 **聞已不忘**하야 **以無量差別門**으로 **爲他演說**이니라

뜻 다라니, 법 다라니, 지혜 다라니, 광명이 비치는 다라니, 선한 지혜 다라니, 많은 재물 다라니, 위덕 다라니, 걸림 없는 법문 다라니, 그지없는 다라니, 가지가지 이치 다라니,

이러한 백만 아승기 다라니 법문을 얻어 모두 원만하고, 백만 아승기의 뛰어난 음성과 변재의 법문으로 법을 연설하였다.

이 보살이 이러한 백만 아승기 다라니 법문을 얻고서 한량없는 부처님의 도량에서 한 분 한 분의 부처님 앞에 이와 같은 백만 아승기 다라니 법문으로 바른 법을 들으며, 듣고서는 잊지 않으며,

한량없이 각기 다른 법문으로 중생을 위하여 연설하였다.

● 疏 ●

分二니
初는 列十持니 持先已得이오
後 '此菩薩得如是'下는 用前十持니 持當所得이니라
今은 初니 先은 列十持니 並從所起業用하야 立名이라
初三은 起意業이오 次三은 起身業이오 後四는 起口業이라
一은 持義오 二는 持教法이오 三은 持能知智오 四는 善頓者를 慈光攝受오 五는 剛强者를 善慧降伏하야 種種施爲故오 六은 上供諸佛하고 下攝貧窮하니 故名衆財오 七은 於大乘中에 陜劣衆生에 示敎大乘의 威德勝利하야 令生喜故오 八은 不斷辯才로 智常說故오 九는 無盡樂說로 深說故오 十은 種種義를 樂說로 廣說故니라
後 '如是'下는 總結이라 '以百萬'下는 顯持之用이라
二는 持當得中에 聞已不忘은 正顯持義오 爲他演說은 亦持之用이니라

2단락으로 나뉜다.

㈀ 10가지 다라니를 열거하였다. 다라니를 먼저 이미 얻었고,

㈁ '此菩薩得如是' 이하는 앞의 10가지 다라니를 사용함이다. 다라니는 당연히 얻어야 할 바이다.

이는 ㈀ 다라니의 열거 부분이다.

첫째, 10가지 다라니를 열거하였다. 아울러 일으킨 업과 작용

을 따라서 세운 명칭이다.

앞의 3다라니[義陀羅尼, 法陀羅尼, 智陀羅尼]는 의업을 일으키고,

다음 3다라니[光照陀羅尼, 善慧陀羅尼, 衆財陀羅尼]는 신업을 일으키며,

뒤의 4다라니[威德陀羅尼, 無礙門陀羅尼, 無邊際陀羅尼, 種種義陀羅尼]는 구업을 일으킨다.

① 義陀羅尼는 다라니의 의의이며,

② 法陀羅尼는 다라니의 교법이며,

③ 智陀羅尼는 다라니의 아는 주체의 지혜이며,

④ 光照陀羅尼는 선하고 부드러운 이는 자비 광명으로 받아들이며,

⑤ 善慧陀羅尼는 뻣뻣하고 억센 자는 선한 지혜로 항복 받아 가지가지로 베풀기 때문이며,

⑥ 衆財陀羅尼는 위로 부처님께 공양 올리고 아래로 빈궁한 이를 받아들이므로 '많은 재물'이라 말하며,

⑦ 威德陀羅尼는 대승법 가운데 협소하고 열등한 중생에게는 대승의 위덕이 뛰어나고 이익이 됨을 내보이고 가르쳐서 중생을 기쁘게 하며,

⑧ 無礙門陀羅尼는 끊임없는 변재로 지혜를 항상 말하며,

⑨ 無邊際陀羅尼는 그지없이 듣기 좋은 설법으로 심오하게 말하며,

⑩ 種種義陀羅尼는 가지가지 이치를 듣기 좋은 설법으로 자

세히 말해주기 때문이다.

둘째, '如是' 이하는 총체로 끝맺음이다.

'以百萬' 이하는 다라니의 작용을 밝혔다.

㈐ '다라니는 당연히 얻어야 할' 부분에서 "바른 법을 들으며, 듣고서는 잊지 않음"은 다라니의 이치를 바로 밝혔고, "중생을 위하여 연설함"은 또한 다라니의 작용이다.

第二明說成就
(2) 설법의 성취

經

此菩薩이 初見於佛하고 頭頂禮敬하야 卽於佛所에 得無量法門하니 此所得法門은 非彼聞持諸大聲聞의 於百千劫에 所能領受니라
此菩薩이 得如是陀羅尼와 如是無礙智하고 坐於法座하야 而說於法호되 大千世界滿中衆生에 隨其心樂差別爲說하나니 唯除諸佛과 及受職菩薩하고 其餘衆會는 威德光明이 無能與比니라
此菩薩이 處於法座하야 欲以一音으로 令諸大衆으로 皆得解了하야 卽得解了하며
或時엔 欲以種種音聲으로 令諸大衆으로 皆得開悟하며

或時엔 心欲放大光明하야 演說法門하며

或時엔 心欲於其身上――毛孔에 皆演法音하며

或時엔 心欲乃至三千大千世界의 所有一切形無形物에 皆悉演出妙法言音하며

或時엔 心欲發一言音하야 周徧法界하야 悉令解了하며

或時엔 心欲一切言音으로 皆作法音하야 恒住不滅하며

或時엔 心欲一切世界의 簫笛鐘鼓와 及以歌詠과 一切樂聲으로 皆演法音하며

或時엔 心欲於一字中에 一切法句의 言音差別이 皆悉具足하며

或時엔 心欲令不可說無量世界에 地水火風四大聚中의 所有微塵으로 ――塵中에 皆悉演出不可說法門하나니 如是所念이 一切隨心하야 無不得者니라

　이 보살이 처음 부처님 뵙고 머리를 조아려 경건히 절을 올리고, 부처님이 계신 도량에서 한량없는 법문을 얻었다. 이처럼 얻은 법문은 듣고 기억하는 큰 성문들이 백천 겁 동안에도 들을 수 있는 게 아니다.

　이 보살이 이와 같은 다라니와 이와 같은 걸림 없는 지혜를 얻고서 법상에 앉아 설법할 적에, 대천세계에 가득한 중생들이 좋아하는, 각기 다른 마음을 따라서 연설하였다. 여러 부처님과 직위를 받은 보살들을 제외하곤, 그 나머지 대중들은 그의 위덕과 광명에 비길 이가 없었다.

이 보살이 법좌에 앉아서 하나의 음성으로써 모든 대중이 다 알게 하려고 하면 모든 대중이 바로 알았으며,

어떤 때는 가지가지 음성으로써 모든 대중을 모두 깨우쳐 주기를 원하였으며,

어떤 때는 마음으로 큰 광명을 쏟아내어 법문을 연설하기를 원하였으며,

어떤 때는 마음으로 그 몸에 있는 모공마다 모두 법음을 연설하기를 원하였으며,

어떤 때는 마음으로 심지어 삼천대천세계에 존재하는 형상이 있거나 형상이 없는 중생들에게 모두 미묘한 법문의 음성을 내기를 원하였으며,

어떤 때는 마음으로 하나의 음성을 내어 법계에 두루 울려 모든 중생이 이해하기를 원하였으며,

어떤 때는 마음으로 일체 음성이 모두 법음이 되어 항상 머물러 사라지지 않기를 원하였으며,

어떤 때는 마음으로 일체 세계의 통소·피리·종·북, 노래와 읊조림, 일체 풍류의 소리로 모두 법문을 연설하기를 원하였으며,

어떤 때는 마음으로 한 글자 가운데 일체 법문 구절의 각기 다른 언어와 음성이 모두 두루 갖춰져 있기를 원하였으며,

어떤 때는 마음으로 말할 수 없이 한량없는 세계의 땅·물·불·바람 따위의 큰 덩어리에 있는 티끌마다 모두 말할 수 없는 법문을 연설하기를 원하였다.

이처럼 생각하는 모든 것이 그 마음을 따라 얻어지지 않는 게 없었다.

◉ 疏 ◉

於中三이니

初는 顯所受法多오

二 '此菩薩得如是' 下는 能廣開演이오

三 '此菩薩處於法座' 下는 明起說自在니라

이의 경문은 3단락이다.

① 받을 대상인 법이 많음을 밝혔고,

② '此菩薩得如是' 이하는 연설할 수 있는 능력을 자세히 밝혔으며,

③ '此菩薩處於法座' 이하는 설법을 일으킴이 자재함을 밝혔다.

第三 問答成就라

(3) 문답의 성취

經

佛子여 此菩薩이 假使三千大千世界所有衆生이 咸至其前하야 一一皆以無量言音으로 而興問難호되 一一問難이 各各不同이라도 菩薩이 於一念頃에 悉能領受하고 仍以一

音으로 普爲解釋하야 令隨心樂하야 各得歡喜하며
如是乃至不可說世界所有衆生이 一刹那間에 一一皆
以無量言音으로 而興問難호되 一一問難이 各各不同이
라도 菩薩이 於一念頃에 悉能領受하고 亦以一音으로 普
爲解釋하야 各隨心樂하야 令得歡喜하며
乃至不可說不可說世界滿中衆生이라도 菩薩이 皆能隨
其心樂하야 隨根隨解하야 而爲說法하며 承佛神力하야
廣作佛事하며 普爲一切하야 作所依怙니라

불자여! 이 보살은 가령 삼천대천세계에 있는 모든 중생이 모두 그의 앞에 찾아와 제각기 한량없는 말로써 묻거나 논란할 적에, 그들의 하나하나 물음과 논란이 제각기 다를지라도, 보살은 한 생각의 찰나에 모두 알아듣고 받아들이며, 바로 하나의 음성으로 두루 해석하여 그들의 마음을 따라서 제각기 기쁨을 얻도록 말해주었다.

이와 같이 말할 수 없는 세계에 가득한 중생들이 한 찰나의 사이에 하나하나 모두 한량없는 언어와 음성으로 묻거나 논란할 적에, 그들의 하나하나 물음과 논란이 제각기 다를지라도, 보살은 한 생각의 찰나에 모두 알아듣고 받아들이며, 또한 하나의 음성으로 두루 해석하여 그들의 마음을 따라서 제각기 기쁨을 얻도록 말해주었다.

내지 말할 수 없는, 도저히 말할 수 없는 세계에 가득한 중생일지라도 보살은 모두 그들의 마음에 좋아하는 바를 따라서 그들의 근기, 그들의 이해를 따라 설법하여 주며, 부처님의 신통력을 받들어 불사를 널리 지으며, 널리 일체중생을 위하여 의지처를 마련하여 주었다.

◉ 疏 ◉

初는 一界答難이오 二는 明一切世界라
    첫 부분은 하나의 세계 속에 중생의 물음에 답함이며,
    다음은 일체 세계 속에 중생의 물음에 답함을 밝혔다.

―

第四 受持成就
   (4) 받아 지님의 성취

經

佛子여 此菩薩이 復更精進하야 成就智明하야는 假使一毛端處에 有不可說世界微塵數諸佛衆會호대 一一衆會에 有不可說世界微塵數衆生하며
一一衆生에 有不可說世界微塵數性欲이어든 彼諸佛이 隨其性欲하야 各與法門하시며
如一毛端處하야 一切法界處에 悉亦如是라도 如是所說 無量法門을 菩薩이 於一念中에 悉能領受하야 無有忘失이니라

불자여! 이 보살이 다시 더욱 정진하여 밝은 지혜를 성취하나니, 가령 하나의 털끝에 말할 수 없는 세계의 티끌 수처럼 수많은 부처님의 대중법회가 있는데, 하나하나의 대중법회마다 말할 수 없는 세계의 티끌 수처럼 수많은 중생이 있으며,

하나하나의 중생마다 말할 수 없는 세계의 티끌 수처럼 수많은 근성과 욕망이 있는데, 저 부처님들이 그들의 근성과 욕망을 따라서 각각 법문을 열어주시며,

하나의 털끝에 세계처럼 일체 법계의 모든 곳 역시 모두 그와 같을지라도 이와 같이 말씀하신 한량없는 법문을 보살이 한 생각의 찰나에 모두 듣고 기억하여 잊지 않는다.

● 疏 ●

可知

이는 말하지 않아도 알 수 있다.

第二明位果라

[2] 제9 선혜지의 지위와 결과

經

佛子여 菩薩이 住此第九地에 晝夜專勤하야 更無餘念하고 唯入佛境界하야 親近如來하며 入諸菩薩甚深解脫하

야 常在三昧하야 恒見諸佛하야 未曾捨離하며
一一劫中에 見無量佛과 無量百佛과 無量千佛과 乃至 無量百千億那由他佛하야 恭敬尊重하고 承事供養하며 於諸佛所에 種種問難하야 得說法陀羅尼하야 所有善根이 轉更明淨하나니

 불자여! 보살이 제9 선혜지에 머물 적에 밤낮으로 부지런히 정근하여 다시는 다른 생각이 없고, 오직 부처님 경지에 들어가 여래를 친근하며, 보살들의 매우 깊은 해탈에 들어가 항상 삼매에 있으면서 언제나 여러 부처님을 뵙고서 잠깐도 떠나지 않았으며,

 하나하나의 겁마다 한량없는 부처님, 한량없는 1백 부처님, 한량없는 1천 부처님 내지 한량없는 백천 억 나유타 부처님을 공경하고 존중하며, 받들어 섬기고 공양하며, 여러 부처님 계신 도량에서 가지가지로 여쭈고 논란하여 설법 다라니를 얻어, 지녀온 선근이 더욱더 밝고 청정하였다.

● 疏 ●

三果는 同前이라 但初調柔의 見佛緣中에 初는 依內證이라 近佛法身이오 後는 依三昧하야 見佛色身이라 餘文은 可知로다

 3가지 결과는 앞에서 말한 바와 같다. 다만 첫째, 조련과 부드러움 결과의 부처님을 친견하는 인연 부분의 앞은 내면의 증득에 의하여 부처님의 법신을 가까이하고, 뒤는 삼매에 의하여 부처님의 색신을 뵙는 것이다.

나머지 경문은 말하지 않아도 알 수 있다.

經

譬如眞金을 善巧金師 用作寶冠하야 轉輪聖王이 以嚴其首하면 四天下內 一切小王과 及諸臣民의 諸莊嚴具 無與等者인달하야 此第九地菩薩善根도 亦復如是하야 一切聲聞辟支佛과 及下地菩薩의 所有善根이 無能與等이니라
佛子여 譬如二千世界主大梵天王이 身出光明하야 二千界中幽遠之處를 悉能照耀하야 除其黑闇인달하야 此地菩薩의 所有善根도 亦復如是하야 能出光明하야 照衆生心하야 煩惱黑暗을 皆令息滅이니라
此菩薩이 十波羅蜜中에 力波羅蜜이 最勝하니 餘波羅蜜은 非不修行이로대 但隨力隨分이니라
佛子여 是名略說菩薩摩訶薩의 第九善慧地니 若廣說者인댄 於無量劫에도 亦不能盡이니라
佛子여 菩薩摩訶薩이 住此地에 多作二千世界主大梵天王하야 善能統理하야 自在饒益하며 能爲一切聲聞緣覺과 及諸菩薩하야 分別演說波羅蜜行하며 隨衆生心하야 所有問難이 無能屈者하며 布施愛語利行同事하나니 如是一切諸所作業이 皆不離念佛하며 乃至不離念一切種과 一切智智니라
復作是念호되 我當於一切衆生中에 爲首며 爲勝이며 乃

至爲一切智智依止者라하나니 此菩薩이 若發勤精進하면 於一念頃에 得百萬阿僧祇國土微塵數三昧하며 乃至示現百萬阿僧祇國土微塵數菩薩로 以爲眷屬이니라
若以菩薩殊勝願力으로 自在示現인댄 過於此數하야 乃至百千億那由他劫에도 不能數知니라

마치 정교한 솜씨를 지닌 금장이가 진금으로 보관을 만들어 전륜성왕의 머리를 장엄하면 사방천하 내에 있는 모든 왕들과 신하들의 숱한 장엄거리는 도저히 그와 같을 수 없는 것처럼, 이 제9 선혜지 보살의 선근 또한 그와 같다. 일체 성문이나 벽지불, 그리고 아래 지위에 있는 보살들이 지닌 선근으로는 도저히 그와 같을 수 없다.

불자여! 마치 2천 세계의 임금인 대범천왕이 몸에서 광명을 쏟아내면, 2천 세계의 깊숙하고 먼 곳까지 모두 비춰주어 그 어둠을 없애주는 것처럼, 이 제9 선혜지 보살의 선근 또한 그와 같다. 광명을 쏟아내어 중생의 마음에 비춰 번뇌의 어둠을 모두 없애주는 것이다.

이 보살이 십바라밀 가운데 역바라밀이 가장 더욱 뛰어나다는 것이지, 나머지 바라밀을 닦지 않은 것은 아니지만, 자신의 힘을 따르고 자신의 연분을 따를 뿐이다.

불자여! 이를 모든 보살마하살의 제9 선혜지를 간략히 말함이라고 한다.

만약 이를 자세히 말하려 하면, 한량없는 세월을 지날지라도 또한 다할 수 없다.

불자여! 보살마하살이 이 제9 선혜지에 머물 적에 흔히 2천 세계의 임금인 대범천왕이 되어 잘 다스려서 자재하게 이익을 베풀고, 일체 성문·연각과 모든 보살을 위하여 바라밀의 행을 분별하여 연설하며, 중생의 마음을 따라 묻거나 논란하는 이가 있을지라도 물러서거나 굴복하는 일이 없으며, 보시하고 사랑스러운 말을 하고 이익되는 행을 하고 일을 함께하였다.

이처럼 일체 모든 일마다 모두 부처님을 생각한 데서 떠난 적이 없으며, 내지 일체종지와 일체 지혜의 지혜를 두루 원만히 하려는 생각에서 떠난 적이 없다.

또 이런 생각을 하였다.

'나는 당연히 일체중생 가운데, 머리가 되고 나은 이가 되며, 내지 일체 지혜의 지혜에 의지한 자가 될 것이다.'

이 보살이 만약 발심하여 부지런히 정진하면 한 생각의 찰나에 백만 아승기 국토 미진수의 삼매를 얻고, 내지 백만 아승기 국토 미진수의 보살로 권속을 삼을 것이다.

만약 보살의 훌륭한 원력으로 자재하게 나타내면, 이 수효보다 훨씬 뛰어나 내지 백천 억 나유타 겁에도 그 수를 헤아려 알 수 없을 것이다."

第三重頌分
제3. 금강장보살의 게송

經

爾時에 金剛藏菩薩이 欲重宣其義하사 而說頌曰

그때, 금강장보살이 이 뜻을 다시 펴려고 게송으로 말하였다.

無量智力善觀察하니　　最上微妙世難知라
普入如來秘密處하야　　利益衆生入九地로다

　한량없는 지혜로 자세히 살펴보니
　최상의 미묘한 법, 세간 중생 알기 어려워라
　여래의 비밀스러운 곳에 널리 들어가
　중생 이익 주고자 선혜지 들어가노라

總持三昧皆自在하고　　獲大神通入衆刹하며
力智無畏不共法과　　　願力悲心入九地로다

　다라니와 삼매 모두 자재하고
　큰 신통으로 한량없는 세계 들어가며
　십력과 지혜, 두려움 없는 마음, 함께할 수 없는 법
　원력과 자비의 마음으로 선혜지 들어가노라

● 疏 ●

二十四頌을 分三이니 初十九는 頌地行이오 次四는 頌位果오 後一은 結歎이라

今初에 具頌上四分이니 初二는 頌法師方便이라

24수의 게송은 3단락이다.

⑴ 19수 게송은 제9 선혜지의 행을 읊었고,

⑵ 4수 게송은 제9 선혜지의 과덕을 읊었으며,

⑶ 1수 게송은 끝맺으면서 찬탄하였다.

'⑴ 19수 게송'은 위의 4가지 성취[法師方便成就, 智成就, 入行成就, 說法成就]를 읊고 있다.

① 앞의 2수 게송은 법사의 방편 성취를 읊었다.

經

住於此地持法藏하야　　　了善不善及無記하며
有漏無漏世出世와　　　思不思議悉善知로다

　선혜지에 머물 적에 법장 지녀

　선, 불선 그리고 무기의 법을 알고

　유루와 무루, 세간과 출세간

　사의와 불가사의 모두 잘 아노라

若法決定不決定과　　　三乘所作悉觀察하며
有爲無爲行差別을　　　如是而知入世間이로다

　결정과 결정하지 못한 법

　삼승의 하는 일, 모두 관찰하고

　유위와 무위의 각기 다른 행을

　이처럼 다 알고서 세간에 들어가노라

● 疏 ●

次二는 頌智成就라

② 다음 2수 게송은 지혜의 성취를 읊었다.

經

若欲知諸衆生心인댄　　則能以智如實知
種種速轉壞非壞와　　　無質無邊等衆相이니라

　만약 중생의 마음 알고자 하면
　지혜로써 실상대로 알아야 한다
　갖가지 업 빠르게 전변하면서 무너지거나 무너지지 않는 것
　바탕 없고 끝이 없는 여러 모양을…

煩惱無邊恒共伴과　　　眠起一義續諸趣와
業性種種各差別과　　　因壞果集皆能了로다

　그지없는 번뇌, 언제나 나와 함께하는 것
　수면번뇌에서 일어난 한 생각, 6취 세계 이어짐
　업의 성질 가지가지 다른 것
　원인 무너지면 결과의 모임, 모두 아노라

諸根種種下中上과　　　先後際等無量別이라
解性樂欲亦復然하니　　八萬四千靡不知로다

　상중하의 수많은 근기

과거와 미래의 한량없이 각기 다른 일

이해, 근성, 좋아하는 것, 욕망 또한 모두 똑같이

8만 4천 가지, 이를 모두 아노라

衆生惑見恒隨縛하야　　**無始稠林未除翦**이라
與志共俱心並生하야　　**常相羈繫不斷絕**이로다

중생은 번뇌 소견 따라 얽히고

시작도 없는 겁에 빽빽한 숲 잘라내지 못한 터

구도(求道)의 뜻과 함께 무명의 마음도 같이 생겨나

항상 서로 얽혀 끊을 수 없어라

但唯妄想非實物이며　　**不離於心無處所**라
禪定境排仍退轉이오　　**金剛道滅方畢竟**이로다

허망한 생각이란 실상이 아니다

마음에 여의지 못하나 일정한 곳이 없다

선정의 경계 등지고 물러서나니

금강도로 없애야 끝이 나리라

六趣受生各差別하니　　**業田愛潤無明覆**하며
識爲種子名色芽로　　**三界無始恒相續**이로다

6도 세계 태어난 몸 각기 다르다

업 밭에 애욕 적셔주고 무명으로 덮으며

식이 종자 되어 명색의 싹 돋아나
삼계가 무시로부터 언제나 이어지노라

惑業心習生諸趣니　　若離於此不復生이어늘
衆生悉在三聚中하야　　或溺於見或行道로다

번뇌 업과 습기로 육도에 태어나니
이를 여의면 다시 태어나지 않거늘
중생이 모두 3부류[三聚] 속에서
소견에 빠지거나 도를 행하기도 하여라

● 疏 ●

次七은 頌入行成就라

③ 다음 7수 게송은 행에 들어감의 성취를 읊었다.

經

住於此地善觀察하야　　隨其心樂及根解라

선혜지에 머물면서 잘 관찰하여
중생의 마음, 좋아하는 것, 근성, 이해 따르노라

● 疏 ●

四有八偈는 頌說成就라
於中에 初半偈는 頌智成就라

④ 8수의 게송은 설법 성취를 읊었다.
이 가운데 첫째, 반수의 게송은 지혜 성취를 읊었다.

經

悉以無礙妙辯才로　　　如其所應差別說호되

모두 걸림 없는 미묘한 변재로
그 응할 바를 따라 각기 달리 연설하는데

處於法座如師子하고　　　亦如牛王寶山王하며
又如龍王布密雲하야　　　霔甘露雨充大海라

법좌에 사자처럼 앉고
우왕이나 보배산의 왕과도 같으며
또한 용왕이 큰 구름 펼치고서
감로의 비 내려 바다 가득 채우듯 하여라

善知法性及奧義하야　　　隨順言辭能辯說이로다

법성과 깊은 이치 모두 잘 알고서
그들의 말을 따라 설법하노라

◉ **疏** ◉

次 二偈는 頌口業成就라
其中諸喩는 長行에 所無라

다음 2수 게송은 구업 성취를 읊었다.

그 가운데 많은 비유는 장항의 경문에 없는 부분이다.

經

總持百萬阿僧祇를　　　**譬如大海受衆雨**하니

　백만 아승기 다라니는

　큰 바다, 모든 비를 받아들이듯

總持三昧皆清淨하야　　**能於一念見多佛**하며
一一佛所皆聞法하고　　**復以妙音而演暢**이로다

　다라니와 삼매 모두 청정하여

　한 찰나에 많은 부처 모두 뵙고

　모든 부처님의 도량에서 모두 법문 듣고서

　미묘한 음성으로 연설하노라

◉ **疏** ◉

後 五偈半은 頌法師自在成就라
於中에 初一偈半은 頌持라

　뒤의 5수 반의 게송은 법사 성취를 읊었다.

　그 가운데 1수 반의 게송은 총지 성취를 읊었다.

經

若欲三千大千界에　　　敎化一切諸群生인댄
如雲廣布無不及하야　　隨其根欲悉令喜니라

　　삼천대천 드넓은 세계에서
　　수많은 중생 교화하려면
　　구름이 온 누리 널리 펼치듯
　　근기와 욕망 따라 모두 기쁨 주리라

◉ 疏 ◉

次一偈는 頌說이라
　　다음 1수 게송은 설법 성취를 읊었다.

經

毛端佛衆無有數하며　　衆生心樂亦無極이어든
悉應其心與法門하며　　一切法界皆如是로다

　　털끝에 부처와 대중 셀 수 없고
　　중생의 좋아하는 마음 또한 끝이 없는데
　　모두 그들 마음 따라 법문 일러주며
　　일체 법계에도 모두 그처럼 하노라

◉ 疏 ◉

次一은 頌問答이라

다음 1수 게송은 문답 성취를 읊었다.

經

菩薩勤加精進力하고　　復獲功德轉增勝하야
聞持爾所諸法門을　　如地能持一切種이로다

　보살이 부지런히 더욱 정진하고
　더욱 훌륭한 공덕 다시 얻어서
　그러한 모든 법문 듣고 지니기를
　일체 만물 받드는 대지처럼 하노라

十方無量諸衆生이　　咸來親近會中坐하야
一念隨心各問難이라도　　一音普對悉充足이로다

　시방세계 한량없는 모든 중생
　모두 찾아와 법회 가까이 앉아
　한 찰나에 그들 마음 따라 제각각 물을지라도
　하나의 음성으로 널리 대답하여 모두 만족 주노라

● 疏 ●

後 二는 頌受持 兼頌問答이라

　뒤의 2수 게송은 수지 성취와 겸하여 문답 성취를 읊었다.

住於此地爲法王하야　　隨機誨誘無厭倦하며
日夜見佛未曾捨하야　　入深寂滅智解脫이로다

　　선혜지에 머물러선 법왕이 되어
　　중생 근기 따른 가르침 게으름 없고
　　밤낮으로 부처 뵙고 버리지 않아
　　깊은 적멸 지혜 해탈에 들어갔어라

供養諸佛善益明하니　　如王頂上妙寶冠이오
復使衆生煩惱滅하니　　譬如梵王光普照로다

　　부처님 공양하여 선근 더욱 밝으니
　　전륜왕 머리 위의 보관처럼 빛나고
　　또한 중생 번뇌 없애주니
　　대범천왕 방광처럼 널리 비춰주네

住此多作大梵王하야　　以三乘法化衆生하며
所行善業普饒益하야　　乃至當成一切智로다

　　선혜지 보살 흔히 대범왕 되어
　　삼승의 법문으로 중생 교화하고
　　수행한 선업으로 널리 이익 주어
　　의당 일체종지 이루리라

一念所入諸三昧　　　阿僧祇剎微塵數라
見佛說法亦復然이어니와　願力所作復過此로다

　　한 생각에 들어간 많은 삼매여
　　아승기 세계의 티끌 수 같아라
　　부처 뵙고 설법함도 이와 같지만
　　원력으로 지은 바는 이보다 더하노라

此是第九善慧地니　　　大智菩薩所行處라
甚深微妙難可見을　　　我爲佛子已宣說이로다

　　이것이 제9 선혜지라
　　큰 지혜 보살들이 행하였던 법문
　　매우 깊고 미묘하여 보기 어려운데
　　나는 불자 위해 일러주노라

● 論 ●

有四十八行頌은 明重頌前法分이니 如文自具라
此已上大綱은 明但隨智境하야 約智德見佛供養과 及攝生과 乃至眷屬廣大오 非有往來自他所爲니 但以智境對現故니라
如'一切智智依止'者는 明修眞俗二智者之所依止故니 明六地는 眞俗二智現前이오 七地는 唯存利物이오 八九二地는 行圓任運이오 十地는 佛力方終이며
云如來無上兩足尊者는 明此眞俗二智滿故니 明如是修二智

者의 所依止故니라

48수 게송은 앞서 말한 법의 부분을 거듭 읊은 것이다. 이는 경문에서 말한 바와 같이 그 나름 갖추고 있다.

이상의 큰 줄거리는 다만 지혜의 경계를 따라서 지혜, 공덕, 부처님의 친견, 부처님께 올린 공양, 중생을 받아들임, 내지 권속이 광대함을 들어 말한 것이지, 왕래하는 자타의 행한 바가 아님을 밝힌 것이다. 다만 지혜의 경계로써 현재를 상대로 말하였기 때문이다.

예컨대 '一切智智依止'라는 것은 진제와 속제 2가지 지혜를 닦는 자의 의지 대상임을 밝힌 때문이다. 제6 현전지는 진제와 속제 2가지 지혜가 앞에 나타남이며, 제7 원행지는 오직 중생의 이익만을 지님이며, 제8 부동지 및 제9 선혜지는 행이 원만하여 자유자재함이며, 제10 법운지는 부처님의 힘이 바야흐로 끝마침을 밝힌 것이며,

'如來無上兩足尊'이라 말한 것은 진제와 속제 2가지 지혜가 원만함을 밝힌 때문이다.

이와 같이 진제와 속제 2가지 지혜를 닦는 자의 의지처임을 밝힌 때문이다.

已上第九地竟하다

이상 제9 선혜지를 끝마치다.

십지품 제26-13 十地品 第二十六之十三
화엄경소론찬요 제72권 華嚴經疏論纂要 卷第七十二

화엄경소론찬요 제73권
華嚴經疏論纂要 卷第七十三

◉

십지품 제26-14
十地品 第二十六之十四

第十 法雲地
初는 明大意라

  제10. 법운지
  첫 부분은 대의를 밝히다

● 疏 ●

所以來者는 瑜伽意云 '雖於一切品類宣說法中에 得大自在나 而未能得圓滿法身하야 現前證受라가 今에 精勤修習하야 已得圓滿이라'하니 故有此來니라

論云 '於九地中에 已作淨佛國土와 及化衆生하고 第十地中에 修行하야 令智覺滿이 此是勝故라'하니 以八九二地 同無功用이라 故 對之顯勝일새 有此地來니라 又一乘中에 最居極故니라

여기에 이 지위를 쓰게 된 이유는 유가사지론에서 다음과 같이 말하였다.

"비록 일체 것을 널리 펼쳐 설법하는 중에 크게 자재함을 얻었지만, 아직은 원만한 법신이 앞에 나타나는 증득을 얻지 못하였다. 여기에서는 부지런히 닦고 익혀서 이미 원만함을 얻었다."

이 때문에 이를 여기에 쓴 것이다.

논에서 말하였다.

"보살이 제9 선혜지에서 이미 불국토를 청정히 하고 중생을 교화하였으며, 제10 법운지에서는 수행하여 지혜와 깨달음이 원만

하도록 하였다. 이것이 뛰어난 것이다."

　　제8 부동지와 제9 선혜지에 모두 하는 일이나 작용이 없다. 이 때문에 이를 상대로 뛰어남을 밝히고자, 이 지위를 여기에 쓴 것이다.

　　또한 일승 가운데 가장 끝자리에 있기 때문이다.

次釋名이라

下에 自有釋名分이어니와 今且畧解호리라

雲者는 是喩라 畧有三義하니 一은 含水義오 二는 覆空義오 三은 注雨義라

約法就喩인댄 則有多義라

雲有四義하니 一은 喩智慧오 二는 喩法身이오 三은 喩應身이오 四는 喩多聞熏因이니라

空亦四義니 一은 喩眞如오 二는 喩麤重이오 三은 喩法身이오 四는 喩梨耶니라

攝大乘論云 '由得總緣一切法智가 含藏一切陀羅尼門과 三摩地門이라'하니 此는 喩含水義오

又云 '譬如大雲이 能覆如空廣大障故'라하니 此喩覆空義니 卽以前智가 能覆惑智二障이니라

又云 '又於法身에 能圓滿故'라하니 此有二義하니

一은 喩霔雨義니 卽上之智가 出生功德하야 充滿所依法身故오

二는 喩徧滿이니 卽前之智가 自滿法身耳라 故金光明云 '法身如虛空이오 智慧如大雲이라'하니라

瑜伽云 '麤重之身은 廣如虛空이오 法身圓滿은 譬如大雲이 皆能徧覆'이라하니 此同攝論第二義니라 而無性釋에 '以智覆空을 此以法身'者는 智滿則法身圓滿이니라

起信論云 '顯現法身하야 智純淨故'라하며 本分云 '得大法身하야 具足自在'라하야 亦以法身으로 喩雲이니라

莊嚴論第十三云 '於第十地中에 由三昧門과 及陀羅尼門하야 攝一切聞熏習因하야 徧滿阿黎耶識中이 譬如浮雲이 徧滿虛空이니 能以此聞熏習雲으로 於一一刹那와 於一一相과 於一一好와 於一一毛孔에 雨無量無邊法雨하야 充足一切所化衆生이라 由能如雲雨法雨故로 故名法雲'이라하니 此從法身이 未及佛故로 立賴耶名이니라 然諸釋雖衆이나 不出三義니 謂以智慧含德과 徧斷諸障과 徧證法身故니라

다음은 명칭의 해석이다.

아래에 그 나름 명칭의 해석 부분이 있지만, 여기에서는 간략히 해석하고자 한다.

구름이란 비유이다. 대략 3가지 뜻이 있다.

(1) 물을 머금고 있다는 뜻,

(2) 허공을 뒤덮는다는 뜻,

(3) 비를 내린다는 뜻이다.

법을 들어 비유를 살펴보면 많은 뜻을 가지고 있다.

구름에는 4가지 뜻이 있다.

(1) 지혜에 비유하고,

(2) 법신에 비유하며,

(3) 응신에 비유하고,

(4) 많이 들은 것으로 인행의 훈습에 비유하였다.

허공 또한 4가지 뜻이 있다.

(1) 진여에 비유하고,

(2) 추중번뇌에 비유하며,

(3) 법신에 비유하고,

(4) 아뢰야식에 비유하였다.

섭대승론에서 "총체로 일체 법을 반연하는 지혜가 일체 다라니문과 삼마지문을 간직함을 얻은 데에서 유래한다."고 하니, 이는 '(1) 물을 머금고 있다는 뜻'이다.

또 이르기를, "마치 큰 구름이 허공처럼 드넓게 덮어버리기 때문이다."고 하니, 이는 '(2) 허공을 뒤덮는다는 뜻'이다. 곧 앞의 지혜가 번뇌장과 소지장 2가지 장애를 덮어버리기 때문이다.

또 이르기를, "또 법신을 원만하게 할 수 있기 때문이다."고 하니, 여기에 2가지 뜻이 있다.

첫째는 '(3) 비를 내린다는 뜻'이다. 위에서 말한 지혜가 공덕을 낳아 의지 대상인 법신을 충만케 하기 때문이며,

둘째는 두루 원만함을 비유하였다. 위에서 말한 지혜가 스스로 법신을 원만하게 하였기 때문이다. 이 때문에 금광명경에서, "법신은 허공과 같고 지혜는 큰 구름과 같다."고 하였다.

유가사지론에서는, "麤重의 몸은 허공처럼 광대하고, 법신의

원만함은 비유하면 큰 구름이 모두 두루 덮어주는 것과 같다."고 하였다. 이는 모두 섭대승론의 '(2) 허공을 뒤덮는다는 뜻'과 같다. 그러나 無性보살의 해석에 "지혜로 허공을 덮는 것을 법신이라 한다."고 말한 것은 지혜가 원만하면 법신이 원만하다는 뜻이다.

기신론에서는, "법신을 드러내어 지혜가 순수하고 청정하기 때문이다."고 하였으며,

본분에서는, "큰 법신을 얻어 자재함을 두루 갖췄다."고 하여, 이 또한 법신을 구름에 비유하였다.

대승장엄론 권13에서 말하였다.

"제10 법운지에서 삼매문과 다라니문으로 인하여 일체 듣고서 훈습하는 원인을 포괄하여 아뢰야식 속에 가득하게 함은, 마치 뜬 구름이 허공에 가득함과 같다. 이러한 듣고서 훈습하는 구름으로 하나하나의 찰나, 하나하나의 모양, 하나하나의 隨好, 하나하나의 모공에 한량없고 그지없는 법의 비를 내려서 일체 교화받을 중생을 충족시켜 주었다. 구름처럼 법의 비를 내리게 할 수 있으므로 '법의 구름'이라 이름 지었다."

이는 법신이 아직 부처의 경지에 미치지 못한 것으로부터 아뢰야식의 명제를 세운 것이다. 그러나 여러 해석이 많지만 3가지 뜻에서 벗어나지 않는다.

(1) 지혜로 공덕을 간직함,

(2) 모든 장애를 두루 끊음,

(3) 법신을 두루 증득함이다.

所覆麤重은 卽所離障이니 謂於諸法中에 未得自在障이니 此障十地大法智雲과 及所含藏·所起事業故니라 斯卽二愚니 障所起業은 名大神通愚오 障大智雲은 卽悟入微細秘密愚니라

덮여 있는 추중번뇌는 여의어야 할 장애이다. 모든 법에 아직 자재함을 얻지 못한 장애를 말한다. 이는 제10지의 '큰 법의 지혜구름[大法智雲]' 및 含藏된 것(다라니문과 삼매문)과 일으키는 사업의 장애이다. 이것이 바로 2가지 어리석음이다.

일으키는 업의 장애는 대신통을 가로막는 어리석음[大神通愚]이며,

큰 지혜 구름의 장애는 미세하고 비밀스러운 이치의 깨달음을 가로막는 어리석음[悟入微細秘密愚]이다.

斷此障故로 便能證得業自在等의 所依眞如니 謂神通作業과 總持定門이 皆自在故로 便成受位等行이라
具智波羅密하야 得化身三昧等果는 卽是雲雨오 究竟成佛法身과 及所證如는 皆亦所徧虛空이니 其旨一耳니라

이런 장애를 끊은 까닭에 바로 업에 자재함 등의 의지처인 진여를 증득할 수 있다. 이는 신통으로 지은 업과 다라니 삼매문이 모두 자재하기 때문에 단번에 受職位 등의 행을 성취하는 것이다.

지혜바라밀을 두루 갖춰 化身삼매 등의 과덕을 얻음은 곧 구름과 비이고, 마지막의 경지에 부처님의 법신과 증득할 진여를 성취함은 모두 허공에 두루 함이니, 그 뜻이 하나이다.

◉ 論 ◉

此地는 何故로 名爲法雲地오 明此菩薩이 登法王之位에 智滿行周하야 以大慈悲雲으로 於諸生死海에 普降法雨하야 灌一切衆生心田하야 令一切衆生으로 長菩提之芽하야 無有休息일새 以此로 名爲法雲地니 明此地 從初發心으로 入此智地하야 而生佛家하야 升進修行하야 至此地에 大悲願力이 功終行滿故로 常雨法故니라

이 지위는 무엇 때문에 그 이름을 법운지라 하는가?

이 보살이 법왕의 지위에 올라 지혜가 원만하고 행이 두루 갖춰져 있어, 대자비의 구름으로 모든 생사의 바다에 널리 법의 비를 내려 일체중생의 마음을 적셔주어, 일체중생으로 하여금 보리의 싹을 자라게 하는 데 멈춤이 없다. 이 때문에 그 이름을 법운지라 함을 밝힌 것이다.

이 지위는 초발심으로부터 이 지혜의 지위에 들어감으로써 부처의 집안에 태어나 향상의 수행으로 이 경지에 이르러 대비원력이 공부를 끝마치고 행이 원만한 까닭에 항상 법 비를 내려주기 때문이다.

次正釋文
文中三分이니
先은 讚請이라

다음은 경문의 해석이다.

경문은 3단락으로 나뉜다.
제1. 찬탄하며 법을 청한 부분

經

淨居天衆那由他　　聞此地中諸勝行하고
空中踊躍心歡喜하야　悉共虔誠供養佛이로다

 정거천의 나유타 대중이
 이 지위의 뛰어난 행을 듣고서
 허공에서 날뛰며 기쁜 마음에
 모두 정성으로 부처님께 공양하노라

不可思議菩薩衆이　　亦在空中大歡喜하야
俱燃最上悅意香하야　普熏衆會令淸淨이로다

 헤아릴 수 없는 보살 대중도
 허공에서 크게 기뻐하면서
 마음에 맞는 좋은 향 모두 올려
 널리 법회 대중 스며들어 청정케 하여라

自在天王與天衆이　　無量億數在虛空하야
普散天衣供養佛하니　百千萬種繽紛下로다

 자재천왕과 하늘의 대중
 한량없는 억 명이 허공에서

하늘의 옷 흩날리며 부처님께 공양하니

백천만 가지가 흩날려 내려온다

● 疏 ●

讚請中에 有十六偈하니 前十三은 讚이오 後三은 偈請이라

前中에 亦二니

前三偈는 但申供養이라 有三類는 可知로다

찬탄하며 법을 청한 부분은 16수의 게송이다.

1. 앞의 13수 게송은 찬탄이고,

2. 뒤의 3수 게송은 게송으로 청함이다.

'1. 앞의 13수 게송'은 또다시 2단락으로 나뉜다.

앞의 3수 게송은 단 공양을 올렸을 뿐이다. 3가지에 대해서는 말하지 않아도 알 수 있다.

經

天諸婇女無有量하야　靡不歡欣供養佛하고
各奏種種妙樂音하야　悉以此言而讚歎호되

하늘의 한량없는 아름다운 여인이

기쁜 마음에 공양하지 않는 이 없고

제각기 미묘한 음악 울려

모두 이런 말로 부처님을 찬양하였어라

● 疏 ●

後十偈는 天女供讚이라

於中에 亦二니

初一은 總標供讚이라

    뒤의 10수 게송은 천상 여인들이 공양 올리며 찬탄함이다.

    이 부분은 또다시 2부분으로 나뉜다.

    첫 1수 게송은 공양과 찬탄을 총괄하여 표방하였다.

經

佛身安坐一國土하사 　　一切世界悉現身하시니
身相端嚴無量億이라 　　法界廣大悉充滿이로다

    부처님의 몸, 한 국토에 앉아 계시면서

    일체 세계에 모두 몸 나타내시니

    몸매가 단정하기 한량없어

    크고 넓은 법계에 충만하여라

於一毛孔放光明하사 　　普滅世間煩惱暗하시니
國土微塵可知數어니와 　　此光明數不可測이로다

    하나의 모공에서 광명 쏟아져

    세간의 어둠 번뇌 모두 없애주니

    세계의 티끌 수는 셀 수 있지만

    이 광명의 수효는 알 수 없어라

● 疏 ●

餘九는 正顯讚辭라

於中에 亦二니

前八은 讚佛德能이오 後一은 勸修利益이라

前中에 亦二니

前五는 讚大用自在오 後는 顯自在所由라

前中에 亦二니

前二는 用益普周라

나머지 9수 게송은 바로 찬탄의 말을 밝혔다.

이 부분은 또한 2단락이다.

(1) 앞의 8수 게송은 부처님의 공덕의 능력을 찬탄하였고,

(2) 뒤의 1수 게송은 수행의 이익을 권함이다.

'(1) 앞의 8수 게송' 또한 2단락이다.

① 앞의 5수 게송은 큰 작용이 자재함을 찬탄하였고,

② 뒤의 3수 게송은 자재한 원인을 밝혔다.

'① 앞의 5수 게송' 또한 2단락이다.

㉠ 앞의 2수 게송은 작용의 이익이 널리 두루 함을 말한다.

經

或見如來具衆相하사　　轉於無上正法輪하며
或見遊行諸佛刹하고　　或見寂然安不動이로다

혹은 여래의 모든 몸매 두루 갖춰

위없이 바른 법륜 굴리심 보고

혹은 여러 세계 다니심 보고

혹은 고요하여 움직이지 않음을 보았노라

● 疏 ●

後三은 隨見不等이라

於中亦二니

初一은 總明이라

㉡ 뒤의 3수 게송은 견해에 따라 같지 않음이다.

이 부분 또한 2단락이다.

첫 1수 게송은 총체로 밝혔다.

經

或見住於兜率宮하고 或現下生入母胎하며
或示住胎或出胎하사 悉令無量國中見이로다

어떤 때엔 도솔천궁 계시고

어떤 때엔 내려와 모태에 들고

혹은 모태에 머무르거나 혹은 나와서

한량없는 국토에 몸을 보여주노라

或現出家修世道하고 或現道場成正覺하며
或現說法或涅槃하사 普使十方無不覩로다

어떤 때는 집을 떠나 도를 닦고

어떤 때는 도량에서 정각 이루고

법문을 말하거나 열반에 들어

시방세계 중생에게 널리 보여주노라

● 疏 ●

後二는 八相顯이라

 뒤의 2수 게송은 성불하는 8가지 모양을 밝혔다.

經

譬如幻師知幻術에   在於大衆多所作인달하야
如來智慧亦復然하야   於世間中普現身이로다

 비유하면 요술쟁이 요술을 부려

 대중에게 여러 물건 나타내듯이

 부처님의 지혜 또한 그와 같아서

 세간에서 여러 가지 몸 보여주노라

佛住甚深眞法性하사   寂滅無相同虛空호되
而於第一實義中에   示現種種所行事로다

 깊고 참된 법성에 부처 계시어

 고요하고 형상 없어 허공 같지만

 으뜸가는 진실한 진리 가운데

가지가지 행한 일을 보이시네

所作利益衆生事　　　皆依法性而得有하니
相與無相無差別하야　入於究竟皆無相이로다

　　중생에게 이익되는 일들을
　　모두 법성 따라 두시나니
　　형상이 있든 없든 차별이 없어
　　마지막 자리 들어가면 모두 없는 것

若有欲得如來智인댄　應離一切妄分別이니
有無通達皆平等하면　疾作人天大導師로다

　　여래의 깊은 지혜 얻으려면
　　일체의 허망 분별 여의어야 한다
　　있고 없음 통달하여 모두 평등하면
　　천상 인간 대도사 바로 이루리라

◉ 疏 ◉

所由中亦二니

初一은 智了世幻故니 文有喻合이라

後二는 證窮性相故니 於中에 半偈는 證體오 半偈는 起用이오 半偈는 用不離體오 半偈는 體用泯絶이라

後偈는 誡勸이라

② 자재한 원인을 밝힌 부분 또한 2단락이다.

첫 1수 게송은 지혜로 세상이 환술임을 깨달음이다. 게송에는 비유와 종합 부분이 있다.

뒤의 2수 게송은 체성과 모양을 증득하여 다하였기 때문이다.

이 부분에서 반수 게송은 본체를 증득함이며,

반수 게송은 작용을 일으킴이며,

반수 게송은 작용이 본체를 여의지 않음이며,

반수 게송은 본체와 작용이 모두 사라짐이다.

⑵ 뒤의 1수 게송은 경계와 권면이다.

經

無量無邊天女衆이　　種種言音稱讚已하고
身心寂靜共安樂하야　　瞻仰如來黙然住러니

　한량없고 그지없는 천상 여인들
　가지가지 음성으로 찬탄하고서
　몸과 마음 고요하고 함께 편안하게
　부처님 우러러 말없이 앉았는데

卽時菩薩解脫月이　　知諸衆會咸寂靜하고
向金剛藏而請言하사대　　大無畏者眞佛子여

　그때, 해탈월보살이
　법회 대중이 고요함을 알고서

금강장보살에게 청하는 말씀

"두려움이 없는 참된 불자여

從第九地入十地하는　　所有功德諸行相과
及以神通變化事를　　　願聰慧者爲宣說하소서

제9 선혜지로부터 제10 법운지에 드는

여러 가지 공덕과 모든 행상

아울러 신통 변화의 일들을

지혜 있는 보살께서 말해주소서."

● 疏 ●

後三은 請中에 初一은 結默念請이오 後二는 上首言請이라

    2. 뒤의 3수 게송은 청법 가운데, 첫 1수 게송은 침묵 속의 생각으로 청법함을 끝맺었고, 뒤의 2수 게송은 상수보살의 청법이다.

―

第二正說

論分八分하니

一은 方便作滿足地分이니 攝前九地所修하야 總爲方便하야 滿此地故니라

二는 得三昧分이니 初住地行이니 行德無量이나 偏擧受職之所依故니라

三은 得受位分이니 正住地行이니 依前定力하야 攝佛智故니라

四는 入大盡分이니 是地滿行이니 望前諸地에 行已窮盡이오 今復地滿하니 盡之極故니라

五는 釋名分이니 此地에 學窮일세 辨德顯稱故니라

六은 神通力有上無上分이니 地滿足已에 妙用自在니 形前은 無上이오 形佛은 劣故니라

七은 地影像分이니 以喩顯法이 如因影像하야 知形質故니라

八은 地顯益分이니 彰說殊勝하야 勸修趣入故니라

後之二分은 通該十地라 將前攝後하야 云此地有八이어니와 若依前長科인댄 後二分은 通이라

則此地分二니 先은 明地行이오 後는 彰位果라

地行之中에 方有六分하니 如上所列이라

六中에 初一은 是入心이오 餘는 是住心이오 出心은 卽調柔果니 已如前說이니라

今은 初라

제2. 바로 설법하는 부분

논에서는 이를 8부분으로 나눴다.

1. 방편으로 지음이 십지를 만족케 하는 부분, 앞의 아홉 지위에서 닦은 바를 모두 포괄하여, 총체로 방편을 삼아 제10 법운지에서 이를 원만하게 이뤘기 때문이다.

2. 삼매를 얻은 부분, 처음 법운지의 행에 머묾이다. 행의 공덕이 한량없지만, 受職位의 의지처만을 유독 들어 말했기 때문이다.

3. 지위를 받은 부분, 바로 법운지에 머물러 행함이다. 앞의 선정의 힘에 의하여 부처님의 지혜를 받아들였기 때문이다.

4. 크게 다함에 들어가는 부분, 이 법운지에 원만한 행이다. 앞의 모든 지위와 대조하여 행이 이미 다하였고, 여기에서 다시 법운지가 원만하니 다함의 극치이기 때문이다.

5. 명칭을 해석하는 부분, 이 법운지에서 배움이 끝났기에 덕을 구분하여 칭호를 밝혔기 때문이다.

6. 신통력이 위가 있거나 위가 없는 부분, 법운지가 원만 구족함에 미묘한 작용이 자재함이다. 이전의 지위를 상대로 말하면 위 없는 최고이고, 부처를 상대로 말하면 그만 못하기 때문이다.

7. 십지 전체의 영상 부분, 비유로 법을 밝힘이 마치 영상으로 인하여 그 형질을 아는 것과 같기 때문이다.

8. 십지 전체의 이익을 밝히는 부분, 설법이 뛰어남을 밝혀서 수행하여 들어가기를 권면하기 때문이다.

뒤의 2부분[地影像分, 地顯益分]은 열 지위를 모두 포괄한 것이다. 앞의 지위를 들어서 뒤의 지위를 포괄하여, 이 법운지에 '8부분'이 있다고 말하지만, 만약 앞의 큰 과목에 의하면 뒤의 2부분은 열 지위를 모두 포괄하여 말하였다.

제10 법운지는 2부분으로 나뉜다.

[1] 제10 법운지의 행상을 밝혔고,
[2] 제10 법운지의 과덕을 밝혔다.

'[1] 제10 법운지의 행상'은 바야흐로 6부분이 있으니, 위에서 나열한 바와 같다.

6부분 가운데,

1. 方便作滿足地分은 법운지에 들어가는 마음이며,

나머지 5부분은 법운지에 머무는 마음이며,

나가는 마음은 곧 조련과 부드러움의 결과로서, 이는 앞에서 설명한 바와 같다.

經

爾時에 金剛藏菩薩摩訶薩이 告解脫月菩薩言하사대
佛子여 菩薩摩訶薩이 從初地로 乃至第九地히 以如是無量智慧로 觀察覺了已하고 善思惟修習하며
善滿足白法하며 集無邊助道法하며 增長大福德智慧하며 廣行大悲하며 知世界差別하며 入衆生界稠林하며 入如來所行處하며 隨順如來寂滅行하며 常觀察如來力無所畏不共佛法이 名爲得一切種과 一切智智의 受職位니라

그때, 금강장보살마하살이 해탈월보살에게 말하였다.

"불자여! 보살마하살이 초지로부터 제9 선혜지에 이르기까지 이처럼 한량없는 지혜로 관찰하여 깨닫고서 잘 생각하여 닦고 익히며,

무릇 청정의 법[白法]을 잘 원만 구족하게 닦고,

그지없는 도를 성취하는 데에 도움이 되는 법을 모으며,

큰 복덕과 지혜를 더욱 키우고,

크게 가엾이 여기는 마음을 널리 행하며,

각기 다른 수많은 세계를 알고,

중생계의 빽빽한 번뇌 숲에 들어가며,

여래가 수행하신 곳에 들어가고,

여래의 적멸행을 따르며,

여래의 십력(十力), 두려움 없는 마음, 그 누구도 함께할 수 없는 부처님 법을 항상 관찰하는 것을 명명하여 '일체종지와 일체지의 지혜를 얻은 직책을 받는 지위'라고 말한다.

◉ 疏 ◉

初는 分二니

先은 總明이오 後는 善滿下는 別顯이라

1. 방편으로 지음이 십지를 만족케 하는 부분은 2단락으로 나뉜다.

(1) 총체로 밝힘이며,

(2) '善滿' 이하는 개별로 밝힘이다.

今은 初니 無量智者는 阿含이 廣故오 觀察覺了者는 證智 深故니라 寶性論中에 地上菩薩이 起二修行하니 一은 約根本智하야 名如實修니 卽此證智오 二는 約後得智하야 名徧修行이니 卽此廣智라 諸地에 具起上二種行이오 今은 於上二에 決擇思修니라

이는 '(1) 총체로 밝힌 부분'이다.

여기에서 말한 '한량없는 지혜'란 아함의 지혜가 드넓기 때문

이며,

'관찰하여 깨닫고'는 증득의 지혜가 깊기 때문이다. 보성론에 의하면, 십지 이상의 보살이 2가지 수행을 일으키니,

① 근본지를 들어 '여실한 수행[如實修]'이라 말한다. 이는 여기에서 말한 '증득의 지혜[證智]'이다.

② 후득지를 들어 '두루 닦는 수행[偏修行]'이라 말한다. 이는 여기에서 말한 '넓은 지혜[廣智]'이다.

모든 지위에서 위의 2가지 수행을 모두 일으키며, 여기에서는 위의 2가지에서 결정하고 선택하여 생각하고 수행하는 것이다.

別中에 十句를 攝爲七相이니 初三·七八의 二處 合故니라

七中에 一은 善修行故니 卽是同相이니 謂初三句는 明證·助·不住니 諸地同修故니라

初句는 證道니 無漏白法故니라

何以得證고 由次句助道니라

何因成助오 由後句不住道라 增福德故로 不住無爲오 增智慧故로 不住有爲니라

(2) 개별 부분에 10구는 7가지 모양으로 포괄한다.

앞의 3가지 모양[善滿足白法, 集無邊助道法, 增長大福德智慧]과 제7[入如來所行處], 제8[隨順如來寂滅行]의 모양이 하나로 합해지기 때문이다.

7가지 모양 가운데 제1 모양은 수행을 잘하였기 때문이다. 이는 동일한 모양이다. 첫 3구는 證道·助道·不住道를 밝히고 있다.

이는 모든 지위에서 다 함께 수행하기 때문이다.

첫 구절[善滿足白法]은 증도이다. 무루 청정의 법[白法]이기 때문이다.

어떻게 증득하는가? 다음 구절[集無邊助道法]의 助道에 의해서이다.

무엇을 인하여 助道를 성취하는가? 뒤 구절[增長大福德智慧]의 不住道에 의해서이다. 복덕을 더욱 키워나가기에 무위법에도 머물지 않고, 지혜를 더욱 키워나가기에 유위법에도 머물지 않는다.

後六은 別相이니 謂二는 廣行大悲로 卽普徧隨順自利利他相이니 此는 總前七地하야 合爲一相이라 以七地의 差別之相을 八地之初에 已辨일새 故此總擧니 普徧은 釋廣이오 隨順은 釋行이며 大悲는 利他로되 而成自業일새 故云自利니라

뒤의 6구는 개별의 모양이다.

제2 모양은 널리 대비를 행함이 곧 '자리행과 이타행을 널리 따르는 모양[普徧隨順自利利他相]'이다. 이는 앞의 일곱 지위를 총괄하여 하나의 모양으로 삼았다. 일곱 지위의 각기 다른 모양을 제8 부동지의 첫 부분에 이미 밝혔으므로 여기에서는 총괄하여 들어 말한 것이다.

'普徧隨順自利利他相'의 普徧은 '廣行大悲'의 '廣' 자를, 隨順은 '行' 자를 해석하였고, 大悲는 이타행이지만 자신의 일로 성취한 것이므로 자리행이라 말하였다.

三 一句는 令佛土淨이니 卽八地相이오 下의 三相은 卽九地니 以親

證此일세 故多擧之니라

제3 모양의 1구[知世界差別]는 불국토를 청정케 하는 부분이다. 이는 제8 부동지의 모양이다.

아래의 3가지 모양[敎化衆生相, 善解相, 無厭足相]은 제9 선혜지이다. 이를 직접 증득하였으므로 자주 이를 들어 말한 것이다.

謂四一句는 敎化衆生相이라 卽九地自分行이니 入十一稠林故니라

제4 모양의 1구[入衆生界稠林]는 중생을 교화하는 모양이다. 이는 제9 선혜지의 自分行이다. 11가지 번뇌의 빽빽한 숲에 들어가기 때문이다.

五有二句는 善解相이니 謂解達眞如 是佛所行處故며 善順如來能證寂滅行故니라【鈔_ '眞如是佛行處'者는 今此九地 入向十地라 何名入如來所行고 答이라 十地同佛境相應故일세니라】

제5 모양의 2구[入如來所行處, 隨順如來寂滅行]는 잘 이해하는 모양이다.

진여를 이해하고 통달함이 부처님의 수행하신 곳이기 때문이며, 여래가 증득한 寂滅行을 잘 따르기 때문이다.【초_ "진여는 바로 부처님의 수행하신 곳"이라 말한 것은 이는 제9 선혜지에서 제10 법운지로 향해 들어가는 자리이다.

"어찌하여 부처님이 행하신 곳에 들어간다고 이름 붙였는가?"

"제10 법운지는 부처님의 경계와 똑같이 상응하기 때문이다."】

六은 無厭足相이니 常觀察力等하야 欲趣入故니라

上句는 解오 此句는 行이니 竝九地勝進이라 故前地云 '晝夜專勤'하야

更無餘念이오唯入佛境界故라 하니라

제6 모양의 구절[常觀察如來力無所畏不共佛法]은 싫어하지 않는 모양이다. 부처님의 十力 등을 항상 관찰하면서 그 자리를 향하여 들어가고자 한 때문이다.

위의 2구[入如來所行處, 隨順如來寂滅行]는 이해하는 모양이고, 이 구절은 수행하는 모양이다. 이는 아울러 제9 선혜지의 잘 닦아 나가는 행이기에, 앞의 선혜지에서는 "밤낮으로 부지런히 정근하여 다시는 다른 생각이 없으며, 오직 부처님 경계에만 들어갈 뿐이다."고 말하였다.

七은 地盡至入相이니 謂十地證窮故니 同前諸地의 結行入位라 已屬第十일세 故云名爲得受職位니라【鈔_ '七地盡'者는 卽經 '名爲得' 下의 經文이라 十地學窮이 名爲 '地盡'이오 依行得證을 說爲 '至入'이니라】

제7 모양의 구절[名爲得一切種一切智智受職位]은 십지의 끝까지 지극히 들어간 모양이다. 십지를 모두 증득하여 다하였기 때문이다. 이는 앞의 모든 지위에서 행을 끝맺으면서 해당의 지위에 들어가는 것과 같다. 이미 제10 법운지에 속하므로 "직책을 받는 지위를 얻었다."고 말한다.【초_ '七地盡'이란 경문의 '名爲得…' 이하의 경문이다. 십지에서 더 이상 배울 것이 없음을 '지위의 끝까지 다함'이라 말하고, 행에 의하여 증득한 것을 '지극히 들어갔다.'고 말하였다.】

◉ 論 ◉

第一段七行經은 明從初地로 至第九地히 以分分白淨法으로 修助道行하며 觀察衆法하며 修習福德智慧하며 廣行大悲하며 竝爲成就此十地根本智悲之地하야 至此地滿故니 明元將一切諸佛智悲之地하야 以作五位修行일새 從初發心住로 已至此諸佛智地故니라

從初發心이 有五種發心호되 不離一念하나니

五種初發心者는 一은 十住初發心이요 二는 十行初發心이요 三은 十廻向初發心이요 四는 十地初發心이요 五는 十一地初發心이라

如是五位初發心이 皆不異如來根本智코 而起初發心故니 爲智體가 無始終일새 此五種初發心도 皆無始終이니 爲非情識의 能所見故며 非時日歲月所攝故니 如是五位가 皆一時發故니라

　　제1단락 7줄의 경문은 초지로부터 제9 선혜지에 이르기까지 지위의 부분마다 무루 청정의 법으로 助道行을 닦고, 많은 법을 관찰하며, 복덕 지혜를 닦고 익히며, 대비를 널리 행하고, 아울러 제10 법운지의 근본인 大智大悲의 지위를 성취하여, 이 법운지에 이르러 원만하기 때문이다.

　　원래 일체제불의 대지대비의 지위를 들어서 5위 수행을 행할 적에 초발심주로부터 이미 이런 제불 지혜의 경지에 이르렀음을 밝힌 때문이다.

　　초발심으로부터 5가지의 초발심이 있으나 한 생각에서 벗어나지 않는다.

5가지의 초발심이란 다음과 같다.

(1) 십주의 초발심,

(2) 십행의 초발심,

(3) 십회향의 초발심,

(4) 십지의 초발심,

(5) 십일지의 초발심이다.

이와 같이 5위의 초발심이 모두 여래의 근본지와 다르지 않은 자리에서 초발심을 일으키기 때문이다.

근본지의 본체에는 시작도 끝도 없기에 5가지의 초발심에도 모두 시작도 끝도 없다. 이는 情識으로 볼 수 있는 게 아니기 때문이며, 시간, 날짜 그리고 한 해, 한 달에 관계되는 바가 아니기 때문이다. 이와 같이 5위는 모두 일시에 나타나기 때문이다.

一은 如十住初發心은 卽以其止心不亂하야 開發如來根本智慧일세 卽以妙峯山德雲比丘가 得憶念諸佛智慧光明門이라 山者는 止也니 卽初從凡夫地로 止心不亂에 卽佛智慧現하야 入如來智慧地가 名初發心住라

(1) 십주의 초발심은 그 고요한 마음이 산란하지 않아서 여래의 근본 지혜를 열어주는 것이기에, 곧 묘봉산 덕운비구가 제불의 지혜광명문을 기억한 것이다.

'산'이란 고요히 멈춰 있는 것이다. 이는 처음 범부의 지위로부터 고요한 마음이 산란하지 않기에 곧 부처의 지혜가 나타나, 여래의 지혜 경지에 들어감을 '초발심주'라고 말한다.

二는 如十行初發心은 卽明於諸佛智慧中에 行行無染이니 卽以 三眼國善見比丘 林中經行이니 比丘는 表行無染이며 林中經行 은 表行無住며 三眼은 表佛眼法眼智眼이니 此는 明自得如來智慧 三眼하야 復利一切衆生에 卽行無所著故니라

(2) 십행의 초발심은 제불의 지혜 가운데 모든 행이 물들지 않음을 밝힌 것이다. 이는 곧 삼안국의 선견비구가 숲속을 거니는 경지이다.

여기에서 말한 '비구'는 모든 행이 물들지 않음을,

숲속을 거니는 것은 행하는 데 머묾이 없음을,

三眼은 佛眼, 法眼, 智眼을 나타낸 것이다. 이는 스스로 여래의 지혜로운 3가지의 눈을 얻어서 다시 일체중생을 이롭게 함에 있어 행하는 일마다 집착한 바 없음을 밝힌 때문이다.

三은 十廻向初發心은 卽以鬻香長者靑蓮華니 卽明和合諸香하야 賣鬻香而居니 卽明以十廻向門으로 起無限大願門하야 和融悲智法身하야 使令均平等進故며 靑蓮華者는 明於諸妙色香에 無染也라

(3) 십회향의 초발심은 육향장자의 푸른 연꽃이다. 이는 여러 가지 향을 섞어서 만든 향을 팔아 살아감을 밝힌 것이다.

이는 십회향문으로써 한량없는 큰 서원의 법문을 일으켜 자비와 지혜의 법신을 화합하여 고루 평등하게 나아감을 밝힌 때문이며,

푸른 연꽃이란 여러 가지의 미묘한 빛깔과 향기에 더러움이 없음을 밝힌 것이다.

四는 十地初發心은 修長養大慈大悲增勝이니 卽以夜神婆珊婆演底니 此云春生主當神이니 以表大悲로 主當衆生하야 發生菩提芽故니라

(4) 십지의 초발심은 대자대비를 닦아가고 길러서 더욱 뛰어남이다. 이는 夜神 바산바연저이다. 중국에서는 '봄의 생기를 주관하는 신[春生主當神]'이라는 뜻이다. 대자비로 중생을 주관하여 보리의 싹을 돋아나게 함을 나타낸 것이다.

五는 第十一地는 以無作任運大悲로 初發心이니 卽以摩耶夫人의 生諸佛爲首는 卽明從悲生智하야 敎化衆生故니라
如上初發心이 有此五種逆順不同이나 總在初心之中하야 一時具足하야 無前後際라 皆以法界大智爲體故로 不可說前後古今之解니 此一段七行經은 明成無前後古今之大智大悲하야 法界衆生界에 佛行이 滿故로 至大法王職處하야 入衆生의 生死稠林分이라

(5) 십일지의 초발심은 작위 없는 대자비의 자재함으로써 처음 발심하는 것이다. 이는 마야부인이 여러 부처를 낳는 것으로 으뜸을 삼음은 자비의 마음에서 지혜가 발생하여 중생을 교화함을 밝힌 때문이다.

위와 같은 초발심이 이처럼 5가지의 逆順이 똑같지 않지만, 모두 초심에서 일시에 두루 갖춰 전후의 사이가 없다. 모두 법계의 大智로 본체를 삼은 까닭에 전후고금의 이해라고 말하지 못한다.

이 단락의 7줄 경문은 전후고금이 없는 대지대비를 성취하여

법계와 중생계에 부처의 행이 충만한 까닭에 대법왕의 직책이 있는 자리에 이르러, 중생 생사의 빽빽한 숲속에 들어감을 밝힌 부분이다.

第一滿足地分 竟하다

  1. 방편으로 지음이 십지를 만족케 하는 부분을 끝마치다.

第二 明三昧分

  2. 삼매를 얻은 부분

經

佛子여 菩薩摩訶薩이 以如是智慧로 入受職位已하야는
卽得菩薩離垢三昧와 入法界差別三昧와 莊嚴道場三昧와 一切種華光三昧와 海藏三昧와 海印三昧와 虛空界廣大三昧와 觀一切法自性三昧와 知一切衆生心行三昧와 一切佛皆現前三昧하야
如是等百萬阿僧祇三昧 皆現在前이니라
菩薩이 於此一切三昧에 若入若起에 皆得善巧하며 亦善了知一切三昧의 所作差別하나니
其最後三昧 名受一切智勝職位니라

  불자여! 보살마하살이 이러한 지혜로 직책을 받는 지위에 들어가서는,

483

곧 보살의 때를 여읜 삼매,

법계의 각기 다른 모양에 들어간 삼매,

도량을 장엄한 삼매,

일체 꽃의 빛깔 삼매,

해장(海藏) 삼매,

해인 삼매,

허공계의 넓고 큰 삼매,

일체 법의 자성을 관찰하는 삼매,

일체중생의 마음 작용을 아는 삼매,

일체 부처님이 앞에 나타나는 삼매를 얻어,

이와 같은 백만 아승기 삼매가 모두 앞에 나타나게 된다.

보살이 이런 일체 삼매에 들어가고 일어날 적에 모두 다 뛰어남을 얻으며,

또한 일체 삼매의 일들이 각기 다른 모양임을 잘 알고 있다. 그 마지막 삼매의 이름을 '일체 지혜가 수승한 직책을 받는 지위'라고 말한다.

● 疏 ●

於中二니

初는 牒前起後오 後는 '卽得'下는 正顯이라

於中에 四니

初는 擧十名이오

二'如是等'下는 結所得數요

三'菩薩於此'下는 彰入滿足이오

四'其最後'下는 顯最後名이라

 이 부분은 2단락이다.

 ⑴ 앞의 경문을 이어서 뒤의 문장을 일으킴이다.

 ⑵ '卽得' 이하는 바로 삼매를 얻음에 대해 밝혔다.

 이는 4단락이다.

 ⑴ 삼매의 10가지 명칭을 들어 말하였고,

 ⑵ '如是等' 이하는 삼매를 얻은 수효를 끝맺었으며,

 ⑶ '菩薩於此' 이하는 삼매에 들어가 원만함을 밝혔고,

 ⑷ '其最後' 이하는 최후의 명칭을 밝혔다.

今初 十中에 初는 總이오 餘는 別이라

總云 離垢者는 離煩惱垢故니 是障盡地일새 偏受此名이라

別中에 九定은 離八種垢니

一은 入密無垢니 謂解入事事法界深密之處하야 不與惑俱故라

【鈔_ 不與惑俱者는 釋無垢義라 就總開別인댄 皆帶無垢니 無垢는 卽不與惑俱니 故初句에 示其帶總하야 云不與惑俱니라】

 '⑴ 삼매의 10가지 명칭' 가운데 첫 구절의 '離垢三昧'는 총상이고, 나머지 9구는 별상이다.

 총상에서 '離垢三昧'라 말한 것은 번뇌의 때를 여의었기 때문이다. 이는 장애가 다한 지위이기에 유독 이런 이름을 붙였다.

 나머지 9구 별상 부분의 9가지 삼매는 8가지의 때를 여의는 것

이다.

① [入法界差別三昧], 비밀에 들어감에 때가 없음이다. 事事法界의 깊고 비밀스러운 곳에 들어가 번뇌와 함께하지 않음을 알기 때문이다.【초_ "번뇌와 함께하지 않는다."는 것은 '때가 없음[無垢]'의 뜻을 해석하였다. 총상의 입장에서 개별로 나누면 모두 때가 없음을 수반한다. 때가 없다는 것은 곧 번뇌와 함께하지 않는 것이므로 첫 구절에서 그 총상[無垢]을 수반함을 보여주고자 "번뇌와 함께하지 않는다."고 말하였다.】

二는 近無垢니 萬行已圓하야 道場斯近故니 如淨名說하니라
上來에 初一은 解오 次一은 行이오 下三은 成德이니라

② [莊嚴道場三昧], 가까운 데에 때가 없음이다. 보살의 모든 행이 원만하여 도량에 이처럼 가까워졌기 때문이다. 이는 유마경에서 말한 바와 같다.

위의 入密無垢는 이해이고, 다음 近無垢는 실행이며, 아래의 3가지[放光無垢, 陀羅尼無垢, 起通無垢]는 과덕의 성취이다.

三은 放光無垢니 謂光開心華하야 令其見實하며 亦能坐種種大寶蓮華하야 光無不照故니라

③ [一切種華光三昧], 방광이 때가 없음이다. 광명으로 마음의 꽃을 피워서 그들로 하여금 실상을 보게 하였으며, 또한 가지가지 '큰 보배 같은 연꽃[大寶蓮華]'에 앉아 빛을 비추지 않는 곳이 없기 때문이다.

四는 陀羅尼無垢니 如海包藏이니라

④ [海藏三昧], 다라니에 때가 없음이다. 바다처럼 모든 것을 포함하여 간직함이다.

五는 起通無垢니 則無心頓現이라
上五는 皆起法身之定也니라

⑤ [海印三昧], 신통력을 일으킴이 때가 없음이다. 이는 무심으로 단번에 나타난다는 뜻이다.

위의 5가지는 모두 법신의 삼매를 일으킨 작용이다.

六은 有二定이니 淸淨佛土無垢니 上句는 無量이니 則盡法界之疆域이오 下句는 正觀이니 窮國土之體性이라 上六은 自利니라【鈔_ 上句 '無量'者는 卽經의 虛空界廣大三昧니 此同自受用刹이오 下句 '窮國土之體性'은 卽法性土니 此能窮究니라】

⑥ 2가지 삼매는 청정 불국토에 때가 없음이다.

위 구절[虛空界廣大三昧]은 헤아릴 수 없음이다. 이는 법계의 영역을 다함이다.

아래 구절[觀一切法自性三昧]은 바른 관찰이다. 불국토의 체성을 다함이다.

위의 6가지 삼매는 모두 自利行이다.【초_ 위 구절의 '헤아릴 수 없음'이란 곧 경문의 '허공계의 넓고 큰 삼매'이다. 이는 自受用土와 같고, 아래 구절의 '불국토의 체성을 다함'은 法性土이다. 이는 궁구할 수 있기 때문이다.】

七은 化生無垢니 上之二利는 皆自分行이니라

⑦ [知一切衆生心行三昧], 중생의 교화에 때가 없음이다. 위의 자

리이타는 모두 자신의 본분에 의한 행이다.

八은 正覺無垢니 謂勝進上覺하야 將成菩提時에 一切諸佛이 迭共現前하사 而證知故니 如下受職處說이라 以本覺이 將現前故니라

⑧ [一切佛皆現前三昧], 바른 깨달음이 때가 없음이다. 위의 깨달음으로 잘 닦아 나아가 머지않아 보리를 성취할 적에 일체 모든 부처님이 서로 번갈아 앞에 나타나 증명하기 때문이다. 이는 아래의 受職處에서 말한 바와 같다. 이는 본래의 깨달음[本覺]이 장차 나타나게 되기 때문이다.

'二結數'者는 亦是眷屬이라 皆現前者는 久修成就하야 不加功力하고 自然現故니라

'(2) 삼매를 얻은 수효를 끝맺었다.'는 것은 또한 권속이다. "모두 앞에 나타난다."는 것은 오랜 수행을 성취하여 공부의 힘을 더하지 않을지라도 자연히 나타나기 때문이다.

'三彰入滿足'中에 能入者는 通方便定體니 入起相卽하야 隱顯無方일세 故云善巧라 善了所作은 卽知業用이니라

'(3) 삼매에 들어가 원만함을 밝혔다.'는 부분에서 말한, 삼매에 들어가는 주체는 방편과 삼매의 체성에 모두 통한다. 삼매에 들어가거나 일어남이 모두 하나가 되어 보이거나 보이지 않는 자리가 일정하지 않기에 이를 '善巧'라 말하였다. 해야 할 일을 잘 안다는 것이 바로 업의 작용을 아는 것이다.

'四彰最後名'者는 將說受位分故니라 '一切智'者는 佛無分別智也라 論經에 重言智者는 兼後得智니 二智平等을 名受位也니라

'(4) 최후의 명칭을 밝혔다.'는 것은 장차 '직책을 받는 지위'에 대해 말하고자 한 때문이다.

'일체지'란 부처님의 분별이 없는 지혜를 말한다. 논경에서 거듭 '지혜의 지혜'라 말한 것은 후득지를 겸하고 있다. 2가지 지혜가 평등한 것을 '직책을 받는 지위'라고 말한다.

● 論 ●

'離垢三昧'者는 云正定也니 明此地 悉離染淨涅槃悲智功用不均平垢故로 名離垢三昧니 不同三乘의 離生死取涅槃과 及淨土垢故며 亦不同下地菩薩의 調治智悲生死涅槃萬行未自在垢故니라 此地菩薩이 離如是垢故로 名爲離垢三昧니 明以法界無作智印으로 印諸境界 無非智境하야 更無能所生死涅槃染淨等障일세 故名離垢三昧라

又 '三'之言은 正이니 正者는 明一止가 卽是正字故니 明此地菩薩이 以一大普光明智로 性自無依日止니 恒以此智로 常照諸境을 名之曰正이오 '昧'之云은 定이니 定者는 以智利生하야 不迷諸見을 名之爲定이니 明從初地로 修諸方便과 助菩提分하야 至此地所作에 功行無功하고 習氣亦無일세 故名離垢三昧라

乃至 '菩薩 於此一切三昧 若入若起 皆得善巧'者는 明一身入하야 多身起하고 多身入하야 一身起며 又起中入하고 入中起며 又於一三昧中에 分別多衆生心行所行과 多三昧境界하야 敎多衆生호되 而不失時라

最後三昧 名'受一切勝職位'者는 此是十地智滿行周에 平等無
作大悲로 任運處世利衆生定이니 如是衆多三昧 皆從體性無作
法身인 法界普光明智의 寂用無礙三昧起故로 如是三昧는 非是
三乘의 修寂靜者와 求出三界者와 樂生淨土者之境界오 是達一
切無明하야 便成大智니 是便以一切衆生의 身土微塵으로 總含佛
國者之境界라 此寂用無依大智三昧 是一切諸佛根本智體用
無盡藏王이니 能隨一切衆生의 無限情意하야 化不失時호되 無作
者故니라

離垢三昧는 바른 선정[正定: samma samadhi]을 말한다. 이 지위
는 染淨, 열반, 悲智, 功用의 균등하지 못한 허물을 모두 여읜 까
닭에 그 이름을 離垢三昧라 한다. 이는 삼승의 생사를 여의고, 열
반과 정토를 취하는 허물과 같지 않기 때문이며, 또한 아래 지위의
보살이 智悲와 생사와 열반과 만행을 다스림에 자재하지 못한 허
물이 있는 것과는 같지 않기 때문이다.

이 지위의 보살은 이와 같은 허물을 여읜 까닭에 그 이름을 '이
구삼매'라 한다. 이는 법계의 작위 없는 지혜의 法印으로써 모든
경계가 지혜 경계가 아닌 게 없음을 증득하여, 다시는 주체와 대
상, 생사와 열반, 오염과 청정 등의 장애가 없기에 그 이름을 '이구
삼매'라 한다.

또한 三昧의 '三'이란 말은 '바름[正]'이다. 正이란 破字로 '一
止' 즉 하나같이 고요하여 움직임이 없는 것이 곧 '正' 자임을 밝힌
때문이다. 이 지위의 보살이 하나의 큰 普光明智로 성품이 스스로

의지한 바 없는 것을 움직임이 없다는 '止'라고 말한다. 언제나 이런 지혜로써 항상 모든 경계를 비춰주는 것을 이름 붙여 '正'이라 함을 밝힌 것이다.

三昧의 '昧'라고 말한 것은 '定'이다. 定이란 지혜로써 중생을 이롭게 하여 모든 견해에 혼미하지 않은 그 이름을 '定'이라 한다.

초지로부터 모든 방편과 보리분법을 닦아, 이 지위에 이르러서는 하는 일마다 하는 일에 힘쓰는 바가 없고, 습기 또한 없기에 그 이름을 '이구삼매'라 한다.

내지 "보살이 이런 일체 삼매에 들어가고 일어날 적에 모두 뛰어남을 얻는다."는 것은 한 몸의 삼매에 들어가 여러 몸에서 일어나고, 여러 몸의 삼매에 들어가 하나의 몸에 일어나며, 또한 삼매에서 일어난 가운데 들어가고, 삼매에 들어간 가운데 일어나며, 또한 일체 삼매 가운데 많은 중생의 마음 작용의 행한 바와 많은 삼매의 경계를 분별하여, 여러 중생을 가르치되 때를 잃지 않은 것이다.

최후의 삼매를 '일체 지혜가 수승한 직책을 받는 지위'라 말한 것은 이 십지의 지혜가 원만하여 두루 행함에 평등하게 작위가 없는 대자비로써 마음대로 세간에 거처하면서 중생을 이롭게 하는 선정이다.

이처럼 수많은 삼매가 모두 체성에 작위가 없는 법신인 법계보광명지혜의 寂靜과 妙用에 막힘이 없는 삼매에서 일어나는 것이다. 따라서 이와 같은 삼매는 삼승의 고요함을 닦는 자, 삼계에서 벗어남을 구하는 자, 정토에 태어남을 좋아하는 자의 경계가 아니다.

이는 일체 무명을 통달하여 큰 지혜를 성취한 삼매이다. 이는 일체중생의 몸과 국토의 微塵으로 불국토를 총괄하여 함축한 자의 경계이다.

이는 적정과 묘용에 의지함이 없는 大智三昧가 일체제불 근본지의 '體用無盡藏王'이다. 일체중생의 한량없는 마음과 생각을 따라서 교화의 시절을 잃지 않지만, 억지로 하는 일이 없기 때문이다.

第二三昧分 竟하다

2. 삼매 부분을 끝마치다.

第三 明受位分

於中有四니 一은 法이오 二는 喩오 三은 合이오 四는 結이라【鈔_ 第三 受位分이라 自有十相者는 文中에 法과 喩와 合과 結이라】

3. 지위를 받은 부분

이 부분은 4단락이다.

1) 법, 2) 비유, 3) 종합, 4) 결론이다.【초_ 3. 지위를 받은 부분이다. 스스로 10가지의 모양이 있다는 것은 경문에서 말한 1) 법, 2) 비유, 3) 종합, 4) 결론이다.】

今初에 有六하니 一은 座오 二는 身이오 三은 眷屬이오 四는 相이오 五는 出處오 六은 得位라

六中에 前五는 自分德備오 後一은 上攝佛果라

前中에 初三은 位體요 次一은 位相이오 後一은 位用이라 前三은 卽依正眷屬이니라

今初는 隨何等座니 謂大寶華王座故니라

1) 법 부분에 6가지가 있다.

(1) 법좌, (2) 법신, (3) 권속, (4) 모양, (5) 광명이 나오는 곳, (6) 지위를 얻음이다.

6가지 가운데 앞의 5가지는 자기 본분의 공덕을 갖춤이며, 뒤의 하나[得位]는 위로 佛果를 지님이다.

'앞의 5가지' 가운데 첫 3가지[법좌, 법신, 권속]는 지위의 체성이고,

다음 하나[모양]는 지위의 모양이며,

뒤의 하나[광명이 나오는 곳]는 지위의 작용이다.

앞의 3가지[법좌, 법신, 권속]는 의보와 정보의 권속이다.

이는 '(1) 어떤 법좌가 따르는가?'이다. 큰 연꽃으로 만든 법왕의 법좌이기 때문이다.

經

此三昧 現在前時에 有大寶蓮華 忽然出生호되
其華廣大하야 量等百萬三千大千世界하고
以衆妙寶로 間錯莊嚴하며
超過一切世間境界하며
出世善根之所生起며
知諸法如幻性衆行所成이며

恒放光明하야 普照法界하며
非諸天處之所能有며
毘瑠璃摩尼寶로 爲莖하고 栴檀王으로 爲臺하고 瑪瑙로
爲鬚하고 閻浮檀金으로 爲葉하며
其華常有無量光明하야 衆寶爲藏하고 寶網彌覆하며
十三千大千世界微塵數蓮華로 以爲眷屬이어든

　이 삼매가 앞에 나타날 때에 큰 보배 연꽃이 갑자기 솟아났다.

　연꽃이 넓고 커서 그 크기가 백만 삼천대천세계와 같고,

　수많은 미묘한 보배로 사이사이 장엄하였으며,

　일체 세간의 경계를 초월하고,

　출세간의 선근으로 생겨난 것이며,

　모든 법이 요술과 같은 성품인 줄 아는 여러 행으로 이룬 것이며,

　항상 광명을 쏟아내어 법계에 두루 비추고,

　여러 하늘에도 있는 것이 아니며,

　비유리 마니주로 줄기를 삼고, 전단왕으로 꽃판[臺]을 삼으며, 마노로 꽃술을 삼고, 염부단금으로 잎을 삼으며,

　그 연꽃에는 언제나 한량없는 광명이 있어 수많은 보배로 장엄을 삼고 보배 그물이 가득 뒤덮였으며,

　열 곳 삼천대천세계의 티끌처럼 수많은 연꽃으로 권속을 삼았다.

● 疏 ●

於中二니 先은 明主華라 自有十相하니 一은 主相이니 卽寶蓮華오
二‘其華’下는 量相이오
三‘以衆妙’下는 勝相이니 具德故라【鈔_ 事則衆寶間錯故로 勝이오 法則衆德爲嚴이니 亦如上說에 有同時具足相應과 廣狹自在와 一多相容等德故니라】

이 부분은 2단락이다.

㈀ 주된 연꽃에 대한 설명이다. 여기에는 그 나름 10가지 모양이 있다.

① 주된 모양이다. 이는 보배 같은 연꽃이다.

② '其華' 이하는 분량의 모양이다.

③ '以衆妙' 이하는 뛰어난 모양이다. 공덕을 두루 갖추었기 때문이다.【초_ 현상으로는 여러 보배가 사이사이에 장엄되어 있는 까닭에 뛰어난 모양이며, 법으로 말하면 많은 공덕으로 장엄을 삼았다. 이 또한 위에서 말한 '동시에 두루 넉넉히 상응한 법문'과 '넓고 좁은 데에 자재함'과 '하나와 많음이 서로 용납하는 법문' 등의 공덕을 가졌기 때문이다.】

四‘超過’下는 地相이니 生處故라【鈔_ 法界智地로 爲生處故니라】

④ '超過' 이하는 땅의 모양이다. 생겨난 곳이기 때문이다.【초_ 법계 지혜의 경지로 태어난 곳을 삼기 때문이다.】

五‘出世’下는 因相이오
六‘知諸’下는 成相이오

七 '恒放' 下는 第一義相이니 正觀普照法界現事故니라 如世蓮華開敷菡萏으로 爲第一故니라【鈔_ 然花有三時之異하니 一은 花而未敷오 二는 處中盛時오 三은 彫而將落이니 今非初後오 正處中盛時니라 '正觀普照'는 等彼流光이오 '法界現事'는 如開菡萏이라 披敷見蓮에 華實雙美는 事理昭著며 權實開榮이라】

⑤ '出世' 이하는 인행의 모양이다.

⑥ '知諸' 이하는 성취의 모양이다.

⑦ '恒放' 이하는 으뜸가는 이치의 모양이다. 널리 법계에 나타나는 현상을 널리 비춰 바르게 관찰하기 때문이다. 이는 마치 세간의 연꽃이 꽃봉오리가 터지는 것을 제일로 삼는 것과 같다.【초_ 으뜸가는 이치의 모양이지만, 연꽃에는 3시절의 차이가 있다.

첫째, 꽃송이는 맺혔지만 아직 피지 않은 시절,

둘째, 한창 왕성하게 꽃 핀 시절,

셋째, 시들어 떨어지려는 시절이다.

여기에서 말한 연꽃은 '꽃송이는 맺혔지만 아직 피지 않은 시절', '시들어 떨어지려는 시절'이 아니다. 바로 '한창 왕성하게 꽃 핀 시절'에 해당한다.

"널리 비춰 바르게 관찰한다."는 것은 저 흐르는 광명과 같고,

"법계에 나타나는 현상"은 꽃봉오리가 터짐과 같다.

헤집고 연꽃을 보면 꽃송이와 열매가 모두 아름다운 것은 현상과 이치가 밝고 뚜렷하며, 방편과 실법이 펼쳐져 피어난 모습이다.】

八 '非諸天' 下는 功德相이니 菩薩德招故니라

九 '毘瑠璃'下는 體相이오【鈔_ 瑠璃爲淨이오 栴檀爲樂이오 瑪瑙爲我오 檀金爲常이니 四德爲體니라】

⑧ '非諸天' 이하는 공덕의 모양이다. 보살의 공덕으로 불러왔기 때문이다.

⑨ '毘瑠璃' 이하는 체성의 모양이다.【초_ 비유리는 열반의 淨德에, 전단은 樂德에, 마노는 我德에, 염부단금은 常德에 해당한다. 열반의 4가지 덕으로 체성을 삼는다.】

十 '其華'下는 莊嚴相이니라【鈔_ 智光圓照하야 照如來藏이오 敎網遐張이 爲莊嚴也니라】

⑩ '其華' 이하는 장엄의 모양이다.【초_ 지혜 광명이 밝게 비춰 여래장을 비추며, 교법의 그물이 멀리 펼쳐지는 것을 장엄으로 삼는다.】

二 '十三千'下는 明眷屬華니라

(ㄴ) '十三千' 이하는 꽃의 권속에 대한 설명이다.

◉ 論 ◉

經云 '此三昧現在前時 有大蓮華 忽然出生'은 此是受職菩薩의 悲智行滿에 等周法界利益衆生之報得이니 是十地之中 最後三昧身也라

'其華 量等百萬三千大千世界'者는 千箇百億四天下가 爲一小千이오 千箇小千이 爲一中千이오 千箇中千이 爲一大千이니 今云 '量等百萬三千大千世界'者는 意明無限量之大稱이라

497

已下莊嚴은 如經自具니라

經云 '出世善根之所生起'者는 非是超過三界淨土菩薩과 及二乘變易生死菩薩의 諸善根으로 所能知故오

是 '知諸法如幻性所成'과 '恒放光明普照法界'는 此配善根因果라 如蓮華가 以'毘瑠璃摩尼寶爲莖'者는 毘之云 光이니 以光明瑠璃로 表法身智身明淨故니라 其摩尼寶의 光淨無垢 似瑠璃오 非瑠璃所成이라 以摩尼로 爲蓮華莖이니 莖者는 以法身智身의 性無垢之報果니 以法身智體 與一切諸行으로 作根本故로 今依果報生蓮華니 還以法身智體性自淸淨으로 以成報故니 是故로 光淨摩尼로 以爲其莖이라

'栴檀王爲臺'者는 明戒定慧解脫解脫知見 五分法身之香善根之所生起니 以法身이 能成戒定慧等五分法身之香일새 今依果報得이 以次相資라

'瑪瑙爲鬚'者는 是助菩提之分과 萬行善根之報得이라 此是赤色寶니 表萬行이 顯發菩提理智와 及莊嚴五分法身故로 互相資發하야 以次而陳이라

'閻浮檀金爲葉'者는 此金이 明淨柔軟하니 是慈悲善根所生이니 爲慈悲是覆蔭義故니라

'其華常有無量光明'者는 智慧法光利生善根所起오

'衆寶爲藏'者는 都結此地 含藏衆善所生이오

'寶網彌覆'者는 善設教網하야 漉諸衆生善根所生이오

'十三千大千世界微塵數蓮華以爲眷屬'者는 是一行이 徧一切行

하고 一切行이 偏一行한 善根所起니 是主伴萬行自在善根所起라 如上之華 是於普光明殿中初說十信에 於如來前所現之華며 諸眷屬衆은 是如來眉間毫中之衆이니 前是擧果勸修오 此是行終之果니라

경문에서 "이 삼매가 앞에 나타날 때에 큰 보배 연꽃이 갑자기 솟아났다."고 말한 것은 직위를 받은 보살의 대비대지 행이 충만함에 두루 법계와 동등한 중생 이익의 과보를 받는 것이다. 이는 십지 가운데 최후 삼매의 몸이다.

"연꽃의 크기가 백만 삼천대천세계와 같다."는 것은 1천 개의 백 억 四天下(四大洲)가 하나의 小千세계이고,

1천 개의 소천세계가 하나의 中千세계이고,

1천 개의 중천세계가 하나의 大千세계이다.

여기에서 말한, "그 크기가 백만 삼천대천세계와 같다."는 것은 한량없이 크다는 칭호를 밝힌 것이다.

이하의 장엄은 경문에서 말한 바와 같이 스스로 갖춰져 있다.

경문의 "출세간의 선근으로 생겨난 것"은 삼계를 벗어난 정토 보살과 이승의 변역생사인 보살의 모든 선근으로는 알 수 없는 바이기 때문이다.

"모든 법이 요술과 같은 성품인 줄 아는 여러 행으로 이룬 것"과 "항상 광명을 쏟아내어 법계에 두루 비춘다."는 것은 선근의 인과에 짝지어 말한 것이다.

연꽃이 "비유리 마니주로 줄기를 삼았다."의 '毘'라 말한 것은

광명이다. 광명의 유리로써 法身과 智身의 청정함을 밝혔기 때문이다. 그 마니주의 때 없이 청정한 광명이 유리와 같다는 것이지, 유리로 만들어진 것을 말함이 아니다.

"마니주로 연꽃의 줄기를 삼았다."는 '줄기'란 法身과 智身의 자체가 때가 없는 보답의 결과이다. 법신 지혜의 본체가 일체 모든 행의 근본이 되기 때문에 여기에서는 과보에 의하여 연꽃이 피어난 것이다. 또한 법신 지혜의 본체의 자성이 스스로 청정한 인연으로 과보를 이루기 때문이다. 이 때문에 빛나고 깨끗한 마니주로 그 줄기를 삼은 것이다.

"전단왕으로 꽃판을 삼았다."는 것은 계, 정, 혜, 해탈, 해탈지견 [五分法身香]의 선근에서 생겨난 것임을 밝힌 것이다. 법신이 계정혜 등 오분법신향을 이루기에, 오늘날 과보를 의지하여 얻음이 차례로 서로 힘입고 있다.

"마노로 꽃술을 삼았다."는 것은 보리분법과 만행선근의 과보로 얻은 것이다. 이는 이 붉은색 구슬이다. 만행이 보리의 이치와 지혜를 밝힘과 오분법신의 장엄을 나타낸 까닭에 서로서로 힘입어 차례로 나열한 것이다.

"염부단금으로 잎을 삼았다."는 것은 염부단금이란 맑고 유연하다. 이는 자비의 선근에서 발생한 것이다. 자비는 덮어준다는 뜻이기 때문이다.

"그 연꽃에는 언제나 한량없는 광명이 있었다."는 것은 지혜의 법 광명이 중생을 이롭게 하는 선근에서 일어난 바이며,

"많은 보배로 장엄을 삼았다."는 것은 이 지위에 많은 선을 간직한 데서 발생한 것임을 모두 끝맺음이며,

"보배 그물이 가득 뒤덮였다."는 것은 교화의 그물을 잘 펼쳐서 모든 중생을 건져주는 선근에서 발생한 바이며,

"열 개의 삼천대천세계의 티끌처럼 수많은 연꽃으로 권속을 삼았다."는 것은 하나의 행이 일체 모든 행에 두루 하고, 일체 모든 행이 하나의 행에 두루 원만한 선근에서 생겨난 바이다. 이는 주객[主伴]의 萬行이 자재한 선근에서 생겨난 바이다.

위와 같은 연꽃이 보광명전 법회에서 처음 十信을 설법할 때, 여래의 앞에 나타난 꽃이며, 모든 권속대중은 여래 미간의 白毫 속에 있는 대중이다.

앞에서는 결과를 들어 수행을 권하였고, 여기에서는 수행의 끝에 이뤄진 결과이다.

第二. 隨何等身

(2) 어떤 몸을 따르는가?

經

爾時에 菩薩이 坐此華座하시니 身相大小 正相稱可하며

그때, 보살이 이 연화법좌에 앉으니, 몸의 크기가 바로 잘 어울리고,

● 疏 ●

隨何等身이니 殊妙之身이 稱於座故니라

어떤 몸을 따르는가? 특별히 미묘한 몸이 연화법좌에 어울리기 때문이다.

第三 隨何眷屬

(3) 어떤 권속이 따르는가?

經

無量菩薩로 以爲眷屬하야 各坐其餘蓮華之上하야 周匝圍遶호되 一一各得百萬三昧하야 向大菩薩하야 一心瞻仰이러라

한량없는 보살로 권속을 삼았는데, 각각 다른 연꽃 위에 앉아서 그 주위를 둘러쌌는데, 제각기 백만 삼매를 얻고, 큰 보살을 향하여 한결같은 마음으로 우러러보았다.

● 論 ●

所坐華王之上者는 是根本智며 眷屬菩薩이 坐諸華座者는 是差別智라 明此位菩薩의 智悲萬行徧周니 如文自具니라

큰 보살이 연꽃 위에 앉았다는 것은 근본지이며, 권속보살이 모두 연화법좌에 앉은 것은 차별지이다. 이 지위에 머문 보살의 지

혜자비만행이 두루 원만함을 밝힌 것이다. 이는 경문에 그 나름 잘 갖추고 있다.

第四 隨何等相

(4) 어떤 모습이 따르는가?

經

佛子여 此大菩薩과 幷其眷屬이 坐華座時에 所有光明과 及以言音이 普皆充滿十方法界하며 一切世界 咸悉震動하며 惡趣休息하고 國土嚴淨하며 同行菩薩이 靡不來集하며 人天音樂이 同時發聲이어든 所有衆生이 悉得安樂하야 以不思議供養之具로 供一切佛하며 諸佛衆會 悉皆顯現하나라

불자여! 이처럼 큰 보살과 아울러 권속보살들이 연화법좌에 앉았을 적에,

그들이 쏟아내는 광명과 언어와 음성이 시방법계에 널리 모두 충만하였고,

일체 세계가 한꺼번에 모두 진동하였으며,

악도 중생의 고통이 멈추었고,

국토가 장엄 청정하였으며,

함께 수행하는 보살들이 모두 찾아와 모였고,

인간과 천상의 풍악이 한꺼번에 울리자,

모든 중생이 모두 안락을 얻고서, 불가사의한 공양거리로 일체 부처님께 공양하였으며, 여러 부처님의 대중법회가 모두 나타났다.

◉ 疏 ◉

周徧作業으로 爲其相故니라

두루 업을 지음으로 그 모양을 삼은 까닭이다.

第五隨何出處니

十處에 出光하야 令惡道로 出離하고 菩薩로 增行故라

(5) 어떤 곳에서 광명이 나오는가?

10곳에서 광명이 쏟아져 나와서 악도중생을 고통에서 벗어나게 하였고, 보살의 수행이 더욱 향상되었기 때문이다.

經

佛子여 此菩薩이 坐彼大蓮華座時에 於兩足下에 放百萬阿僧祇光明하야 普照十方諸大地獄하야 滅衆生苦하며
於兩膝輪에 放百萬阿僧祇光明하야 普照十方諸畜生趣하야 滅衆生苦하며
於臍輪中에 放百萬阿僧祇光明하야 普照十方閻羅王界하야 滅衆生苦하며

從左右脇하야 放百萬阿僧祇光明하야 普照十方一切人趣하야 滅衆生苦하며

從兩手中하야 放百萬阿僧祇光明하야 普照十方一切諸天과 及阿修羅의 所有宮殿하며

從兩肩上하야 放百萬阿僧祇光明하야 普照十方一切聲聞하며

從其項背하야 放百萬阿僧祇光明하야 普照十方辟支佛身하며

불자여! 이 보살이 큰 연화법좌에 앉았을 적에 두 발바닥 아래에서 백만 아승기 광명을 쏟아내어, 시방의 모든 큰 지옥에 널리 비춰 지옥중생의 고통을 없애주었으며,

두 무릎에서 백만 아승기 광명을 쏟아내어, 시방의 모든 축생에 널리 비춰 축생의 고통을 없애주었으며,

배꼽에서 백만 아승기 광명을 쏟아내어, 시방의 염라대왕 세계에 널리 비춰 중생의 고통을 없애주었으며,

좌우의 옆구리에서 백만 아승기 광명을 쏟아내어, 시방의 모든 인간세계에 널리 비춰 중생의 고통을 없애주었으며,

두 손바닥에서 백만 아승기 광명을 쏟아내어, 시방의 모든 천왕과 아수라들의 궁전에 널리 비췄으며,

두 어깨 위에서 백만 아승기 광명을 쏟아내어, 시방의 일체 성문에게 널리 비췄으며,

목덜미에서 백만 아승기 광명을 쏟아내어, 시방 벽지불의 몸에

널리 비췄으며,

● 疏 ●

文分爲四니

一은 舒光作業이오 二는 衆聖咸知오 三은 下類奔風이오 四는 同聲相應이라

今은 初니 十處放光이 有三種業하니 一은 利益業이오 二는 發覺業이오 三은 攝伏業이라

今類例相從하야 且分爲四니 一 前之七光은 但有益業하니 前五는 益凡이오 後二는 益小니라

경문은 4단락으로 나뉜다.

㈀ 광명을 펼쳐 업을 지음이며,

㈁ 많은 성인이 모두 아는 것이며,

㈂ 아래 지위의 사람도 추앙함이며,

㈃ 같은 소리로 서로 응함이다.

이는 '㈀ 광명을 펼쳐 업을 지음'이다. 부처님의 10부분에서의 방광에는 3가지 업이 있다.

① 이익되는 업,

② 깨달음을 일으키는 업,

③ 섭수하고 조복하는 업이다.

여기에서는 같은 유를 따라서 4가지로 구분한다.

첫째, 앞의 7가지 광명에는 이익되는 업만 있다.

앞의 5가지 광명[兩足下·兩膝輪·臍輪中·左右脇·兩手中放光]은 범부에게 이익이 되고,

뒤의 2가지 광명[兩肩上·項背放光]은 소승에게 이익이 된다.

經

從其面門하야 **放百萬阿僧祇光明**하야 **普照十方初始發心**과 **乃至九地諸菩薩身**하며

얼굴에서 백만 아승기 광명을 쏟아내어, 처음으로 발심한 보살 내지 제9 선혜지 보살의 몸에 널리 비추며,

 疏 ●

二의 第八一光은 有二業半하니 一者는 益이니 九地已還菩薩故오 二者는 發覺令知故니라 言一半者는 但有攝義니 攝彼하야 令來故니라

둘째, 제8 面門放光에는 2가지 반의 업이 있다.

① 이익이 되는 업이다. 제9 선혜지 이후의 보살에게 이익이 되기 때문이다.

② 깨달아 알도록 해주기 때문이다.

'반'이라 말한 것은 다만 받아들인다는 뜻만 있다. 그들을 받아들여 오도록 만들기 때문이다.

經

從兩眉間하야 放百萬阿僧祇光明하야 普照十方受職菩薩하야 令魔宮殿으로 悉皆不現하며

두 눈썹 사이에서 백만 아승기 광명을 쏟아내어, 시방의 직책을 받은 보살들에게 널리 비춰, 마군의 궁전들이 나타나지 못하도록 만들며,

● 疏 ●

三의 第九一光도 亦二業半이니

一은 益等位菩薩故니라 下文에 彼光이 旣令此益하니 此光이 必益於彼故니라

二는 發覺令知故니라

言一半者는 魔宮不現이 是伏業故니라

셋째, 제9 眉間光明 또한 2가지 반의 업이 있다.

① 같은 지위의 보살에게 이익이 되기 때문이다. 아래 경문에 그 광명이 이미 이들에게 이익이 되도록 한 때문이다.

② 깨달아 알도록 해주기 때문이다.

'반'이라 말한 것은 마군의 궁전이 나타나지 못하도록 하는 것이 바로 조복의 업이기 때문이다.

經

從其頂上하야 放百萬阿僧祇三千大千世界微塵數光

明하야 普照十方一切世界諸佛如來道場衆會하야 右遶
十匝하고 住虛空中하야 成光明網하니 名熾然光明이라
發其種種諸供養事하야 供養於佛하니 餘諸菩薩의 從初
發心으로 乃至九地히 所有供養으로 而比於此하면 百分
에 不及一이며 乃至算數譬喩로 所不能及이라
其光明網이 普於十方一一如來衆會之前에 雨衆妙香
과 華鬘衣服과 幢幡寶蓋와 諸摩尼等莊嚴之具하야 以爲
供養하니 皆從出世善根所生이라 超過一切世間境界하
니 若有衆生이 見知此者면 皆於阿耨多羅三藐三菩提
에 得不退轉이니라
佛子여 此大光明이 作於如是供養事畢하고 復遶十方一
切世界一一諸佛道場衆會하야 經十匝已하고 從諸如來
足下而入이어든

　정수리에서 백만 아승기 삼천대천세계 티끌 수와 같은 광명을
쏟아내어, 시방 일체 세계에 있는 모든 부처님 도량의 대중법회에
널리 비춰, 오른쪽으로 열 바퀴를 돌고 허공에 머물면서 광명 그물
을 이루었다. 그 이름을 '치성한 광명'이라 한다.

　여러 가지 공양거리를 내어 부처님께 공양하니, 나머지 모든
다른 보살들이 처음 발심한 때부터 제9 선혜지에 이르기까지 올
렸던 공양을 이 공양에 견주면 백분의 일에도 미치지 못하며, 내지
셈하기와 비유로도 말할 수 없다.

　그 광명 그물이 시방세계의 하나하나 모든 부처님 도량의 대

중법회를 널리 덮어주고, 여러 가지 미묘한 향, 꽃 타래와 의복, 당기와 번기, 보배 일산, 여러 가지 마니주 등의 장엄거리를 비 내리듯 내려서 공양하였다. 이는 모두 출세간의 선근에서 나온 것이어서 일체 세간의 경계를 초월하였다.

만약 중생들이 이런 것을 보고 알면 모두 아뇩다라삼먁삼보리에서 물러서지 않을 것이다.

불자여! 이 큰 광명이 이처럼 공양하는 일을 마치고서 다시 시방의 일체 세계에 있는 모든 부처님의 하나하나 도량의 대중법회를 열 겹으로 감싸 돌고서, 다시 모든 여래의 발바닥 아래로 들어갔다.

● 疏 ●

四는 第十頂光에 但有發覺이라
文分爲三이니
一은 顯照分齊오
二 '右繞'下는 正顯作業이니 謂興供成益이라 益에 言不退菩提者는 論有四義하니 一은 於登地證決定故오 二는 入正定聚故오 三은 定離放逸惡故오 四는 定集善事故니라
三 '佛子'下는 事訖收光이라 言足下入者는 若約教相인댄 頂光入足은 顯深敬故오 若約證實인댄 終極之智 從下趣入諸佛境故니라 故論釋後段云호되 平等攝故라하니 顯證佛境이 卽自證故니라
【 鈔 _ '若約教相者'는 顯有二意하니 前은 約教相이니 人之所賤이 莫過於足이오 人之所貴 莫過於頂이어늘 頂光入足하니 故顯敬深이니라

二_{若約證下}는 自有二意나 文乃有三이니 一'頂光入足'은 顯此菩薩이 入他佛境이오 二'故論下'는 引證이오 三'顯證佛境 卽自證故'者는 是第二意니 入自佛境이 因圓趣果故니라
論言'平等攝'者는 此有二意하니 一은 如來下攝하사 足收其光하시고 菩薩上攝하야 光入佛境일새 云平等攝이라 二는 入他佛境이 卽入自境이라 自他佛境이 無二體故로 云平等攝이라】

넷째, 제10 頂光에는 깨달음을 일으키는 업만이 있을 뿐이다.

경문은 3부분으로 나뉜다.

① 영역의 한계를 분명히 비춰 말했고,

② '右繞' 이하는 지은 업을 바로 밝혔다. 공양을 일으켜 이익을 성취함이다.

공양 성취의 이익에서 "보리에서 물러서지 않는다."고 말한 것은 논에서 4가지 의의로 말하였다.

㉠ 지위에 올라 증득함이 결정된 때문이다.

㉡ 正定聚에 들어가기 때문이다.

㉢ 방일의 악을 반드시 여의기 때문이다.

㉣ 착한 일을 반드시 모으기 때문이다.

③ '佛子' 이하는 일을 마치고 광명을 거둬들임이다.

"발바닥 아래로 들어갔다."고 말한 것은, 가르침의 행상을 들어 말하면 정수리의 광명이 발바닥 아래로 들어감은 깊은 공경심을 밝힌 까닭이며, 증득의 실상을 들어 말하면 궁극의 지혜가 아래로부터 부처님의 경계로 향하여 들어가기 때문이다.

이 때문에 논에서 뒤 단락을 해석하기를, "평등하게 받아들이기 때문이다."고 하였다. 부처님의 경계를 증득한 부분이 바로 자신의 경계를 증득한 부분임을 밝힌 것이다.【초_ "가르침의 행상을 들어 말한다."는 것은 분명히 2가지 뜻이 있다.

① 가르침의 행상으로 말한다. 사람들이 천하게 여기는 신체 부분은 발보다 더한 게 없고, 귀하게 여기는 신체 부분은 정수리보다 더한 게 없는데, 정수리의 광명이 발바닥으로 들어갔으므로 공경심이 깊음을 밝힌 것이다.

② '若約證' 이하는 그 나름 2가지 뜻이 있으나, 문장으로는 3단락이다.

㉠ "정수리의 광명이 발바닥 아래로 들어갔다."는 것은 이 제10 법운지 보살이 다른 부처님의 경지에 들어갔음을 밝힌 부분이다.

㉡ '故論釋後段' 이하는 인용하여 증명함이다.

㉢ "부처님의 경계를 증득한 부분이 바로 자신의 경계를 증득한 부분임을 밝힌 것이다."고 말한 것은 '㉡ 인용 증명'의 의미이다. 자신의 부처님 경계에 들어감이 인행이 원만하여 과덕으로 향하였기 때문이다.

논에서 "평등하게 받아들인다."고 말한 것은 여기에 2가지 의미가 있다.

① 부처님이 아래로 포섭하여 발로 그 광명을 거두었고, 보살은 위로 포섭하여 광명이 부처님의 경계에 들어갔으므로 평등하게 받아들인다고 말하였다.

② 다른 부처님의 경계에 들어감이 곧 자신의 경계에 들어감이다. 나와 남의 부처의 경계가 둘이 아닌 까닭에 평등하게 받아들인다고 말하였다.】

舒光作業 竟하다

(ㄱ) 광명을 펼쳐 업을 지은 부분을 끝마치다.

◉ 論 ◉

兩行半經은 明此位菩薩의 如上所放光明이 供養及所作事畢에 遍十方一切世界——諸佛道場衆會十匝하고 從諸如來足下而入者니라

'十匝'者는 明十法圓滿故니라

'光入佛足下'者는 明返果還因故니 明從普光明殿中起十信心에 如來가 於兩足下輪中放光하사 成其十信하며 次十住는 佛足指端放光하며 次十行은 佛足趺上放光하며 次十廻向은 膝上放光하며 次十地는 佛眉間毫中放光하시고 今至此十地道滿果終에 不異初信之法하야 時不移며 法不異며 果不異일새 是故로 十地道滿之光이 還從佛足下而入이니 明果同因故며 不異所信之法故니라 明如來는 示果卽因이오 菩薩進修는 以因卽果니 是故로 此十地之位에 返果從因일새 是故로 光入諸佛足下也며 亦明行滿故로 入佛足輪이니 足是行故니라

2줄 반의 경문은 제10 법운지 보살이 위와 같은 광명을 쏟아내어 공양 및 하던 일을 끝마침에 시방 일체 세계의 하나하나 제불

513

도량 대중법회를 열 겹 감싸고 모든 여래의 발바닥 아래로 들어감을 밝힌 것이다.

'열 겹[十匝]'이란 열 가지의 법이 원만함을 밝힌 때문이다.

'광명이 부처님의 발바닥 아래로 들어갔다.'는 것은 결과를 돌이켜 원인으로 되돌아옴을 밝힌 때문이다.

보광명전에서 十信의 마음을 일으킬 적에 여래의 두 발 아래 法輪 한가운데서 방광하여 그 십신을 성취하였고,

다음 십주는 부처님의 발가락 끝에서 방광하였으며,

다음 십행은 부처님의 발등 위에서 방광하였고,

다음 십회향은 무릎 위에서 방광하였으며,

다음 십지는 눈썹 사이에서 방광하였고,

이제 십지의 도가 원만하고 결과가 끝마침에 이르러서는 처음 십신의 법과 다르지 않아서 시간이 바뀌지 않고, 법이 다르지 않으며, 인과가 다르지 않기에 십지의 도가 원만한 빛이 도리어 부처님의 발바닥 아래로 들어감을 밝힌 것이다. 이는 결과가 원인과 같기 때문이며, 믿는 바의 법이 다르지 않음을 밝힌 때문이다.

여래는 결과가 곧 원인임을 보인 것이며, 보살의 닦아나감은 원인이 곧 결과이다. 이 때문에 십지의 지위에 결과를 돌이켜 원인을 따르기에 광명이 여러 부처님의 발바닥 아래로 들어감을 밝힌 것이며, 또한 행이 원만한 까닭에 부처님의 발바닥 법륜에 들어감을 밝힌 것이다. 발이란 행하는 것이기 때문이다.

經

爾時에 諸佛과 及諸菩薩이 知某世界中에 某菩薩摩訶薩이 能行如是廣大之行하야 到受職位하니라

그때, 여러 부처님과 보살들이 어떤 세계의 어떤 보살마하살이 이처럼 광대한 행을 잘 행하여 직책을 받는 지위에 이른 줄을 알았다.

⊙ 疏 ⊙

第二는 衆聖咸知라

(ㄴ) 많은 성인이 모두 알고 있음을 말한다.

經

佛子여 是時에 十方無量無邊乃至九地諸菩薩衆이 皆來圍遶하야
恭敬供養하고 一心觀察하니
正觀察時에 其諸菩薩이 卽各獲得十千三昧하니라

불자여! 그때에 시방에 한량없고 그지없는 보살과 제9 선혜지 보살까지 모두 찾아와 둘러싸고서

공경하고 공양하며 한결같은 마음으로 살펴보았다.

한창 살펴볼 적에 그 모든 보살이 각기 십천 삼매를 얻었다.

515

● 疏 ●

第三은 下位奔風이라 申敬獲益은 文竝可知로다

(ㄷ) 아래 지위의 보살들이 추앙하여 찾아옴이다.

공경하는 마음을 펼쳐 이익을 얻음에 대한 경문은 모두 말하지 않아도 알 수 있다.

經

當爾之時하야 十方所有受職菩薩이 皆於金剛莊嚴臆德相中에 出大光明하니 名能壞魔怨이라 百萬阿僧祇光明으로 以爲眷屬하야 普照十方하야 現於無量神通變化하니라
作是事已하고 而來入此菩薩摩訶薩金剛莊嚴臆德相中하니 其光이 入已에 令此菩薩의 所有智慧로 勢力增長이 過百千倍하니라

그때에 시방에 있는, 직책을 받은 보살들이 모두 금강으로 장엄한 가슴의 공덕 모양에서 큰 광명이 쏟아져 나왔다. 이러한 방광을 '마군과 원수를 무너뜨리는 광명'이라 하였다.

백만 아승기 광명으로 권속을 삼아, 시방을 두루 비추면서 한량없는 신통 변화를 나타내었다.

이런 일을 마치고서 보살마하살의 금강으로 장엄한 가슴의 공덕 모양으로 들어갔다. 그 광명이 들어간 후에는 이 보살들이 지닌 지혜의 힘을 백천 곱절이나 넘게 더욱 키워주었다.

● 疏 ●

第四는 同聲相應이니 以修平等因行하야 互相資故니라 表內吉祥深廣之德이니 嚴心已圓故로 外於此相에 放光相益이니라

又上의 此照彼에 放眉間光은 表中道已照오 今彼照此에 乃於胸相者는 表心契懸同이니 德圓魔盡의 名壞魔冤이니라

㈃ 같은 소리로 서로 응함이다. 이는 평등한 인행을 닦아서 서로 돕기 때문이다. 안으로 길상함이 깊고 넓은 공덕을 표출한 것이니 마음을 장엄함이 원만해졌기 때문이며, 밖으로 이런 모양에 광명을 방출하여 서로 이익이 된다는 뜻이다.

또 위의 여기에서 저곳을 비출 적에, 눈썹 사이에서 광명을 방출한 것[第九放光]은 중도가 이미 비춘 것을 나타낸 것이며, 지금은 저곳에서 여기를 비출 적에 비로소 가슴의 卍字 형상으로 들어간 것은 마음이 계합하여 확실히 같아짐을 나타낸 내용이다. 과덕이 원만하면 마군이 다하는 것을 '마군과 원수가 무너졌다.'고 말한다.

第五. 出處 竟하다

(5) 방광의 출처를 끝마치다.

第六. 明隨所得位

(6) 얻은 지위를 따르다

經

爾時에 十方一切諸佛이 從眉間出淸淨光明하시니 名增益一切智神通이라

無數光明으로 以爲眷屬하야 普照十方一切世界하야 右遶十匝하며

示現如來廣大自在하며

開悟無量百千億那由他諸菩薩衆하며

周徧震動一切佛刹하며

滅除一切諸惡道苦하며

隱蔽一切諸魔宮殿하며

示一切佛得菩提處道場衆會莊嚴威德하며

如是普照盡虛空徧法界一切世界已하고 而來至此菩薩會上하야 周匝右遶하며

示現種種莊嚴之事하시고

現是事已에 從大菩薩頂上而入하신대 其眷屬光明도 亦各入彼諸菩薩頂이어든 當爾之時하야 此菩薩이 得先所未得百萬三昧하니 名爲已得受職之位라 入佛境界하야 具足十力하야 墮在佛數하니라

   그때, 시방 일체 부처님의 미간에서 청정한 광명이 쏟아져 나왔다. 그 이름을 '일체 지혜와 신통을 더해주는 광명'이라 하였다.

   무수한 광명으로 권속을 삼아 시방의 일체 세계를 널리 비추면서 오른쪽으로 열 바퀴를 돌고,

여래의 광대하게 자재함을 나타내며,

한량없는 백천 억 나유타 모든 보살을 깨우쳐 주고,

모든 부처님 세계를 두루 진동하며,

모든 악도중생의 고통을 없애주고,

모든 마군의 궁전을 가려주며,

일체 부처님들이 깨달음을 얻은 도량의 대중법회 장엄과 위덕을 보여주고,

이와 같이 온 허공과 법계에 가득한 일체 세계를 널리 비추고, 이 보살들의 회상에 이르러 오른쪽으로 빙 돌며,

가지가지 장엄의 일을 나타내고,

이런 일을 나타내고서 대보살의 정수리로 들어가자, 그 권속 광명 또한 각각 보살들의 정수리로 들어갔다.

이럴 때에 이 보살들이 예전에 얻지 못했던 백만 가지 삼매를 얻었다. 그 이름을 '이미 직책을 받은 지위의 삼매'라고 말한다.

부처님의 경계에 들어가서 열 가지 힘을 두루 갖추고 부처님의 수효 속에 들어갔다.

● 疏 ●

於中二니

一은 放光이라 於中에 十業이니

初光은 名卽益業이니 益一切智하야 令成佛故니라 二는 眷屬光이니 是因業이오 三은 示佛이니 是敬業이오 四는 開悟業이오 五는 震動業이

오 六은 止惡業이오 七은 降魔業이오 八은 示現業이오 九는 卷舒業이오 十은 示現種種이니 卽變化業이라

二 現是事已 下는 入頂成益이라 入頂者는 若約化相인댄 上收於下也오 若約實義인댄 照極心源이 名爲智頂이오 成果在已 是爲光入이라【鈔_ 若約化相者는 疏但有二하니 初 身光入菩薩色身之頂은 但爲化相이니 卽上收下라 就實約義中하야 曲復有二하니 一은 約相顯實인댄 卽諸佛智光이 入菩薩心頂이오 二 直就實論인댄 自智已圓에 當成之果 顯在心源이니 是故로 結云果成在已니라】

이 부분은 2단락이다.

(ㄱ) 광명을 쏟아냄이다. 여기에는 10가지의 업이 있다.

① 광명의 이름은 이익을 주는 업이다. 일체 지혜를 더하여 성불하도록 하기 위함이다.

② 광명의 권속이다. 인행의 업이다.

③ 부처님께 보임이다. 이는 공경하는 업이다.

④ 보살에게 깨달음을 열어주는 업이다.

⑤ 국토를 진동하는 업이다.

⑥ 악을 멈추는 업이다.

⑦ 마군을 항복시키는 업이다.

⑧ 나타내 보여주는 업이다.

⑨ 광명을 펼쳤다가 거둬들이는 업이다.

⑩ 가지가지 장엄을 보여줌이다. 이는 변화의 업이다.

(ㄴ) '現是事已' 이하는 광명이 보살의 정수리로 들어가 이익을

성취함이다.

정수리로 들어간다는 것은 교화의 양상을 들어 말하면 위에서 아래를 거두는 것이며, 실법의 이치를 들어 말하면 마음의 근원까지 모두 비추는 것을 '지혜의 정수리'라 말하고, 과덕을 성취함이 자신에게 있는 것을 '광명이 들어간다.'고 말한다.【초_ "교화의 양상을 들어 말하면"이란 청량소에는 다만 2가지 뜻이 있다.

① 몸의 광명이 보살 色身의 정수리로 들어간 것은 다만 화신의 모양일 뿐이다. 이는 위에서 아래를 거두는 것이다.

② "실법의 이치를 들어 말하면"의 부분에 또한 2가지가 있다.

㉠ 색신의 모양을 들어서 실법을 밝힌다면 여러 부처님의 지혜 광명이 보살의 가슴과 정수리로 들어감이며,

㉡ 바로 실상으로 논하면, 자신의 지혜가 이미 원만하면 미래에 성취할 과덕이 마음의 근원자리에 있음을 밝힌 것이다. 이 때문에 결론에서 "과덕을 성취함이 자신에게 있다."고 말하였다.】

論云 '諸如來의 光明과 彼菩薩의 迭互智 平等攝受故'라하니 謂菩薩頂光이 入佛足은 則因이 上進於果也오 佛光이 入菩薩頂은 果收因也며 亦因收果라 入則無迹이오 因果를 雙亡일새 名平等也니라【鈔_ '論云'下는 引證이오 謂菩薩'下는 疏釋이라 言亦因收果者는 上義는 佛果下收오 今은 菩薩頂이 收得佛光耳라 上은 釋迭互攝受오 '入則'下는 釋平等攝受니라】

논에서 말하였다.

"여러 부처님의 광명과 법운지 보살의 서로 번갈아 아는 지혜

[迭互智]를 평등하게 받아들인 때문이다."

보살의 정수리 광명이 부처님의 발바닥으로 들어간 것은 인행이 위로 과덕을 향하여 올라감이며, 부처님의 광명이 보살의 정수리로 들어간 것은 과덕이 인행을 거둔 부분이자, 또한 인행이 과덕을 거둔 부분이다. 광명이 들어가면 자취가 없고 인행과 과덕이 모두 사라지므로 '평등'하다고 말하였다.【초_ '論云' 이하는 인용하여 증명함이며, '謂菩薩' 이하는 청량소의 해석이다.

"또한 인행이 과덕을 거둔다."고 말한 것은 위의 의미는 부처님의 과덕이 아래로 보살을 거둠이며, 여기에서는 보살의 정수리로 부처님의 광명을 거둬들인 것이다.

위는 서로가 번갈아 받아들임에 대해 말하였고,

'入則' 이하는 평등하게 받아들임에 대해 말하였다.】

'當爾之時'下는 得益이오 '名爲'下는 結位오 '入佛境'者는 所證이 同也오 '具十力'者는 行德이 同也오 '墮佛數'者는 如始出家에 便墮僧數니라

'當爾之時' 이하는 이익의 성취이다.

'名爲' 이하는 지위를 끝맺음이며,

"부처님의 경계에 들어갔다."고 말한 것은 증득한 바가 같음이며,

"10가지 힘을 두루 갖췄다."는 것은 행의 공덕이 같음이며,

"부처님의 수효 속에 들어갔다."는 것은 예컨대 처음 출가하여, 바로 스님의 수효에 함께한 것과 같다.

第二喻
喩上六事호되 文少不次라

2) 비유
위의 6가지 일을 비유했지만 경문의 차례는 조금 다르다.

經

佛子여 如轉輪聖王의 所生太子 母是正后오 身相具足이어든
其轉輪王이 令其太子로 坐白象寶妙金之座하고
張大網幔하며 建大幢旛하며 燃香散花하며 奏諸音樂하며
取四大海水하야 置金甁內하고 王執此甁하야 灌太子頂하나니 是時에 卽名受王職位라 墮在灌頂刹利王數하며
卽能具足行十善道일새 亦得名爲轉輪聖王인달하야

불자여! 마치 전륜성왕의 태자를 낳은 어머니는 왕후이고, 몸매를 두루 갖췄는데,

그 전륜왕이 태자를 흰 코끼리 등에 마련한 황금자리에 앉히고,

큰 그물의 휘장을 둘러치고, 큰 당기와 번기를 세우며, 향을 사르고 꽃을 흩뿌리며, 많은 음악을 올리고,

사해(四海)의 물을 길어다가 황금 병에 넣어두고, 왕이 손수 병을 들고서 태자의 정수리에 부으면 이를 '왕의 직책을 받는 지위'라 말한다. 정수리에 물을 부은 찰제리왕의 축에 들게 되며, 열 가

지의 착한 도를 두루 행하기에 또한 전륜성왕이라는 이름을 얻는 것처럼,

◉ 疏 ◉

初는 喻隨何身이오【鈔_ 初喻隨何身者는 卽經에 云 如轉輪聖王 所生太子母是正后身相具足이 是也라】

(1) 어떤 몸을 따르는가를 비유하였다.【초_ "(1) 어떤 몸을 따르는가를 비유하였다."는 것은 경문에서, "마치 전륜성왕의 태자를 낳은 어머니는 왕후이고, 몸매를 두루 갖췄다."고 말한 바가 바로 그것이다.】

二'其轉輪'下는 喻隨何座오

三'張大'下는 喻隨何相이오

四'取四大'下는 喻隨所得位니 王은 喻眞身이오 手는 喻應身이오 瓶은 喻白毫오 水는 喻於光이라

應有第三隨何等眷屬이나 謂文武百僚로 以爲輔弼이라

五'卽能'下는 明隨何等出處니라

(2) '其轉輪' 이하는 어떤 법좌가 따르는가를 비유했고,

(3) '張大' 이하는 어떤 모양이 따르는가를 비유했으며,

(4) '取四大' 이하는 얻어야 할 바의 어떤 지위를 따르는가를 비유하였다.

왕은 진신을, 손은 응신을, 병은 백호상을, 물은 광명에 비유하였다.

당연히 어떤 권속이 따르는가라는 부분도 있어야 한다. 문무백관으로 보필의 권속을 삼아야 할 것이다.

(5) '卽能' 이하는 어떤 곳에서 나온 방광인가를 밝혔다.

第三 合

3) 종합

經

菩薩受職도 亦復如是하야 諸佛智水로 灌其頂故로 名爲受職이니 具足如來十種力故로 墮在佛數니라

보살이 직책을 받는 것 또한 그와 같다.

부처님의 지혜 물을 정수리에 부으므로 '직책을 받는다.'고 말한다.

여래의 열 가지 힘을 두루 갖췄으므로 부처님의 수효에 들어가는 것이다.

● 疏 ●

但合隨所得位라 正意 在此故니라

다만 '얻어야 할 바의 어떤 지위를 따르는가의 비유'에 종합하였다.

바른 의미가 여기에 있기 때문이다.

第四 總結

結斯一分이니라

4) 총체로 결론짓다

이 한 부분에 대한 끝맺음이다.

經

佛子여 是名菩薩受大智職이니
菩薩이 以此大智職故로 能行無量百千萬億那由他難行之行하야 增長無量智慧功德하나니 名爲安住法雲地니라

불자여! 이를 '보살이 큰 지혜의 직책을 받았다.'고 말한다.

보살이 이 지혜의 직책을 받으므로, 한량없는 백천만 억 나유타의 행하기 어려운 행을 행하여, 한량없는 지혜 공덕을 더욱 키워 나가는 것이다. 이를 '법운지에 머문다.'고 말한다.

● 論 ●

已上四段經은 明十地智滿에 法合諸佛 放光灌頂이니 爲智齊諸佛智故로 以佛果智로 相印合故며 又發起增長十一地와 及佛妙智하야 令成熟故니 此十地는 創現佛智요 十一地에 方自在故니라 餘는 如文自具니라

이상의 4단락 경문은 십지의 지혜가 원만함에 법이 제불의 방

광과 灌頂에 계합함을 밝힌 것이다. 보살의 지혜가 제불의 지혜와 똑같은 까닭에 佛果의 지혜와 서로 똑같기 때문이며, 또한 십일지와 부처의 미묘한 지혜를 일으키고 더욱 키워나가면서 이를 성숙시키기 때문이다.

이 십지는 처음으로 부처의 지혜를 나타내고, 십일지에서 바야흐로 자재하기 때문이다.

나머지는 경문에서 말한 바와 같이 그 나름 잘 갖춰져 있다.

第三 受位分 竟

3. 지위를 받은 부분을 끝마치다.

大文第四 明入大盡分

於中에 有五種大하니

一은 智大오 二는 解脫大오 三은 三昧大오 四는 陀羅尼大오 五는 神通大라

此五 依五種義하니

一은 依正覺實智義니 離智障故오

二는 依心自在義니 離煩惱障故오

三은 依發心卽成就一切事義니 意定力故오

四는 依一切世間隨利益衆生義니 意能徧持하며 口能徧隨故오

五는 依堪能度衆生義니 身及諸通을 廣能運故니라

前二는 自利오 後三은 利他라【鈔_ '大文第四 大盡分'中에 文前

有四하니 一은 依論科오 二'此五'下는 論釋義오 三'前二'下는 料揀이오 四'文中'下는 辨經이라

二中 五義之內에 義字向上은 皆是論文이오 義字已下는 卽是疏釋이라 然'前二'는 離惑智二障하야 成心慧二解脫이오 '後三利他'는 卽是三業이니 一은 意오 二는 口니 雖云意持나 正在口說이라 三은 卽身通이라】

4. 크게 다함에 들어가는 부분

여기에는 5가지의 광대함이 있다.

1) 지혜의 광대함,

2) 해탈의 광대함,

3) 삼매의 광대함,

4) 다라니의 광대함,

5) 신통의 광대함이다.

5가지의 광대함은 5가지 의의에 의하고 있다.

① 바른 깨달음과 실법의 지혜 의의에 의한다. 지혜의 장애를 여의기 때문이다.

② 마음의 자재한 의의에 의한다. 번뇌의 장애를 여의기 때문이다.

③ 발심할 적에 곧 모든 현상을 성취한다는 의의에 의한다. 의업 삼매의 힘 때문이다.

④ 일체 세간의 중생을 따른 이익의 의의에 의한다. 의업을 두루 간직하여 구업이 두루 따르기 때문이다.

⑤ 중생제도를 감당하는 의의에 의한다. 신업과 모든 신통을 널리 운용하기 때문이다.

앞의 2가지는 자리행, 뒤의 3가지는 이타행이다.【초_ '4. 크게 다함에 들어가는 부분'의 경문 앞에는 4단락이 있다.

① 논경에 의한 과목,

② '此五依' 이하는 논으로 경문 의의의 해석,

③ '前二' 이하는 구분을 지음,

④ '文中' 이하는 경문의 의미를 밝혔다.

'② 논으로 경문 의의의 해석' 부분에 5개의 '義[依正覺實智義, 依心自在義 등]' 자의 이상은 모두 논의 문장이고, '義' 자 이하는 청량소의 해석이다.

그러나 앞의 2가지[依正覺實智義, 依心自在義]는 번뇌장과 소지장 2가지를 여의고서, 心解脫과 慧解脫 2가지를 성취함이며,

뒤의 3가지는 이타행이다. 곧 삼업을 말한다.

첫째[依發心卽成就一切事義]는 의업,

둘째[依一切世間隨利益衆生義]는 구업이다. 비록 의업에 의지한다고 말했지만, 바른 의미는 입으로 말하는 데 있다.

셋째[依堪能度衆生義]는 신업의 신통이다.】

文中에 三(二)이니 前二는 別明이오 後三은 合例라
今初 智大는 分二니 先은 別明이오 後는 總結이라
今初에 有七種智하니 一은 集智大오 二는 應化智 大오 三은 加持智 大오 四는 入微細智 大오 五는 密處智 大오 六은 入劫智 大오 七은

入道智 大니 此七展轉相生이니라

今初 集智는 依能斷疑力하야 了法緣集故니라【鈔_ 遠公이 釋緣集云호되 '統唯一種이오 或分爲二니 一은 妄緣集이니 三界虛妄하야 唯一心作이니 如夢所見이 唯是心解오 二는 眞緣集이니 一切諸法이 皆眞心起如夢所見이 皆報心作이라'하니라

或說爲三호되 一은 眞妄離合이 爲三이니 離爲前二오 合爲第三이니라 第二는 約心識論三이니 一은 事緣集이니 從事識起一切法이오 二는 妄緣集이니 從其妄緣하야 起一切法이오 三은 眞緣集이니 眞識體中에 具過一切恒沙性德하야 互相集成일새 故言緣集이니라】

경문은 2단락이다.

앞의 2가지[智大, 解脫大]는 개별로 밝혔고,

뒤의 3가지[三昧大, 陀羅尼大, 神通大]는 종합한 예이다.

'1) 지혜의 광대함을 밝힌 부분'은 2부분으로 나뉜다.

앞은 개별로 20集을 밝혔고, 뒤는 총체로 끝맺었다.

'1) 지혜의 광대함'에는 7가지 지혜가 있다.

(1) 모은 지혜의 광대함,

(2) 응화 지혜의 광대함,

(3) 가지 지혜의 광대함,

(4) 미세한 데 들어가는 지혜의 광대함,

(5) 비밀스러운 곳의 지혜의 광대함,

(6) 겁에 들어가는 지혜의 광대함,

(7) 보리에 들어가는 지혜의 광대함이다.

이런 7가지가 점차 서로 생겨나는 것이다.

'(1) 모은 지혜의 광대함'은 의심을 끊어주는 힘에 의하여 법을 깨달을 인연이 모였기 때문이다.【초_ 혜원 법사는 인연이 모임[緣集]에 대해 해석하였다.

"통합하면 오직 1가지이지만 혹은 2가지로 나뉜다.

첫째, 헛된 인연의 모임이다. 삼계가 허망하여 오직 한마음이 지어내는 것일 뿐이다. 마치 꿈속에서 본 것은 오직 마음속으로 아는 것과 같다.

둘째, 진실한 인연의 모임이다. 일체 모든 법은 모두 진심에서 일어났다. 이는 마치 꿈속에서 본 것은 모두 과보의 마음[報心]이 지어내는 것과 같다."

어떤 사람은 3가지로 말한다.

"첫째, 진실과 헛됨의 분리와 종합으로 3가지가 된다. 분리하면 앞의 2가지가 되고, 종합하면 3가지가 된다.

둘째, 마음과 識을 들어 3가지로 논한다.

① 현상 인연의 모임이다. 分別事識[6식]으로부터 일체 법이 일어난다.

② 헛된 인연의 모임이다. 그 헛된 인연에서 일체 법이 일어난다.

③ 진실한 인연의 모임이다. 眞識[8식]의 본체에 일체 항하의 모래보다 많은 체성 공덕이 갖춰져 있어 서로가 모여서 이뤄지므로 인연의 모임이라 말한다."】

經

佛子여 菩薩摩訶薩이 住此法雲地에 如實知欲界集과 色界集과 無色界集과 世界集과 法界集과 有爲界集과 無爲界集과 衆生界集과 識界集과 虛空界集과 涅槃界集하며 此菩薩이 如實知諸見煩惱行集하며 知世界成壞集하며 知聲聞行集과 辟支佛行集과 菩薩行集과 如來力無所畏色身法身集과 一切種一切智智集과 示得菩提轉法輪集과 入一切法分別決定智集하나니
擧要言之컨댄 以一切智로 知一切集이니라

 불자여! 보살마하살이 이 법운지에 머물면

 욕심 세계의 모임,

 형상 세계의 모임,

 형상 없는 세계의 모임,

 세계의 모임,

 법계의 모임,

 함이 있는 세계의 모임,

 함이 없는 세계의 모임,

 중생 세계의 모임,

 인식 세계의 모임,

 허공 세계의 모임,

 열반 세계의 모임을 실상대로 알며,

 이 보살이 모든 소견과 번뇌의 작용이 모임을 실상대로 알며,

세계가 이뤄지고 무너지는 모임을 알며,

성문행의 모임,

벽지불행의 모임,

보살행의 모임,

여래의 열 가지 힘, 두려움 없는 마음, 형상의 몸, 법의 몸의 모임,

일체종지, 일체 지혜의 지혜 모임,

보리를 얻어 법륜 굴림을 보여주는 모임,

일체 법에 들어가 분별하고 결정하는 지혜의 모임을 알고 있다.

요체를 들어 말하면 일체 지혜로 일체 모임을 알고 있다.

◉ 疏 ◉

文中에 先은 別明이오 後 '擧要'下는 總結이라 前中에 有二十集하니 皆明因緣集이라 然通眞妄과 及與和合일새 故有三分이니 一은 染分이오 二는 淨分이오 三은 滅分이라

在文六重이니

一은 唯染이니 謂初四와 及衆生集과 諸見煩惱集이라

二는 唯淨이니 謂聲聞已下의 諸集이라

三은 唯滅이니 謂虛空이라

四는 淨染合說이니 謂識과 及有爲와 世界成壞니라

五는 淨滅合說이니 謂無爲와 及涅槃이라 擇滅無爲는 爲淨이오 非擇滅은 爲滅이오 性淨涅槃은 稱滅이오 餘三涅槃은 爲淨이라

六은 通染淨滅이니 謂法界故니라 論云 隨所正不正이라하니 以法界는 通善不善과 及無爲故니라 而論諸句에 皆有隨所言者는 隨何等 差別하야 皆能知故니라【鈔_ 順上善法界는 爲淨이오 不善法界는 爲染이오 無爲法界는 爲滅이오 無爲와 與善은 爲正이오 不善은 不正이니라

且依今經하야 以辨次者인댄 先明三界는 通於依正이니 總辨衆生所依오 次云世界는 通於染淨이오 次辨法界는 向上하야는 爲上四所依오 向下하야는 與爲와 無爲等으로 而爲所依라 法界是總이니 以性從緣에 則有爲無爲니라

衆生은 是能迷之人이오 識界는 爲衆生之本이오 虛空은 是衆生等住處오 涅槃은 是衆生所歸오 煩惱는 是能迷之因이오 行은 兼於業하니 則顯前이 皆是果라 故此句初에 有此菩薩言이라 由煩惱因하야 感界成壞니라

次三은 辨反源之人이오 '如來' 下四는 辨反源之果라 結云 一切者는 非止二十故也니라】

경문의 앞부분은 개별로 밝혔고, 뒤의 '擧要' 이하는 총체로 끝맺었다.

앞부분에는 20가지의 모임이 있다. 이는 모두 인연의 모임에 대한 설명이다.

그러나 진실과 거짓, 그리고 화합을 통하여 3부분으로 나뉜다.

① 잡염 부분,

② 청정 부분,

③ 적멸 부분이다.

경문은 6중이다.

① 오직 잡염 부분이다. 앞의 3가지[欲界集, 色界集, 無色界集], '중생 세계의 모임', '모든 소견과 번뇌의 작용이 모임'을 말한다.

② 오직 청정 부분이다. '성문행의 모임' 이하의 모든 모임을 말한다.

③ 오직 적멸 부분이다. '허공 세계의 모임'을 말한다.

④ 청정과 잡염을 합한 부분이다. '인식 세계', '함이 있는 세계', '세계가 이뤄지고 무너지는 모임'을 말한다.

⑤ 청정과 적멸을 합한 부분이다. '함이 없는 세계', '열반 세계의 모임'을 말한다.

擇滅無爲는 청정 부분이고, 非擇滅無爲는 적멸 부분이며,

본래자성청정열반은 적멸 부분이라 말하고, 나머지 3가지 열반[有餘·無餘·無住處涅槃]은 청정 부분이라 한다.

⑥ 잡염, 청정, 적멸이 모두 통하는 부분이다. '법계의 모임'을 말한다.

논에서 "바르거나 바르지 않은 바를 따른다[隨所正不正]."고 하였다. '법계의 모임'은 착함과 착하지 않음, 그리고 함이 없는 세계에 모두 통하기 때문이다.

그러나 논의 모든 구절에서 모두 '隨所正不正'의 '隨所'라 말한 것은 그 어떤 각기 다른 모양이든 모두 알 수 있기 때문이다.

【초_ 위에서 말한 착한 세계를 따르면 청정 부분이라 하고, 착하지

않은 세계를 따르면 잡염 부분, 함이 없는 세계는 적멸 부분, 함이 없는 세계와 착한 세계는 바른 부분이라 하고, 착하지 않은 세계는 바르지 않은 부분이라고 한다.

본 경문에 의하여 차례를 밝히면 먼저 3가지 세계는 의보와 정보에 모두 통함을 밝혔다. 이는 중생의 의지처를 총괄하여 밝힌 부분이다.

다음에 말한 세계의 모임은 잡염과 청정 부분에 모두 통하고,

다음에 밝힌 법계의 모임은 위로는 위 4가지 세계의 의지처가 되고, 아래로는 '함이 있는 세계'와 '함이 없는 세계' 등으로 의지처를 삼았다. 법계는 총상이다. 체성으로 인연을 따르면 '함이 있는 세계'와 '함이 없는 세계'이다.

'중생 세계'는 미혹 주체의 사람이고,

'인식 세계'는 중생의 근본이며,

'허공 세계'는 중생 등이 머무는 곳이고,

'열반 세계'는 중생의 귀의처이며,

번뇌는 미혹 주체의 원인이고, 行은 업을 겸하고 있다.

앞은 모두 과덕임을 밝혔다. 따라서 이 구절의 첫 부분에 '此菩薩'이라 말하였다.

번뇌의 원인으로 인하여 세계가 이뤄지고 무너짐을 불러들인다.

다음의 3가지[聲聞行集, 辟支佛行集, 菩薩行集]는 본원으로 되돌아간 사람을 밝혔고,

'如來' 이하의 4가지[如來力, 一切種, 示得菩提, 入一切法… 智集]는 본

원으로 되돌아간 과덕을 밝혔다.

　　결론에서 '一切'라 말한 것은 20가지의 모임에만 그치지 않기 때문이다.】

第二 明應化智

　　(2) 응화의 지혜

經

佛子여 **此菩薩摩訶薩**이 **以如是上上覺慧**로 **如實知衆生業化**와 **煩惱化**와 **諸見化**와 **世界化**와 **法界化**와 **聲聞化**와 **辟支佛化**와 **菩薩化**와 **如來化**와 **一切分別無分別化**하야 **如是等**을 **皆如實知**니라

　　불자여! 이 보살마하살이 이러한 상상품의 깨달은 지혜로써,

　　중생 업의 변화, 번뇌의 변화, 여러 소견의 변화, 세계의 변화, 법계의 변화, 성문의 변화, 벽지불의 변화, 보살의 변화, 여래의 변화, 일체의 분별과 분별이 없는 변화를 실상대로 알고 있다.

　　이런 따위를 모두 실상대로 아는 것이다.

● 疏 ●

文三이니

初는 牒前起後니 以依前緣集智身하야 起化用故니라 故論云 依彼

身起力하니라

次'如實'下는 正顯이오

後'如是'下는 總結이라

中十句에 初三은 衆生世間自在化니 化起衆生의 善惡業과 及利鈍使하야 令衆生見으로 似眞造作故니라

次一句는 器世間自在化오

次五는 智正覺世間自在化니 三乘正覺故니라 一法界化는 爲三乘所說法行이오 餘四化는 爲三乘人과 及果라

後一은 通二世間이니 有情은 有分別이오 器無分別이라 智正覺은 通上二也니라【鈔_ 遠公云 '然化有三種하니 一은 據始起니 有分別心으로 而作變化오 二는 就息想論이니 物見我化나 我實不化오 三은 就眞實說이니 緣起門中에 皆是眞實作用法門之所示現이라하니 今依後義라 是故로 依前緣集故하야 而起化用이니라】

경문은 3단락이다.

① 앞의 문장을 이어서 뒤의 문장을 일으켰다. 앞의 '인연의 모임'과 '지혜의 몸'에 의하여 화신의 작용을 일으키기 때문이다. 따라서 논에서 "지혜의 몸에 의하여 열 가지의 힘을 일으킨다."고 하였다.

② '如實' 이하는 바로 변화를 밝혔고,

③ '如是' 이하는 총괄하여 끝맺었다.

'② 변화를 밝힌' 부분의 10구는 다시 4가지로 나뉜다.

처음 3구[衆生業化, 煩惱化, 諸見化]는 중생세간에 자재한 변화이다. 중생의 선업과 악업, 날카로운 속박과 우둔한 속박의 변화를 일

으켜 중생의 소견을 참된 조작처럼 만들어 주기 때문이다.

다음 1구[世界化]는 기세간에 자재한 변화이다.

다음 5구[法界化, 聲聞化, 辟支佛化, 菩薩化, 如來化]는 지정각세간에 자재한 변화이다. 삼승의 바른 깨달음이다. 5구 가운데 첫 구절의 '법계의 변화'는 삼승을 위해 설법한 행이며, 나머지 4구의 변화는 삼승의 인격과 과덕이다.

뒤의 1구[一切分別無分別化]는 2세간에 모두 통한다. 중생세계는 분별이 있고, 기세계는 분별이 없으며, 지정각세계는 위의 2세계에 모두 통한다.【초_ 혜원 법사가 말하였다.

"그러나 변화에는 3가지가 있다.

첫째, 처음 일으킨 마음을 따른다. 분별이 있는 마음으로 변화를 짓는 것이다.

둘째, 생각을 쉬는 것으로 논하였다. 중생을 보고서 나의 몸을 변화하지만, 나는 실로 변화한 것이 아니다.

셋째, 진실에 입각하여 말하였다. 연기법문에서 모두 진실 작용 법문으로 나타내 보인 것이다."

여기에서는 뒤의 뜻을 따랐다. 이 때문에 앞의 인연의 모임에 의하여 변화의 작용을 일으킨 것이다.】

第三 加持智

(3) 가지의 지혜

經

又如實知佛持와 法持와 僧持와 業持와 煩惱持와 時持와 願持와 供養持와 行持와 劫持와 智持하야 如是等을 皆如實知니라

또한 부처님의 가지, 법의 가지, 스님의 가지, 업의 가지, 번뇌의 가지, 시절의 가지, 원력의 가지, 공양의 가지, 행의 가지, 겁의 가지, 지혜의 가지를 실상대로 알고 있다.

이런 따위를 모두 실상대로 아는 것이다.

◉ 疏 ◉

論云 '依如是如是轉行力'이라하니 謂依彼應化하야 常化不絶이 爲加持行이라 其事非一일새 重言如是니라 有十一句하니 初三은 不斷三寶니 是境界持오 餘八은 是行持라 於中에 初二는 逆行이니 勝熱炙身과 無厭行虐과 婆須染欲과 徧行處邪 皆其事也니라 後六은 順行이니 前四는 起因行時니 謂起因之時라 願等은 因體라 後二는 得果在時니 時는 謂長劫이오 智는 卽果體니 謂一切智智故니라【鈔_ '不斷三寶'者는 不斷이 是三寶中持義니 謂佛種不斷이 卽是佛持等이라 願等因體者는 望上時持일새 故名因體라 就體有二하니 願은 是起行方便之心이오 供養及行은 卽依願正行이니 供養은 攝福이오 行은 攝智故니라】

논경에서는 "이러이러하게 바뀌어 가는 힘에 의지한다."고 하였다.

그 응화에 의하여 항상 변화하되 끊이지 않음을 加持行이라 한다. 그런 일이 하나가 아니기에 거듭 '이러이러하다.'고 말하였다.

11구이다. 첫 3구[佛持, 法持, 僧持]는 삼보가 끊이지 않음이다. 이는 경계의 가지이다.

나머지 8구절[業持~智持]은 행법의 가지이다.

그중의 앞 2가지[業持, 煩惱持]는 법을 거스르는 행이다.

勝熱婆羅門의 몸을 태우는 행,

無厭足王의 잔학한 행,

婆須密女의 오염된 욕망,

偏行外道의 邪命에 처함이 모두 그러한 사례들이다.

뒤의 6가지[時持~智持]는 법을 따르는 행이다.

그 가운데 앞의 4가지[時持, 願持, 供養持, 行持]는 보살행을 시작한 因行을 일으킨 때이다. 願持 등은 인행의 체성이다.

뒤의 2가지[劫持, 智持]는 얻은 과덕이 있을 때이다. 時는 오랜 세월을 말하고, 智는 과덕의 체성이다. 일체 지혜의 지혜이기 때문이다. 【초_ "삼보가 끊이지 않음"이란 끊이지 않음이 삼보 가운데 加持의 의미이다. 부처 종자가 끊이지 않음이 바로 부처님의 가지 등을 가리킨다.

"願持 등은 인행의 체성이다."란 위의 時持와 대조하여 말한 까닭에 인행의 체성이라 말하였다.

인행의 체성에서 말하면 2가지가 있다.

① 원력은 인행을 일으키는 방편의 마음이며,

② 공양과 행은 원력에 의한 바른 행이다. 供養持는 복덕을 포괄하고, 行持는 지혜를 포괄하기 때문이다.】

第四 微細智
謂知佛化用의 微細自在故니라

(4) 미세한 지혜

부처님의 화신 작용이 미세하고 자재함을 알기 때문이다.

經
又如實知諸佛如來의 入微細智하나니
所謂修行微細智와 命終微細智와 受生微細智와 出家微細智와 現神通微細智와 成正覺微細智와 轉法輪微細智와 住壽命微細智와 般涅槃微細智와 教法住微細智니
如是等을 皆如實知니라

또한 부처님 여래의 미세한 데 들어가는 지혜를 실상대로 알고 있다.

이른바 수행의 미세한 지혜,

목숨 마침의 미세한 지혜,

생을 받아 태어남의 미세한 지혜,

출가의 미세한 지혜,

신통을 나타내는 미세한 지혜,

정각 성취의 미세한 지혜,

법륜 굴림의 미세한 지혜,

목숨 유지의 미세한 지혜,

열반에 드는 미세한 지혜,

교법이 세상에 머무는 미세한 지혜이다.

이런 따위를 모두 실상대로 아는 것이다.

● 疏 ●

論云 依彼應化加持善集하야 不二作故라하니 謂依前應化等三智하야 合爲不二之智하야 作此微細化用이니 故隨一事하야 即具前三이오 非但八相에 一具餘七이라 文並可知니라【鈔_ '三智'者는 一은 應化오 二는 加持오 三은 善集이니 即前의 緣集智라 所以合者는 集智는 是智오 餘二多悲니 悲智無礙가 爲佛微細니라 非但八相者는 但應化一智가 即能令一로 而具一切이어니와 今에는 一一事에 皆具三智일세 故爲微細니 以如來 證此法門故니라 別有十事호되 多同八相하니 八相은 不具니라】

논에서 "저 응화의 지혜, 가지의 지혜, 선을 모으는 지혜에 의하여 둘이 아닌 지혜를 짓기 때문이다."고 하였다. 이는 응화의 지혜 등 3가지 지혜에 의하여, 이를 종합, 둘이 아닌 지혜로 이처럼 미세한 변화와 작용을 짓는다.

이 때문에 하나의 일을 따라 앞의 3가지를 갖추는 것이지, 단지 8가지 모양에 하나가 나머지 7가지를 갖추는 것은 아니다. 경문은 모두 말하지 않아도 알 수 있다.【초_ '3가지 지혜'란 ① 應化의 지혜, ② 가지의 지혜, ③ 선을 모으는 지혜이다. 이는 앞서 말한 '인연을 모은 지혜[緣集智]'를 가리킨다.

종합한 바는 集智는 지혜이고, 나머지 2가지 지혜는 大悲가 많다. 大悲大智에 걸림이 없는 것을 '부처님의 미세한 지혜'라 말하기 때문이다.

'非但八相'이란 응화의 지혜가 하나의 지혜로 일체를 갖추지만, 여기에서는 하나하나의 일마다 모두 3가지 지혜를 갖추고 있으므로 '미세'하다고 말한다. 이는 부처님께서 이런 법문을 증득하였기 때문이다. 개별로는 10가지의 일이 있되 대체로 8가지 모양과 같다. 이 때문에 8가지 모양에 대해 구체적으로 밝히지 않았다.】

第五 密處智
依護根未熟衆生하야 不令驚怖故로 現麤隱細하야 而秘密俱成이니라

(5) 비밀스러운 곳의 지혜

근기가 성숙되지 못한 중생을 가호함에 따라서 그들을 놀라게 하거나 두렵게 하지 않는 까닭에 거친 부분은 나타내고 미세한 부분은 숨겨서 비밀을 모두 이룬 것이다.

又入如來秘密處하나니
所謂身秘密과 **語秘密**과 **心秘密**과 **時非時思量秘密**과
授菩薩記秘密과 **攝衆生秘密**과 **種種乘秘密**과 **一切衆**
生根行差別秘密과 **業所作秘密**과 **得菩提行秘密**이니
如是等을 **皆如實知**니라

    또 여래의 비밀한 곳에 들어가나니,

    이른바 몸의 비밀,

    말의 비밀,

    마음의 비밀,

    때와 때가 아님을 생각하는 비밀,

    보살에게 수기하는 비밀,

    중생을 거둬주는 비밀,

    가지가지 가르침의 비밀,

    일체중생의 근성과 행이 각기 다른 비밀,

    업으로 짓는 비밀,

    보리행을 얻는 비밀이다.

    이런 따위를 모두 실상대로 아는 것이다.

◉ **疏** ◉

初三은 卽總顯三密이오
次三은 別顯起化密이니 一은 意知化時오 二는 口與其記니 謂懈怠

者에 遲記하고 怯退者에 速記하며 或引實行聲聞하야 與應化者記니라
又昔에 但記菩薩이니 則於聲聞記에 爲秘密이니 隨機隱顯이니라 後는
攝衆生密이니 論經云 攝伏이라하니 謂攝受折伏이 皆通身口니라
次一은 敎密이니 約實인댄 則無三에 說三하니 三卽爲密이니 但爲化
菩薩故오 約機인댄 非一에 說一이니 一亦爲密이니라
後三은 約所知明密이니 知根種種과 知業萬差와 知逆順行이 皆得
菩提니 故爲密也니라

① 앞의 3구[身秘密, 語秘密, 心秘密]는 총체로 3가지 비밀을 밝혔고,

② 다음 3구[時非時思量秘密, 授菩薩記秘密, 攝衆生秘密]는 개별로 교화를 일으키는 비밀을 밝혔다.

㉠ 마음으로 교화할 때를 아는 것이다.

㉡ 입으로 수기를 주는 것이다. 게으른 자에게는 늦게 주고, 겁먹고 물러나는 자에게는 빨리 주며, 혹은 실천하는 성문을 이끌어 應化할 자에게 수기하기도 하였다.

또 예전에는 보살에게만 수기하였지만 지금은 성문에게도 수기함에 비밀이 되니, 근기에 맞게 숨기거나 나타내는 것이다.

㉢ 중생을 받아들이는 비밀이다. 논에서는 '받아들이고 조복한다.'고 하였다. 받아들이고 조복함은 신업과 구업에 모두 통한다.

③ 다음 1구[種種乘秘密]는 교법의 비밀이다.

실상으로 말하면 삼승의 차이가 없는데, 삼승을 말한다. 3가지는 곧 비밀이다. 이는 보살만을 교화하기 위함이다.

근기로 말하면 근기가 하나가 아닌데도 한 가지로 말한다. 한 가지 또한 비밀이다.

④ 뒤의 3구[一切衆生根行差別秘密, 業所作秘密, 得菩提行秘密]는 알아야 할 대상을 들어 비밀을 밝혔다.

근기의 가지가지를 아는 것, 업의 만 가지의 차이를 아는 것, 역행과 隨順의 행을 아는 것이 모두 보리를 얻음으로 '비밀'이라 말한다.

● 論 ●

四行經은 入如來十無盡秘密處니
所謂身秘密者는 於身塵毛孔中에 現無量土와 無量身과 無量示現成佛과 示現涅槃과 無量語業言音이니 如是十事가 一時同異自在하야 十方咸然하야 總是如來普光明智니 猶如圓鏡이 等虛空界하야 一時普應에 任物所爲하야 皆能對現호되 無所造作이라

4줄의 경문은 여래의 '열 가지 그지없이 비밀스러운 곳'에 들어감을 말한다.

이른바 몸의 비밀이란 몸의 미세한 티끌처럼 작은 모공에서 한량없는 국토, 한량없는 몸, 한량없는 성불을 나타내 보임, 열반을 나타내 보임, 한량없는 語業의 언어와 음성을 나타내 보임이다.

이와 같은 열 가지 일이 일시에 같이 나타나거나 다른 시간에 나타남이 자재하되 시방세계에 모두 그와 같다. 이는 모두가 여래의 보광명지이다. 마치 둥근 거울이 허공과 같아서 일시에 널리 응

함에 중생의 행하는 바에 맡겨서 모두 나타나지만, 전혀 조작한 바 없는 것과 같다.

一

第六 入劫智
'依命行·加持·捨·自在意'라하니
謂劫時遷流를 名爲命行이오
一攝一切를 名曰加持오
一入一切를 名之爲捨니 以廢己隨他故오
劫隨心轉을 名爲自在라

(6) 겁에 들어가는 지혜

"命行·加持·捨·자재한 마음에 의한다."고 하였다.

세월의 시간이 흐르는 것을 '命行'이라 하고,

하나가 일체를 모두 포괄한 것을 '加持'라 하며,

하나가 일체의 속으로 들어감을 '捨'라 한다. 이는 자신을 던져 두고 남을 따르기 때문이다.

세월이 마음 따라 바뀌는 것을 '자재'라 말한다.

經

又知諸佛所有入劫智하나니
所謂一劫이 入阿僧祇劫하고 阿僧祇劫이 入一劫과
有數劫이 入無數劫하고 無數劫이 入有數劫과

一念入劫하고 劫入一念과
劫入非劫하고 非劫入劫과
有佛劫이 入無佛劫하고 無佛劫이 入有佛劫과
過去未來劫이 入現在劫하고 現在劫이 入過去未來劫과
過去劫이 入未來劫하고 未來劫이 入過去劫과
長劫이 入短劫하고 短劫이 入長劫이니
如是等을 皆如實知니라

또한 부처님들이 지녀온 겁에 들어가는 지혜를 알고 있다.

이른바 하나의 겁이 아승기겁에 들어가고, 아승기겁이 하나의 겁에 들어가는 것,

셀 수 있는 겁이 셀 수 없는 겁에 들어가고, 셀 수 없는 겁이 셀 수 있는 겁에 들어가는 것,

한 생각의 찰나가 영겁에 들어가고, 영겁이 한 생각의 찰나에 들어가는 것,

겁이 겁 아닌 데 들어가고, 겁 아닌 것이 겁에 들어가는 것,

부처님 계신 겁이 부처님 없는 겁에 들어가고, 부처님 없는 겁이 부처님 계신 겁에 들어가는 것,

과거 겁과 미래 겁이 현재 겁에 들어가고, 현재 겁이 과거 겁과 미래 겁에 들어가는 것,

과거 겁이 미래 겁에 들어가고, 미래 겁이 과거 겁에 들어가는 것,

오랜 겁이 짧은 겁에 들어가고, 짧은 겁이 오랜 겁에 들어가는

것이다.

이런 따위를 모두 실상대로 아는 것이다.

◉ 疏 ◉

亦十世隔法異成門也니 以得不思議解脫하야 不見長短一多大小하야 互相卽入等이라 竝如發心品하니라

이 또한 十世隔法異成門[2]이다. 불가사의한 해탈을 얻어, 길고 짧음, 하나와 많음, 크고 작음을 가리지 않고 서로서로 하나가 되고 서로 들어가는 등이다. 이는 모두 제17 초발심공덕품에서 말한 바와 같다.

第七 入道智

論云 依對治意說이라하니 謂徧入諸道하야 若逆若順이 皆爲對治니 無非入道라 此約知凡夫道어니와 若約知化凡夫道인댄 卽此逆順等이 便是佛道니라

(7) 보리에 들어가는 지혜

논에서 "다스린다는 뜻을 따라 말하였다."고 하였다.

----

2 十世隔法異成門: 十玄門의 제8 十世隔法異成門을 말한다. 십세는 과거·현재·미래의 三世에다가 각각 다시 삼세를 나눈 9世와 이를 총괄하는 1세, 즉 一念을 말한다. 9세는 시간적으로 전후의 차별이 있지만, 그 모두가 한 생각에서 벗어나지 않는다. 십세의 다른 법이 각기 달리 성취하는 문이다.

두루 여러 갈래의 세계에 들어가서 거스른 자이든 따르는 자이든 모두 다스리는 것이다. 들어가지 않는 세계가 없다.

이는 범부의 세계를 아는 것으로 말했지만, 만약 범부의 세계를 교화할 줄 아는 것으로 말하면, 역행이나 수순 등이 바로 부처님의 길이다.

經

又知如來諸所入智하나니
所謂入毛道智와
入微塵智와
入國土身正覺智와
入衆生身正覺智와
入衆生心正覺智와
入衆生行正覺智와
入隨順一切處正覺智와
入示現徧行智와
入示現順行智와
入示現逆行智와
入示現思議不思議世間了知不了知行智와
入示現聲聞智와 **辟支佛智**와 **菩薩行**과 **如來行智**니라

또한 여래께서 모든 들어간 바의 지혜를 알고 있다.

이른바 모도범부(毛道凡夫)에 들어가는 지혜,

미세한 티끌에 들어가는 지혜,

국토의 몸으로 바른 깨달음에 들어가는 지혜,

중생의 몸으로 바른 깨달음에 들어가는 지혜,

중생의 마음으로 바른 깨달음에 들어가는 지혜,

중생의 행으로 바른 깨달음에 들어가는 지혜,

일체 곳을 따라서 바른 깨달음에 들어가는 지혜,

두루 행함을 보이는 데 들어가는 지혜,

순행을 보이는 데 들어가는 지혜,

역행을 보이는 데 들어가는 지혜,

헤아릴 수 있고 헤아릴 수 없는 세간을 알고 알지 못하는 행을 보이는 데 들어가는 지혜,

성문의 지혜, 벽지불의 지혜, 보살의 행, 여래의 행을 보이는 데 들어가는 지혜이다.

● 疏 ●

別中에 有十四句하니

初句는 總入所化니 謂毛道凡夫는 隨風不定이라 故論經云 入凡夫道라하고 論云 依凡夫地라하니라

餘句는 別顯所化니 畧有三種하니

一은 依我慢行者하야 令入微塵智니 觀破搏聚가 唯塵無我故니라

二 依信求生天者하야 入淨國土니 過於所信故니라

餘皆依覺觀者니

於中初句는 起覺觀身이오

次二句는 正顯覺觀心行差別이오

次句는 明所覺境이니 上四는 卽所化之覺觀이오

次四句는 能化之行이니 初句는 總顯徧行故오 次二는 隨宜니 若逆若順이오 後句는 若深若淺이니라

後四句는 化令入三乘果니라【鈔_ 別顯三種中에 前二는 皆第一 知凡夫道니 其中에 觀破搏聚者는 四十八經에 當具解釋하니라 次四句者는 卽化凡夫道며 亦兼第三의 知凡夫道니 卽是佛道라 後四는 化果니 其中思議等은 並如九地하니라】

개별 부분은 14구이다.

첫 구절[入毛道智]은 교화의 대상에 총체로 들어감이다. '근성이 우둔한 범부[毛道凡夫]'는 그 마음이 마치 바람에 흩날리는 머리칼처럼 왔다 갔다 함을 말한다.

이 때문에 논경에서는 "범부의 세계에 들어간다."고 하였고, 논에서는 "범부의 지위에 의한다."고 말하였다.

나머지 구절은 교화의 대상을 개별로 밝혔다.

여기에는 대략 3가지가 있다.

① 入微塵智는 아만을 행하는 자에 의하여 그로 하여금 미세한 티끌에 들어가게 하는 지혜이다. 뭉친 덩어리[搏聚]가 오직 티끌처럼 '나'라는 것이 없음을 관찰하여 타파하기 때문이다.

② 入國土身正覺智는 믿음으로 하늘에 태어나기를 구하는 자에 의하여 청정한 국토에 들어가도록 하는 것이다. 이는 믿음의

대상이 지나친 때문이다.

③ 나머지 12구는 모두 覺觀을 행한 자에 의하여 말하고 있다.

12구 가운데 첫 구절[入衆生身正覺智]은 각관을 일으키는 몸이며,

다음 2구[入衆生心正覺智, 入衆生行正覺智]는 바로 각관의 마음과 행의 각기 다름을 밝혔으며,

다음 구절[入隨順一切處正覺智]은 깨달음의 대상 경계를 밝혔다.

위의 4구는 교화 대상의 覺觀이다.

다음 4구는 교화 주체의 행이다.

첫 구절 入示現徧行智는 徧行을 총체로 밝힌 때문이며,

다음 2구[入示現順行智, 入示現逆行智]는 근기의 적절함을 따름이다. 순행과 역행이다.

뒤의 1구[入示現思議不思議世間了知不了知行智]는 깊고 얕음이다.

맨 뒤의 4구[入示現聲聞智, 辟支佛智, 菩薩行, 如來行智]는 교화하여 삼승의 果德에 들어가게 함이다. 【초_ 개별로 밝힌 3가지 가운데 앞의 2가지는 모두 범부의 세계를 아는 것이다.

그 가운데 "뭉친 덩어리가 오직 티끌처럼 '나'라는 것이 없음을 관찰하여 타파한다."는 것은 48권 경[如來十身相海品]에서 구체적으로 해석하고자 한다.

다음 4구는 범부의 세계를 교화함이며, 또한 제3의 범부의 세계를 앎이니 곧 부처님의 세계이다.

맨 뒤의 4구는 교화의 과덕이다. 그 가운데 思議 등은 모두 제9 선혜지와 같다.】

◉ 論 ◉

'入衆生心正覺智'者는 以衆生心이 與如來心으로 同一體性일새 以此로 如來知一切衆生하사 而隨業接之故오
'入示現逆行智'者는 示作惡魔하야 惱惑行者하며 或行於非道하야 無不利生이니 如示作阿闍世王의 殺害父母等事하야 令信得道業除오
'入示現思議不思議世間了知不了知智'者는 或令世間으로 知是不思議聖行하며 或令世間으로 不能了知是凡是聖이라
餘可準知니라

"중생의 마음으로 바른 깨달음에 들어가는 지혜"는 중생의 마음이 여래의 마음과 똑같은 체성이다. 이 때문에 여래가 일체중생의 마음을 알고서 그들의 하는 일에 접촉하기 때문이다.

"역행을 보이는 데 들어가는 지혜"는 악마가 되어 수행하는 자를 괴롭히고 현혹하거나 혹은 도가 아닌 일을 행하여 중생에게 해를 끼치기도 한다. 예컨대 아도세왕이 부모를 살해하는 일 등을 보여서, 득도하여 업을 없애는 수행을 믿도록 하였다.

"헤아릴 수 있고 헤아릴 수 없는 세간을 알고 알지 못하는 행을 보이는 데 들어가는 지혜"는 혹 세간 중생으로 하여금 불가사의한 성인의 행을 알도록 하거나 혹은 세간 중생으로 하여금 범부인지 성자인지 가늠하지 못하도록 하였다.

나머지 구절은 이에 준하여 살펴보면 알 수 있다.

第二. 總結

뒤는 총체로 끝맺다

經

佛子여 **一切諸佛**의 **所有智慧 廣大無量**이어늘 **此地菩薩**이 **皆能得入**이니라

불자여! 일체 부처님이 지닌 지혜가 광대하고 한량없지만, 이 지위의 보살이 모두 들어가는 것이다.

● 疏 ●

總結前七이 皆佛之智어늘 菩薩能入하니 故名智大니라

앞의 7가지 지혜가 모두 부처님의 지혜인데, 보살이 이런 자리에 들어갔음으로 "지혜가 광대하다."고 말함을 총체로 끝맺었다.

一 智大 竟하다

1) 지혜의 광대한 부분을 끝마치다.

第二 明解脫大

2) 해탈의 광대함을 밝히다

佛子여 菩薩摩訶薩이 住此地에

卽得菩薩不思議解脫과

無障礙解脫과

淨觀察解脫과

普照明解脫과

如來藏解脫과

隨順無礙輪解脫과

通達三世解脫과

法界藏解脫과

解脫光明輪解脫과

無餘境界解脫하나니

此十爲首하야 有無量百千阿僧祇解脫門을 皆於此第十地中得하며

> 불자여! 보살마하살이 법운지에 머물 적에
>
> 곧 보살의 불가사의한 해탈,
>
> 걸림 없는 해탈,
>
> 청정하게 관찰하는 해탈,
>
> 두루 밝게 비추는 해탈,
>
> 여래장 해탈,
>
> 따라 순종하여 걸림 없는 바퀴 해탈,
>
> 삼세를 통달하는 해탈,

법계장 해탈,

해탈 광명의 바퀴 해탈,

남음이 없는 경계의 해탈이다.

이런 열 가지를 으뜸으로 하여, 한량없는 백천 아승기 해탈문을 모두 이 제10 법운지에서 얻으며,

◉ 疏 ◉

於中三이니

初는 標得位요

次卽得下는 略顯이니 有十이라

경문은 3단락이다.

(1) 첫 단락은 얻은 지위를 내세웠고,

(2) 다음 '卽得' 이하는 간략히 밝혔는데, 여기에는 10가지가 있다.

初는 依神通境界가 轉變自在하야 言念不及故니 如淨名所得이니라

제1구 不思議解脫은 신통 경계의 변화가 자재함에 의하여, 도저히 언어나 생각으로 가늠할 수 없기 때문이다. 유마경에서 말한, 얻은 바와 같다.

二는 能至無量世界호되 以願智力으로 無拘礙故니라

제2구 無障礙解脫은 한량없는 세계에 이르기까지 서원과 지혜의 힘으로 얽매임이 없기 때문이다.

三은 明離障解脫이니 故云淨觀이라 離障에 有二하니 並皆知之라 一

은 約位則世出世間의 所離不同이오 二 就出世中하야 學·無學別이라 此學無學은 並通三乘이라

上三中에 前二 約通이오 此一은 約智라 共爲一對니 總相以明인댄 約身明通이오 就人顯智니라

제3구 淨觀察解脫은 장애를 여읜 해탈을 밝혔다. 이 때문에 '청정한 관찰[淨觀]'이라 말하였다.

'장애를 여읜' 데에는 2가지가 있는데, 나머지 부분도 아울러 모두 이와 같음을 알 수 있다.

① 지위로 말하면 세간과 출세간에서 여읠 대상이 똑같지 않다.

② 출세간의 부분에서 '아직도 배워야 할 것이 남아 있음[有學]'과 '더 이상 배울 것이 없음[無學]'은 다르다. 이러한 有學과 無學은 삼승에 모두 통한다.

위의 3구 가운데 앞의 2가지[不思議解脫, 無障礙解脫]는 신통으로 말했고, 이의 淨觀察解脫은 지혜로 들어 말한 것이다. 이는 모두 하나의 對句이다. 총상으로 밝히면 자신의 몸을 들어 신통을 밝혔고, 사람의 입장에서 지혜를 밝혔다.

次三이 一對니 一通이오 二는 智니

四는 約心明通이니 普照物機하야 隨意轉變하야 一時普應이 如觀音의 普門示現故니라

次二는 約法明智니

謂五는 即法陀羅尼니 顯如來藏中에 蘊恒沙德故니라

六은 即能破他言이니 隨彼言破하야 無礙圓滿故니라

다음 3구는 하나의 대구이다. 普照明解脫 1구는 신통이고, 如來藏解脫과 隨順無礙輪解脫 2구는 지혜이다.

다시 말하면, 제4구 普照明解脫은 마음을 들어 신통을 밝혔다. 중생의 근기를 널리 비춰 그들이 원하는 생각을 따라서 전변하여 한꺼번에 널리 응하는 것이다. 이는 마치 관세음보살이 '넓은 법문으로 보여주는 것[普門示現]'과 같기 때문이다.

다음 如來藏解脫, 隨順無礙輪解脫 2구는 법을 들어 지혜를 밝혔다.

다시 말하면, 제5구 如來藏解脫은 법다라니이다. 여래장에 항하의 모래처럼 헤아릴 수 없는 공덕이 쌓여 있음을 밝힌 때문이다.

제6구 隨順無礙輪解脫은 다른 이의 말을 타파하는 것이다. 그들의 말을 따라 타파함에 걸림 없이 원만하기 때문이다.

次二一對니 相入通智라
約時明通이니 由達三世劫하야 隨意住持相入故오
約因緣集顯智니 一切種이 皆包藏法界之中故니라

다음 通達三世解脫, 法界藏解脫 2구는 하나의 대구이다. 서로 신통과 지혜에 들어가는 것이다.

제7구 通達三世解脫은 시간을 들어 신통을 밝혔다. 삼세의 겁을 통달함에 의하여, 중생이 원하는 뜻에 따라 머물면서 서로 들어가기 때문이다.

제8구 法界藏解脫은 인연이 모임을 들어 지혜를 밝혔다. 一切種智가 모두 법계의 가운데 간직되어 있기 때문이다.

後二ᅳ一對니 約相卽明通智와 約身明通이니 不離一身光明輪하고 而普照故니라

是解脫光輪은 約時明智니 卽一而能知多故니라

뒤의 解脫光明輪解脫, 無餘境界解脫 2구는 하나의 대구이다.

제9구 解脫光明輪解脫은 서로 함께 하나가 되는 것으로 신통과 지혜를 밝혔고,

제10구 無餘境界解脫은 몸을 들어 신통을 밝혔다. 한 몸의 광명 바퀴에서 벗어나지 않은 채, 널리 모든 곳을 남김없이 비춰주기 때문이다.

이 해탈 광명의 바퀴는 시간을 들어 지혜를 밝혔다. 하나로 많은 것을 알기 때문이다.

後'此十'下는 結廣이라

(3) '此十' 이하는 널리 포괄하여 끝맺음이다.

第三 總例餘三

3) 나머지 삼매, 다라니, 신통의 광대함을 총괄하여 밝히다

經

如是乃至無量百千阿僧祇三昧門과
無量百千阿僧祇陀羅尼門과
無量百千阿僧祇神通門을 皆悉成就니라

이와 같이 내지 한량없는 백천 아승기 삼매문,

한량없는 백천 아승기 다라니문,

한량없는 백천 아승기 신통문을 모두 성취하였다.

● 疏 ●

第四 大盡分 竟

4. 크게 다함에 들어가는 부분을 끝마치다.

―

大文第五 釋名分

中三이니

一은 能受如來大法雲雨니 故名法雲이니라
二 佛子此地菩薩以自願下는 明能注雨滅惑이니 故名法雲이니라
三 佛子此地菩薩於一世界下는 明注雨生善이니 故名法雲이니라
然後之二段은 從自受名이오 今此一段은 從所受立名이라 論云 雲法相似하니 以偏覆故니라 此地中에 聞法相似 猶如虛空身 偏覆故라하니 謂佛身雲이 偏覆法界하며 法雨도 亦多어늘 唯此能受일세 故名法雲이니라【鈔_ 然此一段을 若從所受인댄 應名法雨地오 若從能受인댄 應名法海地어늘 今從受處하야 名爲法雲하니 雲當佛身이라 而論意는 又以聞法相似가 猶如虛空이라하니 則以虛空으로 爲能受菩薩이니 身偏覆故니라 雲爲所受之法이니 以雲義多含일세 故影出之니라】

5. 명칭을 해석하는 부분

이는 3단락이다.

1) 여래의 큰 법의 구름과 비를 받으므로 '법의 구름'이라 하였다.

2) '佛子此地菩薩以自願' 이하는 법 비를 내려 번뇌를 없애줌을 밝힘이다. 이 때문에 '법의 구름'이라 하였다.

3) '佛子此地菩薩於一世界' 이하는 법 비를 내려 선근을 낳아줌이다. 이 때문에 '법의 구름'이라 하였다.

그러나 뒤의 2단락은 스스로 받음에 따라 그 이름을 붙였고, 이의 단락은 받을 대상에 따라 그 이름을 붙인 것이다. 논에서는, "구름과 법이 서로 비슷하다. 두루 덮어주기 때문이다. 이 법운지에서 법문을 들음이 마치 허공의 몸이 두루 덮어주는 것을 닮았다."고 하였다.

이는 부처님의 몸 구름이 법계를 두루 덮어주고, 법의 비 또한 많은데 오직 이를 받아들이기에 법의 구름이라 하였다.【초_ 그러나 이 단락은 만약 받을 대상으로 말하면 당연히 '法雨地'로 명명했어야 하고, 받는 주체로 말하면 당연히 '法海地'로 말했어야 함에도, 여기에서는 받을 곳을 따라 '法雲地'라 말하였다. 구름은 부처의 몸에 해당한다.

그러나 논에서 말한 뜻은 또한 "법문 듣는 닮은꼴이 허공과 같다."고 하였다. 허공으로 받는 주체인 보살을 삼았다. 몸을 두루 덮어주기 때문이다. 구름은 받을 대상의 법이다. 구름이란 의의가 많은 뜻을 포괄하므로 논에서 이를 반영하여 내보인 것이다.】

文中二니 先은 總明能受之德이라

경문은 2부분이다.
(1) 주체의 공덕을 총체로 밝히다

經

佛子여 **此菩薩摩訶薩**이 **通達如是智慧**에 **隨順無量菩提**하며 **成就善巧念力**하야

불자여! 이 보살마하살이 이와 같은 지혜를 통달하고서 한량없는 보리를 따르며, 뛰어나게 생각하는 힘을 성취하여,

◉ 疏 ◉

由前七智 成就念力하야 能受多法이라 此智 實成多德일새 故云無量菩提니 近說受持之義耳니라

앞의 7가지 지혜가 생각하는 힘을 성취함으로 인해서 많은 법을 받을 수 있다. 이런 지혜가 진실로 많은 공덕을 성취하므로 '한량없는 보리'라고 말하였다. 가깝게는 받아 간직한다는 뜻으로 말했을 뿐이다.

二 別顯受法之相
於中三이니
初는 總顯受多오 二는 歷數顯多오 三은 問答顯多라

今은 初라

(2) 법문을 받아들이는 모양을 개별로 밝히다

경문은 3단락이다.

(ㄱ) 받은 법문이 많음을 총체로 밝혔고,

(ㄴ) 숫자를 통하여 많음을 밝혔으며,

(ㄷ) 문답으로 많음을 밝혔다.

이는 '(ㄱ) 받은 법문이 많음을 총체로 밝힌' 부분이다.

經

十方無量諸佛의 所有無量大法明과 大法照와 大法雨를 於一念頃에 皆能安能受하며 能攝能持하나니
譬如娑伽羅龍王의 所霆大雨를 唯除大海하고 餘一切處는 皆不能安不能受하며 不能攝不能持인달하야
如來秘密藏의 大法明大法照大法雨도 亦復如是하야 唯除第十地菩薩하고 餘一切衆生과 聲聞獨覺과 乃至第九地菩薩은 皆不能安不能受하며 不能攝不能持니라

시방의 한량없는 부처님들이 가지신 한량없는 큰 법의 광명, 큰 법의 비춤, 큰 법의 비를 한 생각의 사이에 모두 견뎌내고 받아들이고 거두고 지니는 것이다.

마치 사가라 용왕이 내린 큰 빗줄기는 큰 바다를 제외하곤 나머지 그 어떤 곳이라도 모두 편치 못하고 받아들이지 못하고 거두지 못하고 지니지 못한 것처럼, 여래의 비밀스러운 법장의 큰 법의

565

광명, 큰 법의 비춤, 큰 법의 비 또한 그와 같다.

　오직 제10 법운지 보살을 제외하곤 나머지 일체중생, 성문, 독각 내지 제9 선혜지 보살로서는 모두가 도저히 견뎌내지 못하고 받아들이지 못하고 거두지 못하고 지니지 못한다.

● 疏 ●

有法·喻·合이라

法中三이니

一은 明所受法多오

二 '大法明'下는 所受法妙니 故下合云 秘密藏也라하니라 文有三句하니 上二句는 性故니 謂三慧所知를 名法自性이니 大法明은 是 聞思智의 攝受故오 照는 是修慧所攝受故니라 下句는 作故니 謂說授衆生이 如雲與他하야 雨法雨故니라

三 '於一念'下는 顯能受德이니 一念者는 速故니 旣多妙又速하니 展轉顯勝이니라 能安者는 堪能安受文故니라 受者는 信受故니 上二受文이라 攝者는 思惟攝取義故오 持者는 攝受彼文義하야 成二持故니라 此는 但順說이오 下喩合에 兼反顯不能이라 文竝易了로다

　법과 비유와 종합이 있다.

　법의 부분에는 3가지가 있다.

　① 받아들일 법문이 많음을 밝혔고,

　② '大法明' 이하는 받을 법문이 미묘함을 밝혔다. 이 때문에 아래의 종합 부분에서 '비밀스러운 법장[秘密藏]'이라고 말하였다.

이의 해당 문장은 3구이다. 위의 2구[大法明, 大法照]는 체성이기 때문이다. 3가지 지혜로 아는 바를 '법의 자성'이라 말한다.

'큰 법의 광명'은 聞慧·思慧에 섭수되기 때문이며,

'큰 법의 비춤'은 修慧에 섭수되기 때문이다.

아래 '큰 법의 비' 구절은 작용이다. 중생에게 설법하여 줌이 마치 구름이 남들을 덮어주는 것처럼 법 비를 내려주기 때문이다.

③ '於一念' 이하는 받는 주체의 덕을 밝힌 것이다. '한 생각의 찰나'는 빠르기 때문이다. 이미 미묘함이 많고 또한 빠르기까지 하니 더욱더 뛰어남을 밝힌 것이다.

能安은 감당하여 편히 받아들인다는 문장이기 때문이다.

能受는 믿고 받아들이기 때문이다.

위의 2가지는 받아들인다는 문장이다.

能攝은 사유하여 섭취한다는 뜻이기 때문이다.

能持는 그 문장의 뜻을 섭수하여 止持, 作持 2가지를 성취하기 때문이다. 이는 다만 차례대로 말한 부분이며, 아래의 비유와 종합 부분에서는 반대로 그처럼 하지 못함을 밝혔다. 경문은 아울러 쉽게 알 수 있다.

第二 歷數顯多

(ㄴ) 숫자를 통하여 많음을 밝히다

經

佛子여 譬如大海 能安能受能攝能持一大龍王의 所霔 大雨하며 若二若三과 乃至無量諸龍王雨 於一念間에 一時霔下라도 皆能安能受하며 能攝能持하나니
何以故오 以是無量廣大器故인달하야 住法雲地菩薩도 亦復如是하야 能安能受能攝能持一佛의 法明法照法雨하며 若二若三으로 乃至無量히 於一念頃에 一時演說이라도 悉亦如是일세 是故此地 名爲法雲이니라

불자여! 마치 큰 바다는 하나의 큰 용왕이 내리는 큰 빗줄기를 견뎌내고 받아들이고 거두고 지니며, 두 마리의 용왕, 세 마리의 용왕 내지 한량없는 용왕의 빗줄기가 한 찰나의 사이에 한꺼번에 내릴지라도 모두 견뎌내고 받아들이고 거두고 지니는 것이다.

무엇 때문일까?

한량없이 넓고 큰 그릇이기 때문인 것처럼, 법운지에 머문 보살 또한 그와 같다.

부처님의 법의 광명, 법의 비춤, 법의 비를 견뎌내고 받아들이고 거두고 지니며, 두 분의 부처님, 세 분의 부처님 내지 한량없는 부처님이 한 찰나의 사이에 한꺼번에 연설할지라도 또한 모두 그처럼 하는 것이다. 이 때문에 이를 '법운지'라 말한다."

● 疏 ●

先은 喩오 後는 合이라 海能安者는 受一切水故오 受者는 不濁故니 濁

如不信이라 攝者는 餘水數入에 失本名故오 持者는 用不可盡故니라

앞은 비유이고, 뒤는 종합이다.

바다가 견뎌낸다는 것은 모든 물을 받아들이기 때문이며,

받아들인다[受]는 것은 혼탁하지 않기 때문이다. 혼탁은 不信과 같다.

거둔다[攝]는 것은 다른 물이 자주 들어오면 본래의 명칭을 잃기 때문이며,

지닌다[持]는 것은 모두 쓸 수 없기 때문이다.

第三 問答顯多

㈐ 문답으로 많음을 밝히다

經

解脫月菩薩이 言하사대 佛子여 此地菩薩이 於一念間에 能於幾如來所에 安受攝持大法明大法照大法雨니잇고 金剛藏菩薩이 言하사대 佛子여 不可以算數로 能知니 我當爲汝하야 說其譬喩호리라

佛子여 譬如十方에 各有十不可說百千億那由他佛刹微塵數世界어든 其世界中一一衆生이 皆得聞持陀羅尼하야 爲佛侍者하야 聲聞衆中에 多聞第一이 如金剛蓮華上佛所에 大勝比丘호되 然一衆生의 所受之法을 餘不重

受하면 佛子여 於汝意云何오 此諸衆生의 所受之法이 爲有量耶아 爲無量耶아
解脫月菩薩이 言하사대 其數甚多하야 無量無邊이니이다
金剛藏菩薩이 言하사대 佛子여 我爲汝說하야 令汝得解케호리라
佛子여 此法雲地菩薩이 於一佛所에 一念之頃에 所安所受所攝所持인 大法明大法照大法雨의 三世法藏을 前爾所世界一切衆生의 所聞持法이 於此에 百分에 不及一이며 乃至譬喩도 亦不能及이니 如一佛所하야 如是十方에 如前所說爾所世界微塵數佛이 復過此數하야 無量無邊이어든 於彼一一諸如來所에 所有法明法照法雨의 三世法藏을 皆能安能受하며 能攝能持일새 是故此地를 名爲法雲이니라

해탈월보살이 말하였다.

"불자여! 이 법운지의 보살이 한 찰나 사이에 몇 분 여래의 도량에서 큰 법의 광명, 큰 법의 비춤, 큰 법의 비를 견뎌내고 받아들이고 거두고 지니는 것입니까?"

금강장보살이 말하였다.

"불자여! 수효의 계산으로는 알 수 없다. 내가 그대를 위하여 비유를 들어 말하리라.

불자여! 비유하면 시방에 각각 열 곳의 말할 수 없는 백천 억 나유타 부처님 세계에 티끌 수처럼 수많은 세계가 있는데, 그 세계

속에 하나하나의 중생이 모두 듣고 지니는 다라니를 얻어 부처님의 시자가 되어 성문대중 가운데 많이 듣기로 으뜸가는 금강연화상부처님의 도량의 대승 비구와 같지만, 한 중생이 받은 법을 나머지 다른 이들이 다시 받지 않는다 말하면, 불자여! 그대는 어떻게 생각하는가? 이처럼 수많은 중생의 받은 법이 한량이 있겠는가, 한량이 없겠는가?"

해탈월보살이 말하였다.

"그 수효가 매우 많아서 한량없고 그지없겠나이다."

금강장보살이 말하였다.

"불자여! 내가 그대를 위하여 말하여 그대가 이해할 수 있도록 알려주리라.

불자여! 이 법운지 보살이 한 부처님 계신 데서 한 찰나 사이에 견뎌내고 받아들이고 거두고 지닌 큰 법의 광명, 큰 법의 비춤, 큰 법의 비인 삼세의 부처님 법장을 앞서 말한 그러한 세계의 일체중생이 듣고 지닌 법으로는 백분의 하나에도 미치지 못하며, 내지 비유로도 또한 미칠 수 없다.

한 부처님 계신 도량에서 이와 같이 시방에는 앞서 말한 바와 같이 그처럼 많은 세계의 티끌 수 부처님보다 더 많은 수효의 한량없고 그지없는 부처님이 계신다. 그 하나하나 여래의 도량에 있는 법의 광명, 법의 비춤, 법의 비인 삼세의 부처님 법장을 모두 견뎌내고 받아들이고 거두고 지닌 것이다. 이 때문에 이를 '법운지'라 말한다.

● 疏 ●

先은 問이오 後는 答이라 答中二니
先은 挍量顯示一佛之所受法廣多오 後如一佛下는 類顯多佛이라 言'三世法藏'者는 三世佛法之藏也라 而論云 '於法界中三種事藏'者는 意取法明·照·雨가 蘊在法界故니라 以彼經云 '法界藏故'라하니 故爲此釋이니라

앞은 물음이고, 뒤는 대답이다.

뒤의 대답 부분은 2단락이다.

앞은 비교하여 헤아려 한 부처님의 도량에서 받은 법이 광대하고 많음을 밝혔다.

뒤의 '如一佛' 이하는 많은 부처님의 도량을 유추하여 밝혔다.

'삼세 부처님의 법장'이란 삼세의 불법 창고이다. 그러나 논에서 '법계에 3가지 현상의 창고[事藏]'라고 말한 것은 법의 광명, 법의 비춤, 법의 비가 법계에 쌓여 있기 때문이다. 그 경문에는 "법계의 창고이기 때문이다."고 하였기에 이처럼 해석한 것이다.

第二 注雨滅惑

2) 법 비를 내려 번뇌를 없애주다

經

佛子여 此地菩薩이 以自願力으로 起大悲雲하며 震大法

雷하며 通明無畏로 以爲電光하며 福德智慧로 而爲密雲하야 現種種身하야 周旋往返호되 於一念頃에 普徧十方百千億那由他世界微塵數國土하야 演說大法하야 摧伏魔怨하며 復過此數하야 於無量百千億那由他世界微塵數國土에 隨諸衆生心之所樂하야 霆甘露雨하야 滅除一切衆惑塵焰일세 是故此地 名爲法雲이니라

불자여! 이 법운지의 보살이

자기의 원력으로 대자비의 구름을 일으키고,

큰 법의 우레를 진동하며,

십통(十通)·십명(十明)·십무외(十無畏)로 번개를 삼고,

복덕과 지혜로 구름을 삼아 가지가지 몸을 나타내어 두루 가고 오되, 한 생각의 찰나에 시방으로 백천 억 나유타 세계의 티끌 수처럼 수많은 국토에 두루 행하면서 큰 법문을 연설하여 마군과 원수들을 꺾어 굴복시키며, 이보다 더 많은 한량없는 백천 억 나유타 세계의 티끌 수처럼 수많은 국토에 중생의 마음에 좋아하는 바를 따라서 단 이슬비를 내려주어 일체 번뇌의 거센 불을 꺼주었다.

이 때문에 이를 '법운지'라고 말한다.

● 疏 ●

釋名中에 此中雲等은 如出現品에 廣明하니라 悲雲은 普覆故며 法雷는 驚蟄故며 通明無畏는 照機速疾하야 令見道故며 以福智因으로 成種種身이 如雲形顯多故오 法雨는 正能破四魔故니라

명칭을 해석한 가운데 구름 등은 제37 여래출현품에 자세히 말한 바와 같다.

'대자비의 구름'은 널리 덮어주기 때문이며,

'법의 우레'는 겨울잠 자는 벌레들을 깨워주기 때문이며,

十通·十明·十無畏는 중생의 근기를 비춤이 빨라서 도를 보도록 이끌어 주기 때문이다.

복덕과 지혜의 인행으로 가지가지 몸을 성취함이 구름처럼 형상이 많음을 밝힌 때문이며,

법 비는 바로 4가지 마군[煩惱魔·蘊魔·死魔·天魔]을 타파해 주기 때문이다.

第三 注雨生善

3) 법 비를 내려 선근을 낳아주다

經

佛子여 此地菩薩이 於一世界에 從兜率天下하야 乃至 涅槃히 隨所應度衆生心하야 而現佛事하며 若二若三으로 乃至如上微塵數國土하며 復過於此하야 乃至無量百千億那由他世界微塵數國土에 皆亦如是일세 是故 此地 名爲法雲이니라

불자여! 이 법운지의 보살이 하나의 세계에 도솔타 하늘에서

내려와 열반에 이르기까지 제도할 중생의 마음을 따라서 불사를 나타내며,

두 세계, 세 세계 내지 위에서 말한 티끌 수처럼 수많은 국토에 이르며,

또한 이보다 더하여 한량없는 백천 억 나유타 세계의 티끌 수처럼 수많은 국토에서도 모두 그와 같다.

이 때문에 이를 '법운지'라고 말한다.

◉ 疏 ◉

釋名이라 八相漸益故니 可知로다

명제의 해석이다. 8가지 모양으로 점차 이익이 되기 때문이다. 이는 말하지 않아도 알 수 있다.

第五 釋名分 竟하다

5. 명칭을 해석하는 부분을 끝마치다.

大文第六 神通力有上無上分

中에 有六種相하니 一은 依內오 二는 依外오 三은 自相이오 四는 作住持相이오 五는 令歡喜相이오 六者는 大勝이라

若就經文하야 分二인댄 前四는 合爲一段이니 正顯神通이오 後二는 爲一이니 斷疑顯勝이라

今初를 分二니 先은 別明이오 後는 總結이라

別中에 三이니 初는 明依內라

6. 신통력이 위가 있거나 위가 없는 부분

여기에는 6가지 모양이 있다.

① 내면에 의지한 모양,

② 외부에 의지한 모양,

③ 자체의 모양,

④ 머물러 유지함을 만드는 모양,

⑤ 환희하게 하는 모양,

⑥ 크게 뛰어난 모양이다.

만약 경문에 입각하여 2단락으로 나누면,

1) 앞의 4가지 모양은 한 단락으로 종합하니, 바로 신통을 밝혔고,

2) 뒤의 2가지 모양은 한 단락이다. 의심을 끊고 뛰어남을 밝혔다.

'1) 바로 신통을 밝힌 부분'은 다시 2부분으로 나뉜다.

(1) 개별로 밝혔고,

(2) 총괄하여 끝맺었다.

'(1) 개별로 밝힌' 부분은 3가지이다.

(ㄱ) 내면의 의지를 밝히다

經

佛子여 **此地菩薩**이 **智慧明達**하고 **神通自在**하야

불자여! 이 법운지의 보살이 지혜가 밝고 통달하며, 신통이 자재하여,

● 疏 ●

智慧明達者는 卽起通之智오 亦陀羅尼라 二 神通者는 是通體오 三. 自在는 卽通德이니 亦攝不思議解脫과 及與三昧라 具此三事가 卽通無上이니라【鈔_ 論云 '是中依內者는 有其四種하니 一은 不思議解脫이오 二는 三昧오 三은 起智陀羅尼오 四는 神通이니 如前所說이라하니라

釋曰 今疏가 取意하야 各別配經하고 亦具此四라 論言 如前所說者는 卽大盡分中의 五種大니 但合智及陀羅尼耳니 以陀羅尼는 智爲體故니라】

① '지혜가 밝고 통달함'이란 신통을 일으키는 지혜이고, 또한 다라니이다.

② '신통'이란 신통의 본체이고,

③ '자재함'은 신통의 공덕이다. 또한 불가사의의 해탈과 불가사의의 삼매를 포괄한다.

이런 3가지 일을 두루 갖춤이 곧 위의 無上과 통한다.【초_ 논 경에서 말하였다.

"여기서 말한 내면의 의지에는 4가지가 있다.

① 불가사의의 해탈,

② 삼매,

③ 지혜를 일으키는 다라니,

④ 신통이다.

위는 앞에서 말한 것과 같다."

이에 대한 해석은 다음과 같다.

이의 청량소에서는 그 뜻을 취하여 각기 개별로 경문에 짝하였고, 또한 이 4가지의 뜻을 갖추고 있다. 논에서 "앞에서 말한 바와 같다."고 말한 것은 곧 '크게 다한 부분' 가운데 5가지 광대함을 가리킨다. 지혜와 다라니만을 합했을 뿐이다. 다라니는 지혜의 본체이기 때문이다.】

第二依外

謂業用이 依外境而起故니라

亦是第三依自相이니 謂轉變作用이니 是神通相故니라【鈔_ 此之二段者는 卽以轉變外事로 爲神通自相故니라】

(ㄴ) 외부의 의지를 밝히다

업의 작용이 외부 경계에 의지하여 일어나기 때문이다.

또한 '③ 자체의 모양에 의지함'이다. 전변의 작용이다. 이는 신통의 모양이기 때문이다.【초_ 여기서 말한 2단락은 전변하는 일로 신통의 자체 모양을 삼기 때문이다.】

隨其心念하야 能以狹世界로 作廣世界하고 廣世界로 作狹世界하며

垢世界로 作淨世界하고 淨世界로 作垢世界하며 亂住次住와 倒住正住의 如是無量一切世界를 皆能互作하며

或隨心念하야 於一塵中에 置一世界의 須彌盧等一切山川호되 塵相如故하고 世界不減하며

或復於一微塵之中에 置二置三과 乃至不可說世界의 須彌盧等一切山川호되 而彼微塵이 體相如本하고 於中世界 悉得明現하며

或隨心念하야 於一世界中에 示現二世界莊嚴과 乃至不可說世界莊嚴하고

或於一世界莊嚴中에 示現二世界와 乃至不可說世界하며
或隨心念하야 以不可說世界中衆生으로 置一世界하고
或隨心念하야 以一世界中衆生으로 置不可說世界호되 而於衆生에 無所嬈害하며
或隨心念하야 於一毛孔에 示現一切佛境界莊嚴之事하며

　그 마음의 생각을 따라서, 좁은 세계를 넓은 세계로 만들고, 넓은 세계를 좁은 세계로 만들며,

　더러운 세계를 청정한 세계로 만들고, 청정한 세계를 더러운 세계로 만들며,

　어지럽게 있고 차례대로 있고 거꾸로 있고 바로 있는, 이처럼 한

량없는 일체 세계들을 모두 서로 바꿔 만들며,

　혹은 마음의 생각을 따라서, 한 티끌 속에 한 세계의 수미산과 모든 산과 강을 넣을지라도 티끌의 모양이 예전 그대로이고 세계도 줄어들지 않으며,

　혹은 하나의 미세한 티끌 속에 두 세계, 세 세계 내지 말할 수 없는 세계의 수미산과 모든 산과 강을 넣을지라도, 저 작은 티끌 모양이 예전 그대로이고 그 가운데 있는 세계도 모두 뚜렷이 나타나며,

　혹은 마음의 생각을 따라서, 한 세계 가운데 두 세계의 장엄 내지 말할 수 없는 세계의 장엄을 나타내기도 하며,

　혹은 한 세계의 장엄 가운데 두 세계 내지 말할 수 없는 세계를 나타내기도 하며,

　혹은 마음의 생각을 따라서, 말할 수 없는 세계의 중생들을 한 세계에 두기도 하며,

　혹은 마음의 생각을 따라서 한 세계의 중생들을 말할 수 없는 세계에 둘지라도 그 중생들에게 번거롭거나 해된 바가 없으며,

　혹은 마음의 생각을 따라서 한 모공에 모든 부처님 경계와 장엄한 일을 나타내기도 하며,

● 疏 ●

此二經文是一이로대 義分爲二니
今依自相釋文인댄 自有二種하니
一은 轉變外事라 二는 應化自身이니

初中三이니

一은 同類畧廣轉이오

二는 '垢世界'下는 垢淨異事轉이오

三은 或隨心下塵容世界等은 是自在轉이니라

二 或隨心念於一毛下는 應化自身이니 可知로다

2단락[② 依外, ③ 依自相]의 경문은 하나이지만 의의는 2가지로 나뉜다.

여기에서 '자체의 모양에 의지함'에 따라 경문을 해석하면 그 나름 2가지가 있다.

① 전변하는 외부의 일,

② 응화의 자신이다.

'① 전변하는 외부의 일'은 다시 3부분으로 나뉜다.

㉠ 같은 부류가 넓고 좁은 세계로 전변함이며,

㉡ '垢世界' 이하는 더러움과 청정함의 다른 현상이 전변함이며,

㉢ '或隨心念' 이하의 티끌 속에 들어간 세계 등은 자재하게 전변함이다.

② "혹은 마음의 생각을 따라서 한 모공" 이하는 응화의 자신이다. 이는 말하지 않아도 알 수 있다.

第三 作住持相

㈢ 머물러 유지함을 만드는 모양을 밝히다

經

或隨心念하야 於一念中에 示現不可說世界微塵數身하고 一一身에 示現如是微塵數手하고 一一手에 各執恒河沙數華盒香篋鬘蓋幢旛하야 周徧十方하야 供養於佛하며 一一身에 復示現爾許微塵數頭하고 一一頭에 復現爾許微塵數舌하야 於念念中에 周徧十方하야 歎佛功德하며

或隨心念하야 於一念間에 普徧十方하야 示成正覺과 乃至涅槃과 及以國土莊嚴之事하며

或現其身하야 普徧三世호되 而於身中에 有無量諸佛과 及佛國土莊嚴之事와 世界成壞를 靡不皆現하며

或於自身一毛孔中에 出一切風호되 而於衆生에 無所惱害하며

或隨心念하야 以無邊世界로 爲一大海하고 此海水中에 現大蓮華호되 光明嚴好하야 徧覆無量無邊世界어든 於中에 示現大菩提樹莊嚴之事하고 乃至示成一切種智하며

或於其身에 現十方世界一切光明하야 摩尼寶珠와 日月星宿와 雲電等光을 靡不皆現하며

或以口噓氣하야 能動十方無量世界호되 而不令衆生으로 有驚怖想하며

或現十方風災火災와 及以水災하며

或隨衆生心之所樂하야 **示現色身莊嚴具足**하며
或於自身에 **示現佛身**하고 **或於佛身**에 **而現自身**하며
或於佛身에 **現己國土**하고 **或於己國土**에 **而現佛身**하나니

　혹은 마음의 생각을 따라서, 한 생각의 찰나에 말할 수 없는 세계의 티끌 수처럼 수많은 몸을 나타내고,

　하나하나의 몸마다 이와 같이 티끌 수처럼 수많은 손을 나타내고,

　하나하나의 손마다 항하의 모래 수처럼 수많은 꽃바구니·향상자·화만·일산·당기·번기를 들고 시방으로 두루 돌아다니면서 부처님께 공양하며,

　또 하나하나의 몸마다 이와 같이 티끌 수처럼 수많은 머리를 나타내고,

　하나하나의 머리마다 이와 같이 티끌 수처럼 수많은 혀를 나타내어 찰나 찰나의 사이에 시방으로 두루 다니면서 부처님의 공덕을 찬탄하며,

　혹은 마음의 생각을 따라서, 한 생각의 찰나에 시방에 두루 행하여, 정각의 성취 내지 열반에 드는 일, 국토를 장엄하는 일을 보여주며,

　혹은 그 몸을 나타내어 삼세에 두루 있음을 나타내되 몸 가운데 한량없는 부처님, 부처님 국토의 장엄한 일, 세계가 이뤄지고 무너지는 일들을 모두 나타내지 않은 게 없으며,

　혹은 자신의 한 모공에서 일체 바람을 내지만, 중생을 괴롭히

거나 해치지 않으며,

　혹은 마음의 생각을 따라서, 그지없는 세계로 하나의 큰 바다를 만들고, 그 바다 속에 큰 연꽃이 피어나는데, 광명이 훌륭하고 아름다워 한량없고 그지없는 세계를 두루 비춰주며, 그 가운데 큰 보리수와 장엄하는 일을 보이기도 하고, 내지 일체종지의 성취를 보여주기도 하며,

　혹은 그 몸에 시방세계의 일체 광명을 나타내어, 마니보주, 해와 달, 별과 구름, 번개 등의 광명을 모두 나타내지 않은 게 없으며,

　혹은 입으로 바람을 불어내어 시방의 한량없는 세계를 흔들지만, 중생들이 놀라지 않게 하며,

　혹은 시방의 풍재, 화재, 수재를 나타내며,

　혹은 중생 마음의 좋아하는 바를 따라서 몸에 장엄이 두루 원만함을 보여주며,

　혹은 자기 몸에 부처님 몸을 나타내고, 혹은 부처님 몸에 자기 몸을 나타내며,

　혹은 부처님 몸에 자기의 국토를 나타내고, 혹은 자기의 국토에 부처님 몸을 나타내 보였다.

◉ 疏 ◉

作住持相이니 謂常用不絕故니라

　머물러 유지함을 만드는 모양이니, 항상 작용이 끊임없기 때문임을 말한다.

後 總結

(2) 총괄하여 끝맺다

經

佛子여 **此法雲地菩薩**이 **能現如是**와 **及餘無量百千億 那由他自在神力**이니라

불자여! 이 법운지 보살이 이와 같은 신통과 그 나머지 한량없는 백천 억 나유타의 자재한 신통력을 나타냈다."

◉ 疏 ◉

可知라

이는 말하지 않아도 알 수 있다.

前四合爲一段이니 正顯神通을 竟하다

앞의 4가지 모양을 종합하여 한 단락으로 삼았다.

바로 신통을 밝힌 부분을 끝마치다.

◉ 論 ◉

有三十五行半經은 明此位菩薩이 隨念하야 廣大微細大小一多相入하야 通化自在分이라 釋義中엔 明此法雲地菩薩이 隨心念力하야 廣大微細에 自他相入하고 一多大小가 互參하야 神通德用이 自在니 皆隨自心念所成故니라 如一切衆生의 作用境界가 皆是自

585

心報業所成이며 人天地獄畜生餓鬼善惡等報果가 一依心造일
세 如此十地菩薩이 以無作法身大智之力으로 隨所心念하야 莫不
十方에 一時自在하야 皆悉知見은 爲無迷故以普光智로 爲體니
爲智體無依일세 稱性徧周法界하야 與虛空量等하야 周滿十方世
界하야

以無性智로 大用隨念하며

以不忘失智로 隨念皆成하며

以具總別智로 總別同異成壞俱作하며

以廣狹大小自在智로 化通無礙하며

以與一切衆生同體智로 能變一切衆生境界하야 純爲淨土之刹
하며

以自他無二智로 一身而作多身하고 多身而作一身하며

以法界無大小離量之智로 能以毛孔으로 廣容佛刹하며

以等虛空無邊無方之智로 而一念現生하야 滿十方而無去來하며

以如響智로 而能響應對現하야 等衆生應形하며

以具足圓滿福德智로 而恒居妙刹하야 常與一切衆生同居호되
若非聖所加持力이면 而衆生이 不見이라

如是十地菩薩의 智力神通이 雖言性等虛空이나 然虛空은 廣大
無用이어니와 如是十地之智는 智滿虛空에 智無體性하야 無造作者
가 一如虛空이나 然隨念力하야 周滿虛空하야 依果重重에 通化無
盡이니 如隨意摩尼珠가 雖性無能所하야 無所造作이나 而與一切
衆境으로 同色이라

餘는 如文自具니라

35줄 반의 경문은 법운지 보살이 생각한 바를 따라서, 광대한 세계와 미세한 세계, 큰 세계와 작은 세계, 하나의 세계와 많은 세계가 서로 들어가면서 신통 변화가 자재함을 밝힌 부분이다.

그 의의를 해석한 부분에서는 이 법운지 보살이 마음의 생각하는 힘을 따라서 광대한 세계와 미세한 세계의 자타가 서로 들어가고, 하나의 세계와 많은 세계 그리고 큰 세계와 작은 세계가 서로 함께하여 신통한 德用이 자재함을 밝혔다. 이는 모두 자기 마음의 생각을 따라 성취한 바이기 때문이다.

예컨대 일체중생의 작용 경계가 모두 자기 마음의 업보로 이뤄진 것이며, 인간 세계와 천상 세계, 지옥, 축생, 아귀의 선악의 과보 등이 하나같이 마음에 의하여 이뤄진 것이다.

이와 같이 제10 법운지 보살이 작위 없는 法身大智의 힘으로 마음의 생각하는 바를 따라서 시방에 일시로 자재하여 모두 알고 보지 않음이 없는 것은 보광명지로 본체를 삼았기 때문이다.

보광명지의 본체가 의지함이 없어 성품에 맞게 법계에 두루 존재함이 허공과 같아서 시방세계에 두루 가득하여,

체성이 없는 지혜로 큰 작용이 생각을 따르며,

잊어버리지 않는 지혜로 생각을 따라 모두 성취하며,

총상과 별상을 갖춘 지혜로 總相·別相·同相·異相·成相·壞相이 모두 작용하며,

광대한 세계와 협소한 세계, 큰 세계와 작은 세계에 자재한 지

혜로 변화와 신통에 걸림이 없으며,

　일체중생과 하나가 된 지혜로써 일체중생의 경계를 변화하여 순전히 정토의 세계를 만들며,

　나와 남이 둘이 없는 지혜로써 하나의 몸으로 많은 몸을 짓고, 많은 몸으로 하나의 몸을 지으며,

　크고 작음이 없이 한량을 여읜 법신의 지혜로써 하나의 모공에 널리 불국토를 수용하며,

　허공처럼 끝이 없고 일정한 지방이 없는 지혜로써 한 생각으로 몸을 받아 태어나 시방에 두루 나타내되 오고 감이 없으며,

　울림과 같은 지혜로써 울림처럼 감응하여 중생을 상대로 몸을 나타내어 중생과 똑같이 상응하는 몸의 모습을 나타내며,

　두루 갖춘 원만한 복덕지혜로써 언제나 미묘한 국토에 살면서 항상 일체중생과 함께 살지만, 만약 성인 가피의 힘이 아니면 중생들은 그를 보지 못하는 것이다.

　이와 같은 십지보살의 지혜의 힘과 신통은 비록 그 성품이 허공과 같지만, 허공이란 광대하면서도 작용이 없다. 하지만 이와 같은 제10 법운지의 지혜는 지혜가 허공에 가득하다. 그 지혜는 체성이 없어 조작한 바 없음이 하나같이 허공과 같으나, 생각의 힘을 따라서 허공에 두루 가득하여 결과에 의지함이 거듭됨에 화가 그지없다. 이는 마치 마음을 따라 색이 달라지는 마니주의 성품에 주체와 대상이 없어 조작하는 바가 없지만, 일체 여러 경계에 따라서 그 색깔을 함께하는 것과 같다.

나머지는 문장에 그 나름 갖춰져 있다.

第二 斷疑顯勝

中二니 先은 斷疑오 後는 顯勝이라

今은 初니 卽論의 生喜는 由疑除故니라

於中二니 先은 示自神通力斷疑오 二는 說法斷疑라

今初에 有二問答하니

初一問答은 顯神力無上하야 令衆歡喜오

後一問答은 顯神力有上하야 令衆歡喜니라

2) 의심을 끊고 뛰어남을 밝히다

이 부분은 2단락이다.

앞은 의심을 끊음이며,

뒤는 뛰어남을 밝혔다.

이는 '앞의 의심을 끊은' 부분이다. 이는 논에서 말한 '기쁜 마음이 생겨남'은 의심이 사라진 데서 연유하기 때문이다.

이 부분은 2단락이다.

⑴ 자신의 신통력으로 의심을 끊음을 보여주었고,

⑵ 설법으로 의심을 끊어줌이다.

'⑴ 자신의 신통력으로 의심을 끊어준' 부분에는 2가지의 문답이 있다.

제1 문답: 신통력이 위가 없음을 밝혀 중생에게 기쁨을 줌이며,

제2 문답: 신통력이 위가 있음을 밝혀 중생에게 기쁨을 줌이다.

經

爾時에 會中諸菩薩과 及天龍夜叉와 乾闥婆와 阿修羅와 護世四王과 釋提桓因과 梵天淨居와 摩醯首羅인 諸天子等이 咸作是念호되 若菩薩의 神通智力이 能如是者인댄 佛復云何오하더니
爾時에 解脫月菩薩이 知諸衆會心之所念하고 白金剛藏菩薩言하사대 佛子여 今此大衆이 聞其菩薩의 神通智力하고 墮在疑網이로소니 善哉라 仁者여 爲斷彼疑하야 當少示現菩薩의 神力莊嚴之事하소서

그때, 법회 중에 있는 보살, 하늘, 용, 야차, 건달바, 아수라, 세상을 보호하는 사천왕, 제석천왕, 범천왕, 정거천, 마혜수라 여러 천자들이 모두 이런 생각을 하였다.

'보살의 신통과 지혜의 힘이 이와 같다면 부처님은 어떠하실까?'

이때, 해탈월보살이 법회 대중이 생각하는 마음을 알고서 금강장보살에게 말하였다.

"불자여! 지금 법회 대중이 보살의 신통과 지혜의 힘을 듣고서 의심의 그물 속에 떨어졌습니다.

거룩하신 어진이여, 저들의 의심을 끊어주기 위하여 보살의 신통력과 장엄의 일을 조금만 보여주소서."

● 疏 ●

前中에 先은 問이오 後는 答이라

問中에 先은 大衆生疑니 舉佛하야 疑菩薩호되 如上之事는 佛可得爾어늘 菩薩豈然가 後는 上首爲請이라

제1 문답 부분에서 앞은 물음이고, 뒤는 대답이다.

물음 부분의 앞은 법회 대중이 의심을 냄이다. 부처님을 예로 들어 보살을 의심하였다.

"위와 같은 일은 부처님만이 그처럼 할 수 있는 것이지, 보살이 어떻게 그처럼 할 수 있겠는가?"

뒷부분은 대중의 상수보살이 법을 청함이다.

答中에 二니

一은 入定現通이오 二는 問答決擇이라

今은 初니 卽事爲驗故라

대답 부분은 2단락이다.

㈀ 선정삼매에 들어 신통을 나타냄이며,

㈁ 문답으로 결정하고 선택함이다.

이는 '㈀ 선정삼매에 들어 신통을 나타낸' 부분이다. 현상의 일에 나아가 증험한 때문이다.

時에 金剛藏菩薩이 卽入一切佛國土體性三昧하시니
入此三昧時에 諸菩薩과 及一切大衆이 皆自見身이 在
金剛藏菩薩身內하야 於中에 悉見三千大千世界의 所有
種種莊嚴之事 經於億劫토록 說不能盡하며
又於其中에 見菩提樹하니 其身周圍 十萬三千大千世
界오 高는 百萬三千大千世界오 枝葉所蔭도 亦復如是
어든 稱樹形量하야 有師子座하고 座上에 有佛하시니 號一
切智通王이라 一切大衆이 悉見其佛이 坐菩提樹下師子
座上하사 種種諸相으로 以爲莊嚴하야 假使億劫이라도 說
不能盡이러라
金剛藏菩薩이 示現如是大神力已하시고 還令衆會로 各
在本處케하신대 時諸大衆이 得未曾有하야 生奇特想하고
黙然而住하야 向金剛藏하야 一心瞻仰이러라

　그때, 금강장보살이 곧바로 일체 부처님 국토의 체성 삼매에 들었다.

　이 삼매에 들었을 적에 여러 보살과 일체 대중이 모두 스스로 자기의 몸이 금강장보살의 몸속에 있음을 보았다.

　그 몸속에서 삼천대천세계에 있는 가지가지 장엄한 일들을 억 겁이 다하도록 말할지라도 다할 수 없음을 보았으며,

　또한 그 가운데 보리수를 보니, 그 밑동은 십만 삼천대천세계 이고, 높이는 백만 삼천대천세계이며, 가지와 잎으로 뒤덮인 땅도

그와 같았는데, 그 나무의 모습과 크기에 걸맞은 사자법좌가 있고, 법좌 위에 부처님이 계시니 그 명호는 '일체지통왕불'이시다.

　　일체 대중 모두가 그 보리수 아래 사자법좌에 앉으신 부처님께서 가지가지 모든 모습으로 장엄하여, 가령 억겁이 다하도록 말할지라도 다할 수 없음을 보았다.

　　금강장보살이 이처럼 큰 신통력을 보여주신 후에 다시 법회 대중으로 하여금 각각 제자리로 돌아가게 하였다.

　　그때, 법회 대중이 일찍이 없었던 일을 보고서 기특하다는 생각으로 말없이 있으면서 금강장보살을 한결같은 마음으로 우러러 보았다.

● 疏 ●

於中三이니
一은 法主入定이니 國土體性이 無所不融일새 故能一身이 包含無外니라
二 入此下는 衆覩希奇니 表通自在일새 故佛號通王이니라
三 金剛下는 攝用增敬이니라

　　경문은 3부분이다.

　　① 설법주가 삼매에 들었다. 국토의 체성이 원융하지 않은 바가 없으므로 한 몸으로 끝없이 포용한 것이다.

　　② '入此' 이하는 대중이 보기 드문 기이한 신통을 보았다. 신통이 자재함을 나타낸 까닭에 부처님 명호를 '신통왕'이라 하였다.

③ '金剛' 이하는 신통 작용을 받아들여 공경의 마음을 더함이다.

◉ 論 ◉

有十八行半經은 明此大衆이 聞十地菩薩神通生疑어늘 時에 金剛
藏菩薩이 入體性三昧하사 現佛神通하야 爲衆除疑分이라
釋義엔 於此段中에 約有十事하니
一은 大衆이 懷疑요
二는 解脫月이 爲請이오
三은 金剛藏이 入定이오
四는 定所現境界요
五는 大衆이 自見自身이 在金剛藏身中이오
六은 現菩提樹가 殊特高顯이오
七은 樹下에 有佛 坐師子座하니 號一切智通王이오
八은 大衆이 見佛이오
九는 金剛藏菩薩이 罷其神通이오
十은 大衆이 還自見身이 還在本處하야 得未曾有라
如一切佛國土體性三昧者는 卽是無作法性身也오
菩提樹는 約以法性身行報得故오
樹下佛號 一切智通王者는 卽法性中無作之大智自在故오
此三法은 一切衆生이 體常如是로대 只爲不自加行顯發故니라
餘는 如文自具니라

18줄 반의 경문은 대승 십지보살의 신통을 듣고서 의심을 내자,

당시 금강장보살이 體性三昧에 들어가 부처님의 신통력을 나타내어 대중을 위해 의심을 없애줌을 밝힌 부분이다.

의의를 해석함에 있어서는 이 단락에 대략 10가지 일이 있다.

① 대중이 의심을 품음이며,

② 해탈월보살이 대중을 위해 법을 청함이며,

③ 금강장보살이 선정에 들어감이며,

④ 선정 속에서 나타낸 경계이며,

⑤ 대중이 스스로 자신의 몸이 금강장보살의 몸 가운데 있음을 봄이며,

⑥ 보리수가 특이하고 고대하고 빛남을 나타냄이며,

⑦ 보리수 아래 사자법좌에 앉으신 부처님의 명호가 '一切智通王'이며,

⑧ 대중이 부처를 봄이며,

⑨ 금강장보살이 신통력을 멈춤이며,

⑩ 대중이 다시 자기 몸이 각각 본래 처소에 되돌아와 일찍이 없었던 일을 본 것이다.

'一切佛國土體性三昧'란 작위가 없는 法性身이며,

보리수는 법성신의 行으로 얻은 과보이기 때문이다.

보리수 아래 부처의 명호를 一切智通王이라 함은 법성 가운데 작위 없는 대지혜가 자재하기 때문이다.

이 3가지 법은 일체중생이 본체가 언제나 이와 같지만 다만 자신의 加行으로 이를 밝혀내지 못하기 때문이다.

나머지는 문장에서 말한 바와 같이 그 나름 갖춰져 있다.

一

第二 問答決擇

(ㄴ) 문답으로 결정하고 선택하다

經

爾時에 解脫月菩薩이 白金剛藏菩薩言하사대 佛子여 今
此三昧 甚爲希有하야 有大勢力하니 其名何等이니잇고
金剛藏이 言하사대 此三昧는 名一切佛國土體性이니라
又問此三昧 境界云何니잇고
答言하사대 佛子여 若菩薩이 修此三昧하면 隨心所念하야
能於身中에 現恒河沙世界微塵數佛刹하며 復過此數하
야 無量無邊이니라
佛子여 菩薩이 住法雲地에 得如是等無量百千諸大三
昧故로 此菩薩身과 身業을 不可測知며 語語業과 意意
業과 神通自在와 觀察三世와 三昧境界와 智慧境界와
遊戱一切諸解脫門과 變化所作과 神力所作과 光明所
作과 略說乃至擧足下足하는 如是一切諸有所作을 乃至
法王子住와 善慧地菩薩이라도 皆不能知니라
佛子여 此法雲地菩薩의 所有境界 略說如是어니와 若廣
說者인댄 假使無量百千阿僧祇劫이라도 亦不能盡이니라

그때, 해탈월보살이 금강장보살에게 말하였다.

"불자여! 지금 드신 삼매는 매우 드문 일이고 큰 힘이 있으니, 그 삼매의 이름을 무엇이라 합니까?"

금강장보살이 대답하였다.

"이 삼매의 이름은 '일체 부처님 국토의 자체 성품'이라 한다."

"이 삼매의 경계는 어떤 것입니까?"

"불자여! 보살이 이 삼매를 닦으면 마음이 생각하는 대로 자기 몸에서 항하의 모래처럼 수많은 세계의 티끌 수 세계를 나타내고, 이런 수효보다도 훨씬 많아서 한량없고 끝이 없다.

불자여! 보살이 법운지에 머물 적에 이처럼 한량없는 백천 가지 큰 삼매를 얻었으므로, 이 보살의 몸과 몸으로 짓는 업을 헤아릴 수 없으며, 말과 말로 짓는 업, 그리고 뜻과 뜻으로 짓는 업, 신통하고 자재함, 삼세를 관찰함, 삼매의 경계, 지혜의 경계, 일체 해탈문에 유희하는 일, 변화로 짓는 일, 신통력으로 짓는 일, 광명으로 짓는 일, 간략하게 말함으로부터 한 차례 발을 들거나 발을 딛는 일까지 이와 같은 일체 모든 일을 제9 법왕자주와 제9 선혜지에 머문 보살들까지도 모두 이를 알 수 없는 것이다.

불자여! 이 법운지 보살의 지닌 경계를 간추려 말하면 이와 같지만, 만약 자세히 말하면 한량없는 백천 아승기겁 동안에도 모두 다 말할 수 없다."

● 疏 ●

文三이니

初는 問名字오

二 '又問'下는 業用分齊오

三 '佛子菩薩住'下는 類顯廣多라 於中二니

初는 但結多定에 已顯業用難思오

後 '佛子此法雲'下는 結畧顯廣에 則餘德無盡이라 此中에 亦即大盡中事니라【鈔_ 此中等者는 前文標中에 已有五大오 今復結之일새 故云亦是니 謂初總標三業은 即神通自在오 餘에 具五大하니 一은 觀察三世는 即第一智大오 二는 三昧境界는 即第三 三昧大오 三은 智境界는 即四陀羅尼大오 四 '遊戱'下는 即第二解脫大오 五 '變化'下는 即第五神通大니라】

경문은 3단락이다.

① 삼매의 이름을 묻고 대답함이며,

② '又問' 이하는 삼매의 業用에 대한 범주이며,

③ '佛子菩薩' 이하는 삼매의 유별로 광대하고 많음을 밝혔다. 이 부분은 2단락이다.

㉠ 많은 선정만을 결론지으면 이미 업용이 불가사의함을 밝혔고,

㉡ '佛子此法雲' 이하는 간추려 말한 부분을 끝맺으면서 자세히 말한 부분을 밝히면 나머지 공덕이 그지없다는 뜻이다.

이 부분은 또한 '크게 다하는 부분' 중의 일이다.【초_ "이 부분

은 또한 크게 다하는 부분" 등이란 앞 문장의 표장 가운데 이미 5가지 광대함이 있었고, 여기에서는 다시 이를 끝맺기에 '또한[亦: 亦即大盡中事]'이라 말하였다.

앞부분의 삼업의 표장은 신통이 자재함이며, 나머지 부분에 5가지 광대함을 갖추고 있다.

① 삼세를 관찰함은 첫째, 지혜의 광대함이며,

② 삼매의 경계는 셋째, 삼매의 광대함이며,

③ 지혜의 경계는 넷째, 다라니의 광대함이며,

④ '遊戱一切' 이하는 둘째, 해탈의 광대함이며,

⑤ '變化' 이하는 다섯째, 신통의 광대함이다.】

第二顯神力有上
謂劣於佛故니
先은 問이오 後는 答이라

제2 문답: 신통력이 위가 있음을 밝히다

이는 부처님보다 열등함을 말한다.

(ㄱ) 앞은 물음이고, (ㄴ) 뒤는 대답이다.

經

解脫月菩薩이 言하사대 佛子여 若菩薩神通境界 如是인댄 佛神通力은 其復云何니잇고

해탈월보살이 말하였다.

"불자여! 보살의 신통한 경계가 이와 같다면, 부처님의 신통력은 어떠합니까?"

● 疏 ●

問中에 卽擧菩薩疑佛이니 謂菩薩이 旣實得爾인댄 則佛應不勝이오 若言勝者인댄 其相云何오 故問辭則同이나 疑意는 懸隔이니라

㈀ 물음 부분에 보살을 예로 들어 부처님을 의심하였다.

"보살이 이미 실제로 그와 같은 경지를 얻었다면 부처님이 당연히 뛰어나지 않을 것이며, 만약 부처님이 뛰어나다고 한다면 그 모양은 어떠할까?"

이 때문에 묻는 말은 똑같지만 의심하는 의미는 전혀 다르다.

後 答

㈁ 대답

經

金剛藏이 言하사대 佛子여 譬如有人이 於四天下에 取一塊土하야 而作是言호되 爲無邊世界大地土 多아 爲此土 多아하야 我觀汝問호니 亦復如是로다 如來智慧는 無邊無等이어니 云何而與菩薩比量이리오

600

復次佛子여 **如四天下**에 **取少許土**하면 **餘者無量**이니 **此法雲地神通智慧**도 **於無量劫**에 **但說少分**이어든 **況如來地**아

佛子여 **我今爲汝**하야 **引事爲證**하야 **令汝得知如來境界**케호리라

佛子여 **假使十方**의 **一一方**에 **各有無邊世界微塵數諸佛國土**하고 **一一國土**에 **得如是地菩薩**이 **充滿**호되 **如甘蔗竹葦稻麻叢林**이어든 **彼諸菩薩**이 **於百千億那由他劫**에 **修菩薩行**하야 **所生智慧**를 **比一如來智慧境界**하면 **百分**에 **不及一**이며 **乃至優波尼沙陀分**에도 **亦不能及**이니라

금강장보살이 말하였다.

"불자여! 마치 어떤 사람이 사천하에서 한 덩이 흙을 들고서 말하였다.

'그지없는 세계의 온 누리 흙이 많겠는가, 이 흙이 많겠는가?'

나는 그대의 물음을 살펴보니 또한 이와 같다. 여래의 지혜는 그지없고 그 누구도 똑같을 이가 없다. 어떻게 보살의 지혜와 견줄 수 있겠는가.

또한 불자여! 마치 사천하에서 조그만 한 덩이 흙을 취한 것보다는 나머지 다른 흙이 한량없다. 이 법운지의 신통과 지혜를 한량없는 겁을 걸쳐서도 아주 적은 부분만 말할 수 있을 뿐이다. 하물며 여래 지위의 신통과 지혜야 오죽하겠는가.

불자여! 내가 이제 그대를 위하여, 다른 일을 가지고 증명하여

그대로 하여금 여래의 경계를 알게 하리라.

불자여! 가령 시방에서 하나하나의 방위에 각각 그지없는 세계의 티끌 수처럼 수많은 부처님의 국토가 있고, 하나하나의 국토마다 이와 같은 법운지의 보살들이 가득하여, 마치 사탕수수·대·갈대·벼·삼대의 숲처럼 많고, 그 여러 보살이 백천 억 나유타 겁에 보살의 행을 닦은 데서 생겨난 지혜를 한 부처님 지혜의 경계에 비교하면, 백분의 일에도 미치지 못하고, 내지 우바니사타분의 일에도 또한 미치지 못하는 것이다.

● 疏 ●

文三이니
一은 總訶問非하야 顯佛德無量이오
二 '復次'下는 擧所未說하야 顯佛德無量이니 謂向所說은 乃是十地德之少分이 如四天下之少土어니와 全將菩薩之德하야 以比如來인댄 狀如四天下土로 以比無邊大地은 況將已說之少分하야 以比如來아 則如一塊로 以比無邊大地니 佛은 證極故니라
三 '佛子我今'下는 引事하야 類顯佛德無量이니라

경문은 3단락이다.

① 총체로 물음이 잘못됨을 꾸짖으면서 부처님의 과덕이 한량없음을 밝혔다.

② '復次' 이하는 말하지 않은 부분을 들어서 부처님 공덕이 한량없음을 밝혔다.

앞에 말한 바는 제10 법운지 공덕의 적은 부분이 마치 4천하의 조그만 흙덩이에 지나지 않는다. 그러나 보살의 공덕을 모두 들어서 부처님에게 비교하면 그 모습은 마치 4천하의 흙덩이 하나로 그지없는 온 누리에 비교하는 것과 같다. 하물며 이미 말한 적은 부분을 가지고서 여래에게 비교할 수 있겠는가. 이는 마치 하나의 흙덩이로 그지없는 대지에 비교하는 것과 같다. 부처님은 증득의 극처이기 때문이다.

③ '佛子我今' 이하는 현상의 일을 인용하여, 유별로 부처님 공덕이 한량없음을 밝혔다.

第二 說法斷疑者는 謂此地菩薩智慧 能令衆生으로 入一切智하며 復顯上說其德이 不虛일새 故疑除生喜라 然此下文은 當出地心이니 比前諸地인댄 卽調柔果어늘 而論에 復將入前分中은 欲顯義門多勢어니와 終似惑人이로다 若準上例인댄 上來는 地行竟이오 此下는 第二 明其位果라

(2) 설법으로 의심을 끊어주다

제10 법운지 보살의 지혜는 중생으로 하여금 일체 지혜에 들어가게 하며, 또한 위에서 말한 그 공덕이 헛되지 않음을 밝혀주었다. 이 때문에 의심이 사라지고 기쁨이 생겨난 것이다.

그러나 아래 문장은 '해당 지위에서 나오는 마음[出地心]'에 해당한다. 앞의 여러 지위와 비교하면 '조련과 부드러움의 결과[調柔

果]'이다. 하지만 논에서 다시 앞부분에 넣은 것은 의미의 문맥이 여러 형태임을 밝히려 한 것이다. 그러나 이는 끝까지 사람들에게 혼란을 줄 것 같다.

만약 위의 사례에 준하면 위는 제10 법운지 행이 끝난 부분이며, 이 아래는 제2 攝報果, 願智果를 밝힌 것이다.

經

佛子여 此菩薩이 住如是智慧에 不異如來身語意業호되 不捨菩薩의 諸三昧力하고 於無數劫에 承事供養一切諸佛하야 一一劫中에 以一切種供養之具로 而爲供養하며 一切諸佛神力所加로 智慧光明이 轉更增勝하야 於法界中에 所有問難을 善爲解釋하야 百千億劫에 無能屈者니라
佛子여 譬如金師 以上妙眞金으로 作嚴身具하고 大摩尼寶로 鈿厠其間이어든 自在天王이 身自服戴하면 其餘天人莊嚴之具의 所不能及인달하야 此地菩薩도 亦復如是하야 始從初地로 乃至九地히 一切菩薩의 所有智行이 皆不能及이니라 此地菩薩의 智慧光明은 能令衆生으로 乃至入於一切智智어니와 餘智光明은 無能如是니
佛子여 譬如摩醯首羅天王光明이 能令衆生으로 身心淸凉일세 一切光明의 所不能及인달하야 此地菩薩의 智慧光明도 亦復如是하야 能令衆生으로 皆得淸凉하며 乃至住於一切智智일세 一切聲聞辟支佛과 乃至第九地菩薩의

智慧光明이 悉不能及이니라

불자여! 이 보살이 이런 지혜에 머물 적에,

여래의 몸의 업, 말의 업, 뜻의 업과 다르지 않지만, 보살의 모든 삼매의 힘을 버리지 않으며,

수없는 겁 동안 일체 부처님을 받들어 섬기고 공양하여, 하나하나 겁마다 일체 공양거리로 공양하였으며,

일체 모든 부처님의 신통력 가피로 지혜 광명이 더욱 증장하고 훌륭하여,

법계에서 묻고 논란하는 바를 잘 해석하여 백천 억 겁에 그 누구도 그를 굴복시킬 자가 없다.

불자여! 마치 금장이가 최상의 진금으로 장신구를 만들면서 큰 마니주를 사이사이 박아, 자재천왕이 몸소 입고 쓰면, 다른 천인들의 장엄거리로는 미칠 수 없는 것처럼, 이 법운지의 보살 또한 그와 같다. 초지로부터 제9 선혜지에 이르기까지 일체 보살의 지혜와 행으로는 도저히 미칠 수 없다.

이 법운지 보살의 지혜 광명은 중생으로 하여금 내지 일체 지혜의 지혜에 들어가게 하지만, 다른 지혜의 광명으로는 도저히 이와 같을 수 없다.

불자여! 마치 마혜수라천왕의 광명은 중생으로 하여금 몸과 마음을 청량하게 하기에 일체 광명으로는 미칠 수 없는 것처럼, 이 법운지 보살의 지혜 광명도 그와 같아 중생으로 하여금 모든 청량함을 얻게 하며, 내지 일체 지혜의 지혜에 머물게 하기에, 일체 성

문이나 벽지불 내지 제9 선혜지 보살의 지혜 광명으로는 모두 미칠 수 없다.

● 疏 ●

於中에 亦有三果하니

今初는 調柔果라

中五니

一은 調柔行이오

二 '此地菩薩智慧' 下는 敎智淨이오

三 '佛子此菩薩已能安住' 下는 勝過自在오

四 '此菩薩十波羅密' 下는 別地行相이오

五 '佛子是名' 下는 總結地名이라

五中에 前二는 合爲說法令喜니 可知니라

　　이 부분 또한 3가지 결과가 있다.

　　이의 첫째는 조련과 부드러움의 결과이다.

　　여기에는 5가지가 있다.

　　① 조련과 부드러움의 행이며,

　　② '此地菩薩智慧' 이하는 교도의 지혜가 청정함이며,

　　③ '佛子此菩薩已能安住' 이하는 더욱 뛰어나게 자재함이며,

　　④ '此菩薩十波羅密' 이하는 제10 법운지의 행상을 개별로 말함이며,

　　⑤ '佛子是名' 이하는 제10 법운지의 명칭을 총체로 끝맺음이다.

5가지 가운데 앞의 2가지[調柔行, 教智淨]를 하나로 합하여, 설법으로 중생에게 기쁨을 주다. 이는 말하지 않아도 알 수 있다.

經

佛子여 此菩薩摩訶薩이 已能安住如是智慧일세
諸佛世尊이 復更爲說三世智와 法界差別智와 徧一切世界智와 照一切世界智와 慈念一切衆生智하시나니
擧要言之인댄 乃至爲說得一切智智니라

불자여! 이 보살마하살이 이미 이와 같은 지혜에 안주할 적에, 여러 부처님 세존이 또다시 중생을 위하여 삼세의 지혜, 법계의 각기 다른 지혜, 일체 세계를 두루 아는 지혜, 일체 세계를 비추는 지혜, 일체중생을 사랑으로 생각하는 지혜를 말해주었다.

요체를 들어 말하면, 일체 지혜의 지혜를 얻는 것까지 말해주었다.

◉ 疏 ◉

後三과 及餘二果는 俱名大勝이니 顯義多含일세 故論連前勢하야 爲果已定이라하야 更不重言하니라
就大勝中하야 初三은 明神通勝이오 二攝報中에 得十不可說等은 名算數勝이니 此二種事가 勝一切地일세 故名大勝이라 偏擧此二者는 以是神通有上無上門中에 明故니라
就前三中하야 先은 明勝過自在라

於中에 三이니 初는 牒前이오 次'諸佛'下는 別顯이오 後'擧要'下는 總結이라

別中에 五句爲三이니

初句는 卽能斷疑行이니 謂令通達三世之中에 所有道義故오

二 一句는 速疾神通行이니 聞說如來의 秘密法界故오

三'餘三句'等은 作助行이니 謂以平等三道로 助通化益故니라

於中에 初句는 作淨佛國土平等化니 卽是助道오

次句는 作法明平等化니 謂敎智化오

後句는 作正覺平等化니 謂慈念으로 令得證知故니라 故論經云 令一切衆生으로 得證法故라하니라

뒤의 3가지[勝過自在, 別地行相, 總結地名]와 나머지 2가지 결과[攝報果, 願智果]는 모두 '크게 뛰어남'이라 말한다. 많은 뜻을 함축하고 있음을 밝힌 까닭에 논에서는 앞의 문장과 연결 지어 결과가 이미 결정되어 있다고 하여, 다시 거듭 말하지 않았다.

'크게 뛰어난' 부분에 앞의 3가지[勝果自在, 別地行相, 總結地名]는 신통이 뛰어남을 밝혔고,

攝報果, 願智果 가운데 10가지의 '말할 수 없는[不可說]' 등을 얻은 것은 '수효의 계산으로 뛰어남'이라 말한다. 이 2가지의 일[神通勝, 算數勝]이 모든 地보다 뛰어나므로 '크게 뛰어남'이라 말한다. 유독 이 2가지만을 들어 말한 것은 '신통력이 위가 있음과 위가 없음'을 법문에서 밝혔기 때문이다.

앞의 3가지 부분에 입각하여 앞에서 훨씬 뛰어남이 자재함을

밝혔다.

이의 경문은 3단락이다.

① 앞의 문장을 이어 말하였고,

② '諸佛' 이하는 개별로 밝혔으며,

③ '擧要' 이하는 총괄하여 끝맺었다.

'② 개별로 밝힌 부분'에 5구는 3부분으로 나뉜다.

㉠ 제1구[復更爲說三世智]는 의심을 끊어주는 행이다. 삼세의 가운데 소유한 도의 이치를 통달하도록 함을 말하였기 때문이다.

㉡ 제2구[法界差別智]는 빠르고 빠른 신통의 행이다. 여래의 비밀스러운 법계에 대해 설법을 들었기 때문이다.

㉢ 나머지 3구 등은 도움이 되는 행이다. 평등한 3가지 도로써 신통을 도와 교화에 이익이 되기 때문이다.

그 가운데 첫 구절[徧一切世界智]은 불국토를 청정케 하여 평등하게 교화함이다. 이는 助道菩提分法이다.

다음 구절[照一切世界智]은 법의 광명으로 평등하게 교화함이다. 敎道의 지혜로 교화함을 말한다.

뒤 구절[慈念一切衆生智]은 바른 깨달음으로 평등하게 교화함이다. 자비의 생각으로 증득하여 알게 하기 위함이다. 이 때문에 논경에서, "일체중생으로 하여금 법을 증득하도록 하기 위함이다."고 하였다.

此菩薩이 十波羅蜜中에 智波羅蜜이 最爲增上이언정 餘波羅蜜을 非不修行이니라

佛子여 是名略說菩薩摩訶薩의 第十法雲地니 若廣說者인댄 假使無量阿僧祇劫이라도 亦不能盡이니라

佛子여 菩薩이 住此地에 多作摩醯首羅天王하야 於法自在하야 能授衆生聲聞獨覺一切菩薩波羅蜜行하며 於法界中에 所有問難이 無能屈者하며 布施愛語利行同事하나니

如是一切諸所作業이 皆不離念佛하며 乃至不離念具足一切種과 一切智智니라

復作是念호대 我當於一切衆生에 爲首며 爲勝이며 乃至爲一切智智依止者라하나니 若勤加精進하면 於一念頃에 得十不可說百千億那由他佛刹微塵數三昧하며 乃至示現爾所微塵數菩薩로 以爲眷屬이니라

若以菩薩殊勝願力으로 自在示現인댄 過於此數니

所謂若修行과 若莊嚴과 若信解와 若所作과 若身과 若語와 若光明과 若諸根과 若神變과 若音聲과 若行處를 乃至百千億那由他劫에도 不能數知니라

　이 보살이 십바라밀 가운데 지혜바라밀이 가장 더욱 뛰어나다는 것이지, 나머지 바라밀을 닦지 않은 것은 아니다.

　불자여! 이를 '보살마하살의 제10 법운지를 간추려 말한 부분'

이라고 말한다. 만약 이를 자세히 말하려 하면, 한량없는 아승기겁을 지날지라도 또한 모두 말할 수 없다.

불자여! 보살이 이 법운지에 머물 적에 흔히 마헤수라천의 천왕이 되어, 법에 자재하여 중생과 성문과 독각에게 일체 보살의 바라밀행을 전수하며, 법계 가운데 묻거나 논란하는 이가 있을지라도 물러서거나 굴복하는 일이 없으며, 보시하고 사랑스러운 말을 하고 이익되는 행을 하고 일을 함께하도록 하였다.

이처럼 일체 모든 일마다 모두 부처님을 생각한 데서 떠난 적이 없으며, 내지 가지가지 지혜와 일체 지혜의 지혜를 두루 원만히 하려는 생각에서 떠난 적이 없다.

또 이런 생각을 하였다.

'나는 당연히 일체중생 가운데, 머리가 되고 나은 이가 되며, 내지 일체 지혜의 지혜에 의지한 자가 될 것이다.'

만약 부지런히 정진하면 한 생각의 찰나에 열 개의 말할 수 없는 백천 억 나유타 부처님 세계의 미진수 삼매를 얻고, 내지 열 개의 말할 수 없는 백천 억 나유타 부처님 세계의 미진수의 보살로 권속을 삼을 것이다.

만약 보살의 훌륭한 원력으로 자재하게 나타내면, 이 수효보다 훨씬 뛰어나다.

이른바 수행, 장엄, 신심, 이해, 하는 일, 신체, 언어, 광명, 여러 감각기관, 신통 변화, 음성, 행하는 곳을 백천 억 나유타 겁에도 그 수를 헤아려 알지 못할 것이다.

● 疏 ●

餘別地結名과 及算數等은 竝可知니라

　나머지는 제10 법운지를 개별로 그 명제를 끝맺음과 수효로 헤아림 등 아울러 모두 말하지 않아도 알 수 있다.

第六 神通力有上無上分 竟하다

　6. 신통력이 위가 있거나 위가 없는 부분을 끝마치다.

━

大文第七 地影像分
於中에 四喩니 謂池와 山과 海와 珠로 喩四功德이라
前二는 是阿含德이오 後二는 證德이라
前中에 池는 喩修行功德이니 卽諸地中에 起修之行이라
二는 山喩上勝功德이니 卽依修成德이니 德位高出故니라
三은 海喩難度能度大果功德이니 卽修所成德으로 能至大果故니 謂大海難度어늘 十德皆徧일세 故名能度오 大海難成이어늘 由攬十德하야 能成智海일세 故云大果니 此釋은 法喩兼含矣니라
四는 珠喩轉盡堅固功德이니 謂從初地로 轉至法雲하면 障盡證堅故니라
又十地에 有三하니
一은 是修地니 因前果後故로 初二喩로 顯之오
二는 是成地니 隨分修成이 卽是佛智라 故珠喩顯之오
三은 是法地니 就佛智法하야 開之爲十故로 海喩顯之니 以後一이

融前二하야無有障礙니라【鈔_ '又十地有三'者는 修顯分別이니 以'修·成·法'三으로 而收四喩하니 前二는 是修故며 亦卽是敎오 次一은 是成이니 亦順於證이오 '三是法地'는 順佛果海일새 故以海喩로 融前二也라 前二는 卽是修成이니 含池山珠之三喩也니라】

7. 십지 전체의 영상 부분

이 부분에는 4가지 비유가 있다. 연못, 산, 바다, 구슬로써 4가지 공덕으로 비유하였다.

앞의 연못과 산 2가지는 아함의 공덕이며,

뒤의 바다와 구슬 2가지는 증도의 공덕이다.

(1) 연못은 수행 공덕에 비유하였다. 여러 地 가운데 수행을 시작하는 행이다.

(2) 산은 가장 뛰어난 공덕을 비유하였다. 수행에 의하여 공덕을 성취함이다. 공덕의 지위가 드높고 특출하기 때문이다.

(3) 바다는 제도하기 어려움을 잘 제도하는 큰 과덕의 공덕에 비유하였다. 수행으로 이뤄진 공덕으로 큰 결과에 이를 수 있기 때문이다. 큰 바다는 건너기 어렵지만 10가지 공덕을 모두 두루 갖췄기에 잘 제도했다고 말하였고, 큰 바다는 이루기 어렵지만 10가지 공덕을 지님으로 인해서 지혜의 바다를 이룰 수 있기에 '大果'라 말하였다. 이의 해석에는 법과 비유를 겸하고 포함하고 있다.

(4) 구슬은 점차 견고함을 다하는 공덕에 비유하였다. 초지로부터 점차 법운지에 이르면 장애가 다하고 증득함이 견고해지기 때문이다.

또한 제10 법운지에서는 3가지 비유로 밝히고 있다.

첫째, 수행하는 지위[修地]이다. 원인은 앞이고, 결과는 뒤이기 때문에 앞에서 연못과 산의 비유로 이를 밝혔다.

둘째, 성취하는 지위[成地]이다. 분수를 따라 수행을 성취함이 곧 부처님의 지혜이다. 이 때문에 구슬의 비유로 이를 밝혔다.

셋째, 법의 지위[法地]이다. 부처님 지혜의 법을 나누면 10가지가 되기 때문에 바다의 비유로 이를 밝혔다.

뒤의 바다 비유로 앞의 첫째와 둘째의 비유를 융화하여 서로 장애가 없다.【초_"또한 제10 법운지에서는 3가지 비유로 밝히고 있다."고 말한 것은 수행으로 그 차이점을 밝힌 것이다. 修地·成地·法地 3가지로 4가지 비유를 정리한 것이다.

앞의 연못과 산 2가지 비유는 修地이자 또한 敎道이기 때문이다.

다음 구슬의 비유는 成地이자 또한 증도에 순응함이다.

'셋째, 법의 지위'는 佛果의 바다에 순응한 까닭에 바다의 비유로 앞의 2가지를 융화하였다.

'앞의 2가지'란 修地와 成地이다. 연못, 산, 구슬 3가지 비유를 포함하고 있다.】

又此四喻는 皆喻十地 與彼佛智로 非一非異니 無差別之差別이라 而旨趣各殊하니

初一은 喻始異終同이오

次山喻는 能所依別이니 所依之地는 則一이나 能依之山은 不同이니

此則無差之差라 上二喩는 有能所依오 下二喩는 直喩地智오 不立能所니라

三 海喩는 全一佛智之體로되 而十德不同이나 德非別物이오 又互相徧하야 不同於山하니 斯乃無差別之差別이며 差卽無差니라

四 珠喩는 唯是一珠가 前後之異며 唯一智體가 前後增明이니 喩雖無差別이나 不礙差別이니라【鈔_ 初一下는 二別顯이라 池非是海일새 故云始異오 入海에 卽池之水일새 故云終同이라 同異先後 卽始差別이나 終無差也니라

'二山喩'는 一佛智地 出十地山일새 故云無差之差니라

'上二下'는 結前生後니라

'三海'는 則因果交徹이오

'四珠'는 雖一이나 證智는 不礙分十이니라】

또한 이런 4가지 비유는 모두 제10 법운지가 저 부처님의 지혜와 하나인 것도 아니요, 다른 것도 아님을 비유하였다. 이는 차별이 없는 차별이다. 그러나 그 뜻은 각기 다르다.

(1) 연못의 비유는 처음에는 다르지만 끝에는 같음을 비유하였다.

(2) 산의 비유는 의지하는 주체와 대상이 다름을 비유하였다. 의지의 대상인 법운지는 하나이지만, 의지의 주체인 산은 같지 않다. 이는 차별이 없는 차별이다.

위의 2가지 비유는 의지의 주체와 대상을 말하고, 아래의 바다와 구슬 2가지 비유는 직접 제10 법운지의 지혜에 비유할 뿐, 주체

와 대상을 세우지 않았다.

(3) 바다의 비유는 전체가 하나의 부처님 지혜의 체성이지만, 10가지 공덕이 똑같지 않다. 하지만 10가지 공덕이 별개의 존재가 아니다. 또한 서로서로 두루 원융하여 산처럼 각기 서 있는 것과는 다르다. 이는 곧 차별이 없는 차별이며, 차별 그 자체가 차별이 없는 것이다.

(4) 구슬의 비유는 오직 하나의 구슬이 앞과 뒤가 다르며, 오직 하나의 지혜 체성이 전후로 더욱 밝아지는 것이다. 이는 비록 차별이 없으나 차별에 걸리지 않음을 비유하였다.【초_ '(1) 연못의 비유' 이하는 두 번째 개별로 밝힘이다. 연못은 바다가 아니므로 '처음에는 다르다.'고 말하였고, 바다에 들어가면 연못의 물과 하나가 되므로 '끝에는 같다.'고 말하였다. 같거나 다르거나 앞과 뒤가 바로 처음에는 다르지만 끝에는 차이가 없다는 뜻이다.

'(2) 산의 비유'는 하나의 부처님 지혜 지위에서 열 지위의 산이 나오기에 '차별이 없는 차별'이라 말하였다.

'上二' 이하는 앞의 문장을 끝맺으면서 뒤의 문장을 일으키고 있다.

'(3) 바다의 비유'는 원인과 결과가 서로 통한다.

'(4) 구슬의 비유'는 비록 하나이지만 증득한 지혜는 10가지로 나뉘는 데에 구애되지 않는다.】

又初喻는 前後體別하야 前非是後나 而後包前이오
次喻는 前前이 非後後며 後後 非前前이나 而同依一體오

海喻는 前後 雖殊나 而前後相徧이오

珠喻는 前後一體나 而前前이 非後後오 後後는 必具前前이니라

初一은 卽是圓家漸이오 次喻는 圓中漸이오 珠喻는 卽是漸圓이오 海喻는 卽圓圓也니 四喻가 圓融이니라【鈔_ 初卽是下는 結歸圓融이라 此言은 自天台生호되 而小不同하니 彼處漸圓은 是漸教家圓이어니와 今一圓教의 行布之極耳니라 圓亦與彼不同하니 乃是初後圓融을 名圓圓이오 非是圓教圓滿을 名圓圓也라

是知上取相顯이면 前二는 喻教오 後二는 喻證이나 理實四喻 一一之中에 皆有教證이라 如珠喻中에 珠體는 卽證이오 治穿等은 教이며 池初四河는 是教오 入海는 爲證이라 故約非一인댄 皆是教道오 約非異義인댄 皆是證道니라 又非一非異에 二義不同은 卽是教道오 互融은 爲證이니 勿滯語言이어다】

또한 (1) 연못의 비유는 앞뒤의 체성이 달라서 앞은 뒤의 것이 될 수 없지만, 뒤는 앞의 부분을 포괄하고,

(2) 산의 비유는 앞의 앞으로 갈수록 뒤의 뒤는 아니고, 뒤의 뒤는 앞의 앞이 아니지만 모두 똑같이 하나의 체성에 의지하며,

(3) 바다의 비유는 앞뒤가 다르지만 앞뒤가 서로 두루 함께하고,

(4) 구슬의 비유는 앞뒤가 하나의 체성이지만, 앞의 앞으로 갈수록 뒤의 뒤는 아니고, 뒤의 뒤는 반드시 앞의 앞을 갖추고 있다.

(1) 연못의 비유는 圓教家의 漸修이고,

(2) 산의 비유는 圓教 중의 점수이며,

(4) 구슬의 비유는 漸教의 원융이고,

(3) 바다의 비유는 원융의 원융이다.

4가지 비유가 원융하다.【초_ '初一卽是' 이하는 원융으로 귀결된다. 이런 주장은 천태종에서 생겨난 것인데, 내용은 조금 다르다. 천태종에서 말한 漸圓은 漸敎家의 원융이지만, 여기에서 말한 하나의 원교에 行布門의 극처일 뿐이다. 원융 또한 천태종에서 말한 바와는 같지 않다. 여기서는 시작과 끝이 원융함을 '원융의 원융'이라 말한 것이지, 원교의 원만을 '원융의 원융'이라 말한 게 아니다.

이로써 다음과 같은 사실을 알 수 있다.

위에서 모양을 취하여 밝힌다면, 앞의 연못과 산 2가지는 敎道에, 뒤의 구슬과 바다 2가지는 證道에 비유하였지만, 이치는 실로 4가지 비유가 하나하나 가운데 모두 교도와 증도가 있다.

예컨대 구슬의 비유에서 구슬의 본체는 증도이고, 구슬을 연마하고 뚫는 등은 교도이며, 아나바탑다 연못[阿耨達池]에서 처음 흘러나온 4줄기의 강물은 교도이고, 바다에 들어감은 증도로 삼았다.

따라서 '하나가 아닌 것'으로 말하면 모두가 교도이고,

'다른 것도 아니다.'는 뜻으로 말하면 모두가 증도이며,

또한 '하나가 아니고 다른 것도 아니다.'는 뜻으로 말하면 2가지의 뜻이 같지 않음은 교도이고, 서로 원융한 것은 증도이다.

이처럼 말에 집착하는 일이 없어야 한다.】

上來所解는 在論雖無나 理必應爾니 若得斯旨하면 不疑十地差別等相하리라【鈔_ '上來所解'者는 唯除四喩로 喩四功德하고 餘皆

【疏意라 故云 在論雖無니라】

위에서 해석한 바는 논에 없는 말이지만, 이치는 반드시 그와 같다. 만약 이런 종지를 터득하면 10지의 각기 다른 모양 등을 의심하지 않을 것이다.【초_ "위에서 해석한 바"란 오직 4가지 비유로 4가지 공덕을 비유한 것이라는 말을 제외하곤, 나머지는 모두 청량소에서 말한 뜻이다. 이 때문에 "논에 없는 말이지만"이라고 말하였다.】

今初는 池니 喻修行功德이라

1) 연못의 비유

수행의 공덕을 비유하였다.

經

佛子여 此菩薩摩訶薩이 十地行相이 次第現前하면 則能趣入一切智智하나니 譬如阿耨達池에 出四大河하니 其河流注하야 徧閻浮提호되 旣無盡竭하고 復更增長하며 乃至入海하야 令其充滿인달하야

佛子여 菩薩도 亦爾하야 從菩提心으로 流出善根大願之水하야 以四攝法으로 充滿衆生호되 無有窮盡하고 復更增長하며 乃至入於一切智海하야 令其充滿이니라

불자여! 이 보살마하살은 십지의 행상이 차례로 앞에 나타나면 일체 지혜의 지혜에 들어갈 수 있다.

마치 아나바탑다[阿耨達: anāvatapta] 연못에서 4줄기의 큰 강물이

흘러내리는데, 그 강물이 남섬부주에 모두 흘러 들어와도 고갈되지 않고, 또한 더욱 불어나 바다에까지 들어가 바닷물을 가득 채워주는 것처럼, 불자여! 보살도 그와 같다.

보리심에서 선근의 큰 서원 강물이 흘러나와 사섭법[布施·愛語·利行·同事攝]으로 중생에게 가득 채워주지만 다함이 없고, 또한 더욱 불어나며, 일체 지혜의 바다까지 들어가 가득 채워주는 것이다.

● 疏 ●

修行德中에 有法·喩·合이라
法中에 始從歡喜로 終至法雲을 名次第行相이니 次第旣具면 則入智海니라
譬中에 四大河者는 面各出一故니 具如十定品이니라 而言大者는 阿含·婆沙에 云 '出二十河'라하니 以四河가 去池四十里에 各分爲四하니 幷本四하야 爲二十이라 今就本河일새 所以言大오 下云 '增長'은 攝餘十六이니라
合中에 菩提心은 合池오 流出善根等은 合四河니 依菩提心하야 修四攝行하야 自善增長故니라 準十定四河면 今文에 含具하니
一은 願智河니 卽大願之水오
二는 波羅密河오
三은 三昧河니 卽今善根이오
四는 大悲河니 卽以四攝法으로 充滿衆生故니라
言 '無有窮盡' 等者는 合上無盡竭이니 大願等이 皆無盡也니라

수행 공덕의 부분에 법과 비유와 종합이 있다.

(1) 법 부분에 제1 환희지로부터 제10 법운지까지를 '차례대로 수행하는 모양'이라 한다. 차례가 두루 갖춰지면 일체 지혜의 바다에 들어가게 된다.

(2) 비유 부분에 '4줄기의 큰 강물'이란 한 방면에서 각기 한 줄기씩 흘러나오기 때문이다. 이를 구체적으로 말하면 제27 십정품에서 말한 바와 같다. 하지만 '大[四大河]'라고 말한 것은 아함경과 대비바사론에서 "20줄기의 강물이 흘러나온다."고 하였다.

4줄기의 강물은 아나바탑다 연못의 40리 떨어진 곳에서 각기 4줄기로 나뉘면서 16줄기를 이룬다. 본래의 4줄기 강물과 아울러서 20줄기의 강물이 되었다. 여기에서는 본래의 4줄기 강물에 입각하여 '大河'라 말한다. 아래에서 말한 '增長'이란 나머지 16줄기의 강물을 모두 포괄한 표현이다.

(3) 종합 부분에서 말한 '보리심'은 연못에 종합하였고, '선근이 흘러나오는' 등은 4줄기의 강물에 종합하였다. 보리심에 의하여 사섭법의 행을 닦아서 자신의 선근이 더욱 커나갔기 때문이다.

제27 십정품에서 말한 '4줄기의 강물'에 준하면, 이의 경문에 모두 포괄하고 있다.

① 서원과 지혜의 강, 이는 큰 서원의 강물이다.

② 바라밀의 강,

③ 삼매의 강, 여기에서 말한 선근이다.

④ 대비의 강, 여기에서 말한 '사섭법으로 중생에게 가득 채워

주기' 때문이다.

'다함이 없음' 등은 위의 강물에서 말한 '모두 고갈되지 않음'에 종합하였다. 큰 서원 등이 모두 끝이 없다.

第二山
喩上勝功德이라

2) 산의 비유
가장 뛰어난 공덕을 비유하였다.

經

佛子여 菩薩十地 因佛智故로 而有差別이

불자여! 보살의 열 가지 지는 부처님의 지혜로 인하여 차별이 있는 바,

● 疏 ●

上勝功德中에 有四하니
初는 總擧於法이오
次如因'下는 總顯於喩오
三'佛子如雪山'下는 法喩對顯이오
四'佛子此十寶'下는 總結法喩라
今初에 言因佛智者는 爲修平等佛智하야 而起諸行이나 修旣未窮

일세 故隨十地之行하야 各一增上하니 斯乃爲修無差而成於差언정 以本統末에 非全隔越이니라

가장 뛰어난 공덕에는 4가지가 있다.
(1) 총체로 법을 들어 말하였고,
(2) '如因' 이하는 총체로 비유를 들어 밝혔으며,
(3) '佛子如雪山' 이하는 법과 비유를 상대로 밝혔고,
(4) '佛子此十寶' 이하는 법과 비유를 총괄하여 끝맺었다.

'(1) 총체로 법을 들어 말한 부분'에서 "부처님의 지혜로 인하여"라 말한 것은 평등한 부처님 지혜를 닦기 위해 모든 행을 일으키지만, 수행이 아직 끝나지 않았으므로 십지의 행을 따라서 각기 한 階位씩 위로 올라갔다.

이는 차별이 없는 법을 닦아 각기 다른 계위의 차별을 이뤄나 갈지언정, 근본으로 지말을 거느림에 있어 전체를 건너뛰는 것은 아니다.

經

如因大地하야 有十山王하니
何等이 爲十고
所謂雪山王과 香山王과 鞞陀黎山王과 神仙山王과 由乾陀山王과 馬耳山王과 尼民陀羅山王과 斫羯羅山王과 計都末底山王과 須彌盧山王이라

마치 땅으로 인하여 열 곳의 큰 산이 있는 것과 같다.

무엇이 열 곳의 큰 산인가?

이른바 설산, 향산, 비다아라산, 신선산, 유건다라산, 마이산, 니민다라산, 작갈라산, 게두마티산, 수미산이다.

◉ 疏 ◉

'第二 總顯於喩'는 喩意 可知로다

鞞陀黎者는 此云種種持오

由乾陀는 此云雙持니 廻文하면 卽云持雙也라

尼民陀羅는 此云持邊이오

斫迦羅는 此曰輪圍오

計都末底는 此云幢慧니라【鈔_ '第二 總以喩顯'이나 然此十山이 與俱舍論으로 多同小異하니 彼偈云 '蘇迷盧 處中하고 次喩健達羅와 伊沙陀羅山과 揭地落迦山과 蘇達梨舍那와 頞濕嚩羯拏와 毘那怛迦山과 尼民達羅山이오 於大洲等外에 有鐵輪圍山이라 前七金所成이오 蘇迷盧는 四寶'라하니라

釋於梵名은 如升須彌山頂品이라 然須彌處中하고 次七金繞오 輪圍는 第九라 今有十山호되 爲次又別은 爲順十地하야 所出異故니라 一은 雪이오 二 香은 俱舍九中에 所無오

三. 鞞陀梨의 陀梨는 亦云跋羅라 下偈에 復云毘陀는 則正當第三 依沙陀羅니 此云持軸이라 與種種持義로 亦大同하니라

四 神仙은 應是第五蘇達梨舍那니 此云善見이니 以仙居故니라

五 由乾陀羅는 卽第二持雙이라

六 馬耳는 全同第六頞濕縛羯拏오

七 尼民陀羅는 全同第八이니 彼却無翻이라 但約其形하야 名爲魚嘴니라

八 斫羯羅는 同彼第九오

九 計都末底는 義同揭地落迦니 彼亦無翻이오 但說其相이라 故論經에 名衆相山이라하니라

十 蘇迷盧는 全同第一이라 旣加香雪하니 應除象鼻라 三藏楚夏가 旣各不同하고 言辭輕重하니 難爲剋定이로다】

'(2) 총체로 비유를 들어 밝힌 부분'의 비유에 담긴 의미는 설명하지 않아도 알 수 있다.

비다아라산이란 중국에서는 '가지가지를 지님'이라는 뜻이다.

유건다라산이란 '雙持'라는 뜻이다. 문장을 뒤바꾸면 '2가지를 지님[持雙]'이 된다.

니민다라산이란 '끝까지 지님'이라는 뜻이다.

작갈라산이란 '바퀴로 에워쌈'이라는 뜻이다.

게두마티산이란 '깃대 같은 지혜'라는 뜻이다.【초_ '(2) 총체로 비유를 들어 밝힌 부분'이나, 그러나 10곳의 산이 구사론에서 말한 바와 대부분 같지만 조금은 다르다.

구사론의 게송에서 말하였다.

"소미로산[妙高]은 가운데 있고 다음은 유건다라산[持雙]이며,

이사타라산[持軸]과 갈지락가산[檐木]이며,

소달리사나산[善見]과 알습박갈라산[馬耳]이며,

비나담가산[象鼻]과 니민다라산[魚觜]이며,

사대주 밖에는 철위산이 있다.

앞의 7곳 산은 황금으로 이뤄져 있고, 소미로는 4가지 보배로 이뤄졌다."

범어 명칭에 대한 해석은 제13 승수미산정품에서 말한 바와 같다. 그러나 수미산이 가운데 있고 다음 七金山이 에워싸고 있으며, 철위산은 아홉째이다. 여기에서는 10곳의 산이 있는데 차례가 또한 다른 것은 십지에 따라서 나타내는 바가 다르기 때문이다.

① 설산, ② 향산은 구사론에서 말한 9곳의 산에는 그 이름이 빠져 있다.

③ 鞞陀梨의 陀梨는 또한 馱蘿라고도 한다. 아래 게송에서 또한 '毘陀'라 한 것은 바로 제3 이사타라(Isadhara)에 해당한다. 중국에서는 '수레의 축 모양의 산[持軸山]'이라는 뜻이다. 가지가지를 지녔다는 뜻과 또한 대략은 같다.

④ 신선산은 당연히 제5 소달리사나(Sudarsana)이다. 이는 '선지식을 볼 수 있는 곳[善見]'이라는 뜻이다. 신선이 살기 때문이다.

⑤ 유건다라(Yugandhara)는 제2 持雙山이다.

⑥ 마이산은 제6 알습박갈라(Asvakarna)와 완전히 같다.

⑦ 니민다라(Nemindhara)는 제8 魚觜와 완전히 같다. 그에 대해서는 중국어의 번역이 없다. 다만 그 산의 모습에 따라 '물고기 입의 모양[魚觜]'이라 말하였다.

⑧ 작갈라(Cakravada)는 제9 철위산과 같다.

⑨ 게두마티(Ketumati)는 뜻으로 말하면 갈지락가(Khadiraka)와 같다. 그에 대해서는 중국어의 번역이 없다. 다만 그 산의 모습에 따라 말했을 뿐이다. 이 때문에 논경에서 '여러 모양을 가진 산'이라 하였다.

⑩ 소미로(Sumeru-parvata)는 제1과 완전히 같다.

여기에서 향산과 설산을 첨가하여 말했으니, 당연히 象鼻山(Vinataka)은 제외되어야 한다.

삼장과 범어와 중국어가 각기 다르고 언어의 음조에 輕音과 重音의 차이가 있기에, 이를 확정하기는 어렵다.】

經

佛子여 如雪山王에 一切藥草 咸在其中하야 取不可盡인달하야 菩薩所住歡喜地도 亦復如是하야 一切世間經書技藝文頌呪術이 咸在其中하야 說不可盡이니라

佛子여 如香山王에 一切諸香이 咸集其中하야 取不可盡인달하야 菩薩所住離垢地도 亦復如是하야 一切菩薩의 戒行威儀 咸在其中하야 說不可盡이니라

佛子여 如鞞陀黎山王이 純寶所成이라 一切衆寶 咸在其中하야 取不可盡인달하야 菩薩所住發光地도 亦復如是하야 一切世間禪定神通解脫三昧三摩鉢底 咸在其中하야 說不可盡이니라

佛子여 如神仙山王이 純寶所成이라 五通神仙이 咸住其

中하야 無有窮盡인달하야 菩薩所住焰慧地도 亦復如是하
야 一切道中殊勝智慧 咸在其中하야 說不可盡이니라
佛子여 如由乾陀羅山王이 純寶所成이라 夜叉大神이 咸
住其中하야 無有窮盡인달하야 菩薩所住難勝地도 亦復如
是하야 一切自在如意神通이 咸在其中하야 說不可盡이니라
佛子여 如馬耳山王이 純寶所成이라 一切諸果 咸在其中
하야 取不可盡인달하야 菩薩所住現前地도 亦復如是하야
入緣起理한 聲聞果證이 咸在其中하야 說不可盡이니라
如尼民陀羅山王이 純寶所成이라 大力龍神이 咸住其中
하야 無有窮盡인달하야 菩薩所住遠行地도 亦復如是하야
方便智慧獨覺果證이 咸在其中하야 說不可盡이니라
如斫羯羅山王이 純寶所成이라 諸自在衆이 咸住其中하야
無有窮盡인달하야 菩薩所住不動地도 亦復如是하야 一切
菩薩의 自在行差別世界 咸在其中하야 說不可盡이니라
如計都山王이 純寶所成이라 大威德阿修羅王이 咸住其
中하야 無有窮盡인달하야 菩薩所住善慧地도 亦復如是하
야 一切世間生滅智行이 咸在其中하야 說不可盡이니라
如須彌盧山王이 純寶所成이라 大威德諸天이 咸住其中
하야 無有窮盡인달하야 菩薩所住法雲地도 亦復如是하야
如來力無畏不共法 一切佛事가 咸在其中하야 問答宣說
이라도 不可窮盡이니라

불자여! 마치 설산에 일체 모든 약초가 그 산중에 있어 아무리

채취해도 다하지 않는 것처럼, 보살이 머문 제1 환희지도 그와 같다. 일체 세간의 경전, 기예, 문장, 게송, 주술이 모두 그 가운데 있어 말로 다할 수 없다.

불자여! 마치 향산은 일체 모든 향이 그 산중에 있어 아무리 가져와도 다하지 않는 것처럼, 보살이 머문 제2 이구지도 그와 같다. 모든 보살의 계행과 위의가 모두 그 가운데 있어 말로 다할 수 없다.

불자여! 마치 비다아라산이 순전히 보배로 이뤄진 산이라, 일체 수많은 보배가 모두 그 산중에 있어 아무리 취하여도 다하지 않는 것처럼, 보살이 머문 제3 발광지도 그와 같다. 모든 세간의 선정, 신통, 해탈, 삼매, 삼마발저가 모두 그 가운데 있어 말로 다할 수 없다.

불자여! 마치 신선산은 순전히 보배로 이뤄진 산이라, 5가지 신통을 얻은 신선들이 모두 그 산중에 있어 다함이 없는 것처럼, 보살이 머문 제4 염혜지도 그와 같다. 일체 모든 도의 수승한 지혜가 모두 그 가운데 있어 말로 다할 수 없다.

불자여! 마치 유건다라산은 순전히 보배로 이뤄진 산이라, 야차신들이 모두 그 산중에 있어 다함이 없는 것처럼, 보살이 머문 제5 난승지도 그와 같다. 일체 자재하고 뜻대로 되는 신통이 모두 그 가운데 있어 말로 다할 수 없다.

불자여! 마치 마이산은 순전히 보배로 이뤄진 산이라, 일체 모든 과일이 그 산중에 있어 아무리 취하여도 다하지 않는 것처럼, 보살이 머문 제6 현전지도 그와 같다. 12연기의 이치에 들어가 성문과를 증득하는 일이 모두 그 가운데 있어 말로 다할 수 없다.

마치 니민다라산은 순전히 보배로 이뤄진 산이라, 힘이 센 용왕신들이 모두 그 산중에 있어 다함이 없는 것처럼, 보살이 머문 제7 원행지도 그와 같다. 방편 지혜로 독각의 과를 증득하는 일이 모두 그 가운데 있어 말로 다할 수 없다.

마치 작갈라산은 순전히 보배로 이뤄진 산이라, 수많은 자재한 대중이 모두 그 산중에 있어 다함이 없는 것처럼, 보살이 머문 제8 부동지도 그와 같다. 모든 보살의 자재한 행의 각기 다른 세계가 모두 그 가운데 있어 말로 다할 수 없다.

마치 게두마티산은 순전히 보배로 이뤄진 산이라, 큰 위덕 있는 아수라왕이 모두 그 산중에 있어 다함이 없는 것처럼, 보살이 머문 제9 선혜지도 그와 같다. 일체 세간의 생겨나고 사라지는 지혜의 행이 모두 그 가운데 있어 말로 다할 수 없다.

마치 수미산은 순전히 보배로 이뤄진 산이라, 큰 위덕 있는 하늘들이 모두 그 산중에 있어 다함이 없는 것처럼, 보살이 머문 제10 법운지도 그와 같다. 여래의 열 가지 힘, 두려움 없는 마음, 그 누구도 함께할 수 없는 일체 부처님의 일들이 모두 그 가운데 있어 묻고 답하고 설법할지라도 다할 수 없다.

● 疏 ●

'第三 法喻對顯'中에 語其山體인맨 前二는 土山이오 餘八은 是寶라 故論云 '是中에 純淨諸寶山을 喻八種地'라하니라

三地世間을 云何言淨고 論云 厭地善淸淨故라하니 謂能修善하야
厭伏煩惱일세 亦得爲淨이니 喩以寶山이니라
若語山中所有인댄 卽明이 各有增上義也니
初地는 聖智法藥이오
二地는 戒香이오
三地는 禪等이 可貴如寶오
四地는 出世如仙이오
五地는 善巧自在 如夜叉오
六地는 以五地에 修四諦因이 相同聲聞하야 未能出彼나 六地는 超
彼하야 成果無盡이오
七地는 方便善巧가 如彼龍神하야 超前緣起之因일세 名緣覺果오
八地는 無功用心自在故니 此自在衆은 卽是密迹諸神이라
九地는 善巧攝生이 大力相故오
十地는 佛德如天하야 已淳淨故니라

'(3) 법과 비유를 상대로 밝힌 부분'에 있어 그 산의 자체를 말하면 앞의 설산과 향산 2곳은 흙으로 이뤄진 산이고, 나머지 8곳의 산은 보배로 이뤄졌다. 이 때문에 논에서, "순수하고 청정한 보배로 이뤄진 여러 산을 8가지 地에 비유하였다."고 말하였다.

"3地의 세간을 어떻게 청정하다고 말하는가?"

논에서 말하였다.

"만족스럽게 조복한 지위의 선근이 청정하기 때문이다."

이는 선근을 잘 닦아서 번뇌를 만족스럽게 조복하였으므로 또

한 청정해진 것이다. 따라서 이를 보배로 이뤄진 산에 비유하였다.

만약 산에 있는 물건으로 말하면, 지혜 광명이 각기 더욱 커나 간다는 뜻이 있다.

제1 환희지는 성인 지혜의 법의 약이고,

제2 이구지는 계행의 향기이며,

제3 발광지는 선정 등의 고귀함이 보배와 같고,

제4 염혜지는 신선처럼 세간을 벗어났으며,

제5 난승지는 방편의 자재가 야차와 같고,

제6 현전지는 위의 다섯 지위에서 四聖諦의 인행을 닦음이 성문과 같아서 사성제에서 벗어나지 못했지만, 제6지는 사성제를 초월하여 성취한 과덕이 그지없으며,

제7 원행지는 방편의 뛰어남이 저 龍神과 같아서 앞의 12연기의 인행을 초월하므로 연각의 果位라 말하고,

제8 부동지는 하는 일이 없는 마음이 자재하기 때문이다. 이처럼 자재한 대중은 바로 빠르고 은밀한[密迹] 신이다.

제9 선혜지는 뛰어난 방편으로 중생을 받아들임이 큰 힘의 모양이기 때문이며,

제10 법운지는 부처님의 공덕이 하늘과 같아서 이미 순수하고 청정하기 때문이다.

經

佛子여 此十寶山王이 同在大海호되 差別得名이니 菩薩

十地도 亦復如是하야 **同在一切智中**호되 **差別得名**이니라

불자여! 이 열 곳의 보배 산이 모두 바다에 솟아 있지만 각기 다른 이름을 가지고 있다.

보살의 열 가지 지위 또한 그와 같다. 모두 일체 지혜의 가운데 있으면서도 각기 다른 이름을 가지고 있다.

● 疏 ●

'第四 總結法喩'는 卽結成本意라

本意에 有二하니

一은 旣同一智海하야 得差別名하니 則差非差也로다

二는 互相顯義니 謂彼十大山이 因海하야 得高勝名이니 若在餘處하면 不足爲高故니라 大海도 亦因大山하야 得深廣名하니 含斯大義故니라

十地도 亦爾라 因修佛智일새 故得高勝이오 佛智도 亦因十地所不能窮하야 方顯深廣故니라

論云 因果相顯이라하니 前言依地는 卽一切智地 生長住持故오 此言依海는 卽一切智海 由深廣故니라 以山依二處며 法含二義일새 故更顯之니라

又地則但依오 海兼明入故니 一一山이 皆深入大海오 一一地智 皆入佛智니라

又 一一山下에 皆有於地오 則一一地中에 皆有佛地니라

又山이 在海인댄 海則非山이어니와 山若依地인댄 山卽是地니 法合에

是顯非一異議라 思之니라

又山出海上에 高下等殊어니와 若入海中에 量皆齊等인달하야 十地
敎行은 則優劣懸差어니와 若證如入智에는 量皆平等이니라

'(4) 법과 비유를 총괄하여 끝맺은 부분'은 본론의 의미를 끝맺음이다.

본론의 의미에는 2가지가 있다.

① 이미 똑같은 지혜의 바다로 각기 다른 이름이 붙여진 것이다. 이는 '차별이 아닌 차별[差非差]'이다.

② 서로서로 그 의미를 밝히고 있다. 저 10곳의 큰 산이 바다로 인하여 높고 뛰어나다는 명칭을 얻은 것이다. 만약 다른 곳에 있었다면 높은 산이 되지 못했을 것이기 때문이다. 큰 바다 또한 큰 산으로 인해서 깊고 넓다는 이름을 얻었다. 이처럼 크다는 의미를 포함하고 있기 때문이다.

십지도 또한 그와 같다. 부처님의 지혜를 닦음으로 인해서 높고 뛰어남을 얻게 되었고, 부처님의 지혜 또한 십지의 그지없는 바로 인해서 비로소 깊고 드넓음이 나타나기 때문이다.

논에서는, "인과가 서로 나타난다."고 하였다. 앞에서 말한 '땅에 의지한다.'는 것은 곧 일체 지혜의 땅에서 태어나고 커나가고 머물기 때문이며, 여기에서 말한 '바다에 의지한다.'는 것은 일체 지혜의 바다가 깊고 드넓음을 연유하기 때문이다. 산은 두 곳에 의지하고, 법은 2가지 이치를 포함하고 있으므로 서로 이를 밝힌 것이다.

또한 땅은 의지하는 것만을 말하고, 바다는 겸하여 들어감을 밝혔기 때문이다. 하나하나의 산마다 모두 큰 바다에 깊이 들어가고, 십지의 하나하나 지혜가 모두 부처님의 지혜에 들어갔다.

또한 하나하나의 산 아래에 모두 땅이 있고, 하나하나의 땅에는 모두 부처님의 경지가 있다.

또한 산이 바다에 있다면 바다는 산이 아니지만, 산이 땅에 의지한다면 산이 곧 땅이다. 법과 종합 부분에서는 하나인 것도 다른 것도 아니라는 의론을 밝히고 있으니, 이러한 점을 잘 생각해야 한다.

또한 산이 바다에서 나왔다면 높고 낮음이 모두 다르겠지만, 산이 바다에 들어갈 경우에는 그 분량이 모두 같은 것처럼, 십지의 교법 수행에는 우열의 차이가 현격하지만, 진여를 증득하여 지혜에 들어가면 그 분량이 모두 평등할 것이다.

第三 大海十相으로 明難度能度大果功德이라

3) 큰 바다의 10가지 모양의 비유

이는 제도하기 어려움을 잘 제도하는 大果 공덕을 밝혔다.

經

佛子여 譬如大海 以十種相으로 得大海名하야 不可移奪이니

何等이 爲十고
一은 次第漸深이오
二는 不受死屍오
三은 餘水入中에 皆失本名이오
四는 普同一味오
五는 無量珍寶오
六은 無能至底오
七은 廣大無量이오
八은 大身所居오
九는 潮不過限이오
十은 普受大雨호되 無有盈溢인달하야
菩薩行도 亦復如是하야 以十相故로 名菩薩行이라 不可移奪이니
何等이 爲十고
所謂歡喜地는 出生大願하야 漸次深故며
離垢地는 不受一切破戒屍故며
發光地는 捨離世間假名字故며
焰慧地는 與佛功德으로 同一味故며
難勝地는 出生無量方便神通과 世間所作衆珍寶故며
現前地는 觀察緣生甚深理故며
遠行地는 廣大覺慧로 善觀察故며
不動地는 示現廣大莊嚴事故며

善慧地는 得深解脫하야 行於世間호되 如實而知하야 不過限故며

法雲地는 能受一切諸佛如來의 大法明雨호되 無厭足故니라

불자여! 마치 큰 바다는 열 가지 모양으로 큰 바다라는 이름을 얻어 고치거나 뺏을 수 없다.

무엇이 열 가지 모양의 큰 바다인가?

첫째는 차례로 점차 깊어지고,

둘째는 송장을 받아두지 않으며,

셋째는 나머지 다른 물이 바다에 들어오면 모두 본래의 이름을 잃고,

넷째는 모두 똑같이 하나의 맛이며,

다섯째는 한량없는 보물이 있고,

여섯째는 밑바닥까지 닿을 수 없으며,

일곱째는 넓고 큼이 한량없고,

여덟째는 몸집이 큰 짐승들이 사는 곳이며,

아홉째는 조수의 시간을 어기지 않고,

열째는 큰 비를 모두 받아들여도 넘치지 않는 것처럼, 보살의 행 또한 그와 같다.

열 가지 모양으로써 보살의 행이라 말한다. 고치거나 뺏을 수 없다.

무엇이 열 가지 보살의 행인가?

제1 환희지는 큰 서원을 내어 점차 깊어가기 때문이며,

제2 이구지는 일체 파계한 송장을 받아들이지 않기 때문이며,

제3 발광지는 세간에서 붙인 거짓 이름을 여의기 때문이며,

제4 염혜지는 부처님의 공덕과 한 가지이기 때문이며,

제5 난승지는 한량없는 방편, 신통과 세간에서 만든 수많은 보배를 내기 때문이며,

제6 현전지는 인연으로 생기는 깊은 이치를 관찰하기 때문이며,

제7 원행지는 넓고 큰 깨달음의 지혜로 관찰하기 때문이며,

제8 부동지는 광대하게 장엄한 일을 나타내기 때문이며,

제9 선혜지는 깊은 해탈을 얻어 세간으로 다니되 실상대로 알고서 시기를 어기지 않기 때문이며,

제10 법운지는 일체 부처님 여래의 큰 법의 밝은 비를 받되 만족함이 없기 때문이다.

● 疏 ●

先은 喻오 後는 合이니 皆有總別이라
合中에 總云不可移奪者는 此有二義하니
一은 果海 因十地相하야 不可奪其果海深廣之名이오
二는 地行因相이 由依智海하야 不可奪其因行之稱이니 以是海家之相故며 果家之因故니라 若奪因相인댄 則果亦不成이라
喻中約果하야 名不可奪이오 法中擧因하야 名不可奪이니 文影畧耳니라 故論云 因果相順故라하니라

云何相順고 謂十地如大海라하니 此는 總擧也오 能度難度者는 顯因順果也니 如海十相으로 方能成海라 得大菩提果故는 果順因也니 如海成時에 不失十相이라 離十相而無海오 離十地而無佛智니 故十地卽智海也니라

別中에 攝十爲八이니

一은 易入功德이니 以漸故오

二는 淨功德이오

三은 平等功德이오

四는 護功德이니 護自一味하야 恒不失故오

五는 利益功德이니 利世間故오

六은 六七二句는 合爲不竭功德이니 以深廣故오

七은 住處功德이니 無功用行이 是菩薩所住故니라 經云 '大身'者는 以無量身으로 修菩薩行하야 十身相作故니라

八은 末後二句는 合名護世間功德이니 九地는 潮不過限이라 不誤傷物이오 知機授法이라 不差根器오 十地는 若無大海하면 水溺四洲니 餘不能受일새 必生毀謗이라 又得此二法하야 用護世間이니라

앞은 비유이고, 뒤는 종합이다. 이는 모두 총체와 개별이 있다.

뒤의 종합 부분에 총체로 "고치거나 뺏을 수 없다."고 말한 것은 2가지 뜻이 있다.

① 과덕의 바다가 십지의 모양으로 인하여, 그 과덕의 바다가 깊고 넓다는 명칭을 빼앗을 수 없고,

② 십지행의 인행 모양이 지혜 바다를 의지함으로 인하여 그

인행의 명칭을 빼앗을 수 없다. 이는 바다[海象]의 모양이기 때문이며 과덕[果象]의 원인이기 때문이다. 만약 원인의 모양을 빼앗는다면 과덕 역시 이룰 수 없을 것이다.

비유 부분에서는 과덕을 들어서 바꿀 수 없다고 말하였고, 법에서는 원인을 들어서 바꿀 수 없다고 말하였다. 이는 문장의 한 부분을 생략하였을 뿐이다.

이 때문에 논에서 "인과가 서로 순응하기 때문이다."고 하였다. 어떻게 서로 순응하는가?

'십지가 큰 바다와 같다.'고 하니, 이는 총체로 들어 말한 것이다. '제도하기 어려움을 제도한다.'는 것은 인행이 과덕에 순응함을 밝혔다. 바다의 10가지 모양을 갖추어야 비로소 바다를 이룰 수 있는 것과 같다.

'큰 깨달음의 과덕을 얻기 때문'이란 과덕이 인행에 순응함이다. 바다가 이뤄질 적에 10가지 모양을 잃지 않는 것과 같다. 10가지 모양을 여의고서는 바다가 성립될 수 없으며, 10지를 여의고서는 부처님의 지혜가 성취될 수 없다. 이 때문에 십지가 곧 지혜의 바다이다.

개별로 밝힌 부분에서 10가지를 포괄하여 8가지로 삼았다.

① 들어가기 쉬운 공덕이다. 점차이기 때문이다.

② 청정한 공덕,

③ 평등한 공덕,

④ 수호의 공덕이다. 자성의 한결같음을 수호하여 항상 잃지

않기 때문이다.

⑤ 이익의 공덕이다. 세간의 이익을 주기 때문이다.

⑥ 제6구[無能至底], 제7구[廣大無量] 2구절을 합하여 고갈되지 않는 공덕으로 삼았다. 깊고 넓기 때문이다.

⑦ 머문 곳의 공덕이다. 공용 없는 행이 바로 보살이 머무는 곳이기 때문이다. 경문에서 '몸집이 큰 짐승'이라 말한 것은 한량없는 몸으로 보살행을 닦아서 10가지 몸을 서로 만들기 때문이다.

⑧ 마지막 2구[潮不過限, 普受大雨]는 합하여 '세간을 수호하는 공덕'이라 말하였다. 제9 선혜지는 조숫물이 시기를 어기지 않는 터라, 잘못하여 중생을 손상하지 않으며, 근기를 알고서 법을 건네주는 것이므로 근기에 어긋나지 않으며, 제10 법운지는 만약 큰 바다가 없다면 四洲세계는 물속에 빠지게 된다. 나머지는 그들이 받아들이지 못하기에 반드시 헐뜯는 말과 비방을 만들어 낸다. 또한 이런 2가지 법[潮不過限, 普受大雨]을 얻어야 세간을 수호할 수 있다.

第四 寶珠

喻轉盡堅固功德이라

4) 마니주의 비유

이는 점차 견고함을 다하는 공덕을 비유하였다.

經

佛子여 譬如大摩尼珠 有十種性하야 出過衆寶하나니

何等이 爲十고

一者는 從大海出이오

二者는 巧匠治理오

三者는 圓滿無缺이오

四者는 淸淨離垢오

五者는 內外明徹이오

六者는 善巧鑽穿이오

七者는 貫以寶縷오

八者는 置在瑠璃高幢之上이오

九者는 普放一切種種光明이오

十者는 能隨王意하야 雨衆寶物하며 如衆生心하야 充滿其願인달하야

佛子여 當知菩薩도 亦復如是하야 有十種事하야 出過衆聖하나니

何等이 爲十고

一者는 發一切智心이오

二者는 持戒頭陀에 正行明淨이오

三者는 諸禪三昧 圓滿無缺이오

四者는 道行이 淸白하야 離諸垢穢오

五者는 方便神通이 內外明徹이오

六者는 **緣起智慧**로 **善能鑽穿**이오

七者는 **貫以種種方便智縷**오

八者는 **置於自在高幢之上**이오

九者는 **觀衆生行**하야 **放聞持光**이오

十者는 **受佛智職**하야 **墮在佛數**하야 **能爲衆生**하야 **廣作佛事**니라

불자여! 마치 큰 마니주에 열 가지 성질이 있어 여느 보배보다 뛰어난 것과 같다.

무엇이 열 가지 성질인가?

첫째는 큰 바다에서 나왔고,

둘째는 뛰어난 기술자가 다스렸으며,

셋째는 둥글고 원만하여 흠이 없고,

넷째는 청정하여 때가 없으며,

다섯째는 안팎이 투명하게 맑고,

여섯째는 교묘하게 구멍을 뚫었으며,

일곱째는 보배 실로 꿰었고,

여덟째는 유리로 만든 당기 위에 달았으며,

아홉째는 가지가지 일체 광명을 널리 쏟아내고,

열째는 대왕의 뜻을 따라 모든 보물을 내려주며, 중생이 바라는 마음과 같이 그들의 소원을 만족시켜 주는 것처럼,

불자여! 보살 또한 그와 같이 열 가지의 일이 있어 여느 성인보다 뛰어난 줄을 알아야 한다.

무엇이 열 가지의 일인가?

첫째는 일체 지혜의 마음을 일으키고,

둘째는 계행을 지닌 두타의 바른 행이 밝고 청정하며,

셋째는 여러 선정삼매가 원만하여 흠이 없고,

넷째는 도행이 청백하여 때를 여의었으며,

다섯째는 방편 신통이 안팎으로 사무치게 밝고,

여섯째는 연기(緣起)의 지혜로 잘 뚫었으며,

일곱째는 가지가지 방편과 지혜의 실로 꿰었고,

여덟째는 자재한 높은 당기 위에 두었으며,

아홉째는 중생의 행을 관찰하여 듣고 지니는 광명을 쏟아내고,

열째는 부처님 지혜의 직책을 받아 부처님 수효 가운데 들어가 중생을 위하여 불사를 널리 일으킨다.

● 疏 ●

先은 喩오 後는 合이라 各有總別하라

總云 過衆寶者는 論經云 '過十寶性'이라하니 雖不列名이나 論但云 '過瑠璃等'이라하니 意但取玻瓈等이 不能出寶者는 以況小乘八輩와 及緣覺行果는 但有淨相이오 無利生用이라 今以出寶 乃至放光은 則出過衆寶일세 故取之爲喩니라 故論云 '以出故取'라하니 亦可以出海故로 取之니라 除不出者는 闕餘義故니라【鈔_ 八輩爲八이오 緣覺果行爲二니 總成於十이라 緣覺은 根利하야 不數入觀일세 故無多果오 依學無學하야 但分爲二니라 無利生用者는 合不能出寶

니라 下引論出故取者는 正證出寶며 兼出海義니라】

앞은 비유이고, 뒤는 종합이다. 각기 총상과 별상이 있다.

총상 부분에서 "여느 보배보다 뛰어나다."고 말한 것은 논경에서는, "10가지 보배 성품보다 뛰어나다."고 하였다. 비록 그 명칭을 나열하지는 않았지만, 논경에서는 "비유리 등보다 뛰어나다."라고 말했을 뿐이다.

그 뜻은 다만 玻瓈 등이 마니주보다 뛰어날 수 없다는 것만을 취함은 소승의 8가지 무리[四向四果: 預流向·預流果, 一來向·一來果, 不還向·不還果, 阿羅漢向·阿羅漢果]와 연각행의 과덕은 청정한 모양만 있을 뿐, 중생에게 이익을 베푸는 작용은 없음에 비교하였다. 여기에서는 여느 보배보다 뛰어나고 나아가 광명을 쏟아내기까지 하는 것은 여느 보배보다 뛰어난 것이므로 이를 취하여 비유로 삼았다.

이 때문에 논에서는, "뛰어난 것이므로 이를 취하였다."고 하였다. 이 또한 바다보다 뛰어나기 때문에 이를 취한 것이다.

나머지를 제외하고 내보이지 않은 것은 남은 의미를 빼놓았기 때문이다.【초_ 소승의 8가지 무리[四向四果]를 여덟으로 삼고, 연각의 과덕과 인행을 둘로 삼으니 이를 총괄하면 10가지이다. 연각은 근기가 날카로워서 자주 관법에 들지 않으므로 많은 과덕이 없으며, 有學과 無學에 의하여 2가지로 나뉠 뿐이다.

"중생에게 이익을 베푸는 작용은 없다."는 것은 마니주보다 뛰어나지 못함에 종합하였다. 아래의 논경에서 "뛰어난 것이므로 이를 취하였다."고 말한 부분을 인용한 까닭은 바로 보배를 내며, 겸

하여 바다를 낸다는 뜻을 증명한 내용이다.】

別中에 攝十爲八하니 合六·七·八故니라

八中에 一은 出功德이니 可取者를 選擇出海故니 由初地中에 如智善觀하야 出煩惱海也라

二는 色功德이니 由治理之면 則色明淨故니라

三은 形相이오 四는 無垢오 五는 明淨이니 並可知로다

六은 起行功德이니 卽次下三句라 謂智行으로 穿徹하고 方便行으로 攝持하고 自在行으로 高顯故니라 相用不染이 猶彼瑠璃니 頌云 金剛은 取不動不壞라 上三은 皆是異相莊嚴일새 故合爲一이니라

後二句는 明功德殊勝이니 謂七은 神力功德이니 聞持普照하야 體用微妙故니라 八은 不護功德이니 謂隨王雨寶하야 無護惜故니라 約法則得佛正智하야 受位如王이오 令一切衆生으로 同己善根藏故며 如隨意雨寶故니 合云廣作佛事라 合文은 可知로다

별상 부분에서는 10구를 포괄하여 8가지로 묶었다. 제6~8구 3구절[善巧贊穿, 貫以寶縷, 置在瑠璃高幢之上]을 하나로 합하였기 때문이다.

8가지 가운데,

① 뛰어난 공덕이다. 취할 만한 구슬을 가려서 바다에서 건져 내왔기 때문이다. 제1 환희지에서 지혜로 잘 관찰하여 번뇌의 바다에서 벗어난 것과 같다.

② 색상의 공덕이다. 잘 다듬으면 색상이 밝고 맑기 때문이다.

③ 형상의 공덕, ④ 때 없는 공덕, ⑤ 밝고 맑은 공덕이다. 이는

모두 말하지 않아도 알 수 있다.

⑥ 수행을 일으킨 공덕이다. 다음 아래의 3구이다. 지혜의 행으로 관철하고, 방편의 행으로 포괄하여 지니며, 자재의 행으로 높이 드러내기 때문이다. 모양과 작용이 물들지 않음이 저 유리와 같다. 게송에서 말한 '금강'이란 동요하거나 무너뜨리지 못함을 취한 것이다. 위의 3가지[智行, 方便行, 自在行]가 모두 남달리 뛰어난 모양으로 장엄한 것이므로 이를 합하여 하나로 삼았다.

뒤의 2구는 공덕이 뛰어남을 밝혔다.

⑦ 제9구 普放一切種種光明은 위신력의 공덕이다. 들고 지님을 널리 비추어 본체와 작용이 미묘하기 때문이다.

⑧ 제10구 能隨王意雨衆寶物은 아끼지 않는 공덕이다. 왕의 뜻을 따라 보배를 뿌리되 간직하거나 아낌이 없기 때문이다. 법으로 말하면 부처님의 바른 지혜를 얻어 왕의 직위를 받는 것과 같으며, 일체중생으로 하여금 자기의 선근의 창고와 같게 하는 것이며, 뜻한 바를 따라 보배를 내려주기 때문이다. 이를 종합하면 '널리 불사를 짓는 것'이다. 이처럼 종합한 문장임을 설명하지 않아도 알 수 있다.

第七 地影像分 竟하다

7. 십지 전체의 영상 부분을 끝마치다.

大文第八 地利益分

於中三이니

初는 顯法利益이오

二 如此世界 下는 結通十方이오

三 爾時復以 下는 他方來證이라

今初를 分二니

初는 生信功德이오

後 雨衆天 下는 供養功德이라

今初가 復二니

先은 明說益生信이니 謂欲令物로 生決定信일세 故說利益이라

後 爾時 下는 動地生信이라

今은 初라

8. 십지 전체의 이익을 밝히는 부분

이는 3단락이다.

1) 법의 이익을 밝히고,

2) '如此世界' 이하는 시방을 통틀어 끝맺으며,

3) '爾時復以' 이하는 다른 지방에서 찾아와 증명하였다.

'1) 법의 이익을 밝힌 부분'은 2부분으로 나뉜다.

(1) 신심을 내는 공덕,

(2) '雨衆天' 이하는 공양의 공덕이다.

'(1) 신심을 내는 공덕'은 다시 2부분으로 나뉜다.

(ㄱ) 이익을 말하여 신심을 내도록 함을 밝혔다. 중생으로 하여금 결정된 신심을 내도록 하기 위하여 이익을 말하였다.

(ㄴ) '爾時' 이하는 땅이 움직거려 신심을 내도록 하였다.
이는 '(ㄱ) 이익을 말하여 신심을 내도록 함'이다.

經
佛子여 此集一切種一切智功德菩薩行法門品은 若諸衆生이 不種善根이면 不可得聞이니라
解脫月菩薩이 言하사대 聞此法門에 得幾所福이니잇고
金剛藏菩薩이 言하사대 如一切智所集福德하야 聞此法門도 福德如是니
何以故오 非不聞此功德法門하고 而能信解受持讀誦이어든 何況精進하야 如說修行가 是故當知하라 要得聞此集一切智功德法門하야사 乃能信解受持修習이니 然後에 至於一切智地니라

불자여! 이 일체 선근을 심어 모으고 일체 지혜의 공덕을 모아가는 보살행의 법문은 만약 중생이 선근을 심지 않고서는 듣지 못하는 것이다."

해탈월보살이 말하였다.

"이 법문을 들으면 얼마나 되는 복을 얻습니까?"

금강장보살이 말하였다.

"일체 지혜로 모은 복덕처럼 이 법문을 들은 복덕도 그와 같다. 무엇 때문일까?

이런 공덕의 법문을 듣지 못하고서는 신심과 이해와 받아 지

님과 독송을 할 수도 없는데, 하물며 꾸준히 정진하여 말한 대로 수행할 수 있겠는가.

그러므로 반드시 알아야 한다. 이런 일체 지혜의 공덕을 모으는 법문을 들어야만 신심과 이해와 받아 지님과 닦아 익힘을 할 수 있다. 그런 후에야 일체 지혜의 지위에 이를 수 있다."

● 疏 ●

亦二니

先은 總歎難聞이오 後解脫月下는 問答顯益이라

答中二니

先은 正顯等於佛智오 後何以下는 徵以釋成이라 先은 反이오 後는 順이라

然聞有二義하니

一者는 汎爾聞이니 爲遠益故오

二는 不取聞相이니 初後圓融하야 眞實聞故라【鈔_ 不取聞相은 卽涅槃經云 若有聞經하고 不作聞相하며 不作說相하며 不作句相하며 不作字相하면 如是一切가 乃爲聞經이라하니라

釋曰 此는 稱理而聞이니 前數已引이니라 從初後圓融은 卽此經意라】

  이의 경문 또한 2단락이다.

  앞은 듣기 어려움을 총체로 찬탄하였고,

  뒤의 '解脫月' 이하는 문답으로 이익을 밝혔다.

  대답 부분은 2단락이다.

앞은 바로 부처님 지혜와 동등함을 밝혔고,

뒤의 '何以'이하는 물음으로 인해 해석하였다.

앞에서는 반대로 말하였고, 뒤에서는 차례대로 말하였다.

그러나 법문을 들음에는 2가지 뜻이 있다.

① 일반적으로 듣는 것이다. 먼 이익이 되기 때문이다.

② 듣는 모양을 취하지 않는다. 처음부터 끝까지 원융하여 진실하게 듣기 때문이다.【초_ "듣는 모양을 취하지 않는다."는 것은 열반경을 인용한 구절이다.

"만약 경전을 들으면서 듣는 모양을 짓지 않으며, 말하는 모양을 짓지 않으며, 구절의 모양을 짓지 않으며, 글자의 모양을 짓지 않으면, 이와 같이 모든 것이 경전을 듣는 것이다."

이에 대한 해석은 다음과 같다.

"이는 이치에 맞게 들음을 말한다. 앞에서 자주 인용하였다. '初後圓融'부터는 본경의 뜻이다."】

⦿ 論 ⦿

初擧阿耨達池하야喩菩薩이從十住初心으로從菩提心하야流出善根大願之水하야以四攝法으로充滿衆生호되無有窮盡하고復更增長하며乃至入於一切智海는明從初發心住로生在如來智慧大願水中하야以四攝行으로成就衆生하야滿一切智海가不離初時智慧大願水體코以初水體로成漸廣多오

651

又擧十地에 有十山王喩는 明從如來智地로 起十種進修 不離智地體코 漸高勝故니 如五位五重十法이 不離如來普光明一切智地코 起五重十十進修일세 如是五重五位十十進修 總是一時一際一念에 無前後三世之勝進이라

以如來智로 爲體故로 還如阿耨達池中水 流入大海며 如閻浮提地에 而出十大山王이 不離地體니 以定慧로 照之可見이라

如一切智所集之福德은 明所聞法者 如佛福德分이라 一切智는 是佛所得根本智니라

若聞法者 其福德이 如佛은 何爲오 以明因聞此法하야 方有信解故며 爲初聞이 是一切智之首故로 以初信因之福이 與果同體니 明非因不果故니라 如非果不苗오 非苗不果故로 爲明信心이 信果成因故니 卽如說十信位에 於如來普光明法界大智殿中에 說十箇智佛이 以不動智佛로 爲首하야 以爲信心은 以不動智佛과 及十箇智佛이 是自心之智果故로 畢竟成滿이 不移此智니라

餘義는 如文自具니 意明如種子 種果成其生因이니 其根本智는 喩種子오 差別智는 是加行이라 喩苗上之果니 以此二智가 各具無邊功德이니라

　처음 아나바탑다 연못을 비유로 들어, 보살이 십주의 초심으로부터 보리심을 따라 선근의 큰 서원의 물이 흘러나와 四攝法으로 중생에게 충만하게 하되 다함이 없음을 말하였다.

　또한 다시 더욱 키워가고, 나아가 일체 지혜의 바다에 들어가는 것은 초발심주로부터 여래 지혜의 큰 서원의 물속에서 태어나

사섭법의 행으로 중생을 성취시켜 일체 지혜의 바다를 가득하게 하였다. 이는 처음 지혜의 큰 서원의 물의 본체를 여의지 않고, 처음 물의 본체로써 점차 광대함을 성취하였다.

또한 십지에서 큰 산 10곳의 비유를 들어 말한 것은 여래 지혜의 지위에서 10가지를 닦아나감을 일으킴이 지혜 지위의 본체를 여의지 않고 점차 높고 수승함을 밝혔기 때문이다.

5위의 5중 10법이 여래의 普光明 일체 지혜의 지위를 여의지 않고 5중으로 10계위씩 10계위씩 닦아나감을 일으키는 것이다. 이와 같이 5중 5위의 10계위씩 10계위씩 닦아나감이 모두 전후 삼세가 없는 一時, 一際, 一念의 수승한 수행이다.

여래의 지혜로 본체를 삼은 까닭에 도리어 아나바탑다 연못의 물줄기가 큰 바다에 흘러들어 가는 것과 같으며, 염부제의 땅에 10곳의 큰 산이 솟아나되 땅의 본체를 여의지 않은 것과 같다. 이는 定慧로 비춰보면 이를 볼 수 있다.

"일체 지혜로 모은 복덕과 같다."는 것은 법문을 들은 자는 부처님의 복덕과 같음을 밝힌 부분이다. '일체 지혜'는 부처님이 얻은 근본지이다.

법을 듣는 자의 복덕이 부처님과 같다는 것은 무엇 때문인가?

이 법을 들음으로 인하여 바야흐로 믿고 이해하기 때문이며, 처음 듣는 것이 일체 지혜에 들어가는 으뜸이 되기에 처음 믿는 원인의 복이 결과와 더불어 하나임을 밝혔다. 이는 마치 원인이 없으면 결과가 없음을 밝혔기 때문이다. 예컨대 열매가 아니면 새싹이 돋아나지 않고, 새싹이 아니면 열매가 없는 까닭에 신심이 신심 결과의 원인임을 밝히기 위함이다.

이는 十信 계위를 말할 적에 여래의 普光明 法界大智의 궁전에서 열 분의 지혜 부처님을 말하면서 不動智佛로 으뜸을 삼았다. 신심이란 부동지불과 열 분의 지혜 부처님이 자기 마음의 지혜 과덕[智果]이기 때문에 결국 성취 원만이 이 지혜에서 떠나가지 않는다.

나머지 뜻은 경문에 그 나름 갖춰져 있다. 여기에서 말한 뜻은 마치 종자로 열매를 심어 그 새싹이 돋아나게 하는 원인을 성취하는 것과 같음을 밝힌 것이다.

그 근본 지혜는 종자에 비유하였고, 차별 지혜는 加行이기에 새싹 위의 열매에 비유하였다. 이 2가지 지혜가 각기 그지없는 공덕을 갖추고 있다.

第二 動地生信이라

(ㄴ) 땅이 움직거려 신심을 내도록 하다

經
爾時에 佛神力故며 法如是故로 十方各有十億佛刹微塵數世界 六種十八相動하니
所謂動과 徧動과 等徧動과
起와 徧起와 等徧起와

**踊과 徧踊과 等徧踊과
震과 徧震과 等徧震과
吼와 徧吼와 等徧吼와
擊과 徧擊과 等徧擊이니라**

그때, 부처님의 신통력으로, 법이 이와 같으므로 시방에 각각 십억 부처님 세계의 미세한 티끌 수와 같은 세계들이 여섯 가지, 열여덟 가지로 진동하였다.

이른바 흔들흔들, 두루 흔들흔들, 온통 두루 흔들흔들,
들먹들먹, 두루 들먹들먹, 온통 두루 들먹들먹,
울쑥불쑥, 두루 울쑥불쑥, 온통 두루 울쑥불쑥,
우르르, 두루 우르르, 온통 두루 우르르,
와르릉, 두루 와르릉, 온통 두루 와르릉,
와지끈, 두루 와지끈, 온통 두루 와지끈하였다.

◉ 疏 ◉

佛力爲緣하야 而動地者는 亦爲生信故니라
又法如是者도 亦是因也라
餘如初會니라

부처님의 위신력을 인연으로 삼아 대지가 움직거린 것 또한 신심을 내도록 하기 위함이다.

또한 "법이 이와 같다[法如是]."는 것도 원인[本願力]이다.

나머지는 첫 법회에서 말한 바와 같다.

後 供養功德

(2) 공양의 공덕

經

雨衆天華와 **天鬘**과 **天衣**와 **及諸天寶莊嚴之具**와 **幢旛繪蓋**하며 **奏天妓樂**호되 **其音和雅**하야 **同時發聲**하야 **讚一切智地**의 **所有功德**하니라

여러 가지의 하늘 꽃, 하늘 화만, 하늘 옷, 하늘의 보배 장엄거리, 당기, 번기, 비단 일산을 내려주며,

하늘의 여인들이 음악을 연주하는데, 그 소리가 화평하고 고상하게 한꺼번에 울려 나오면서 일체 지혜의 지위에 있는 공덕을 찬탄하였다.

● **疏** ●

功德者는 **非謂供養能生功德**이니 **顯此法勝**하여 **能令供養是地功德**이라 **上生信**도 **亦然**이라

공덕이란 공양을 올려 공덕을 낳는다는 말이 아니다. 이 법이 뛰어나 이 지위에 있는 보살에게 공양을 올리도록 마련된 것임을 밝히고 있다.

위에서 말한 신심을 내도록 하는 것 또한 이와 같다.

二 結通十方과 三 他方來證이라 文竝可知니라

2) 시방을 통틀어 끝맺음과
3) 다른 지방에서 찾아와 증명함이다.
이의 경문은 모두 설명하지 않아도 알 수 있다.

經
如此世界他化自在天王宮에 演說此法하야 十方所有 一切世界도 悉亦如是러라
爾時에 復以佛神力故로 十方各十億佛刹微塵數世界外에 有十億佛刹微塵數菩薩이 而來此會하야
作如是言하사대 善哉善哉라 金剛藏이여 快說此法이로다 我等도 悉亦同名金剛藏이오 所住世界도 各各差別호되 悉名金剛德이오 佛號도 金剛幢이시니 我等도 住在本世界中하야 皆承如來威神之力하야 而說此法호되 衆會悉等하며 文字句義도 與此所說로 無有增減이라 悉以佛神力으로 而來此會하야 爲汝作證하노니 如我等이 今者에 入此世界하야 如是十方一切世界도 悉亦如是하야 而往作證이로라

이 세계의 타화자재천왕 궁전에서 이 법을 연설하는 것처럼 시방의 일체 세계에서도 모두 이와 같이 설법하였다.
그때, 또한 부처님의 신통력으로써 시방의 각각 십억 세계의

티끌 수처럼 많은 세계의 밖에 십억 세계의 티끌 수처럼 많은 보살이 이 법회에 찾아와서 이렇게 말하였다.

"훌륭하고 훌륭하다, 금강장보살이여. 이 법을 통쾌하게 말하십니다.

우리도 모두 똑같이 그 이름이 금강장보살이며,

살고 있는 세계는 각기 다르지만 모두 그 이름을 금강덕세계라 하며,

부처님의 명호도 모두 금강당불입니다.

우리도 우리의 세계에 머물면서 모두 부처님의 위신력을 받들어, 이 법을 연설할 적에 법회에 모인 대중들도 모두 이와 같고, 글자나 구절이나 뜻도 여기서 말하는 바와 똑같아서 한 글자라도 더하거나 덜하지도 않습니다.

모두 부처님의 위신력으로 이 법회에 찾아와 그대를 위해 증명합니다.

우리가 지금 이 세계에 들어온 것처럼 시방의 일체 세계에서도 모두 이와 같이 찾아가 증명합니다."

● 論 ●

'十方各十億佛刹微塵數世界外 有十億佛刹微塵數菩薩 而來此會者는 明以本體十地之法이 廣大甚多일세 以十億刹塵으로 爲遠近及多數之量하야 會此一切創初入十地菩薩의 因果本末法智無疑니 明將本十地果法하야 會同創入此十地菩薩의 智無

二故ᄆᆑ 會前九地之劣ᄒᆞ야 入十地之廣大智故로 以陳遠近法之多少故오 亦明金剛藏所說之法이 與十方諸佛로 會同不二故ᄂᆡ라
世界外者ᄂᆞᆫ 卽下地位也오
來此會者ᄂᆞᆫ 卽升進入此十地智也오
歎善哉者ᄂᆞᆫ 明所說法이 契當不異也오
同名者ᄂᆞᆫ 明法藏智同故오
世界各各差別者ᄂᆞᆫ 明差別智差別行故오
悉名金剛德者ᄂᆞᆫ 明差別智及行이 不離金剛德故오
佛號金剛幢者ᄂᆞᆫ 明金剛智가 能破一切妄業ᄒᆞ야 自無體可動故오
餘義ᄂᆞᆫ 如文自具라 如一切智ᄂᆞᆫ 根本智ᄆᆑ 又智ᄂᆞᆫ 是差別智니 從一切智中用故ᄂᆡ라 故以重言이ᄂᆡ라

"시방의 각각 십억 세계의 티끌 수처럼 많은 세계의 밖에 십억 세계의 티끌 수처럼 많은 보살이 이 법회에 찾아왔다."는 것은 본체 십지의 법이 광대하고 매우 많기에 십억 국토로 원근과 많은 수효의 양을 삼아서, 일체 처음 십지에 들어간 보살의 인과, 본말, 法智를 모아서 의심이 없게 함을 밝힌 것이다.

본래 십지의 果法을 들어서 이 십지에 처음 들어가 보살의 지혜가 둘이 없음은 함께 모인 때문이며, 앞 제9 선혜지의 부족한 부분을 모아서 십지의 광대한 지혜에 들어간 까닭에 원근의 법의 다소에 대해 나열함을 밝힌 때문이다.

또한 금강장보살이 설한 법이 시방제불과 회동함이 둘이 아님을 밝힌 때문이다.

'세계의 밖'이란 곧 아래 지위이며,

'이 법회에 찾아왔다.'는 것은 위로 올라가 십지의 지혜에 들어감이며,

'훌륭하다.'고 찬탄하는 것은 설법한 바가 타당하여 다르지 않음을 밝혔으며,

'같은 이름'이란 法藏의 지혜가 같음을 밝힌 때문이며,

'世界各各差別'이란 차별지와 차별행을 밝힌 때문이며,

'悉名金剛德'이란 차별지와 차별행이 금강의 덕을 여의지 않음을 밝힌 때문이며,

'佛號金剛幢'이란 금강의 지혜가 일체 허망한 업을 파괴하여 스스로 본체가 움직임이 없음을 밝힌 때문이다.

나머지 뜻은 경문에서 말한 바와 같이 스스로 갖추고 있다.

예컨대 일체지는 근본지이며, 또 다른 지혜는 차별지이다. 일체지 가운데 작용이기 때문에 이를 거듭 말한 것이다.

第三 重頌分

제3. 금강장보살의 게송

經

爾時에 金剛藏菩薩이 觀察十方一切衆會 普周法界하시고 欲讚歎發一切智智心하며

欲示現菩薩境界하며
欲淨治菩薩行力하며
欲說攝取一切種智道하며
欲除滅一切世間垢하며
欲施與一切智하며
欲示現不思議智莊嚴하며
欲顯示一切菩薩諸功德하며
欲令如是地義로 轉更開顯하야 承佛神力하사 而說頌言하사대

 그때, 금강장보살이 시방의 모든 대중법회가 법계에 두루 펼쳐짐을 살펴보고,
 일체 지혜의 지혜를 얻으려는 마음을 찬탄하고자,
 보살의 경계를 나타내고자,
 보살의 수행하는 힘을 청정히 하고자,
 일체종지를 얻을 수 있는 도를 말하고자,
 일체 세간의 때를 없애고자,
 일체 지혜를 베풀고자,
 불가사의한 지혜의 장엄을 나타내 보이고자,
 일체 보살의 모든 공덕을 보여주고자,
 이러한 지위의 뜻을 다시 더욱 열어 보이고자,
 부처님의 위신력을 받들어 게송으로 말하였다.

● 疏 ●

若取長科인댄 卽當第十이라

於中二니

先은 說偈儀意오 後는 正顯偈辭라

今은 初니

先은 說儀오 後 '欲讚'下는 說意니라

意有九句하니 大旨는 同前諸會어니와 今約當會以釋호리라

初句는 卽顯初地오

次句는 卽二地니 以三聚戒로 爲行境故오

三은 卽三·四 二地니 厭禪·出世智 皆淨治行力故오

四는 卽五地니 五明으로 成種智故오

五는 卽六地니 般若能除垢故오

六은 卽七地니 空有無礙하고 與一切智故오

七은 卽八地니 無功不思議智로 莊嚴三世間故오

八은 卽九地·十地니 能說能受諸功德故오

九는 卽總結이니 便指上八句라

如是地義를 以頌說之일세 云更開顯이니라

만약 큰 과목으로 말하면 제10 법운지의 게송에 해당한다.

이 부분은 2단락이다.

1) 게송을 설하는 의식과 의미이다.

2) 바로 게송을 밝혔다.

이의 경문은 '1) 게송을 설하는 의식과 의미'이다.

이의 앞은 게송의 의식을 말하였고,

뒤의 '欲讚' 이하는 게송의 의미를 말하였다.

게송의 의미는 9구이다.

큰 의미는 앞의 여러 법회와 같지만, 여기에서는 해당 법회를 들어 해석하고자 한다.

제1구 '欲讚歎發一切智智心'은 제1 환희지를 밝혔다.

제2구 '欲示現菩薩境界'는 제2 이구지이다. 三聚戒로 수행의 경계를 삼기 때문이다.

제3구 '欲淨治菩薩行力'은 제3 발광지와 제4 염혜지이다. 선정과 출세간 지혜의 만족이 모두 수행의 힘을 청정히 다스렸기 때문이다.

제4구 '欲說攝取一切種智道'는 제5 난승지이다. 5가지 밝음으로 일체종지를 성취하기 때문이다.

제5구 '欲除滅一切世間垢'는 제6 현전지이다. 반야로 때를 없애기 때문이다.

제6구 '欲施與一切智'는 제7 원행지이다. '空'과 '有'에 걸림이 없고 일체 지혜를 주기 때문이다.

제7구 '欲示現不思議智莊嚴'은 제8 부동지이다. 공용 없는 불가사의의 지혜로 3세간을 장엄하기 때문이다.

제8구 '欲顯示一切菩薩諸功德'은 제9 선혜지와 제10 법운지이다. 많은 공덕을 잘 말하고, 잘 받아들이기 때문이다.

제9구 '欲令如是地義 轉更開顯'은 총체의 결론이다. 이는 위의 8구를 말한다. 이러한 심지의 뜻을 게송으로 말한 까닭에 "다시 더욱 열어 보이고자"라고 말하였다.

經

其心寂滅恒調順하고　　**平等無礙如虛空**하며
離諸垢濁住於道하니　　**此殊勝行汝應聽**이어다

　　그 마음 고요하고 항상 잘 길들여져
　　허공처럼 평등하고 걸림 없으며
　　더러운 것 여의고 도에 머무르니
　　이처럼 훌륭한 행, 그대여 들을지어다

● **疏** ●

第二 正顯偈辭라

有四十二頌을 分三이니

初一偈는 總讚勸聽이오 後一偈는 結說無盡이니라

　　2) 바로 게송을 밝혔다.
　　42수의 게송은 3단락으로 나뉜다.
　　(1) 첫 1수 게송은 총체로 찬탄하면서 법문 듣기를 권하였고,
　　(2) (다음 40수의 게송은 바로 여러 지위를 밝혔으며,)
　　(3) 뒤의 1수 게송은 설법이 끝없음으로 끝맺었다.

百千億劫修諸善하야　　供養無量無邊佛하며
聲聞獨覺亦復然하니　　爲利衆生發大心이로다

　　백천 억 겁 동안 많은 선근 닦아
　　한량없고 그지없는 부처님 공양하고
　　성문과 독각 또한 그처럼 공양하니
　　중생의 이익 위해 큰마음 내노라

精勤持戒常柔忍하고　　慙愧福智皆具足하며
志求佛智修廣慧하야　　願得十力發大心이로다

　　꾸준히 계행 지켜 항상 유순하고 인욕으로
　　부끄러움과 복덕 지혜 모두 두루 원만하고
　　부처 지혜 구하고자 광대한 지혜 닦고
　　열 가지 힘 얻고자 큰마음 내노라

三世諸佛咸供養하고　　一切國土悉嚴淨하며

　　삼세 부처님 모두 공양하고
　　일체 국토 모두 장엄 청정하며

◉ 疏 ◉

中間正頌을 分八이니 初十三偈는 頌方便作滿足地分이라
於中에 初二頌半은 總頌前九地同相中하야 善擇功德이라

(2) 중간의 정식 40수의 게송은 8단락으로 나뉜다.

첫째, 13수의 게송은 방편으로 10지를 만족하는 부분[方便作滿足地分]을 읊었다.

13수 게송 부분의 첫 2수 반의 게송은 앞의 9지와 동일한 모양 가운데 선택하는 공덕을 총체로 읊었다.

經

了知諸法皆平等하야　　爲利衆生發大心이로다

　모든 법 평등함을 분명히 알고서

　중생의 이익 위해 큰마음 내노라

住於初地生是心하야　　永離衆惡常歡喜하며
願力廣修諸善法하야　　以悲愍故入後位로다

　제1 환희지 머물면서 이 마음 내어

　많은 악 길이 떠나 항상 기쁘며

　원력으로 모든 선근 널리 닦아

　중생을 가엾이 여김으로 뒤의 제2 이구지에 들었노라

戒聞具足念衆生하야　　滌除垢穢心明潔하며
觀察世間三毒火하야　　廣大解者趣三地로다

　계행과 다문 두루 갖춰 중생을 생각하여

　더러운 때 씻으니 마음이 깨끗하며

세간의 삼독 불길 살펴보고서

넓고 크게 아는 이, 제3 발광지에 들었노라

三有一切皆無常이라　　　**如箭入身苦熾然**하니
厭離有爲求佛法하는　　　**廣大智人趣焰地**로다

　삼계의 일체가 모두 무상한 터

　화살 맞은 듯이 고통이 심하여라

　유위의 세계 떠나 불법 구하고자

　큰 지혜 있는 이, 제4 염혜지 찾아든다

念慧具足得道智하야　　　**供養百千無量佛**하고
常觀最勝諸功德하니　　　**斯人趣入難勝地**로다

　지혜가 구족하여 도를 얻은 지혜여

　한량없는 백천 부처님 공양하고

　가장 뛰어난 공덕을 언제나 관찰하니

　이 사람이 제5 난승지에 들어가노라

智慧方便善觀察하야　　　**種種示現救衆生**하며
復供十力無上尊하야　　　**趣入無生現前地**로다

　지혜와 방편 잘 관찰하고서

　가지가지 나타내어 중생 구하며

　위없는 십력 세존 공양하고서

생멸 없는 제6 현전지에 들어가노라

世所難知而能知하야 　　**不受於我離有無**라
法性本寂隨緣轉하니 　　**得此微妙向七地**로다

　세간 중생 모르는 것 모두 알고서
　'나'라는 집착 느끼지 않고 유무 여의니
　법성 본래 고요한데 인연 따라 전변하니
　미묘한 지혜 얻어 제7 원행지로 향하노라

智慧方便心廣大하야 　　**難行難伏難了知**라
雖證寂滅勤修習하야 　　**能趣如空不動地**로다

　지혜와 방편으로 마음 광대하여
　행하기, 굴복하기, 알기 어려운 일 모두 능하여라
　적멸을 증득할지라도 항상 닦아서
　허공 같은 제8 부동지에 나아가리라

佛勸令從寂滅起하야 　　**廣修種種諸智業**하시니
具十自在觀世間하야 　　**以此而昇善慧地**로다

　부처의 권면으로 적멸한 데서 일어나
　가지가지 지혜 업을 널리 닦으니
　열 가지 자재 구족하여 세간을 관찰하고서
　이로써 제9 선혜지에 오르노라

以微妙智觀衆生의 **心行業惑等稠林**하고
爲欲化其令趣道하야 **演說諸佛勝義藏**이로다

    미묘한 지혜로써 중생 마음의

    업과 번뇌 빽빽한 숲 모두 관찰하고

    그들을 교화하고자 도에 나아가

    부처님 깊은 진리 연설하노라

次第修行具衆善하야 **乃至九地集福慧**하며
常求諸佛最上法하야 **得佛智水灌其頂**이로다

    차례로 수행하여 많은 선근 두루 갖춰

    제9 선혜지에서 복덕 지혜 쌓아 모으고

    부처님의 위없는 법 항상 구하여

    부처님 지혜의 물을 머리에 붓노라

● 疏 ●

餘는 頌諸地別義라 若依總攝인댄 即次第頌前十地라 前八地中에 唯三地는 半偈오 餘各一頌이오 九地는 有三頌이오 兼結入位니라

    나머지 10수 반의 게송은 여러 지위의 개별 의의를 읊었다. 만약 총상에 의하여 포괄한다면 차례대로 앞의 10지를 읊었다.

    앞의 여덟 지위 가운데 오직 제3 발광지만큼은 반수의 게송[觀察世間三毒火 廣大解者趣三地]이고, 나머지는 각기 1수 게송이며, 제9 선혜지는 3수의 게송으로 읊었고, 겸하여 들어가는 지위를 끝맺었다.

669

經

獲得無數諸三昧하며　　亦善了知其作業하니
最後三昧名受職이라　　住廣大境恒不動이로다

　　수없이 많은 삼매 모두 얻고
　　삼매의 짓는 업도 분명히 아니
　　최후의 삼매 이름 '직책 받음'이라
　　광대한 경계에 머물면서 길이 움직이지 않노라

● **疏** ●

二有一偈는 頌三昧分이라

　　둘째, 1수 게송은 삼매 부분을 읊었다.

經

菩薩得此三昧時에　　大寶蓮華忽然現커늘
身量稱彼於中坐하니　　佛子圍遶同觀察이로다

　　보살이 이 삼매를 얻을 적에
　　보배 연꽃 어느새 앞에 나타나
　　연꽃같이 큰 몸으로 그 위에 앉으니
　　불자들이 빙 둘러 우러러보노라

放大光明百千億하야　　滅除一切衆生苦하고
復於頂上放光明하야　　普入十方諸佛會로다

찬란한 백 억 줄기 큰 광명 놓아

일체중생 모든 고통 없애주고

정수리에 또다시 광명을 놓아

시방세계 제불 회상 두루 비추노라

悉住空中作光網하야　　**供養佛已從足入**하니
卽時諸佛悉了知　　　　**今此佛子登職位**로다

허공에 광명 그물 모두 되어

부처님께 공양하고 발로 들어가니

그때, 부처님은 모두 알았다

지금 불자들이 직책 받는 지위에 오른 줄을

十方菩薩來觀察하니　　**受職大士舒光照**하며
諸佛眉間亦放光하사　　**普照而來從頂入**이로다

시방의 보살들이 찾아와 살펴보니

직책 받은 보살들 광명을 쏟아내고

부처님 미간서도 광명을 쏟아내어

널리 비추고서 정상으로 들어간다

十方世界咸震動하고　　**一切地獄苦消滅**이라
是時諸佛與其職하시니　　**如轉輪王第一子**로다

시방세계 온통 들썩이고

일체 지옥 고통 사라졌노라
　　그때에 부처님이 직책 주시니
　　전륜왕의 태자 된 듯하여라

若蒙諸佛與灌頂이면　　**是則名登法雲地**라
　　정수리에 부처님의 관정 받으면
　　제10 법운지에 올랐다 말하리라

◉ 疏 ◉

三有五偈半은 頌受位分이라
　　셋째, 5수 반의 게송은 직위를 받는 부분을 읊었다.

經

智慧增長無有邊하야　　**開悟一切諸世間**호되
　　지혜는 끝없이 더욱 커져
　　일체 세간 중생 깨우쳐 주되

欲界色界無色界와　　**法界世界衆生界**와
有數無數及虛空이여　　**如是一切咸通達**이로다
　　욕계, 색계, 무색계와
　　법계, 모든 세계, 중생세계
　　셀 수 있고 셀 수 없는, 그리고 허공까지도

이처럼 일체를 모두 통달하였노라

**一切化用大威力과　　　諸佛加持微細智와
秘密劫數毛道等을　　　皆能如實而觀察이로다**

　　일체중생 교화의 큰 위신력과

　　부처님의 가피인 미세한 지혜

　　비밀미세지, 겁수미세지, 모공미세지(毛孔微細智) 등을

　　모두 실상대로 관찰하노라

**受生捨俗成正道와　　　轉妙法輪入涅槃과
乃至寂滅解脫法과　　　及所未說皆能了로다**

　　태어나고 출가하고 정각 성취와

　　법륜 굴림과 열반

　　내지 적멸과 해탈의 법

　　말하지 않은 것도 모두 알았노라

 疏 ⦿

四有三偈半은 頌大盡分이라

　　넷째, 3수 반의 게송은 크게 다한 부분을 읊었다.

經

菩薩住此法雲地에　　　具足念力持佛法하니

譬如大海受龍雨하야　　**此地受法亦復然**이로다
　　보살이 제10 법운지에 머물 적에
　　생각하는 힘 구족하여 불법 지니니
　　큰 바다, 용의 비를 모두 받듯이
　　이 지위에서 받는 법도 그와 같아라

十方無量諸衆生이　　**悉得聞持持佛法**이라도
於一佛所所聞法이　　**過於彼數無有量**이로다
　　시방에 한량없는 모든 중생이
　　부처님 법 얻어듣고 지녔을지라도
　　한 부처님 계신 데서 들은 불법이
　　그보다 더하여 한량없어라

以昔智願威神力으로　　**一念普徧十方土**하야
霪甘露雨滅煩惱일세　　**是故佛說名法雲**이로다
　　옛적의 지혜 서원 위신력으로
　　찰나에 시방세계 널리 두루 펼쳐
　　단 이슬 단비 내려 번뇌를 없애주니
　　이 때문에 부처님이 '법운지'라 말했노라

● 疏 ●

五有三偈는 頌釋名分이라

다섯째, 3수 게송은 명칭 해석 부분을 읊었다.

經

神通示現徧十方하야　　超出人天世間境하며
復過是數無量億하니　　世智思惟必迷悶이로다

시방에 두루 신통을 나타내어

인간 천상 경계를 벗어났는데

이보다 더 한량없는 억 세계 지나니

세간 지혜로 생각하면 반드시 아득하리

一擧足量智功德을　　乃至九地不能知어든
何況一切諸衆生과　　及以聲聞辟支佛가

일거수(一擧手) 일투족(一投足)에 이뤄지는 한량없는 지혜 공덕을

제9지 보살들도 알 수 없는데

하물며 범부 중생과

성문 벽지불이야

● 疏 ●

六有二偈는 頌神通力有上無上分이라

여섯째, 2수의 게송은 신통력이 최고이거나 위가 없는 부분을 읊었다.

經

此地菩薩供養佛에　　十方國土悉周徧하며
亦供現前諸聖衆하야　　具足莊嚴佛功德이로다

　　이 지위의 보살이 부처님 공양할 때
　　시방의 모든 국토 두루 다니고
　　지금 있는 성인께도 모두 공양하여
　　부처 공덕 두루 장엄하였어라

住於此地復爲說　　　三世法界無礙智하고
衆生國土悉亦然하며　　乃至一切佛功德이로다

　　이 지위 머물 적에 또 중생 위해
　　삼세 법계에 걸림 없는 지혜 연설하고
　　중생과 국토에 모두 그와 같고
　　부처님의 모든 공덕까지 말하노라

此地菩薩智光明으로　　能示衆生正法路하니
自在天光除世闇이어든　　此光滅暗亦如是로다

　　이 지위의 보살 지혜 광명으로
　　중생에게 바른 길 보여주니
　　자재천 광명이 세간 어둠 없애주듯
　　이 광명도 그와 같이 어둠을 없애준다

住此多作三界王하야　　善能演說三乘法하며
無量三昧一念得하고　　所見諸佛亦如是로다

　　이 지위에 머물 적 흔히 삼계왕 되어
　　삼승의 모든 법문 연설 잘하고
　　찰나에 한량없는 삼매 얻으며
　　부처님 친견 또한 이와 같아라

此地我今已略說호니　　若欲廣說不可盡이라

　　이 지위 공덕을 이제 대략 말했을 뿐
　　자세히 말하려면 끝이 없어라

◉ 疏 ◉

七有四偈半은 頌前位果라 亦是神通分攝이니 如長行辨이니라

　　일곱째, 4수 반의 게송은 앞의 지위와 결과 부분을 읊었다. 이 또한 신통분에 포괄된다. 이는 앞의 경문에서 말한 바와 같다.

經

如是諸地佛智中에　　如十山王嶷然住로다

　　이런 모든 지위는 부처님의 지혜 가운데
　　열 곳의 큰 산처럼 우뚝 솟아 있다

初地藝業不可盡이　　譬如雪山集衆藥하며

二地戒聞如香山하며　　**三如毘陀發妙華**하며

　초지의 모든 일 끝없음이

　설산에 많은 약초 모여 있듯 하고

　제2 이구지의 지계 향산과 같고

　제3 발광지는 비다아라산에 미묘한 꽃 피듯 하며

焰慧道寶無有盡이　　**譬如仙山仁善住**하며
五地神通如由乾하며　　**六如馬耳具衆果**하며

　제4 염혜지는 도의 보배 끝없음이

　신선산에 어진 이들 머문 것 같고

　제5 난승지의 자재 신통 유건다라산 같고

　제6 현전지는 마이산에 과일 많은 듯하며

七地大慧如尼民하며　　**八地自在如輪圍**하며
九如計都集無礙하며　　**十如須彌具衆德**이로다

　제7 원행지의 큰 지혜는 니민다라산

　제8 부동지의 자재함은 작갈라산(斫羯羅山) 같고

　제9 선혜지는 게두마티산에 걸림 없듯이

　제10 법운지는 수미산처럼 모든 덕 구족하다

● 疏 ●

八有七頌半은 頌地影像分이라

於中에 初三偈半은 頌山喩라

여덟째, 7수 반의 게송은 십지의 영상 부분을 읊었다.
그 가운데 첫 3수 반의 게송은 산으로 비유하여 읊었다.

經

初地願首二持戒며　　　　三地功德四專一이며
五地微妙六甚深이며　　　七廣大慧八莊嚴이며

초지는 서원이고 제2지는 계율이며
제3지는 공덕이고 제4지는 정진이며
제5지는 미묘하고 제6지는 심오하며
제7지는 넓은 지혜, 제8지는 장엄세계

九地思量微妙義　　　　出過一切世間道며
十地受持諸佛法이니　　如是行海無盡竭이로다

제9지는 생각의 미묘한 뜻
일체 세간 모든 길을 벗어나고
제10지는 부처님 법 받아 지니니
이와 같은 수행 바다 끝이 없어라

● 疏 ●

次二는 頌海喩라

다음의 2수 게송은 바다의 비유로 읊었다.

十行超世發心初이오　　持戒第二禪第三이며
行淨第四成就五오　　緣生第六貫穿七이며

　열 가지 행, 세간에 뛰어나니 초지는 발심이요
　지계는 제2지, 선정은 제3지
　청정의 행은 제4지, 성취는 제5지
　12연기는 제6지, 관통은 제7지

第八置在金剛幢이오　　第九觀察衆稠林이며
第十灌頂隨王意니　　如是德寶漸淸淨이로다

　제8지는 금강 당기 위에 두는 듯
　제9지는 수많은 빽빽한 숲 관찰이며
　제10지의 관정위는 왕의 뜻 따르나니
　이처럼 공덕 보배 점차 청정하노라

● 疏 ●

後二는 頌珠喩라
池及地利益分은 文畧不頌이니라

　뒤의 2수 게송은 마니주의 비유로 읊었다.
　연못의 비유와 십지의 이익에 관한 부분은 게송에서 생략하여 읊지 않았다.

經

十方國土碎爲塵이라도　　可於一念知其數며
毫末度空可知量이어니와　億劫說此不可盡이로다

　　시방국토 부수어 티끌이 될지라도
　　한 찰나에 그 수효 알 수 있고
　　털끝으로 허공 재어 알 수도 있겠지만
　　이는 억겁 동안 말해도 다할 수 없으리라

● 疏 ●

其利益分이라 亦可結說無盡頌之니라

　(3) 그 이익에 관한 부분이다. 또한 설법이 끝없음으로 끝맺으면서 읊은 것이다.

已上은 第六十卷至七十三卷十地品 竟하다

　이상은 제60권으로부터 73권에 이르기까지의 십지품을 끝마치다.

십지품 제26-14 十地品 第二十六之十四
화엄경소론찬요 제73권 華嚴經疏論纂要 卷第七十三

화엄경소론찬요 ⑯
華嚴經疏論纂要

2023년 11월 13일 초판 1쇄 발행

편저자 혜거
발행인 박상근(至弘) • 편집인 류지호 • 편집이사 양동민
편집 김재호, 양민호, 김소영, 최호승, 하다해 • 디자인 쿠담디자인
제작 김명환 • 마케팅 김대현, 이선호 • 관리 윤정안
콘텐츠국 유권준, 정승채, 김희준
펴낸 곳 불광출판사 (03169) 서울시 종로구 사직로10길 17 인왕빌딩 301호
　　　　대표전화 02) 420-3200 편집부 02) 420-3300 팩시밀리 02) 420-3400
　　　　출판등록 제300-2009-130호(1979. 10. 10.)

ISBN 978-11-93454-05-3 04220
ISBN 978-89-7479-318-0 04220(세트)

값 30,000원

잘못된 책은 구입하신 서점에서 바꾸어 드립니다.
독자의 의견을 기다립니다. www.bulkwang.co.kr
불광출판사는 (주)불광미디어의 단행본 브랜드입니다.